HISTÓRIA PRIMITIVA DE DEUS

Dados Internacionais de Catalogação na Publicação (CIP)
(Câmara Brasileira do Livro, SP, Brasil)

Smith, Mark S.
  História primitiva de Deus : Yahweh e outras divindades no antigo Israel / Mark S. Smith ; tradução de Júlio Eduardo Ribeiro Reis Simões e Paulo Ferreira Valério. – Petrópolis, RJ : Vozes, 2023.

  Título original: The early history of God
  Índice.

  2ª reimpressão, 2024.

  ISBN 978-65-5713-819-9

  1. Cristianismo – História 2. Deus (Cristianismo) 3. Israel – Religião 4. Religião – História I. Título.

23-146216

Índices para catálogo sistemático:
1. Deus : Cristianismo 231.6

Eliane de Freitas Leite – Bibliotecária – CRB 8/8415

MARK S. SMITH

HISTÓRIA PRIMITIVA DE DEUS

YAHWEH E OUTRAS DIVINDADES NO ANTIGO ISRAEL

Prefácio de Patrick D. Miller

Tradução de Júlio Eduardo Ribeiro Reis Simões e
Paulo Ferreira Valério

EDITORA VOZES

Petrópolis

© 1990, 2002 Mark S. Smith
Primeira publicação em 1990 por HarperSanFrancisco, uma divisão da
Harper Collins Publishers.
Segunda edição publicada em 2002 por Wm. B. Eerdmans Publishing Co.

Tradução do original em inglês intitulado
The Early History of God – Yahweh and the Other Deities in Ancient Israel

Direitos de publicação em língua portuguesa – Brasil:
2023, Editora Vozes Ltda.
Rua Frei Luís, 100
25689-900 Petrópolis, RJ
www.vozes.com.br
Brasil

Todos os direitos reservados. Nenhuma parte desta obra poderá ser reproduzida
ou transmitida por qualquer forma e/ou quaisquer meios (eletrônico ou mecânico,
incluindo fotocópia e gravação) ou arquivada em qualquer sistema ou banco de
dados sem permissão escrita da editora.

CONSELHO EDITORIAL	PRODUÇÃO EDITORIAL
Diretor	Aline L.R. de Barros
Volney J. Berkenbrock	Marcelo Telles
	Mirela de Oliveira
Editores	Otaviano M. Cunha
Aline dos Santos Carneiro	Rafael de Oliveira
Edrian Josué Pasini	Samuel Rezende
Marilac Loraine Oleniki	Vanessa Luz
Welder Lancieri Marchini	Verônica M. Guedes
Conselheiros	**Conselho de projetos editoriais**
Elói Dionísio Piva	Isabelle Theodora R.S. Martins
Francisco Morás	Luísa Ramos M. Lorenzi
Gilberto Gonçalves Garcia	Natália França
Ludovico Garmus	Priscilla A.F. Alves
Teobaldo Heidemann	
Secretário executivo	
Leonardo A.R.T. dos Santos	

Editoração: Débora Spanamberg Wink
Diagramação: Raquel Nascimento
Revisão gráfica: Nilton Braz da Rocha / Fernando Sérgio O. da Rocha
Capa: Érico Lebedenco

ISBN 978-65-5713-819-9 (Brasil)
ISBN 978-0-8028-3972-5 (Estados Unidos)

Este livro foi composto e impresso pela Editora Vozes Ltda.

Para meu pai,
Donald Eugene Smith,
com amor

Deus fez belas todas as coisas a seu próprio tempo;
também pôs a eternidade no coração delas.

(cf. Ecl 3,11)

SUMÁRIO

Preâmbulo à segunda edição, 11

Preâmbulo à segunda edição, 14

   1 Pesquisas recentes sobre divindades, 14

   2 Tendências importantes desde 1990, 19

   3 Desafios teóricos, 25

   4 Asherah/asherah: nova discussão, 35

   5 Retrospectiva, 42

Agradecimentos (primeira edição), 45

Abreviaturas e siglas, 49

Introdução, 55

   1 A questão da compreensão da religião israelita, 55

   2 Pressupostos para este estudo, 70

1 Deidades em Israel no período dos Juízes, 77

   1 Herança "cananeia" de Israel, 77

   2 Yahweh e El, 91

   3 Yahweh e Baal, 103

   4 Yahweh e Asherah, 109

   5 Convergência das imagens divinas, 117

   6 Convergência na religião israelita, 120

   7 Israel e seus vizinhos, 123

2 Yahweh e Baal, 129

   1 Adoração a Baal em Israël, 129

2 Imagens de Baal e Yahweh, 146

3 O papel da monarquia, 159

4 Excurso: Yahweh e Anat, 170

3 Yahweh e Asherah, 178

1 Distribuição no registro bíblico, 178

2 O símbolo da Asherah, 182

3 As evidências epigráficas, 189

4 Asherah – uma deusa israelita?, 197

5 A assimilação das imagens de Asherah, 206

6 Excurso: linguagem de gênero para Yahweh, 211

4 Yahweh e o Sol, 224

1 O registro bíblico, 224

2 O papel da monarquia, 230

3 A assimilação das imagens solares, 236

5 Práticas cultuais javistas, 237

1 Lugares e símbolos cultuais javistas, 237

2 Práticas associadas aos mortos, 239

3 O sacrifício *mlk*, 250

6 As origens e o desenvolvimento do monoteísmo israelita, 263

1 O período dos Juízes, 265

2 A primeira metade da monarquia, 266

3 A segunda metade da monarquia, 272

4 O exílio, 274

5 O monoteísmo israelita em perspectiva histórica, 278

7 *Post-scriptum* – Retratos de Yahweh, 284

1 Processos que levaram a retratos divinos em Israel, 284

2 A ausência de alguns papéis canaanitas divinos no registro bíblico, 287

Índice de textos, 293

Citações bíblicas, 293

Textos intertestamentários, 304

Referências judaicas pós-bíblicas, 304

Textos de Ugarit, 304

Outras inscrições do Oriente Próximo, 307

Clássicos, 309

Índice de autores, 311

Índice analítico, 327

PREÂMBULO À SEGUNDA EDIÇÃO

Patrick D. Miller

O último quarto de século testemunhou um crescente interesse pela religião israelita, decorrente de novas descobertas significativas, tanto epigráficas quanto iconográficas, bem como da atenção renovada às raízes do monoteísmo na Bíblia. Nenhum consenso foi alcançado sobre as origens do monoteísmo no Israel antigo. Pelo contrário, a distância entre perspectivas sobre essa questão pode ser mais pronunciada do que nunca. Quando se trata da religião israelita, há quem opine deliberadamente em favor de um politeísmo inicial, enquanto outros insistem na prioritária e geralmente exclusiva adoração do Deus Yahweh desde os primeiros estágios dela.

Nem um único estudo da religião israelita durante esse período contribuiu mais informativa e construtivamente para a discussão dessas questões do que o livro de Mark Smith, *História primitiva de Deus: Yahweh e outras divindades no antigo Israel*. Seu subtítulo identifica não só o assunto principal, mas também as duas perspectivas que tornam este livro tão valioso. É, em certo sentido, um estudo do início de "Deus", pelo menos na medida em que a compreensão contemporânea de divindade nas tradições ocidentais aplica-se em retrospectiva ao Deus de Israel. O esforço de Smith não é o de escrever uma história da religião israelita, mas sim o de escrever uma história de Deus, com particular atenção à forma como a compreensão sobre deidade que moldou tanto o judaísmo quanto o cristianismo e islamismo – com influências para muito além desses círculos – tomou forma nos estágios iniciais. A referência a "outras deidades" é apropriada, porque Yahweh claramente saiu do mundo dos deuses do Antigo Oriente Próximo, de modo que as relações de parentesco com outras divindades estão presentes desde o início. Smith demonstra particular interesse nas "outras divindades", pois estas encontraram, dentro da religião israelita, seu lugar como objetos de adoração ao lado da divindade nacional, Yahweh. Mas, ao longo desta análise, ele desvela as raízes de Yahweh e do javismo e os caminhos pelos quais as outras divindades conseguiram integrar o perfil e o caráter do Deus de Israel. Assim, o lugar das outras divindades não é simplesmente ao lado da deidade de Israel, mas sim dentro do Deus Yahweh, bem como em diferenciação e, às vezes, em conflito com ele. O desenvolvimento de uma tipologia de *convergência* e de *diferenciação*, esboçada na introdução e, em seguida, trabalhada ao longo dos demais capítulos, é uma contribuição importante para a possibilidade de uma compreensão complexa, mas coerente, das origens de Yahweh e do lugar que a divindade tinha na história de Israel até o exílio. Ao longo do caminho, Smith dá atenção ao contexto social e a tipologias dentro da religião israelita, particularmente no que diz respeito à família e à religião popular, distinta da religião real e estatal.

Outro fundamento estabelecido por este livro deve ser encontrado em seu enfoque em dois aspectos da deidade que chegaram a ser vistos de maneiras muito mais amplas do que anteriormente. Já antes do trabalho de Smith ter aparecido, muita discussão – por vezes acalorada – vinha sendo gerada a partir da descoberta de textos em duas áreas diferentes no Judá do século VIII, os quais aludiam a uma "asherah" relacionada a Yahweh. A clara conexão desse termo com o termo equivalente na Bíblia – com seu desdém pejorativo –, bem como com uma deusa bem conhecida do segundo milênio a partir de textos semíticos ocidentais, levantou a possibilidade de o Deus de Israel ter tido uma consorte reconhecida como tal na religião israelita pré-exílica. Smith trata dessa questão com perspicácia e atenção cuidadosa às várias opiniões sobre o tema, incluindo os estudos mais recentes sobre a questão. O aspecto adicional de Yahweh, do qual nos tornamos mais cientes, em parte graças à própria pesquisa original de Smith sobre o tema, é seu caráter solar, uma questão a que se dedica um capítulo inteiro do presente trabalho.

Embora este grande estudo sobre o Deus de Israel não se tenha tornado ainda obsoleto, a segunda edição é uma contribuição bem-vinda para o estudo adicional da religião israelita e das raízes do monoteísmo. Caracteristicamente atento à mais recente pesquisa, Smith atualizou sua obra em muitos pontos. O mais importante é o prefácio à segunda edição, ele mesmo uma pequena monografia que analisa novamente todas as questões discutidas no livro a partir da perspectiva das pesquisas mais recentes. Mesmo dentro do texto principal, porém, especialmente nas notas, Smith revisou-se sem mudar sua posição – um movimento desnecessário no seu caso por causa da sabedoria e da judiciosidade de sua visão construtiva e persuasiva sobre a origem e a natureza de Yahweh entre os deuses do mundo de Israel. Por meio de uma leitura cuidadosa deste livro, historiadores e teólogos irão aprender muito do que precisam saber para entender o Deus bíblico e o mundo religioso que gerou as escrituras judaicas e cristãs.

PREFÁCIO À SEGUNDA EDIÇÃO

Mark S. Smith
Universidade de Nova York,
Departamento de Estudos Hebraicos e
Judaicos, 10 de fevereiro de 2002.

1 Pesquisas recentes sobre divindades

Passou-se mais de uma década desde que *História primitiva de Deus* foi publicado pela primeira vez (em 1990), e muitos novos desenvolvimentos ocorreram, alterando o estado da pesquisa sobre divindades. Muitas novas descobertas epigráficas, iconográficas e arqueológicas pertinentes à pesquisa foram feitas. Novas e importantes descobertas epigráficas sobre divindades incluem várias inscrições de Tel Miqneh (Ecrom)[1] e a inscrição fenícia da aldeia turca de Injirli, situada a sudoeste[2]. Algumas das descobertas mais dramáticas da iconografia seriam a estela de Betsaida, representando a divindade-touro de chifres; as placas de Tel Dã, representando a figura de um deus sentado e uma divindade de pé retratada de uma forma incomum; e o medalhão de Ishtar de Miqneh[3]. Finalmente, a arqueologia forneceu ainda aos estudantes da religião israelita um novo arsenal de dados para levar em consideração e integrar aos seus conheci-

---

1. Para referências, cf. adiante p. 29, 36.
2. Para referências, cf. adiante p. 252.
3. Sobre a estela de Betsaida, cf. adiante, p. 84, nota 64; sobre o medalhão, cf. ORNAN, T. Ištar as Depicted on Finds from Israel. *In*: MAZAR, A.; MATHIAS, G. (eds.). *Studies in the Archaeology of the Iron Age in Israel and Jordan*. Sheffield: Sheffield Academic Press, 2001 (JSOTSup, 331), p. 235-252.

mentos. Como resultado dessas descobertas epigráficas, iconográficas e arqueológicas mais recentes, muitas hipóteses-padrões estão esmaecendo e, em consequência disso, novas sínteses estão surgindo.

A velocidade das novas descobertas tem sido mais do que acompanhada pelo ritmo da literatura secundária. Ao longo da última década, o tema das divindades no antigo Israel tem tido um grande destaque no mundo acadêmico dos estudos bíblicos. Muitos novos artigos e livros têm aparecido, tratando de todas as divindades discutidas em *História primitiva de Deus*. De fato, não se passou praticamente um ano sem o aparecimento de um novo livro sobre a deusa Asherah[4], e muitas outras divindades foram objeto de estudos substanciais por direito próprio. Obras de estudiosos europeus bem conhecidos oferecem ampla cobertura especificamente sobre deidades no antigo Israel (listados em ordem conforme o ano): O. Loretz, *Ugarit und die Bibel: Kanaanäische Götter und Religion im Alten Testament*[5]; a síntese iconograficamente orientada de O. Keel e C. Uehlinger, *Göttinen, Götter und Gottessymbole*[6], que foi traduzida em inglês em 1998, sob o título *Gods, Goddesses and Images of God in Ancient Israel*[7]; W. Herrmann, *Von Gott und den Göttern: Gesammelte Aufsätze zum Alten Testament*[8]; N. Wyatt, *Serving the Gods*[9]; e J. Day, *Yahweh and the Gods and Goddesses of Canaan*[10]. O ápice dessa linha de pesquisa é o tomo de referência *Dictionary of Deities and Demons in the Bible (DDD)*[11], que apareceu em uma edição revisada e ampliada em 1999.

---

4. Para referências, cf. a seção 4 adiante, intitulada "Asherah/asherah: nova discussão", e o capítulo 3.

5. LORETZ, O. *Ugarit und die Bibel: Kanaanäische Götter und Religion im Alten Testament*. Darmstadt: Wissenschaftliche Buchgesellschaft, 1990.

6. KEEL, O.; UEHLINGER, C. *Göttinen, Götter und Gottessymbole*. Freiburg: Herder, 1992 (Questiones disputatae, 134).

7. KEEL, O.; UEHLINGER, C. *Gods, Goddesses and Images of God in Ancient Israel*. Tradução de T. Trapp. Mineápolis: Fortress, 1998.

8. HERRMANN, W. *Von Gott und den Göttern: Gesammelte Aufsätze zum Alten Testament*. Berlim: de Gruyter, 1999 (BZAW, 259).

9. WYATT, N. *Serving the Gods*. Sheffield: Sheffield Academic Press, 2000.

10. DAY, J. *Yahweh and the Gods and Goddesses of Canaan*. Sheffield: Sheffield Academic Press, 2001 (JSOTSup, 265).

11. TOORN, K. van der; BECKING, B.; HORST, P. W. van der (eds.). *Dictionary of Deities and Demons in the Bible (DDD)*. Leiden: Brill, 1995.

Complementando esses trabalhos, há estudos dedicados à religião semita ocidental. Estes incluem G. del Olmo Lete, *La Religión Cananea según la liturgia de Ugarit: Estudio textuel*[12], que foi publicado em inglês como *Canaanite Religion according to the Liturgical Texts of Ugarit*[13]; um livro editado também por Olmo Lete, *Semitas Occidentales (Emar, Ugarit, Hebreaos, Fenícios, Arameos, Arabes preislamicos)* com contribuições de D. Arnaud, G. del Olmo Lete, J. Teixidor e F. Bron[14]; e H. Niehr, *Religionen in Israels Umwelt: Einführung in die nordwestsemitischen Religionen Syrien-Palästinas*[15]. F. Pomponio e P. Xella produziram *Les dieux d'Ebla*, que tratou de deidades presentes não apenas em textos de Ebla mas também em *corpora* posteriores[16]. Uma ampla cobertura das fontes fenícias foi muito bem fornecida por E. Lipiński em seu livro *Dieux et déesses de l'univers phénicien et punique*[17].

Algumas histórias da religião israelita também têm aparecido, incluindo a obra de R. Albertz, *Religionsgeschichte Israels im alttestamentlicher Zeit*, de 1992[18] (que foi publicado dois anos mais tarde, em inglês, como *A history of israelite religion in the Old Testament Period*[19]). Um ganho mais recente desse venerável gênero é o livro pu-

---

12. OLMO LETE, G. del. *La Religión Cananea según la liturgia de Ugarit*: Estudio textuel. Barcelona: Editorial AUSA, 1992 (Aula Orientalis Supplementa, 3).

13. OLMO LETE, G. del. *Canaanite Religion according to the Liturgical Texts of Ugarit*. Tradução de W. G. E. Watson. Bethesda: CDL, 1999.

14. OLMO LETE, G. del. (ed.). *Semitas Occidentales (Emar, Ugarit, Hebreaos, Fenicios, Arameos, Arabes preislamicos)*. Barcelona: Editorial AUSA, 1995 (Mitología y Religión del Oriente Antiguo II/2).

15. NIEHR, H. *Religionen in Israels Umwelt: Einführung in die nordwestsemitischen Religionen Syrien-Palästinas*. Wurtzburgo: Echter, 1998. Outras obras importantes incluem: CUNCHILLOS, J.-L. *Manual de Estudios Ugaríticos*. Madri: CSIC, 1992; WATSON, W. G. E.; WYATT, N. (eds.). *Handbook for Ugaritic Studies*. Leiden: Brill, 1999. Cf. tb. DIJKSTRA, M. Semitic Worship at Serabit el- Khadem (Sinai). *ZAH*, vol. 10, 1997, p. 89-97, que dá sua adesão a I. D. G. Biggs e M. Dijkstra (*Corpus of Proto-Sinaitic Inscriptions (CPSI)* [AOAT, 41]).

16. POMPONIO, F.; XELLA, A. P. *Les dieux d'Ebla*: Étude analytique des divinités éblaïtes à l'époque des archives royales du IIIe millénaire. Münster: Ugarit-Verlag, 1997 (AOAT 245).

17. LIPIŃSKI, E. *Dieux et déesses de l'univers phénicien et punique*. Leuven: Uitgeverij Peeters & Departement Oosterse Studies, 1995 (Orientalia Lovaniensia Analecta, 64; Studia Phoenicia, 14).

18. ALBERTZ, R. *Religionsgeschichte Israels in alttestamentlicher Zeit*: Das Alte Testament Deutsch. Gotinga: Vandenhoeck & Ruprecht, 1992.

19. ALBERTZ, R. *A History of Israelite Religion in the Old Testament Period*. Tradução de J. Bowden. Louisville: Westminster/John Knox, 1994.

blicado em 2000 por P. D. Miller, *The religion of Ancient Israel*[20]. Em 2001, o livro de Z. Zevit, *The religions of Ancient Israel: a synthesis of parallactic approaches*, incorporou a história da pesquisa sobre religião, mas esse trabalho estende-se muito além do habitual do gênero pela sua profundidade textual, iconográfica e arqueológica ao longo das abordagens dos objetos pesquisados, bem como pela sua discussão teórica[21]. Quando esta segunda edição de *História primitiva de Deus*, enfim, chega à forma impressa, o campo está se beneficiando do levantamento da religião israelita por T. J. Lewis, publicado na Anchor Bible Reference Library (Doubleday)[22]. Os tomos das conferências e outras coleções sobre a religião israelita no seu meio semita ocidental também tiveram impacto[23].

Novas investigações do politeísmo e do monoteísmo incluem H. Niehr, *Der höchste Gott*[24]; J. C. de Moor, *The Rise of Yahwism: Roots of*

---

20. MILLER, P. *The Religion of Ancient Israel*. Londres: SPCK; Louisville: Westminster/John Knox, 2000.

21. ZEVIT, Z. *The Religions of Ancient Israel: A Synthesis of Parallactic Approaches*. Londres: Continuum, 2001.

22. Cf. tb CROSS, F. M. *From Epic to Canon*: History and Literature in Ancient Israel Baltimore: Johns Hopkins University Press, 1998.

23. Estes incluem, conforme o ano de publicação: DIETRICH, W.; KLOPFENSTEIN, M. A. (eds.). *Ein Gott allein? JHWH-Verehrung und biblischer Monotheismus im Kontext der israelitischen und altorientalischen Religionsgeschichte*. Friburgo: Universitätsverlag; Gotinga: Vandenhoeck & Ruprecht, 1994 (OBO, 139); BROOKE, G. J.; CURTIS, A. H. W.; HEALEY, J. F. (eds.). *Ugarit and the Bible*: Proceedings of the International Symposium on Ugarit and the Bible. Manchester, September 1992. Münster: Ugarit-Verlag, 1994 (UBL 11); EDELMAN, D. V. (ed.). *The Triumph of Elohim*: From Yahwisms to Judaisms. Grand Rapids: Eerdmans, 1996; WYATT, N.; WATSON, W. G. E.; LLOYD J. B. (eds.). *Ugarit, Religion and Culture*: Proceedings of the International Colloquium on Ugarit, Religion and Culture. Edinburgh, July 1994. Essays Presented in Honour of Professor John C. L. Gibson. Münster: Ugarit-Verlag, 1996 (UBL 12); DIETRICH, M.; KOTTSIEPER, I. (eds.). *"Und Mose schrieb dieses Lied auf"*. Münster: Ugarit-Verlag, 1998 (AOAT 250); BECKING, B.; KORPEL, M. C. A. (eds.). *The Crisis of Israelite Religion*: Transformation of Religious Tradition in Exilic and Post-Exilic Times. Leiden: Brill, 1999 (OTS, XLII); BECKING, B. *et al. Only One God? Monotheism in Ancient Israel and the Veneration of the Goddess Asherah*. Sheffield: Sheffield Academic Press, 2001.

24. NIEHR, H. *Der höchste Gott: Alttestamenticher JHWH-Glaube im Kontext syrischkannanäischer Religion des 1. Jahrtausends v. Chr*. Berlim: de Gruyter, 1990 (BZAW, 190). Cf. a resposta de K. Engelkern (BA'AL ŠAMEM: Eine Auseinandersetzung mit der monographie von H. Niehr, *ZAW*, vol. 108, 1996, p. 233-248, 391-407). Um resumo em inglês da obra de Niehr pode ser encontrado em seu ensaio "The Rise of YHWH in Judahite and Israelite Religion: Methodological and Religio-Historical Aspects" (*In*: EDELMAN, D. V. (ed.). *The Triumph of Elohim*, p. 45-72).

Israelite Monotheism, livro substancial, embora controverso[25]; N. Wyatt, *Myths of Power: A Study of Royal Power and Ideology in Ugaritic and Biblical Tradition*[26]; R. K. Gnuse e a sua combinação de religião antiga e teologia moderna, *No Other Gods: Emergent Monotheism in Israel*[27]; e o meu estudo *The Origins of Biblical Monotheism: Israel's Polytheistic Background and the Ugaritic Texts*[28]. Também surgiu uma obra bastante popular sobre o assunto, com ensaios de D. B. Redford, W. G. Dever, P. K. McCarter e J. J. Collins[29]. Uma série de ensaios substanciais igualmente abordaram esse tópico[30].

Como todas as novas descobertas e pesquisas indicam[31], é impossível fazer justiça ao progresso da última década sobre o tema das divindades no antigo Israel. A seguir, gostaria de oferecer uma ideia de algumas das tendências centrais e dos principais problemas em aberto relacionados com a investigação sobre essas divindades.

---

25. MOOR, J. C. de. *The Rise of Yahwism*: Roots of Israelite Monotheism. Leuven: Peeters/University Press, 1990; 2. ed., 1997 (Bibliotheca Ephemeridum Theologicarum Lovaniensium, 91).

26. WYATT, N. *Myths of Power*: A Study of Royal Power and Ideology in Ugaritic and Biblical Tradition. *Münster: Ugarit*-Verlag, 1996 (UBL, 13).

27. GNUSE, R. K. *No Other Gods*: Emergent Monotheism in Israel. Sheffield: Sheffield Academic Press, 1997 (JSOTSup, 241).

28. SMITH, Mark S. *The Origins of Biblical Monotheism*: Israel's Polytheistic Background and the Ugaritic Texts. Oxford: Oxford University Press, 2001. Para mais discussões a respeito de como esse livro reporta-se a esta *História primitiva de Deus*, cf. o fim deste prefácio.

29. SHANKS, H.; MEINHARDT, J. (eds.). *Aspects of Monotheism*: How God Is One. Washington: Biblical Archaeology Society, 1997.

30. P. ex., de acordo com o ano: SCHMIDT, W. H. "Jahwe und...": Anmerkungen zur sog. Monotheismus-Debatte. *In*: BLUM, E.; MACHOLZ, C.; STEGEMANN, E. W. (eds.). *Die Hebräische Bibel und ihre zweifache Nachgeschichte*: Festschrift für Rolf Rendtorff zum 65. Neukirchen-Vluyn: Neukirchener Verlag, 1990, p. 435-447; WEIPPERT, M. Synkretismus und Monotheismus. *In*: ASSMAN, J.; HARTH, D. (eds.). *Kultur und Konflikt*. Frankfurt am Main: Suhrkamp, 1990 (Edition Suhrkamp N.S., 612), 143-179; AHN, G. "Monotheismus" – "Polytheismus": Grenzen und Möglichkeiten einer Klassifikation von Gottesvorstellungen. *In*: DIETRICH, M.; LORETZ, O. (eds.). *Mesopotamica – Ugaritica – Biblica: Festschrift für Kurt Bergerhof zur Vollendung seines 70.* Kevelaer: Butzon & Bercker; Neukirchen Vluyn: Neukirchener Verlag, 1993 (AOAT), p. 1-24; THOMPSON, T. L. The Intellectual Matrix of Early Biblical Narrative: Inclusive Monotheism in Persian Period Palestine. *In*: EDELMAN, D. V. (ed.). *The Triumph of Elohim*, p. 107-124; SCHENKER, A. Le monothéisme israelite: un dieu qui transcende le monde et les dieux. *Biblica*, vol. 78, 1997, p. 436-448; PROPP, W. H. C. Monotheism and "Moses": The Problem of Early Israelite Religion. *UF*, vol. 31, 1999, p. 537-575.

31. Para outras listas e discussões, e para o estado atual da questão, cf. LORETZ, O. Religionsgeschichte(n) Altsyrien-Kanaans und Israel-Judas. *UF*, vol. 30, 1998, p. 889-907.

2 Tendências importantes desde 1990

Olhando para além de trabalhos específicos sobre divindades em direção a disciplinas mais amplas que se ocupam do estudo da religião israelita, várias novas tendências surgiram ao longo da última década. Além de novas descobertas, eu mencionaria três tendências no estudo da religião israelita.

Em primeiro lugar, o estudo da iconografia e sua relevância para a religião israelita vieram à tona com força particular. Como já mencionado, temos a extraordinariamente importante obra sintética da equipe de O. Keel e C. Uehlinger, *Göttinen, Götter und Gottessymbole* (edição inglesa: *Gods, Goddesses and Images of God in Ancient Israel*). O campo também se beneficiou dos muitos estudos importantes sobre iconografia por muitas personalidades, incluindo P. Beck, I. Cornelius, E. Gubel, T. Ornan, B. Sass e S. Timm[32]. Um grande "evento" na questão específica da iconografia e do aniconismo israelitas foi o livro de 1995 de T. N. D. Mettinger, *No Graven Image? Israelite Aniconism in Its Ancient Near Eastern Context*[33]. Esse trabalho gerou uma enorme quantidade de discussão, epitomizada pelos ensaios em *The Image and the Book: Iconic Cults, Aniconism, and Rise of Book Religion in Israel and the Ancient Near East*[34], além de um importante artigo de revisão de T. J. Lewis[35], bem como a visão geral apresentada por

---

32. Cf., entre outros, AMIET, P. *Corpus des cylindres de Ras Shamra – Ougarit II*: Sceaux--cylindres en hématitie et pierres diverses. Paris: Éditions Recherche sur les Civilisations, 1992 (RSO IX); SASS, B.; UEHLINGER, C. (eds.). *Studies in the Iconography of Northwest Semitic Inscribed Seals*. Friburgo: Universitätsverlag; Gotinga: Vandenhoeck & Ruprecht, 1993 (OBO 125); CORNELIUS, I. *The Iconography of the Canaanite Gods Reshef and Ba'al*: Late Bronze Age I Periods (c. 1500-1000 BCE). Friburgo: Universitätsverlag; Gotinga: Vandenhoeck & Ruprecht, 1994 (OBO, 140); UEHLINGER, C. (ed.). *Images as Media*: Sources for the Cultural History of the Near East and the Eastern Mediterranean (1st millennium BCE). Friburgo, Suíça: Universitätsverlag; Gotinga: Vandenhoeck & Ruprecht, 2000 (OBO, 175). Cf. tb. o livro monumental do saudoso N. Avigad revisado e complementado por B. Sass (*Corpus of West Semitic Stamp Seals*. Jerusalém: The Israel Academy of Sciences and Humanities, 1997).

33. METTINGER, T. N. D. *No Graven Image?* Israelite Aniconism in Its Ancient Near Eastern Context. Estocolmo: Almqvist & Wiksell, 1995 (ConBOT, 42).

34. TOORN, K. van der. (ed.). *The Image and the Book*: Iconic Cults, Aniconism, and the Rise of Book Religion in Israel and the Ancient Near East. Leuven: Peeters, 1997 (Contributions to Biblical Exegesis and Theology, 21).

35. LEWIS, T. J. Divine Images: Aniconism in Ancient Israel. *JAOS*, vol. 118, 1998, p. 36-53. Cf. tb. SCHMIDT, B. B. The Aniconic Tradition: On Reading Images and Viewing Texts. *In*: EDELMAN, D. V. (ed.). *The Triumph of Elohim*, p. 75-105.

N. Na'aman[36]. Como resultado desse trabalho, a iconografia emergiu como um terceiro grande conjunto de dados acrescentados aos textos e aos achados arqueológicos no estudo da religião israelita.

Em segundo lugar, a pesquisa arqueológica sintética atingiu um novo nível de sofisticação. Exemplos de trabalhos importantes de arqueólogos interessados em situar textos bíblicos em seus contextos culturais mais amplos incluem estudos de L. E. Stager[37], bem como de J. D. Schloen[38], D. M. Master[39] e E. M. Bloch-Smith, incluindo sua tese, intitulada *Judahite Burials Practices and Beliefs about the Dead*[40]. Além disso, três proeminentes sínteses bastante acessíveis produzidas por membros veteranos do campo da arqueologia foram publicadas em 2001: um belo livro de P. J. King e L. E. Stager, *Life in Biblical Israel*[41]; o livro demasiadas vezes

---

36. NA'AMAN, N. No Anthropomorphic Graven Image: Notes on the Assumed Anthropomorphic Cult Statues in the Temples of YHWH in the Pre-exilic Period. *UF*, vol. 31, 1999, p. 391-415.

37. Dois estudos particularmente férteis de Stager são: The Archaeology of the Family in Ancient Israel. *BASOR*, vol. 260, 1985, p. 1-35; Archaeology, Ecology and Social History: Background Themes to the Song of Deborah. *In*: EMERTON, J. A. (ed.). *Congress Volume*: Jerusalem 1986. Leiden: Brill, 1988 (VTSup, 40), p. 221-234.

38. SCHLOEN, J. D. Caravans, Kenites, and Casus Belli: Enmity and Alliance in the Song of Deborah. *CBQ*, vol. 55, 1993, p. 18-38; *The House of the Father as Fact and Symbol*: Patrimonialism in Ugarit and the Ancient Near East. Winona Lake: Eisenbrauns, 2001 (Studies in the Archaeology and History of the Levant, 2). Outro registo para a área é o trabalho de L. K. Handy (*Among the Host of Heaven*: The Syro-Palestinian Pantheon as Bureaucracy. Winona Lake: Eisenbrauns, 1994). Cf. os comentários sobre o livro de Handy feitos por Schloen (*The House of the Father*, p. 356-357) e por mim mesmo (*The Origins of Biblical Monotheism*, p. 52-53).

39. MASTER, D. M. State Formation Theory and the Kingdom of Ancient Israel. *JNES*, vol. 60, 2001, p. 117-131.

40. BLOCH-SMITH, E. M. *Judahite Burial Practices and Beliefs about the Dead*. Sheffield: Sheffield Academic Press, 1992 (JSOTSup, 123; JSOT/ASOR Monograph Series, 7). Cf. tb. The Cult of the Dead in Judah: Interpreting the Material Remains. *JBL*, vol. 111, 1992, p. 213-224. O estudo de Bloch-Smith sobre o Templo de Jerusalém continua a ser o estudo mais avançado disponível sobre o assunto: "Who Is the King of Glory?" Solomon's Temple and Its Symbolism. *In*: COOGAN, M. D.; EXUM, J. C.; STAGER, L. E. (eds.). *Scripture and Other Artifacts*: Essays on the Bible and Archaeology in Honor of Philip J. King. Louisville: Westminster/John Knox, 1994, p. 18-31. Essa produção foi republicada e editada por Mark S. Smith com contribuições de Elizabeth M. Bloch-Smith (*The Pilgrimage Pattern in Exodus*. Sheffield: Sheffield Academic Press, 1997 [JSOTSup, 239], p. 85-100). Do mesmo modo, o seu próximo estudo, "Israelite Ethnicity in Iron I" (meus agradecimentos à autora pelo acesso ao artigo em estado de pré-publicação e pela permissão para citá-lo), avança a discussão atual da identidade israelita no período do Ferro I. Garanto-lhe: confira o fim deste prefácio.

41. KING, P. J.; STAGER, L. E. Life in Biblical Israel, Library of Ancient Israel Louisville: Westminster/John Knox, 2001.

venenoso de W. G. Dever, *What Did the Biblical Writers Know and When Did They Know It? What Archaeology Can Tell Us about the Reality of Ancient Israel*[42]; e o trabalho um tanto unilateral de I. Finkelstein e N. Silberman, *The Bible Unearthed*[43]. Já citado antes, temos o monumental livro de Z. Zevit, de 2001, *The Religions of Ancient Israel: A Synthesis of Parallactic Approaches*[44], que merece ser mencionado neste contexto por causa de sua consistente síntese de fontes arqueológicas. Outra obra recente entre as que fazem investigação arqueológica da religião israelita é *Archaeology and the Religions of Canaan and Israel*, de B. A. Nakhai[45].

Subjacente aos esforços de síntese está a discussão teórica sobre as relações entre textos primários e outros resquícios arqueológicos para a interpretação de culturas antigas. Há mais de quinze anos, F. Brandfon escreveu um artigo de jornal de sondagem no qual tratou de algumas das dificuldades teóricas[46]. No entanto, até há relativamente pouco tempo, essa reflexão crítica não havia permeado as tendências dominantes da discussão. Por exemplo, desde há muito, W. G. Dever é conhecido por sua importante pesquisa arqueológica e seu constante interesse pelas ciências sociais[47]. Entretanto, em sua posição teórica com relação ao material historicamente pertinente incorporado à Bíblia e ao registro arqueológico, Dever encolhe-se numa posição entrincheirada que ele mesmo caracteriza como "senso comum"[48]. Por que isso? Eu só ofereceria a minha suspei-

---

42. DEVER, W. G. *What Did the Biblical Writers Know and When Did They Know It?* What Archaeology Can Tell Us about the Reality of Ancient Israel. Grand Rapids: Eerdmans, 2001. Cf. adiante neste livro para mais discussões.

43. FINKELSTEIN, I.; SILBERMAN, N. *The Bible Unearthed*: Archaeology's New Vision of }Ancient Israel and the Origin of Its Sacred Texts. Nova York: The Free Press, 2001. Cf. a resenha feita por Dever (Excavating the Hebrew Bible, or Burying It Again? *BASOR*, vol. 322, 2001, p. 67-77).

44. ZEVIT, Z. *The Religions of Ancient Israel*: A Synthesis of Parallactic Approaches. Londres: Continuum, 2001.

45. ALPERT NAKHAI, B. *Archaeology and the Religions of Canaan and Israel*. Boston: The American Schools of Oriental Research, 2001 (ASOR Books, 7). Cf. tb. SKJEGGESTAD, M. *Facts in the Ground*: Biblical History in Archaeological Interpretation of the Iron Age in Palestine. Oslo: Unipub forlag, 2001 (a referência é uma cortesia de Tryggve Mettinger).

46. BRANDFON, F. The Limits of Evidence: Archaeology and Objectivity. *Maarav*, vol. 4/1, 1987, p. 5-43.

47. DEVER, W. G. *What Did the Biblical Writers Know?*, p. 53-95.

48. DEVER, W. G. *What Did the Biblical Writers Know?*, p. 15, 106.

ta de que as dificuldades de Dever derivam de um pragmatismo (ele caracteriza seu modelo como um "neopragmatismo"[49]), que evidentemente evita a filosofia e, mais especificamente, a filosofia da história. Por outro lado, em 2001, duas figuras bem conhecidas trouxeram essa discussão para o centro do palco. Zevit dedica as primeiras oitenta páginas de *The Religions of Ancient Israel* ao assunto. J. D. Schloen ofereceu ao tema seu prefácio filosófico sobre arqueologia e pesquisa histórica em seu livro *The House of the Father as Fact and Symbol*[50]. Schloen pressente uma grande necessidade teórica onde Dever assume uma postura de "senso comum", comentando: "Por mais tentador que seja evitar teorização explícita, resta o fato de que escolhas contestáveis estão entretecidas até mesmo nas interpretações do 'senso comum' mais 'óbvias' e aparentemente inocentes em arqueologia e em história socioeconômica"[51].

Em terceiro lugar, e ligado a isso, o impacto das ciências sociais tem sido sentido de forma mais forte ao longo da última década. A antropologia e a sociologia têm permeado o trabalho de arqueólogos e de outros estudiosos que trabalham com religião. Seguindo os estudos mais antigos de R. Albertz sobre religião pessoal e haurindo do trabalho clássico do sociólogo Emile Durkheim, K. van der Toorn enfatizou a estrutura básica da família para compreender a cultura e a religião israelitas como um todo. Seu trabalho sobre questões domésticas e de gênero na religião merece uma nota especial aqui, especialmente seu impressionante livro de 1996, *Family Religion in Babylonia, Syria and Israel*[52], e sua monografia mais simples e, mesmo assim, útil de 1994, *From Her Cradle to Her Grave*[53]. Van der Toorn continua a análise da religião a partir do ponto privilegiado da localização social. Atualmente, ele está preparando um estudo da

---

49. DEVER, W. G. *What Did the Biblical Writers Know?*, p. 266.

50. SCHLOEN, J. D. *The House of the Father as Fact and Symbol*, p. 7-62.

51. SCHLOEN, J. D. *The House of the Father as Fact and Symbol*, p. 8.

52. TOORN, van der. *Family Religion in Babylonia, Syria and Israel*: Continuity and Change in the Forms of Religious Life. Leiden: Brill, 1996 (Studies in the History and Culture of the Ancient Near East, VII).

53. TOORN, van der. *From Her Cradle to Her Grave*: The Role of Religion in the Life of the Israelite and the Babylonian Woman. Sheffield: JSOT Press, 1994 (The Bible Seminar, 23). Cf. tb. Gruber, M. I. *The Motherhood of God and Other Studies*. Atlanta: Scholars, 1992 (South Florida Studies in the History of Judaism, 57).

religião intelectual que examina a compreensão da divindade e do mundo nos círculos escribais de Israel e da antiga Mesopotâmia. Influenciado por Max Weber, J. D. Schloen oferece algumas sugestões iniciais sobre a aplicação do conceito de família patriarcal ao Panteão[54]. Apliquei essa linha de investigação a fim de explorar conceituações monistas dentro do politeísmo ugarítico e do politeísmo israelita primitivo, e também para entender melhor o pano de fundo do surgimento do monoteísmo de Judá nos séculos. VII ou VI a.C.[55]. Da mesma forma, estudos sobre Anat realizados por P. L. Day[56] e N. H. Walls[57] têm olhado para a estrutura familiar buscando aumentar a compreensão de uma divindade específica, a saber, a deusa Anat. Outra área em que as ciências sociais têm sido influentes no estudo da religião de Israel e de Ugarit envolve estudos rituais (desenvolvidos por autores e autoras como Catherine Bell). Como apenas três exemplos de trabalhos fortemente permeados por essa área, eu mencionaria *A Time to Mourn, A Time to Dance*, de G. A. Anderson, *Rites and Rank*, de S. M. Olyan, e *Ritual in Narrative*[58], de D. P. Wright. Finalmente, estudos da etnia israelita foram aplicados tanto aos dados arqueológicos[59] como aos textos bíblicos[60].

---

54. SCHLOEN, J. D. *The House of the Father as Fact and Symbol*, p. 349-357. Cf. tb. The Exile of Disinherited Kin in KTU 112 and KTU 1.23. *JNES*, vol. 52, 1993, p. 209-220.

55. SMITH, Mark S. *The Origins of Biblical Monotheism*, p. 54-66, 77-80, 163-166.

56. Cf. os três trabalhos de Day: Why Is Anat a Warrior and Hunter? *In*: JOBLING, D.; DAY, P. L.; SHEPPARD, G. T. *The Bible and the Politics of Exegesis*: Essays in Honor of Norman K. Gottwald on His Sixty-Fifth Birthday. Cleveland: Pilgrim Press, 1991, p. 141-146, 329-332; Anat: Ugarit's "Mistress of Animals". *JNES*, vol. 51, 1992, p. 181-190; Anat. *DDD*, p. 36-43.

57. WALLS, N. H. *The Goddess Anat in Ugaritic Myth*. Atlanta: Scholars, 1992 (SBLDS, 135).

58. ANDERSON, G. A. *A Time to Mourn, A Time to Dance*: The Expression of Grief and Joy in Israelite Religion. State College: Pennsylvania State University Press, 1991; OLYAN, S. M. *Rites and Rank: Hierarchy in Biblical Representations of Cult*. Princeton: Princeton University Press, 2000; WRIGHT, D. P. *Ritual in Narrative*: The Dynamics of Feasting, Mourning and Retaliation Rites in the Ugaritic Tale of Aqhat. Winona Lake: Eisenbrauns, 2000.

59. Cf. o debate entre de Dever e Finkelstein em meados da década de 1990: DEVER, W. G. Ceramics, Ethnicity, and the Question of Israel's Origins. *BA*, vol. 58, 1995, p. 206-210; "Will the Real Israel Please Stand Up?" Part I: Archaeology and Israelite Historiography. *BASOR*, vol. 297, 1995, p. 61-80; "Will the Real Israel Please Stand Up?" Part II: Archaeology and the Religions of Ancient Israel. *BASOR*, vol. 298, 1995, p. 37-58; FINKELSTEIN, I. Ethnicity and the Origins of the Iron I Settlers in the Highlands of Canaan: Can the Real Israel Stand Up? *BA*, vol. 59, 1996, p. 198-212. Cf. ainda BLOCH-SMITH, E. M. Israelite Ethnicity in Iron I: Archaeology Preserves What Is Remembered and What Is Forgotten in Israel's History. *JBL*, vol. 122/3, 2003.

60. P. ex., cf. os ensaios em BRETT, M. (ed.). *Ethnicity in the Bible*. Leiden: Brill, 1996); McKAY, B. Ethnicity and Israelite Religion: The Anthropology of Social Boundaries in Judges (Tese de Doutorado, Universidade de Toronto, 1997).

Como resultado de estudos baseados em ciências sociais, textos bíblicos ou extrabíblicos foram situados mais dentro dos contextos de diferentes segmentos das sociedades que os produziram. Essa agenda nem sequer é nova[61], mas a pesquisa tornou-se mais influente. Assim, as perspectivas oferecidas nos textos podem não representar as culturas como um todo (como pressupõem os construtos "israelitas" e/ou/*versus* "canaanitas", usados há muito tempo). Em vez disso, os textos foram tomados como representações das perspectivas sobrepostas de várias facções, estratos e segmentos sociais: o assim chamado oficial contraposto ao popular; o doméstico contra o público; a elite contra o camponês; o masculino contra o feminino. J. Berlinerblau trouxe refinamentos sociológicos para essas categorias[62]. Ele também criticou o recurso às categorias longamente usadas de religião "popular" e religião "oficial"[63]. A forma como a pesquisa usa e matiza essas categorias e suas inter-relações dinâmicas é algo ainda a ser visto. Acadêmicos da área de estudos bíblicos continuarão a comparar e contrastar, bem como criticar a construção dessas categorias em outros campos acadêmicos[64]. Como corolário desses refinamentos, sínteses em pesquisas arqueológicas e textuais tentaram situar práticas religiosas ou noções conhecidas a partir de textos em locais arquitetônicos específicos

---

61. P. ex., WILSON, R. R. *Prophecy and Society in Ancient Israel*. Filadélfia: Fortress, 1980. Cf. a resenha deste livro por G. W. Ahlström em *JNES*, vol. 44, 1985, p. 217-220.

62. BERLINERBLAU, J. *The Vow and the "Popular Religious Groups" of Ancient Israel*: A Philological and Sociological Inquiry. Sheffield Academic Press, 1996 (JSOTSup, 210); Preliminary Remarks for the Sociological Study of Israelite "Official Religion". *In*: CHAZAN, R.; HALLO, W. W.; SCHIFFMAN, L. H. (eds.). *Ki Baruch Hu*: Ancient Near Eastern, Biblical, and Judaic Studies in Honor of Baruch A. Levine. Winona Lake: Eisenbrauns, 1999, p. 153-170. Para uma análise do livro de Berlinerblau, cf. minha resenha em *JSS*, vol. 43, 1998, p. 148-151. Cf. tb. BERLINERBLAU, J. The "Popular Religion" Paradigm in Old Testament Research: A Sociological Critique. *JSOT*, vol. 60, 1993, p. 3-26.

63. Cf. os trabalhos de Berlinerblau citados na nota anterior. Cf. tb. GOTTWALD, N. K. Social Class as an Analytic and Hermeneutical Category in Biblical Studies. *JBL*, vol. 112, 1993, p. 3-22.

64. Para alguns estudos europeus sobre a religião popular (por ano), cf. DAVIS, N. Z. Some Tasks and Themes in the Study of Popular Religion. *In*: TRINKAUS, C.; OBERMAN, H. A. (eds.). *In the Pursuit of Holiness in Late Medieval and Renaissance Religion*. Leiden: Brill, 1974, p. 307-336; VOVELLE, P. M. La religion populaire: Problèmes et méthodes. *Le monde alpin et rhodanien*, vol. 5, 1977, p. 7-32; VRIJHOF, H.; WAARDENBURG, J. (eds.). *Official and Popular Religion*: Analysis of a Theme for Religious Studies. Haia: Mouton, 1979 (Religion and Society, 19); JOLLY, K. L. *Popular Religion in Late Saxon England*: Elf Charms in Context. Chapel Hill: University of North Carolina Press, 1996.

como atestados pelo registro arqueológico. Em adição ao amplo estudo de Z. Zevit, mencionado anteriormente, eu citaria nessa mesma tendência o livro de T. H. Blomquist, publicado em 1999, *Gates and Gods*[65], e um artigo recente de A. Faust sobre a orientação arquitetônica das portas e a cosmologia israelita[66].

Em geral, novas abordagens oferecidas por dados iconográficos e arqueológicos foram acompanhadas por avanços em considerações teóricas. A inclusão de uma gama mais vasta de dados primários foi acompanhada por um aumento das considerações teóricas e dos esforços de síntese. Com essas mudanças, vieram vários desafios sérios.

3 Desafios teóricos

Embora a virada do milênio tenha testemunhado ampla pesquisa sobre divindades e religião israelitas[67], várias dificuldades mais antigas permanecem. Apesar de muitos ganhos, a tarefa básica continua a ser, em grande parte, uma questão de interpretação e de integração de pequenas evidências retiradas de fontes bastante díspares. Ao estudar textos bíblicos em particular, os estudiosos frequentemente lidam com vestígios literários sobre práticas religiosas e visões de mundo. As obras mais amplas, em que esses vestígios mais antigos aparecem, refrataram tão severamente a história religiosa anterior que a sua recuperação requer retirá-los de seus contextos literários. Para muitos leitores da Bíblia, isso pode parecer contraintuitivo, porque tal operação muitas vezes vai contra a índole das reivindicações da própria Bíblia. Em minha opinião, os vestígios que temos mal fornecem material suficiente para escrever uma história minimamente apropriada da religião no Israel antigo. Em geral, é muito difícil obter pouco mais do que um quadro amplo de Israel antes do século VIII, e, às vezes, as teses oferecidas parecem conjecturais. Ficarão bastante

---

65. BLOMQUIST, T. H. *Gates and Gods*: Cults in the City Gates of Iron Age Palestine, An Investigation of the Archaeological and Biblical Sources. Estocolmo: Almqvist & Wiksell, 1999 (ConBOT, 46).

66. FAUST, A. Doorway Orientation, Settlement Planning and Cosmology in Ancient Israel during Iron Age II. *Oxford Journal of Archaeology*, vol. 20/2, 2001, p. 129-155.

67. Para mais discussões e bibliografia, cf. SMITH, Mark S. *Untold Stories*: The Bible and Ugaritic Studies in the Twentieth Century. Peabody: Hendrickson Publishers, 2001, p. 192-193.

desapontados os leitores para os quais falta um contexto social claro (ou um conjunto de contextos) para as questões mais amplas discutidas neste livro. Mais especificamente, os vestígios da primitiva religião israelita apontam para algo que, neste Livro, rotulei de "convergência"; contudo, em minha opinião, muitas vezes esses vestígios não fornecem informações suficientes para iluminar seu pano de fundo social e político, além de uma defesa circunstancial do impacto da realeza. Já para o fenômeno que eu chamei de "diferenciação", registrei deveras alguns dos antigos agentes (especificamente, linhas sacerdotais, bem como os escritores e transmissores por trás do Livro do Deuteronômio e da história deuteronomista) nesse desenvolvimento, mas também aqui os vestígios oferecem apenas uma visão parcial de seu contexto histórico mais amplo.

A dificuldade fundamental reside na natureza da evidência textual. Em razão de imagens míticas (e pequenas narrativas míticas) terem sido incorporadas e refratadas através das lentes textuais dos vários gêneros, estes oferecem apenas um vislumbre de uma compreensão maior. Além disso, os textos foram escritos tanto tempo depois dos fatos, ou passaram por histórias redacionais tão longas, que é muito difícil avaliar a situação das várias divindades. Essa situação é particularmente aguda no que diz respeito ao período do Ferro I, mas também afeta a nossa compreensão do Ferro II. A arqueologia e a iconografia, embora centrais para o projeto, podem aliviar apenas algumas das dificuldades. Ambas requerem interpretação com demasiada frequência, devido a pouca ou a nenhuma ajuda de fontes textuais contemporâneas (à exceção de Jz 5 e talvez de algum outro pequeno número de textos). Como resultado, geralmente não é possível recuperar como o Israel pré-monárquico criou sua própria narrativa sobre sua identidade religiosa (refletida nas primeiras evidências arqueológicas e iconográficas)[68]. Em vez disso, estudiosos combinam uma série de abordagens em suas sínteses: eles dependem fortemente do pequeno número de textos primitivos, adicionam interpretações elabora-

---

68. Por esta perspectiva, estou em dívida com E. M. Bloch-Smith pelo estudo "Israelite Ethnicity in Iron I", que se baseia no trabalho de S. Cornell (That's the Story of Our Life. *In*: SPICKARD, P.; BURROUGHS, W. J. [eds.]. *We Are a People*: Narrative and Multiplicity in Constructing Ethnic Identity. Filadélfia: Temple University Press, 2000, p. 43-44). Cf. a ênfase colocada na narrativa tradicional em SCHLOEN, J. D. *The House of the Father as Fact and Symbol*, p. 29-48.

das a partir de fontes contemporâneas arqueológicas ou iconográficas e trabalham a partir de textos tardios que parecem (pelo menos para eles) refletir a situação mais primitiva (o estudo de Zevit é um bom exemplo dessa situação). O trabalho permanece altamente inferencial. Essa lacuna pode vir a ser superada no futuro por novas descobertas, exames mais extensos dos dados e sua incorporação em esquemas teoricamente mais sofisticados.

Desenvolvimentos recentes também complicaram a tarefa. Primeiro, pesquisas mais recentes alteraram axiomas de longa data do campo dos estudos bíblicos. Por exemplo, a velha teoria sobre as fontes do Pentateuco (muitas vezes chamada de "hipótese documental") já estava sob fogo cerrado quando *História primitiva de Deus* apareceu pela primeira vez (essa é a razão pela qual as siglas convencionais para as fontes do Pentateuco aparecem entre aspas). O modelo redacional mais recente, desenvolvido por E. Blum[69] e expandido por D. M. Carr[70], no lado bíblico, e os estudos de redação em Gilgamesh, por J. H. Tigay, no lado do Antigo Oriente Próximo[71], complicaram a teoria das fontes sem aboli-la[72]. Embora a sentença de morte para a teoria da fontes frequentemente tenha soado ao longo das décadas de 1980 e de 1990, ela não foi suplantada por um modelo mais persuasivo. O trabalho de Tigay em particular sugere que a crítica das fontes ajusta-se ao que é conhecido a respeito da composição e da transmissão de textos antigos fora da Bíblia. Além disso, modelos antiquados de crítica das fontes e de crítica redacional poderiam ser combinados e modificados a fim de fornecer uma satisfatória gama de modelos de composição textual que iria tratar da inter-relação de processos de memorização e leitura, escrita e interpretação (tratando, entre outras questões, das práticas israelitas de celebração e de memorização, tanto pelos escribas quanto em uma cultura mais vasta).

---

69. BLUM, E. *Studien zur Komposition des Pentateuch*. Berlim: de Gruyter, 1990 (BZAW, 189).

70. CARR, D. M. *Reading the Fractures of Genesis*: Historical and Literary Approaches. Louisville: Westminster/John Knox, 1996.

71. TIGAY, J. H. (ed.). *Empirical Models for Biblical Criticism*. Filadélfia: University of Pennsylvania Press, 1985, p. 1-20, 21-52, 149-173.

72. Cf., ademais, GNUSE, R. K. Redefining the Elohist? *JBL*, vol. 119, 2000, p. 201-220.

Esses processos foram abordados de uma forma incipiente na primeira edição de *História primitiva de Deus* (capítulo 6), mas várias outras opiniões sobre a oralidade e o escribalismo foram apresentadas recentemente, por exemplo, por S. A. Niditch e por R. F. Person Jr.[73] Estudos também enfatizam a alfabetização, por exemplo, em contrariedade ampla aos variados tratamentos por M. D. Coogan, J. L. Crenshaw e M. Haran[74]. M. Fishbane tem notado muito bem o papel da interpretação na prática escribal[75]. É a interseção de literacia, oralidade, interpretação, memória coletiva e modos de memorização que constitui a base dessa prática. Na verdade, os elementos insuficientemente representados na discussão sobre a práxis da antiga composição textual israelita são, a meu ver, memória cultural e memorização. A primeira tem sido cada vez mais abordada nos últimos anos[76], enquanto a segunda continua a ser largamente negligenciada. Em contraste, memória e memorização são bem notadas no trabalho de C. Hezser, *Jewish Literacy in Roman Palestine*[77], e lindamente enfatizadas por M. Carruthers em seus dois estudos sobre a cultura medieval[78]. A constelação de práticas escribais, incluindo a memorização, são atestadas para Israel nas cartas de Laquis[79]. Como apenas um modelo de trabalho, pode-se supor que tal prática escribal permeou a produção

---

73. NIDITCH, S. A. *Oral World and Written Word*: Ancient Israelite Literature. Louisville: Westminster/John Knox, 1996; PERSON JR., R. F. The Ancient Israelite Scribe as Performer. *JBL*, vol. 117, 1998, p. 601-609.

74. COOGAN, M. D. Literacy and the Formation of Biblical Literature. *In*: WILLIAMS JR., P. H.; HIEBERT, T. (eds.). *Realia Dei: Essays in Archaeology and Biblical Interpretation in Honor of Edward F. Campbell, Jr., at His Retirement*. Atlanta: Scholars, 1999 (Scholars Press Homage Series, 23), p. 47-61; CRENSHAW, J. L. *Education in Ancient Israel*: Across the Deadening Silence. Nova York: Doubleday, 1998; HARAN, M. On the Diffusion of Literacy and Schools in Ancient Israel. *In*: EMERTON, J. A. (ed.). *Congress Volume*: Jerusalem 1986, p. 81-95.

75. FISHBANE, M. *Biblical Interpretation in Ancient Israel*. Oxford: Clarendon, 1985.

76. Cf. as obras citadas na nota 93 adiante.

77. HEZSER, C. *Jewish Literacy in Roman Palestine*. Tubinga: Mohr Siebeck, 1998 (Texts and Studies in Ancient Judaism, 81), p. 99-100, 427-429.

78. CARRUTHERS, M. *The Book of Memory*: A Study of Memory in Medieval Culture. Cambridge: Cambridge University Press, 1990 (Cambridge Studies in Medieval Literature, 10); *The Craft of Thought*: Meditation, Rhetoric, and the Making of Images, 400-1200. Cambridge: Cambridge University Press, 1998 (Cambridge Studies in Medieval Literature, 14).

79. Laquis 3, 4, 5 e 6, convenientemente transliteradas, traduzidas e discutidas por D. Pardee (*In*: PARDEE, D. *et al. Handbook of Ancient Hebrew Letters*: A Study Edition. Chico: Scholars, 1982 [SBL Sources for Biblical Study 15], p. 81-103).

textual da Judeia monárquica tardia (e talvez mais tarde) que está subjacente nessas obras narrativas consideradas mais tarde como bíblicas (Pentateuco e história deuteronomista). A partir do século VIII (Isaías) até o século VI (Jeremias), os relatos proféticos sugerem uma nova gama de modelos combinando leitura, escrita e interpretação[80], enquanto algumas profecias do século VI (Segundo Isaías) demonstram uma orientação em torno da leitura, da interpretação e da escrita[81]. Modelos litúrgicos que combinam memória e escrita talvez ainda em outros modelos podem ser discernidos na reutilização diacrônica de textos como o Sl 29,1-2[82]. Um exemplo de leitura, escrita e interpretação sacerdotais de tradições e de textos anteriores pode ser encontrado em Gn 1,1–2,3[83]. Além desses modelos, várias edições de obras bíblicas propostas por meio de análise de crítica textual oferecem uma perspectiva adicional sobre as práticas subjacentes em alguns aspectos das composições e da transmissão escribais[84]. Bem além do escopo desta discussão, em última análise, uma história de sucesso da religião terá que incluir uma história de modelos de produção textual no antigo Israel (juntamente com os critérios para avaliá-los), localizar testemunhas para os modelos dentro de seus contextos sociais, inter-relacionar essas testemunhas e configurações e sintetizar as informações que fornecem sobre a religião israelita.

---

80. A complexidade das características inter-relacionadas de oralidade, leitura, escrita e interpretação foi sublinhada no que diz respeito à profecia em BEN-ZVI, E.; FLOYD, M. H. (eds.). *Writings and Speech in Israelite and Ancient Near Eastern Prophecy.* Atlanta: Society of Biblical Literature, 2000 (SBL Symposium, 10). Cf. tb. SCHART, A. Combining Prophetic Oracles in Mari Letters and Jeremiah 36. *JANES*, vol. 23, 1995, p. 75-93; TOORN, K. van der. Old Babylonian Prophecy between the Oral and the Written. *JNWSL*, vol. 24, 1988, p. 55-70.

81. Para alguns comentários iniciais sobre o Segundo Isaías como uma composição escrita, cf. adiante o capítulo 6, seção 4. Para leitura, escrita e interpretação no Segundo Isaías, cf. o importante estudo de B. D. Sommer (*A Prophet Reads Scripture*: Allusion in Isaiah 40-66 [Contraversions: Jews and Other Differences]. Stanford: Stanford University Press, 1998). Dn 9 é uma representação escrita do modelo de interpretação inspirada da figura profética explicitamente nominada por Jeremias.

82. Cf. o importante artigo de H. L. Ginsberg (A Strand in the Cord of Hebraic Psalody. *EI*, vol. 9 [1969 = W. F. Albright Volume], p. 45-50).

83. Discuti esta ideia em um artigo intitulado "Reading, Writing and Interpretation: Thoughts on Genesis 1 as Commentary".

84. Cf. a amostragem em E. Tov (*Textual Criticism of the Hebrew Bible*. Mineápolis: Fortress; Assen/Maastricht: Van Gorcum, 1992, p. 313-350).

Em segundo lugar, o estudo literário, com pouco ou nenhum interesse no desenvolvimento diacrônico (juntamente com pouca ênfase nas línguas antigas além do hebraico), tem procurado minimizar a importância do Antigo Oriente Próximo para o contexto da cultura israelita, para não falar da história israelita em geral e da história da religião israelita em específico. Para nomear apenas um punhado de subdisciplinas aplicadas à Bíblia hebraica, estruturalismo, estética da recepção, crítica ideológica e leituras pós-modernas têm contribuído para uma desvalorização da pesquisa diacrônica, incluindo a história da religião de Israel[85]. Enquanto cada onda de atomismo dentro do campo bíblico parece ser enfrentada por uma onda oposta de pesquisa interdisciplinar (que muitas vezes reintegra o que se tornou atomizado), a prolongada dissociação do estudo da literatura bíblica da história israelita complica a situação. No entanto, a negligência diminuiu na outra direção ao mesmo passo. O impacto real do estudo literário, que tem sido muitas vezes negligenciado na história da pesquisa religiosa (incluindo a minha própria)[86], ainda tem de ser sentido em sínteses da religião israelita.

Em terceiro lugar, e relacionado, o estudo da história israelita em particular tornou-se mais problemático ao longo da última década. Análises refinadas revelam dados que não se encaixam nas sínteses tradicionais de grande escala. Os modelos comuns para as origens de Israel na terra (conquista, infiltração e revolta camponesa) foram todos inundados por evidências derivadas de pesquisas e escavações. As variações regionais põem em causa a viabilidade de uma tese mestra capaz de explicar a situação no terreno. As discussões do Bronze-Ferro I tardio e as transições Ferro I-Ferro II cresceram em complexidade[87]. Sérias dúvidas quanto à historicidade das descrições bíblicas da monarquia unida têm sido cada vez

---

85. Para boas amostragens, cf. JASPER, D. Literary Readings of the Bible. *In*: BARTON, J. (ed.). *The Cambridge Campanion to Biblical Interpretation*. Cambridge: Cambridge Univeresity Press, 1998, p. 21-34; e, na mesma obra, CARROLL, R. P. Poststructuralist Approaches: New Historicism and Postmodernism, p. 50-66.

86. Exceções são as obras: PARKER, S. B. *The Pre-Biblical Narrative Tradition*. Atlanta: Scholars, 1989 (SBL Resources for Biblical Study, 24); *Stories in Scripture and Inscriptions*: Comparative Studies on Narratives in Northwest Semitic Inscriptions and the Hebrew Bible. Nova York: Oxford University Press, 1997.

87. Para a transição Bronze-Ferro I tardio, cf. as referências na p. 79s. nota 164. Para a transição Ferro I-Ferro II, cf. p. 72 , nota 151.

mais divulgadas por I. Finkelstein e outros; e, apesar de grandes esforços de arqueólogos como Stager e Dever, nos Estados Unidos, e A. Mazar e A. Ben-Tor, em Israel, defendendo a historicidade dos acontecimentos bíblicos que supostamente datam do século X, tornou-se mais difícil sustentar essa proposição. Estudos pertinentes em grande parte do lado textual incluem dois livros recentes sobre a figura de Davi, produzidos por B. Halpern e S. L. McKenzie[88]. Estes buscam separar mito e realidade na vida do Davi histórico, tarefa nada simples. Apesar dos desafios, essas obras são notavelmente bem-estruturadas e sugerem a plausibilidade da reconstrução histórica baseada em análises críticas de textos bíblicos.

As questões históricas continuam problemáticas, mesmo sem introduzir as outras questões envolvidas na resposta aos desafios colocados por figuras como P. Davies, N. P. Lemche e T. Thompson[89]. Os esforços deles para situar textos bíblicos geralmente no período persa ou até mesmo no período helenístico ignoram muitas dificuldades linguísticas e históricas que lhes são próprias. Uma adição recente à discussão sobre a Idade do Ferro é a tese doutoral de K. Wilson, dirigida por P. K. McCarter[90]. Wilson contesta o valor histórico da lista de Shishak, que ele argumenta não fornecer evidência para uma campanha específica de Shishak; em vez disso, a lista representaria uma compilação de locais escolhidos para representar Shishak como um conquistador do mundo. O argumento de Wilson não abala a evidência bíblica sobre a campanha de Shishak, que poderia muito bem ter ocorrido como 1Rs 14,25 descreve, mas seu argumento impediria o uso da lista de Shishak para correlacionar níveis de destruição em sítios arqueológicos com elementos da própria lista. Como resultado, um dos principais pontos de apoio da cronologia do século X cai.

---

88. HALPERN, B. *David's Secret Demons*: Messiah, Murderer, Traitor, King. Grand Rapids: Eerdmans, 2001; McKENZIE, S. L. *King David*: A Biography. Oxford: Oxford University Press, 2000. Cf. tb. SCHNIEDEWIND, W. *Society and the Promise to David*: The Reception History of 2 Samuel 7:1-17. Nova York: Oxford University Press, 1999.

89. Uma boa lista das obras deles é apresentada por Dever (*What Did the Biblical Writers Know?*). Entretanto, não perdoo a retórica desta obra; com efeito, é justamente o tipo de retórica que ele abomina nas publicações deles. Cf. tb. DEVER, W. G. Histories and Nonhistories of Ancient Israel. *BASOR*, vol. 316, 1999, p. 89-105.

90. WILSON, K. The Campaign of Pharaoh Shoshenq I into Palestine (Tese de Doutorado, The Johns Hopkins University Press, 2001).

Questões mais fundamentais em torno da Bíblia e da definição de "história" estão subjacentes nessas discussões. Os historiadores bíblicos concordam que as narrativas bíblicas do passado constituem história, mas seu desacordo sobre a definição de "história" levanta sérios problemas. Por exemplo, tanto B. Halpern quanto M. Brettler tratam a história deuteronomista e as Crônicas como história[91], mas a compreensão de cada um deles de como essas obras bíblicas constituem história é bastante diferente. Brettler rejeita a visão de Halpern sobre os historiadores bíblicos como se tivessem um interesse de antiquário em utilizarem-se de fontes para recuperar um passado que eles acreditavam ter ocorrido. Em vez disso, Brettler prefere uma definição mais ampla de história como uma narrativa sobre o passado. Brettler observa ainda a função didática dessas obras, sem falar dos tropos literários, que ajudam a promover as metas didáticas delas. Dada a diferença entre Halpern e Brettler sobre a história e sua definição, pode-se perguntar se um problema básico aflige a suposição atuante deles – o de que narrativas bíblicas sobre o passado sejam história. Sem esgotar as considerações que surgem ao nos perguntarmos se essas obras são história ou não, parece valer a pena examinar o grau em que as apresentações bíblicas do passado moldam o passado para se conformar às preocupações presentes, ou, em outras palavras, como a memória cultural é expressão de vicissitudes presentes. Brettler explora muito bem essa função de memória coletiva, e sua definição não faz distinção entre história e uma narrativa sobre o passado produzida pela memória coletiva de uma tradição.

Estudiosos bíblicos como Halpern e Brettler sustentam que obras bíblicas como a história deuteronomista (Josué a Reis) e os livros das Crônicas constituem história, mas eu tenho minhas dúvidas sobre o escopo dessa caracterização. Mesmo no caso dos livros das Crônicas, onde o uso de fontes é claro, seu(s) autor(es) pode(m) ter herdado tais fontes da tradição religiosa e usado esse material não simplesmente para criar uma narração apresentando o passado, mas sim para criar uma narração

---

91. P. ex., cf. BRETTLER, M. *The Creation of History in Ancient Israel*. Londres: Routledge, 1995; HALPERN, B. *The First Historians*: The Hebrew Bible and History. São Francisco: Harper & Row, 1988. Adicionalmente, cf. NIELSEN, F. A. J. *The Tragedy in History*: Herodotus and the Deuteronomistic History. Sheffield: Sheffield Academic Press, 1997 (JSOTSup 251).

cujo principal propósito era celebrar o passado como um precursor do presente. A obra aparentemente histórica de Crônicas parece desprovida de alguma avaliação das fontes e demonstra uma função profundamente comemorativa em sua narrativa do passado, especificamente na estruturação do passado em termos do presente[92]. Ao contrário de Brettler, eu provavelmente colocaria história e memória coletiva em formas narrativas em um espectro, talvez com a distinção crucial não consistindo simplesmente na utilização de fontes anteriores ou no interesse de um autor pelo passado como tal (com todo o respeito a Halpern), mas sim na obra de um autor sendo configurado por algum senso do que entra na representação do passado como passado[93]. Em todo caso, essa discussão indica que tais questões teóricas, que têm um efeito negativo sobre a Bíblia e suas representações do passado, necessariamente envolvem uma série de questões críticas que ainda têm de ser assimiladas na discussão (com a exceção parcial do livro de Zevit, *The religions of Ancient Israel*).

Em quarto e último lugar, o uso dos textos ugaríticos para o estudo da religião israelita evoluiu desde a primeira edição de *História primitiva de Deus*. Desde 1990, a comparação de textos ugaríticos e bíblicos passou a ser vista em termos mais complexos. Os estudiosos estão muito além da situação do "pan-ugariticismo" em estudos bíblicos ridicularizada em décadas anteriores. O ponto alto dos paralelos bíblico-ugaríticos foi alcançado com os três livros de *Ras Shamra Parallels*[94], e essa tendência

---

92. Cf. BRETTLER, M. *The Creation of History in Ancient Israel*, p. 20-47, esp. 46.

93. Sobre a memória na Bíblia, cf. (de acordo com o ano): CHILDS, B. S. *Memory and Tradition in Israel*. Londres: SCM, 1962; SCHOTTROFF, W. *"Gedenken" im Alten Orient und im Alten Testament*. 2. ed. Neukirchen-Vluyn: Neukirchener Verlag, 1967 (WMANT, 15); FLEMING, D. Mari and the Possibilities of Biblical Memory. *RA*, vol. 92, 1998, p. 41-78. Para dois estudos recentes sobre memória coletiva, cf. BRETTLER, M. Memory in Ancient Israel. *In*: SIGNER, M. (ed.). *Memory and History in Christianity and Judaism*. Notre Dame: University of Notre Dame Press, 2001, p. 1-17; HENDEL, R. S. The Exodus in Biblical Memory. *JBL*, vol. 120, 2001, p. 601-622. Brettler e Hendel são influenciados pelo trabalho de Y. H. Yerushalmi (*Zakhor*: Jewish History and Jewish Memory. Seattle: University of Washington Press, 1982; ed. rev., 1989). Animado mais por figuras dos *Annales* que escrevem sobre memória cultural, estou atualmente preparando um estudo, da extensão de um livro, sobre memória, cultura e religião israelitas antigas. As práticas da oralidade e do escribalismo mencionadas desempenham um papel altamente significativo na recepção, na transmissão e na geração da memória coletiva.

94. FISHER, L. (ed.). *Ras Shamra Parallels I-II*. Roma: Pontifical Biblical Institute, 1972, 1975 (AnOr, 49-50); RUMMEL, S. (ed.). *Ras Shamra Parallels III*. Roma: Pontifical Biblical Institute, 1981 (AnOr, 51).

declinou por volta de 1985. Desenhos simplistas de paralelos ugaríticos e bíblicos saíram de moda. Mais ainda, certa separação ocorreu entre estudos ugaríticos e bíblicos, e tem-se dado mais atenção em situar Ugarit dentro de seu contexto social e ecológico mais amplo. A equipe arqueológica francesa produziu toda uma nova consciência da antiga cultura ugarítica. Interesses mais amplos da indústria e da sociedade têm sido tratados pela equipe francesa e por outros estudiosos[95]. Um desenvolvimento relacionado envolve situar a língua ugarítica e Ugarit dentro de seu antigo contexto sírio mais amplo, tal como é conhecido em outros sítios, alguns de que se tem conhecimento há décadas (Mari), outros mais recentemente (Emar, Munbaqa/Tel Ekalte, 'Ain Dara, Suhu)[96]. O campo também continuará a ser auxiliado por material amorita[97].

O campo dos estudos ugaríticos já não se detém, nem o deve, em um foco unilinear, voltado para o Israel antigo ou para a Bíblia. Todas essas descobertas forçaram os estudiosos interessados em situar a Bíblia em seu contexto semita ocidental mais amplo a tomar uma rota mais longa (talvez mais pitoresca) ao percorrer as distâncias históricas e culturais entre Ugarit e o Israel antigo[98]. Tal situação intelectual não diminuirá de modo algum as importantes e profundas relações culturais e linguísticas entre os textos ugaríticos e os bíblicos; em vez disso, tais relações são agora mais bem compreendidas. Comentando sobre a comparação entre textos ugaríticos e a Bíblia, Keel e Uehlinger estão, tecnicamente falando, corretos ao indicarem que os textos ugaríticos "não são fontes primárias

---

95. P. ex., RIBICHINI, S.; XELLA, A. P. *La terminologia dei tessili nei testi di Ugarit*. Roma: Consiglio Nazionale delle Ricerche, 1985 (Collezione di Studi Fenici, 20).

96. Cf. HESS, R. S. A Comparison of the Ugarit, Emar and Alalakh Archives. *In*: WYATT, N. (ed.). *Ugarit:* Religion and Culture; Proceedings of the International Colloquium. Edinburgh July 1994. Münster: Ugarit-Verlag, 1996 (UBL 12), p. 75-84. Cf. tb. no mesmo livro DIETRICH, M. Aspects of the Babylonian Impact on Ugaritic Literature and Religion, p. 33-48.

97. Cf. HUFFMON, H. *Amorite Personal Names in the Mari Texts*. Baltimore: Johns Hopkins University Press, 1965; GELB, I. J. *A Computer-Aided Analysis of Amorite*. Chicago: University of Chicago Press, 1980 (Assyriological Studies, 21); ZADOK, R. On the Amorite Material from Mesopotamia. *In*: COHEN, M. E.; SNELL, D. C.; WEISBERG, D. B. (eds.). *The Tablet and the Scroll*: Near Eastern Studies in Honor of William H. Hallo. Bethesda: CDL Press, 1993, p. 315-333.

98. Os problemas são descritos de maneira conveniente em: PARDEE, D. Background to the Bible: Ugarit. *In*: *Ebla to Damascus*: Art and Archaeology of Ancient Syria. Washington: Smithsonian Institution, 1985, p. 253-258.

para a história religiosa de Canaã e Israel"[99], mas tal visão dificilmente impede que os textos ugaríticos sejam vistos como fornecedores de boa parte do plano de fundo mais amplo por trás do desenvolvimento da religião israelita. Embora seja muito correta a observação da distância temporal, geográfica e cultural entre os textos ugaríticos e os bíblicos[100], justamente as diferenças existentes dentro de suas grandes semelhanças é que aguçam a compreensão acadêmica da religião israelita, em particular a sua diferenciação da grande cultura semita ocidental da qual os textos ugaríticos constituem a maior testemunha textual extrabíblica. Mais uma vez, essa questão, tal como as outras anteriormente mencionadas nesta seção, necessita de mais investigação e aperfeiçoamento.

É evidente, a partir da consideração desses desafios, que o campo está avançando em várias frentes que incluem tanto a coleta quanto a avaliação de novos dados, bem como a consideração de teorias de várias procedências. O trabalho da história da religião sobre o antigo Israel permanece, em grande parte, na fase de reunir e examinar dados pertinentes, e passos têm sido dados em direção a estruturas teóricas satisfatórias sobre tópicos específicos dentro do empreendimento maior. Nesse ponto, um quadro teórico mais abrangente para a grande tarefa está por surgir. Talvez por causa de suas raízes históricas na teologia, o campo da religião israelita (para não mencionar os estudos bíblicos em geral) continua sendo um dos que não gera sua própria contribuição teórica geral para as humanidades ou para as ciências sociais. No entanto, os êxitos da última década não devem ser minimizados. A crescente complexidade nos padrões dos conceitos religiosos e seu desenvolvimento marcaram claramente as pesquisas mais recentes. Os fatores que adensam a conceptualização da religião israelita como um projeto intelectual cresceram bastante.

4 Asherah/asherah: nova discussão

Gostaria de aproveitar esta oportunidade para voltar a tratar brevemente desta área da primeira edição de *História primitiva de Deus*, por-

---

99. KEEL, O.; UEHLINGER, C. *Gods, Goddesses and Images of God*, p. 396.
100. KEEL, O.; UEHLINGER, C. *Gods, Goddesses and Images of God*, p. 395-396.

que o capítulo sobre este assunto recebeu críticas substanciais e porque o campo tem mantido forte interesse em estudos sobre Asherah[101]. Entretanto, a principal base de dados mudou em dois aspectos. O primeiro é a adição do material de inscrição mais recente de Tel Miqneh (Ecrom)[102]. O segundo é o aumento das evidências iconográficas trazidas à discussão. Na vanguarda desse esforço, tem sido importante o trabalho iconográfico de O. Keel e C. Uehlinger, em seu livro *Gods, Goddesses and Images of God*, e em *Goddesses and Trees, New Moon and Yahweh*, publicado por Keel em 1998[103].

A essa altura, a variedade de pontos de vista sobre a Asherah como uma deusa em Israel é, talvez, mais bem representada, de um lado, por S. M. Olyan e sua aceitação da deusa em sua importante tese de 1988, *Asherah and the Cult of Yahweh in Israel*, e, de outro, por C. Frevel, em seu muito circunscrito e extenso estudo de 1995, *Aschera und der Ausschliesslichkeitanspruch YHWHs*[104] (Keel e Uehlinger, com seu *Gods, Goddesses and Images of God*[105], combinam as duas visões, ou seja, o símbolo da asherah perdeu suas associações com a deusa no séc. VIII, apenas para recuperá-las na segunda metade do séc. VII). Desde a primeira edição de *História primitiva de Deus*, vários outros estudos apareceram. S. Ackerman também situou essas questões contra a questão

---

101. Cf. os livros mencionados a seguir. Para análises parciais (de acordo com ano), cf. WIGGINS, S. A. Asherah Again: Binger's Asherah and the State of Asherah Studies. *JNWSL*, vol. 24, 1998, p. 231-240; EMERTON, J. A. "Yahweh and his Asherah": the Goddess or Her Symbol. *VT*, vol. 49, 1999, p. 315-337; HADLEY, J. M. *The Cult of Asherah in Ancient Israel and Judah*: Evidence for a Hebrew Goddess. Cambridge: Cambridge University Press, 2001 (University of Cambridge Oriental Publications, 57), 11-37. Cf. tb. WATSON, W. G. E. The Goddesses of Ugarit: A Survey. *Studi epigrafici e linguistici*, vol. 10, 1993, p. 47-59.

102. GITIN, S. Seventh Century BCE cultic elements at Ekron. *In*: *Biblical Archaeology Today, 1990*: Proceedings of the Second International Congress on Biblical Archaeology. Jerusalém: Israel Exploration Society/The Israel Academy of Sciences and Humanities, 1993, p. 248-258. Cf., ademais, a discussão adiante.

103. KEEL, O.; UEHLINGER, C. *Gods, Goddesses and Images of God*, p. 228-248, 332, 369-370; KEEL, O. *Goddesses and Trees, New Moon and Yahweh*: Ancient Near Eastern Art and the Hebrew Bible. Sheffield: Sheffield Academic Press, 1998 (JSOTSup, 262). Cf. tb. HÜBNER, U. Der Tanz um die Ascheren. *UF*, vol. 24, 1992, p. 121-132.

104. OLYAN, S. M. *Asherah and the Cult of Yahweh in Israel*. Atlanta: Scholars, 1988 (SBLMS, 34); FREVEL, C. *Aschera und der Ausschliesslichkeitanspruch YHWHs*. Weinheim: Beltz Athenäum, 1995 (BBB, 94).

105. KEEL, O.; UEHLINGER, C. *Gods, Goddesses and Images of God*, p. 228-248, 332, 369-370.

mais ampla da religião popular no Israel antigo[106]. Ela apresentou novo argumento em favor de uma ideologia monárquica que põe em paralelo Asherah e a rainha-mãe no antigo Judá[107]. S. A. Wiggins pesquisou as evidências comparativas, e seu trabalho oferece uma crítica do que ele considera alegações excessivas feitas sobre as evidências de Asherah[108]. J. Day também trata das questões em seu livro *Yahweh and the Gods and Goddesses of Canaan*. O trabalho de P. Merlo, de 1998, *La dea Ašratum – Aṭiratu – Ašera*[109], forneceu material mesopotâmico adicional. O campo agora goza do benefício de ter o refinado estudo de J. M. Hadley, intitulado *The Cult of Asherah in Ancient Israel and Judah: Evidence for a Hebrew Goddess*. M. Dijkstra e M. C. A. Korpel abordaram a questão em perspectivas favoráveis e contrárias em um recente livro de ensaios[110].

Nesse ponto, a maioria dos comentaristas acredita que Asherah era uma deusa no período monárquico de Israel (p. ex., Ackerman, Binger, Day, Dever, Dijkstra, Edelman, Hadley, Handy, Keel e Uehlinger, Loretz, Merlo, Niehr, Olyan, Petty, Wyatt, Xella, Zevit, bem como NJPS em 1Rs 15,13). Alguns não (p. ex., Cross[111], Frevel, Korpel, Tigay; cf. a formulação muito cautelosa de Emerton, McCarter e sua proposição de asherah como hipóstase de Yahweh, bem como a posição matizada de Miller de divinização secundária do símbolo). A primeira edição de *História pri-*

---

106. ACKERMAN, S. *Under Every Green Tree*: Popular Religion in Sixth-Century Judah. Atlanta: Scholars, 1992 (HSM, 46).

107. ACKERMAN, S. The Queen Mother and the Cult in Ancient Israel. *JBL*, vol. 112, 1993, p. 385-401. O argumento foi criticado por B. Halpern (The New Names of Isaiah 62:4: Jeremiah's Reception in the Restoration and the Politics of "Third Isaiah". *JBL*, vol. 117, 1998, p. 640 n. 46).

108. WIGGINS, S. A. The Myth of Asherah: Lion Lady and Serpent Goddess. *UF*, vol. 23, 1991, p. 383-394; *A Reassessment of "Asherah"*: A Study According to the Textual Sources of the First Two Millennia b.c.e. Kevelaer: Butzon & Bercker; Neukirchen-Vluyn: Neukirchener Verlag, 1993 (AOAT, 235); Of Asherahs and Trees: Some Methodological Questions. *Journal of Ancient Near Eastern Religions*, vol. 1/1, 2001, p. 158-187.

109. MERLO, P. *La dea Ašratum – Aṭiratu – Ašera*: Un contributo alla storia della religione semitica del Nord. Mursia: Pontificia Università Lateranense, 1998.

110. DIJKSTRA, M. "I Have Blessed You by YHWH of Samaria and His Asherah": Texts with Religious Elements from the Soil Archive of Ancient Israel. *In*: *Only One God?*, p. 17-44; KORPEL, M. C. A. Asherah Outside Israel. *In*: *Only One God?*, p. 127-150.

111. Cross (carta endereçada a mim, datada de 7 de dezembro de 1998) comenta em referência a este debate: "Se se quiser sincretismo na Bíblia hebraica, há abundância de material a ser encontrado, sem que seja preciso fabricá-lo".

mitiva de Deus[112] concluiu que as evidências eram insuficientes para demonstrar que Asherah fosse uma deusa em Israel durante a monarquia e questionou se acaso o símbolo da asherah perdera sua associação original com a deusa naquele momento. Eu não afirmaria categoricamente que não havia nenhuma deusa no Israel monárquico, mas sublinharia que os dados reunidos em apoio da deusa naquele período são mais problemáticos do que seus defensores têm sugerido. *História primitiva de Deus* oferece argumentos para os motivos por que Asherah possa não ter gozado de culto devocional no período da monarquia, apesar da aparentemente forte evidência dada por Kuntillet Ajrud e em 1Rs 15 e 18, 2Rs 21 e 23. Defensores de Asherah como uma deusa do período monárquico de Israel não contemplam suficientemente a ideia de que um símbolo de culto poderia ter sido representado à semelhança de uma 'ăšērâ (árvore ou poste), uma visão dificilmente impossível para passagens como 1Rs 15,13 e 2Rs 21,7 (assim, também, 2Rs 23,6). O que poderia estar envolvido é uma versão régia mais elaborada de 'ăšērâ.

Algumas novas objeções a essa visão foram levantadas desde a primeira edição de *História primitiva de Deus*. Tem sido considerado implausível que a devoção cúltica pudesse ser tributada ao objeto cúltico 'ăšērâ (como em 2Rs 23)[113]. No entanto, J. H. Tigay observa um exemplo em uma discussão que muitos comentaristas têm negligenciado[114]. Ainda, é de se notar que, se a tradição do templo hierosolimitano fosse anicônica ou pelo menos não antropomórfica para Javé (como muitos estudiosos argumentam)[115], então seria razoável cogitar a possibilidade de que a imagem da asherah pudesse ser, pelo menos, não antropomórfica também. Igualmente se tem sido sugerido que a atestação de 'ăšērôt como uma palavra genérica para "deusas" demonstra que seus antigos usuários

---

112. SMITH, MARK S. *The Early History of God*, 1. ed., p. 80-97.

113. D. V. Edelman sustenta que, caso 'ăšērâ signifique não a deusa, mas somente um símbolo, então 1Rs 15,13 atestaria a existência da produção de uma imagem feita para uma imagem; cf. EDELMAN, D. V. Introduction. *In*: *The Triumph of Elohim*, p. 18.

114. TIGAY, J. H. A Second Temple Parallel to the Blessings from Kuntillet 'Ajrud. *IEJ*, vol. 40, 1990, p. 218.

115. Cf. as discussões levadas adiante por Mettinger, Na'aman e outros, apontados na seção 1 acima.

sabiam que a palavra 'ăšērâ representava um nome divino[116]. No entanto, essa demonstração lógica sofre de falácia etimológica.

É duvidoso argumentar que a referência aos profetas de Asherah em 1Rs 18,19 demonstre uma consciência anterior sobre a deusa Asherah, se esse reconhecimento foi o produto de uma identificação equivocada e polemista com Astarte. Em outras palavras, o símbolo pode ter sido mal-interpretado para estar ligado a alguma deusa, porque, mais tarde, transmissores que adicionaram a referência a uma suposta Asherah fenícia a 1Rs 18,19 combinaram a Astarte fenícia (não há Asherah fenícia atestada) com o nome do símbolo e pressupuseram que representava uma deusa chamada Asherah (essa explicação estaria de acordo com as variações textuais entre Asherah e Astarte[117] e entre 'ăšērôt e 'ăštārôt)[118]. Assim, uma má interpretação permeia a alegação de que a minha "explicação de 'ăšērâ certamente ainda implica uma consciência da deusa Asherah em Israel"[119]. O uso literário tardio de 'ăšērâ implica apenas que em algum tempo na história da religião israelita houve uma consciência de Asherah como uma deusa, não necessariamente no tempo em que o uso literário é atestado[120].

A natureza polêmica da história deuteronomista tem sido levantada como um argumento poderoso em favor de 'ăšērâ como uma deusa. A história está lidando com as referências (incluindo a atestação bíblica mais crucial para *hā'ăšērâ*, com "o baal" em 2Rs 23,4 sugerindo uma divindade), mas não é claro se isso é observação histórica ou polemismo. Há uma

---

116. DAY, J. *Yahweh and the Gods and Goddesses of Canaan*, p. 45.

117. Cf. 2Cr 15,16, discutido por Hadley (*The Cult of Asherah in Ancient Israel and Judah*, p. 66).

118. Cf. Jz 3,7, discutido por Hadley (*The Cult of Asherah in Ancient Israel and Judah*, p. 63-64).

119. DAY, J. *Yahweh and the Gods and Goddesses of Canaan*, p. 46 n. 12.

120. Conforme observado por Hadley (*The Cult of Asherah in Ancient Israel and Judah*, p. 7, 67), um artigo meu posterior caracteriza Asherah como uma deusa em Israel na Idade do Ferro. Cf. SMITH, Mark S. Yahweh and the Other Deities of Ancient Israel: Observations on Old Problems and Recent Trends. *In*: DIETRICH, W.; KLOPFENSTEIN, M. A. (eds.). *Ein Gotte allein?* JHWH-Verehrung und biblischer Monotheismus im Kontext der israelitischen und altorientalischen Religionsgeshichte. Friburgo: Universitätsverlag; Gotinga: Vandenhoeck & Ruprecht, 1994 (OBO, 139), p. 206. A discussão de Hadley em torno de minha posição pode dar a impressão de que ela é contraditória, que às vezes afirmo que Asherah era uma deusa na Idade do Ferro, em outra parte digo que não o era. Na verdade, não há contradição em meu texto sobre esse ponto, uma vez que o artigo fala da Idade do Ferro (em uma declaração sumária na p. 206), enquanto o livro distingue questões entre Ferro I e Ferro II.

consideração importante e mais ampla na discussão. Curiosamente, defensores como O. Loretz algumas vezes afirmam que aqueles estudiosos que, nas passagens mencionadas anteriormente, não aceitam 'ăšērâ como uma deusa ou foram enganados pela perspectiva ideológica da história deuteronomista ou estão, de alguma forma, psicologicamente despreparados para lidar com essa outra perspectiva[121]. No entanto, se fosse verdade que os autores deuteronomistas entendem 'ăšērâ como uma deusa nas passagens envolvidas (como os defensores sustentam), e se a obra deles era uma polêmica marcada ideologicamente (como os defensores também alegam, com razão, a meu ver), por que o ponto de vista dela sobre a natureza de 'ăšērâ como uma deusa durante a monarquia deveria ser aceito como historicamente confiável? Em suma, o apelo ao caráter ideológico da história deuteronomista depõe prontamente contra aqueles que aceitam 'ăšērâ como uma deusa; seria possível argumentar que os seus defensores são estudiosos tomados pela perspectiva ideológica da história deuteronomista. De um modo geral, considero improdutiva essa linha de discussão em particular. Além disso, se alguém fosse inclinado a tirar inferências psicológicas sobre os estudiosos (com todo o respeito a Loretz), poderia apresentar o contra-argumento de que o *Zeitgeist* de nossa época psicologicamente pré-condiciona os defensores a desejarem descobrir uma deusa no antigo Israel. Em suma, argumentos psicológicos são tendenciosos e, salvo evidência clara, são implicitamente *ad hominem* (ou *ad feminam*).

Finalmente, no que diz respeito à discussão bíblica, *História primitiva de Deus* propôs que o desaparecimento do culto da deusa teria começado por volta do fim do período pré-monárquico. No entanto, essa posição também precisa ser rediscutida e conquistar seu espaço. Muita coisa depende fortemente do argumento do silêncio, especialmente quando estão envolvidos os séculos. X e IX. Assim, pode-se ver a duração do culto da deusa mais tarde e situar o início da carreira do símbolo separado da deusa no fim do século IX. É difícil ser preciso nesse ponto. Diferentes taxas de mudança podem-se aplicar em diferentes áreas, segmentos sociais ou

---

121. Cf. LORETZ, O. Review of The Early History of God. *UF*, vol. 22, 1990, p. 514: "O autor assim expõe a si mesmo [...] como relutante em conferir as novas provas sem o filtro deuteronomista".

movimentos sociais, e por isso é possível que a transição tenha ocorrido alguns trimestres mais adiante. A discussão justifica uma circunspecção consideravelmente maior na questão da evidência bíblica.

A discussão das principais evidências de inscrição de Kuntillet Ajrud tem continuado a girar em torno da interpretação gramatical de *l'šrth*. Os estudiosos continuam a debater se o nome da deusa pode vir com um sufixo pronominal[122]. Parece haver um impasse sobre essa questão. Os estudiosos que desejam evitar essa dificuldade e ver Asherah como uma deusa israelita do período monárquico refugiam-se na visão de que a palavra envolvida é, em vez disso, o símbolo do 'ăšērâ que representa a deusa. Além da importante questão gramatical, há questões semânticas que afetam a interpretação do substantivo como o nome da deusa ou o símbolo em sua capacidade putativa de se referir a ela. Se *l'šrth*, nas inscrições de Kuntillet Ajrud, refere-se à deusa ("e por/para sua Asherah"), então não é claro o que "sua Asherah" significa. Somente assumindo uma elipse de "sua consorte, Asherah", ou algo parecido, é que a palavra como uma referência ao nome da deusa faz algum sentido. Se *l'šrth* significa "sua Asherah" referindo-se ao símbolo (certamente a visão mais gramaticalmente razoável, como sustentam geralmente os defensores), então "sua Asera" deve denotar algo que não é dela, mas sim "dele". Nesse ponto, Zevit questiona corretamente: "O que significaria dizer que a deusa *pertencia a* ou *estava possuída por* Yahweh?"[123]. Eu prefiro, portanto, permanecer favorável à resposta proposta na primeira edição deste livro, ou seja, a de que um símbolo tenha se referido anteriormente à deusa pelo mesmo nome, mas que, durante a época das inscrições de Kuntillet Ajrud, chegou a servir como parte do repertório simbólico de Yahweh, possivelmente com conotações mais antigas associadas à deusa; em outras palavras, a asherah era "dele". Conotações mais antigas da deusa podem ter permanecido no registro literário, apesar da supressão de seu culto.

---

122. Para provas reunidas em favor desta hipótese, cf. XELLA, A. P. Le dieu et "as" déesse: l'utilisation des suffixes pronominaux avec des théonymes d'Ebla à Ugarit et à Kuntillet 'Ajrud. *UF*, vol. 27, 1995, p. 599-610; DIETRICH, M. Die Parhedra in Pantheon von Emar: Miscellenea Emariana (I). *UF*, vol. 29, 1997, p. 115-122.

123. ZEVIT, Z. *The Religions of Ancient Israel*, p. 403 n. 10; sublinhados de Zevit.

A contribuição feita pelas inscrições de Tel Miqneh (Ecrom) para essa discussão depende de sua interpretação. O escavador do local, S. Gitin, entendeu as palavras 'šrt ou *qdš* nas inscrições como o nome e o título ("a santa") da deusa[124]. Dados os cognatos fenícios para essas palavras e as semelhanças da escrita de Ecrom com a escrita fenícia, outros preferiram ver tais palavras respectivamente como "santuário" e (lugar) "sagrado"[125]. Isso não é negar que o sítio conhecesse pelo menos uma deusa. A deusa chamada "PTGYH, sua senhora" é atestada em uma inscrição importante de Miqneh[126]. A identidade dessa deusa é contestada; oferecem-se como opções Pidray, conhecida a partir de textos ugaríticos, e Potnia (assumindo-se um erro escribal) ou Pitogaia, ambos conhecidos do Egeu[127]. No entanto, essa figura pode não ter nenhuma relação com as referências a 'šrt e *qdš* na evidência epigráfica de Miqneh.

Em conclusão, não me oponho, em teoria, à possibilidade de Asherah ter sido uma deusa israelita durante a monarquia. A minha principal objeção a esse ponto de vista é que ele não foi demonstrado, dada a plausibilidade de pontos de vista alternativos. Da mesma forma, o caso não foi refutado, e devo admitir que posso estar errado. Pode ser apenas uma questão de tempo até que sejam descobertas melhores provas que atestem o culto de Asherah no Israel monárquico.

5 Retrospectiva

Como ilustram as seções anteriores, a paisagem da investigação acadêmica continuou a desenvolver-se principalmente de maneiras intelectualmente desafiadoras e estimulantes. Apesar dos avanços discutidos

---

124. GITIN, S. Seventh Century BCE Cultic Elements at Ekron, p. 248-258; cf. ZEVIT, Z. *The Religions of Ancient Israel*, p. 321 n. 126, 374.

125. HADLEY, J. M. *The Cult of Asherah in Ancient Israel and Judah*, 179-184; LIPIŃSKI, E. *Dieux et déesses*, p. 421; SMITH, Mark S. Yahweh and the Other Deities of Ancient Israel, p. 197-234; *The Origins of Biblical Monotheism*, p. 73.

126. GITIN, S.; DOTHAN, T.; NAVEH, J. A Royal Dedicatory Inscription from Eqron. *IEJ*, vol. 47/1-2, 1997, p. 1-16.

127. Estas opções são discutidas por R. G. Lehmann (Studien zur Formgeschichte der 'Eqron-Inschrift des 'KYŠ und den phönizischen Dedikationtexten aus Byblos. *UF*, vol. 31, 1999, p. 255-306, esp. 258-259).

na primeira seção deste prefácio e dos desejos abordados na segunda seção, uma nova edição de *História primitiva de Deus* pode servir como uma obra introdutória sobre Yahweh e outras grandes divindades no antigo Israel. Nesta segunda edição, pude corrigir erros, podar algumas das citações mais duvidosas e modificar algumas das discussões mais amplas. Estou igualmente satisfeito por poder atualizar a bibliografia mais importante e os dados primários. Os leitores interessados em uma discussão mais completa e recente das questões se beneficiariam com a leitura compenetrada do importante livro de Zevit, *The Religions of Ancient Israel.* Se os leitores desejam saber mais sobre o que eu penso, meus pontos de vista particularmente sobre politeísmo e monoteísmo são explorados em meu livro recente, *The Origins of Biblical Monotheism* [As origens do monoteísmo bíblico] (publicado em 2001).

De certa forma, *As origens do monoteísmo bíblico* parece ser uma sequência de *História primitiva de Deus.* O primeiro baseia-se no segundo em um esforço para desenvolver uma análise mais prolongada do desenvolvimento do monoteísmo nos séculos VII e VI. Em certo sentido, *As origens do monoteísmo bíblico* retoma a partir do ponto em que a discussão sobre o monoteísmo dos capítulos 6 e 7 de *História primitiva de Deus* detém-se. Assim, alguns dos processos anteriores ao monoteísmo, tais como convergência e diferenciação, marcos de *História primitiva de Deus*, são pressupostos em *As origens do monoteísmo bíblico.* O novo livro também discute novamente os textos ugaríticos e as primeiras evidências bíblicas e faz uma série de sugestões sobre como a unidade conceitual que permeia o politeísmo nos textos ugaríticos pode ajudar os estudiosos a entenderem as formulações monoteístas encontradas na Bíblia. *As origens do monoteísmo bíblico* também contém considerações mais teóricas deixadas de lado em *História primitiva de Deus.* A fim de tornar as conexões entre os dois livros mais fáceis de seguir, incluí numerosas citações de *As origens do monoteísmo bíblico* nesta segunda edição de *História primitiva de Deus.* Isso também me deu a oportunidade de preencher alguns conceitos em aberto (como a casa original de Yahweh em Edom/Midiã/Teimã e seu perfil original como um deus-guerreiro, bem como o processo que levou à sua assimilação no panteão das montanhas de Judá, dirigido por El e sua consorte, Asherah, e povoado adiante também por Baal e outras divindades). Da mesma forma, eu propus em uma série de outros pontos nesta segunda edição, não desenvolvidos na primeira edição ou em *As origens do monoteísmo bíblico*. Apesar das suas falhas, espero que esses dois livros contribuam para futuros estudos que ofereçam uma análise e uma síntese mais sofisticadas da história das religiões do antigo Israel.

Gostaria de terminar com alguns agradecimentos e reconhecimentos. Em retrospectiva, agradeço mais ainda a ajuda oferecida pelos mencionados no prefácio da primeira edição. Também sou grato aos críticos da primeira edição do livro (G. Ahlström, L. Boadt, D. Edelman, D. N. Freedman, L. K. Handy, R. S. Hendel, R. S. Hess, W. L. Humphreys, T. J. Lewis, O. Loretz, N. Lohfink, S. B. Parker, J. G. Taylor e Z. Zevit), bem como a outros membros da academia que comentaram sobre *História primitiva de Deus* (entre outras pessoas, J. Day, D. V. Edelman, J. Hadley, T. N. D. Mettinger e K. van der Toorn). Todas as reações foram extremamente úteis, e sou muito grato por elas. Gostaria também de expressar os meus agradecimentos à Eerdmans pelo seu interesse em publicar uma segunda edição deste trabalho e pela ajuda na sua produção. Patrick Miller generosamente concordou em fornecer um prefácio para esta edição, e agradeço muito a ele por suas reflexões. Também sou grato pelo aprendizado que recebi de estudantes e colegas do Departamento de Estudos Hebraicos e Judaicos, bem como dos programas de Religião e Estudos em Antiguidades na Universidade de Nova York. Quero "atualizar" os meus agradecimentos à minha família, a alegria da minha vida. Minha esposa, Liz Bloch-Smith, ofereceu ajuda profissional constante e apoio pessoal (incluindo sugestões de melhorias para este prefácio). Os nossos três filhos, Benjamin, Rachel e Shulamit, contribuíram de formas mais maravilhosas do que alguma vez saberão. As duas edições deste livro marcam o progresso na vida deles até agora: Benjamin, aos quatro anos de idade quando a primeira edição foi concluída, tem agora dezesseis; Rachel tinha dois, e agora catorze; e Shula tem dez. Finalmente, a dedicação da primeira edição ao meu pai, Donald Eugene Smith, parece-me ainda mais verdadeira agora do que em 1990.

AGRADECIMENTOS (PRIMEIRA EDIÇÃO)

Enquanto residia no Instituto W. F. Albright, em Jerusalém, na primavera de 1987, comecei a pesquisar para esta obra ao mesmo tempo que participava de um comentário sobre o ciclo ugarítico de Baal. À medida que me aprofundava no uso de paralelos ao ciclo, os problemas que diziam respeito aos paralelos bíblicos frequentemente citados começaram a exigir atenção por si mesmos. O caráter dos paralelos bíblicos, sua relação uns com os outros e sua influência na cultura israelita deram origem a uma investigação separada do meu exame do ciclo de Baal. Este livro é o resultado do desvio que fiz. Representa uma tentativa de sintetizar uma grande variedade de informações sobre os estudos de muitos autores acadêmicos. É com grande prazer que reconheço a minha dívida para com aqueles que facilitaram a minha investigação de várias formas.

A estada da minha família no Instituto Albright durante a primavera e o verão de 1987 foi possível por meio das American Schools of Oriental Research. Graças ao ambiente agradável e estimulante do Albright, consegui trabalhar bem. Quero reconhecer a minha grande dívida de gratidão ao seu diretor, o Dr. Sy Gitin, à sua família e à sua equipe. Eles foram úteis e amigáveis para com minha esposa, Liz Bloch-Smith, e para comigo, bem como tolerantes com o nosso filho Benjamim (então com) um ano e meio, quando ele se acostumou a correr pelos corredores e exercitar suas recém-descobertas habilidades vocais. A minha visita ao Albright foi intensificada pela ajuda e pela hospitalidade da Comunidade da École Biblique et Archéologique Française. Tal como o calor das pessoas que vivem em Albright, a generosidade e a amizade que me foram oferecidas pela comunidade da École fizeram com que a Jerusalém Oriental parecesse um lar.

Émile Puech, Marcel Sigrist, John Strugnell, Jean-Michel de Tarragon e Benedict Viviano foram especialmente gentis. De igual modo, outros amigos em Jerusalém foram pessoal e intelectualmente generosos: Celia e Steve Fassberg, Bella e Jonas Greenfield, Menachem Haran, Ruth Hestrin, Avigdor Hurowitz, Avi Hurwitz, Ami Mazar, Abraham Malamat, Shalom Paul, Alexandre Rofé, Arlene e Steve Rosen e Aaron Schaffer. O apartamento da Charlotte e do Mordecai Hopp era sempre uma segunda casa para nós. A Association of Theological Schools e a Dorot Foundation financiaram as despesas cotidianas da minha família durante o período. Sou especialmente grato à presidente da Dorot Foundation, Joy Underleider-Mayerson, que há muito apoia a minha pesquisa com ajuda financeira e encorajamento pessoal. A Universidade de Yale foi gentil o suficiente para permitir a minha licença durante o semestre de primavera de 1987, período que foi maravilhoso para mim, e agradeço a todos esses amigos e instituições por terem-no tornado assim.

Ao retornar a Yale no verão de 1987, beneficiei-me da comunidade de estudiosos e de amigos que ajudaram minha pesquisa de muitas maneiras. Sou especialmente grato aos meus colegas e amigos que me ajudaram neste estudo. Gary Beckman, Bill Hallo, Sarah Morris, Saul Olyan, Marvin Pope, Chris Seitz e Bob Wilson leram um rascunho inicial deste manuscrito e ofereceram muitas sugestões úteis. Minha esposa, Liz Bloch-Smith, trouxe questões críticas e observações sobre a cultura material, especialmente sepultamentos e outras coisas que dizem respeito aos mortos. Sou particularmente grato a Saul Olyan, pois o capítulo 3 deste estudo baseou-se fortemente em seu trabalho sobre a asherah, o qual apareceu pela primeira vez como um capítulo de sua tese doutoral (Universidade de Harvard, 1985) e agora foi publicado como monografia, *Asherah and the Cult of Yahweh in Israel* (1988). Nossas conversas frequentemente ajudaram a esclarecer muitos pontos e a estimular meu pensamento. Sou muito grato a Yale, onde a minha posição deu-me tempo e recursos para realizar pesquisas. Quero agradecer a Douglas Green, Richard Whitekettle e Stephen Cook, que participaram de um semestre do seminário sobre ugarit, dedicado principalmente a textos e tópicos deste trabalho. Gösta Ahlström, Baruque Halpern, Stephen Happel, Patrick Miller, Dennis Pardee e Jeffrey Tigay, assim como meu pai, Donald E. Smith, e meu sogro,

Ted C. Bloch, leram um projeto deste trabalho e ofereceram muitos comentários e ideias sobre ele. Por oferecerem generosamente seu tempo e sua ajuda, agradeço-lhes. Expresso a minha gratidão a Stephen Happel, que me encorajou a tornar este trabalho mais acessível aos estudiosos fora do campo dos estudos bíblicos. Para este fim, adicionei a segunda seção à Introdução, descrevendo as suposições que os estudiosos bíblicos fazem habitualmente. Sou ainda grato ao Professor Happel por comentar os rascunhos desta seção. Agradeço também a vários estudiosos por permitirem o meu acesso aos seus trabalhos antes da publicação: Marc Brettler, Peter Machinist, Dennis Pardee e David Petersen. Gostaria de expressar um grande agradecimento ao meu editor, John Collins, por oferecer muitas sugestões valiosas e à Harper & Row por incluir este trabalho em seu programa de livros acadêmicos altamente seletos. Também agradeço a Stephen Cook por sua ajuda na revisão das provas.

As sociedades bíblicas profissionais ajudaram grandemente na conclusão deste trabalho. Muitos estudiosos ofereceram perguntas críticas e sugestões em vários seminários e reuniões onde alguns dados e ideias deste estudo foram apresentados: um seminário para professores no Seminário São Paulo/Escola de Teologia da Faculdade São Tomás (primavera de 1985), uma palestra na Universidade de Winnipeg (outono de 1985), a reunião do alto centro-oeste da Sociedade de Literatura Bíblica (primavera de 1986), um seminário de pós-graduação de Abraham Malamat na Universidade Hebraica de Jerusalém (primavera de 1987) e o Colóquio em Antigo Testamento na Faculdade do Seminário da Conceição (no inverno de 1989). Parte do material deste manuscrito foi apresentado em reuniões nacionais da Associação Bíblica Católica (verão de 1988) e da Sociedade de Literatura Bíblica (outono de 1988). Congratulo-me pelo fato de meu artigo, apresentado na reunião anual da Sociedade de Literatura Bíblica de 1988, ter sido vencedor do Mitchell Dahood Memorial Prize, e gostaria de agradecer à Doubleday pelo patrocínio do prêmio. Manifesto os meus sinceros agradecimentos a todos esses grupos e aos estudiosos que a eles pertencem. Sou também grato à Academia Americana de Religião por fornecer financiamento para a preparação dos índices do livro.

Gostaria de fazer uma referência especial aos meus professores de assuntos cananeus e israelitas: Frank Cross, Aloysius Fitzgerald, Jonas Greenfield, Marvin Pope, Franz Rosenthal e Robert Wilson. Suas obras escritas, seu ensino e minhas conversas com eles muitas vezes ajudaram em meus esforços para compreender a natureza da religião israelita. O domínio que eles têm do antigo mundo de Israel guiou-me e inspirou-me. A dívida específica que devo a Frank Cross está claramente demarcada pelos capítulos 1 e 2. A minha dívida com Marvin Pope é especialmente manifesta no capítulo 5 e geralmente refletida no uso dos textos ugaríticos. Devo acrescentar que sou o único responsável pelas opiniões expressas neste livro.

Minha esposa, Liz, e os nossos filhos, Benjamin (agora com quatro anos) e Raquel (agora com dois), viveram com meu interesse pela religião israelita. Agradeço-lhes a paciência e o amor. Como eu parecia perdido às vezes em um tempo e um lugar distantes, minha família sempre me fez sentir a bondade deste mundo. Este trabalho é dedicado ao meu pai, Donald E. Smith; não tenho palavras suficientes para expressar o meu amor por ele.

ABREVIATURAS E SIGLAS

AB	Anchor Bible.
ABD	FREEDMAN, D. (ed.). *The Anchor Bible Dictionary*. Nova York: Doubleday, 1992. 6 vol.
AHw	VON SODEN, W. *Akkadisches Handwörterbuch*. Wiesbaden: O. Harrassowitz, 1959-1981.
AION	*Annali dell'istituto orientali di Napoli*.
ALASP	Abhandlungen zur Literatur Alt-Syrien-Palästinas und Mesopotamiens.
AnBib	Analecta biblica.
ANEP	PRITCHARD, J. (ed.). *The Ancient Near East in Pictures*. 2. ed. Princeton: Princeton University Press, 1969.
ANET	PRITCHARD, J. (ed.). *Ancient Near Eastern Texts*. 3. ed. Princeton: Princeton University Press, 1969.
AnOr	Analecta Orientalia.
AOAT	Alter Orient und Altes Testament.
AP	COWLEY, A. *Aramaic Papyrus of the Fifth Century B.C.* Oxford: Clarendon, 1923; reimp. Osnabrück: Otto Zeller, 1967.
ASOR	American Schools of Oriental Research.
AThANT	Abhandlungen zur Theologie des Alten und Neuen Testaments.
BA	*Biblical Archaeologist*.
BASOR	*Bulletin of the American Schools of Oriental Research*.
BBB	Bonner biblische Beiträge.

BDB	BROWN, F.; DRIVER, S.; BRIGGS, C. *Hebrew and English Lexicon of the Old Testament*. Oxford: Clarendon, 1972.
BH	Bíblia hebraica.
BiOr	*Bibliotheca Orientalis*.
BKAT	Biblische Kommentar: Altes Testament.
BN	*Biblische Notizen*.
BSOAS	*Bulletin of the School of Oriental and African Studies*.
BZAW	Beihefte zur ZAW.
CAD	GELB, I. *et al. The Assyrian Dictionary of the Oriental Institute of the University of Chicago*. Chicago: Oriental Institute of the University of Chicago, 1956-.
CBQ	*Catholic Biblical Quarterly*.
CBQMS	Catholic Biblical Quarterly Monograph Series.
CIS	*Corpus Inscriptionum Semiticarum*. Paris: E Reipublicae Typographeo, 1881-.
ConBOT	Coniectanea biblica, Old Testament.
CRAIBL	*Comptes rendus de l'Académie des Inscriptions et Belles-Lettres*.
CRB	Cahiers de la Revue Biblique.
CTA	HERDNER, A. *Corpus des tablettes en cunéiformes alphabétiques découvertes à Ras Shamra-Ugarit de 1929 à 1939*: Mission de Ras Shamra 10. Paris: Imprimerie Nationale, 1963.
DDD	VAN DER TOORN, K.; BECKING, B.; VAN DER HORST, P. (eds.). *Dictionary of Deities and Demons in the Bible*. 2. ed. ampl. rev. Leiden: Brill, 1999.
DISO	JEAN, C.-F.; HOFTIJZER, J. *Dictionnaire des inscriptions sémitiques de l'ouest*. Leiden: Brill, 1965.
DJD	Discoveries in the Judaean Desert.
E	Inglês na versão padrão revisada (onde as citações diferem do texto da BH).

EA	Textos de El Amarna citados de acordo com W. L. Moran, *Les Lettres d'El-Amarna*. Traduzidos por D. Collon e H. Cazelles – *Littératures anciennes du proche-orient 13*. Paris: Les Éditions du Cerf, 1987.
EAEHL	AVI-YONAH, M.; STERN, E. (eds.). *Encyclopedia of Archaeological Excavations in the Holy Land*. Englewood Cliffs: Prentice-Hall, 1977. 4 vol.
EI	*Eretz Israel*.
Emar	ARNAUD, D. *Recherches au pays d'Aštata*. Emar 6. Paris: Éditions Recherche sur les Civilizations, 1986. Vol. 3.
EncJud	*Encyclopaedia Judaica*. Jerusalém: Keter, 1973.
FRLANT	Forschungen zur Religion und Literatur des Alten und Neuen Testaments.
GKC	KAUTSCH, E.; COWLEY, A. (eds.). *Gesenius' Hebrew Grammar*. 2. ed. ing. Oxford: Clarendon, 1910.
HAT	Handbuch zum Alten Testament.
HdO	Handbuch der Orientalistik.
HKAT	Handkommentar zum Alten Testament.
HSM	Harvard Semitic Monographs.
HTR	*Harvard Theological Review*.
ICC	International Critical Commentary.
IDB	BUTTRICK, G. *et al.* (eds.). *Interpreter's Dictionary of the Bible*. Nashville: Abingdon, 1962. 4 vol.
IDBSup	CRIM, K. *et al.* (eds.). *Interpreter's Dictionary of the Bible, Supplement*. Nashville: Abingdon, 1976.
IEJ	*Israel Exploration Journal*.
IOS	*Israel Oriental Studies*.
JANES	*Journal of the Ancient Near Eastern Society*.
JAOS	*Journal of the American Oriental Society*.
JBL	*Journal of Biblical Literature*.
JCS	*Journal of Cuneiform Studies*.

JJS	*Journal of Jewish Studies.*
JNES	*Journal of Near Eastern Studies.*
JNWSL	*Journal of Northwest Semitic Languages.*
JPOS	*Journal of the Palestine Oriental Society.*
JQR	*Jewish Quarterly Review.*
JSOT	*Journal for the Society of Old Testament.*
JSOTSup	Journal for the Society of Old Testament, Supplement Series.
JSS	*Journal of Semitic Studies.*
KAI	DONNER, H.; RÖLLIG, W. *Kanaanäische und aramäische Inschriften.* Wiesbaden: O. Harrassowitz, 1964-1968.
KTU	DIETRICH, M.; LORETZ, O.; SANMARTÍN, J. *The Cuneiform Alphabetic Texts from Ugarit, Ras Ibn Hani and Other Places.* ALASP 8. Münster: Ugarit-Verlag, 1995.
LAPO	Littératures anciennes du Proche-Orient.
LXX	Septuaginta.
MARI	*Mari Annales Recherches Interdisciplinaires.*
NAB	New American Bible.
OBO	Orbis biblicus et orientalis.
OLP	*Orientalia Lovaniensia Periodica.*
OTL	Old Testament Library.
OTPs	CHARLESWORT, H. (ed.). *The Old Testament Pseu-depigrapha.* Garden City: Doubleday, 1983, 1985. 2 vol.
OTS	*Oudtestamentische Studien.*
PE	MRAS, K. (ed.). *Eusebius Werke.* Berlim: Akademie Verlag, 1954. Vol 8, parte I.
PEQ	*Palestine Exploration Quarterly.*
PRU II	SCHAEFFER, C. *Le Palais royale d'Ugarit 2.* Mission de Ras Shamra 7. Paris: Imprimerie Nationale/Librairie C. Klincksieck, 1957.

PRU III	NOUGAYROL, J. *Le Palais royale d'Ugarit 3*: Texts accadiens et hourrites des Archives Est, Ouest et Centrales. Mission de Ras Shamra 6. Paris: Imprimerie Nationale/ Librairie C. Klincksieck, 1955.
PRU IV	NOUGAYROL, J. *Le Palais royale d'Ugarit 4*: Textes accadiens des Archives Sud (Archives internationales). Mission de Ras Shamra 9. Paris: Imprimerie Nationale, 1956.
PRU VI	NOUGAYROL, J. *Le Palais royale d'Ugarit 6*. Mission de Ras Shamra 12. Paris: Imprimerie Nationale/Librairie C. Klincksieck, 1970.
RA	*Revue d'Assyriologie et d'Archéologie orientale.*
RB	*Revue Biblique.*
RES	*Répertoire d'épigraphie sémitiques*. Paris: La commission du Corpus Inscriptionum Semiticarum, 1900-.
RS	Número de campo da Missão de Ras Shamra.
RSF	*Revisti di Studi Fenici.*
RSO	Ras Shamra-Ougarit.
SBLDS	Society of Biblical Literature Dissertation Series.
SBLMS	Society of Biblical Literature Monograph Series.
SEL	*Studi epigrafici e linguistici.*
TA	*Tel Aviv.*
TM	Texto massorético.
UBL	Ugaritisch-biblische Literatur.
UF	*Ugarit-Forschungen.*
Ug V	NOUGAYROL, J. *et al. Ugaritica V*: Nouveaux textes accadiens, hourrites et ugaritiques des Archives et Bibliothèques privées d'Ugarit, commentaires des textes historiques. Mission de Ras Shamra 16. Paris: Imprimerie Nationale/P. Geuthner, 1968.
VPR	Versão padrão revisada.
VT	*Vetus Testamentum.*
VTSup	Vetus Testamentum, Supplements.

WMANT	Wissenschaftliche Monographien zum Alten und Neuen Testament.
WO	*Welt des Orients.*
ZA	*Zeitschrift für Assyriologie.*
ZAH	*Zeitschrift für Althebraistik.*
ZAW	*Zeitschrift für die alttestamentliche Wissenschaft.*
ZDMG	*Zeitschrift für Deutschen Morgenländischen Gesellschaft.*
ZDPV	*Zeitschrift des Deutschen Palästina-Vereins.*
1QIsa^a	BURROWS, M. (ed.). *The Dead Sea Scrolls of St. Mark's Monastery*. New Haven: American Schools of Oriental Research, 1950. Tábuas 1-54.
	CROSS, F. *et al.* (eds.). *Scrolls from Qumrân Cave 1*: The Great Isaiah Scroll, the Order of the Community, the Pesher to Habakkuk. Fotografias de J. C. Trever. Jerusalem: The Albright Institute of Archaeological Researchand the Shrine of the Book, 1972, p. 13-123.
[ ]	Letra(s) reconstruída(s) em lacunas ou implícitas na tradução.
< >	Letra(s) restaurada(s).
*	Forma não atestada ou indicação de raiz.
//	Termos em paralelismo poético.

INTRODUÇÃO

1 A questão da compreensão da religião israelita

> *Tem havido e há muita discordância entre os teólogos sobre o deus honrado entre os hebreus.*

A visão expressa na epígrafe é tão verdadeira hoje como era quando Lido, um grego do século VI d.C., escreveu essas palavras[128]. O papel de Yahweh dentro da religião israelita foi uma importante área de investigação dentro dos estudos bíblicos ao longo da maior parte do século XX. Durante esse século, o entendimento de Yahweh foi moldado fortemente pelo estudo das divindades cananeias. O título de uma obra significativa no campo da religião israelita, *Yahweh and the Gods of Canaan* [Yahweh e os deuses de Canaã], de W. F. Albright[129], ecoado no subtítulo do presente trabalho, reflete o lugar central que várias divindades "cananeias" têm mantido por muito tempo na discussão do monoteísmo israelita, que pode ser definido como o culto e a crença em Javé e a descrença na realidade de outras divindades. O estudo das divindades cananeias em conexão com Yahweh foi inspirado, em grande parte, pela

---

128. LIDO. *De mensibus* 4.53; para o texto e a tradução, cf. ATTRIDGE, H. W.; ODEN JR., R. *Philo of Byblos*: The Phoenician History. Washington: Catholic Biblical Association of America, 1979 (CBQMS, 9), p. 70-71.

129. ALBRIGHT, W. F. *Yahweh and the Gods of Canaan*: An Historical Analysis of Two Conflicting Faiths. Garden City: Doubleday, 1968. Albright (p. vi) data o prefácio do livro de 1º de julho de 1967. Para uma retrospectiva interessante do pensamento de Albright, cf. MILES JR., J. A. Understanding Albright: a Revolutionary Etude. *HTR*, vol. 69, 1976, p. 151-175. O título de Albright ressoa no nome do livro de J. Day, *Yahweh and the Gods and Goddesses of Canaan* (Sheffield: Sheffield Academic Press, 2001 [JSOTSup 265]). A respeito do termo "cananeu", cf. os comentários na p. 77, nota 157, adiante.

descoberta de numerosos textos antigos no Levante, especialmente as muitas tábuas ugaríticas descobertas desde 1929 em Ras Shamra, na costa da Síria. Os textos ugaríticos, que datam da segunda metade do segundo milênio, forneceram amplas informações sobre a religião dos cananeus, os vizinhos de Israel que os textos legais e proféticos da Bíblia condenam categoricamente. Graças aos textos ugaríticos, os estudiosos finalmente têm uma fonte cananeia nativa para ajudar a reconstruir a relação entre a religião cananeia e a religião israelita.

Grande parte dos textos do panteão mitológico de Ugarit apresenta as divindades El, o idoso e gentil patriarca do panteão; sua consorte e rainha-mãe da divina família, Asherah; o jovem deus das tempestades e guerreiro, Baal; sua irmã, Anat, também uma deidade marcial; e, enfim, a divindade solar[130]. Os estudiosos da religião frequentemente assumiram que, como essas divindades eram cananeias, não eram israelitas. De acordo com essa visão, Israel sempre foi essencialmente monolátrico; Israel adorava apenas Yahweh, embora não negasse a existência de outras

---

130. Para inspeções destas deidades, cf. DAHOOD, M. Ancient Semitic Deities in Syria and Palestine. *In*: *Le antiche divinità semitiche*. Roma: Centro di Studi Semitici, 1958 (Studi Semitici, 1), p. 65-94; POPE, M. H.; RÖLLIG, W. *Syrien*: Die Mythologie der Ugarititer und Phönizier. Stuttgart: Ernst Klett, 1965 (Wörterbuch der Mythologie, 1/1), p. 217-312; COOPER, A. Divine Names and Epithets in the Ugaritic Texts. *In*: RUMMEL, S. (ed.). *Ras Shamra Parallels*: The Texts from Ugaritic and the Hebrew Bible. Roma: Pontificium Institutum Biblicum, 1981 (AnOr, 51), vol. 3, p. 335-469 e várias listas em *DDD*. Para os textos ugaríticos com traduções, cf. GIBSON, J. C. L. *Canaanite Myths and Legends*. 2. ed. Edimburgo: T. & T. Clark, 1978; OLMO LETE, G. del. *Mitos y leyendas según la tradición de Ugarit*. Valência: Institución San Jeronimo; Madri: Ediciones Cristianidad, 1981 (Institución San Jerónimo para la Investigación Biblica, Fuentes de la Ciencia Bíblica 1). Para traduções com notas, cf. *ANET*, 129-155; CAQUOT, A.; SZNYCER, M.; HERDNER, A. *Textes ougaritiques vol. 1*: Mythes et lègendes. Paris: Les Éditions du Cerf, 1974 (LAPO, 7); COOGAN, M. D. *Stories from Ancient Canaan*. Filadélfia: Westminster, 1978; CAQUOT, A.; TARRAGON, J. M. de; CUNCHILLOS, J. L. *Textes ougaritiques*: Tome II. Textes religieux, rituels, correspondance. Paris: Les Éditions du Cerf, 1989 (LAPO, 14); DIETRICH, M.; LORETZ, O. *In*: KAISER, O. (ed.). *Texte aus der Umwelt des Alten Testaments*. Gütersloh: Gütersloher Verlagshaus Gerd Mohn, 1986-; MOOR, J. C. de. *An Anthology of Religious Texts from Ugarit*. Leiden: Brill, 1987 (Nisaba, 16); PARDEE, D. *et al*. *In*: HALLO, W. W. (ed.). *The Context of Scripture*, vol. 1. Leiden: Brill, 1997, p. 241-375; PARKER, S. B. (ed.). *Ugaritic Narrative Poetry*: Writings from the Ancient World. Atlanta: Scholars, 1997; WYATT, N. *Religious Texts from Ugarit*: The Words of Ilimilku and His Colleagues. Sheffield: Sheffield Academic Press, 1998 (The Biblical Seminar, 53). Para uma introdução sobre as relações entre a literatura ugarítica e a Bíblia, cf. GREENFIELD, J. C. The Hebrew Bible and Canaanite Literature. *In*: ALTER, R.; KERMODE, F. (eds.). *The Literary Guide to the Bible*. Cambridge: Harvard University Press; Belknap Press, 1987, p. 545-560. Para mais discussões sobre estudos ugaríticos e bíblicos, cf. SMITH, Mark S. *Untold Stories*: The Bible and Ugaritic Studies in the Twentieth Century. Peabody: Hendrickson Publishers, 2001.

divindades. Enquanto Israel podia tolerar a adoração de outros povos a suas divindades, Yahweh era certamente e em última análise a divindade mais poderosa do cosmos. Assim, Ex 15,11 pergunta: "Quem é como Tu entre os deuses, ó Yahweh?" Foi a monolatria de Israel que levou ao monoteísmo pouco antes e durante o exílio (587-539), quando Israel explicitamente negou o poder de todas as outras divindades. Quaisquer que sejam as influências de outras divindades manifestas no antigo e monolátrico Israel, os estudiosos muitas vezes consideraram-nas sincretistas, periféricas, efêmeras, ou parte da "religião popular" de Israel e não sua "religião oficial". Israel era essencialmente monolátrico, apesar da ameaça de outras divindades apresentadas.

Essa visão sobre a religião israelita tem sido expressa em parte ou na totalidade por estudiosos europeus, americanos e israelenses, com opiniões muito divergentes, incluindo W. F. Albright, Y. Kaufmann, H. Ringgren, G. Fohrer, G. W. Ahlström e J. H. Tigay[131]. Tal perspectiva histórica sobre a religião israelita deriva principalmente da historiografia bíblica manifesta em passagens como Ex 23,23-24 e Jz 3,1-7 (cf. Jr 2,11). Ex 34,11-16 fornece um exemplo ilustre dessa visão:

> Fica atento para observar o que hoje te ordeno: expulsarei de diante de ti os amorreus, os cananeus, os heteus, os ferezeus, os heveus e os jebuseus. Abstém-te de fazer aliança com os moradores da terra para onde vais; para que não te sejam uma cilada. Ao contrário, derrubareis os seus altares, quebrareis as suas colunas e os seus postes sagrados: Não adorarás outro deus. Pois Yahweh tem por nome Zeloso: é um Deus zeloso. Não faças aliança com os moradores da terra. Não suceda que, em se prostituindo com os deuses deles e lhes sacrificando, alguém te convide e comas dos seus sacrifícios, e tomes mulheres das suas filhas para os teus filhos, e as filhas deles, prostituindo-se

---

131. KAUFMANN, Y. *The Religion of Israel from Its Beginnings to the Babylonian Exile*. Tradução e adaptação de M. Greenberg. Nova York: Schocken, 1960, p. 142-147; RINGGREN, H. *Israelite Religion*. Tradução de D. E. Green. Filadélfia: Fortress, 1966, p. 42, 58, 99; FOHRER, G. *History of Israelite Religion*. Tradução de D. E. Green. Nashville: Abingdon, 1972, p. 127-130; AHLSTRÖM, G. W. *Aspects of Syncretism in Israelite Religion*. Lund: Gleerup, 1963 (Horae Soederblomianae, V), p. 8; TIGAY, J. H. *You Shall Have No Other Gods*: Israelite Religion in the Light of Hebrew Inscriptions. Atlanta: Scholars, 1986 (HSS, 31). Cf. CROSS, F. M. *Canaanite Myth and Hebrew Epic*: Essays in the History of the Religion of Israel. Cambridge: Harvard University Press, 1973, 190-191. Para mais discussões, cf. HILLERS, D. R. Analyzing the Abominable: Our Understanding of Canaanite Religion. *JQR*, vol. 75, 1985, p. 253-269.

com seus deuses, façam com que também os teus filhos prostituam-se com os seus deuses.

A passagem afirma quatro pontos sobre Israel. Primeiro, a identidade étnica de Israel era originalmente separada da de outros povos da terra. Segundo, Israel não estava originalmente entre os povos da terra. Terceiro, objetos cúlticos específicos eram estranhos a Israel. Finalmente, Yahweh era a única divindade de Israel. Algumas obras acadêmicas têm usado essas afirmações bíblicas como elementares em suas reconstruções históricas da religião israelita. O sincretismo da religião israelita com a religião cananeia continua a ser uma reconstrução histórica prevalente entre os estudiosos bíblicos. Para além desse consenso acadêmico, houve um amplo desacordo. Alguns acadêmicos, como Y. Kaufmann e J. H. Tigay[132], argumentam que nem Baal nem Asherah eram divindades conhecidas em Israel. Outros estudiosos, como G. W. Ahlström, H. Ringgren e G. Fohrer[133], defendem vigorosamente o testemunho bíblico da adoração israelita a Baal e Asherah.

A categoria do sincretismo continua a afetar a abordagem das questões em torno das divindades no antigo Israel. O sincretismo, a união de fenômenos religiosos a partir de dois sistemas ou culturas historicamente separados, continua a ser uma forma padrão de caracterizar o interesse israelita por divindades diferentes de Yahweh e retira a ênfase e a importância da adoração israelita a outras divindades, bem como práticas proibidas na Bíblia. Por exemplo, K. Spronk relega as práticas relativas aos mortos – proibidas na Bíblia – para o reino da "religião popular" e afirma que esta era sincretista, permitindo as influências de práticas cananeias de uma forma que a "religião oficial" não permitia. Essa reconstrução histórica ignora as dificuldades de definir historica-

---

132. KAUFMANN, Y. *The Religion of Israel*, 134-147; TIGAY, J. H. *You Shall Have No Other Gods*, p. 37-41. Cf. HILLERS, D. R. Analyzing the Abominable, p. 253-269; ODEN JR., R. A. *The Bible Without Theology*. São Francisco: Harper & Row, 1987, p. 1-39. Cf. tb. as observações de Morton Smith (On the Differences between the Culture of Israel and the Major Cultures of the Ancient Near East. *JANES*, vol. 5, 1973, p. 389-395).

133. AHLSTRÖM, G. W. *Aspects of Syncretism*, p. 23-24, 50-51; RINGGREN, H. *Israelite Religion*, p. 24, 42, 95-96, 261; FOHRER, G. *History of Israelite Religion*, p. 58, 104.

mente a natureza da "religião oficial"[134]. Da mesma forma, J. H. Tigay, dependendo em grande medida da evidência de elementos divinos em nomes próprios, tem seguido os passos de Y. Kaufmann e argumentado que Israel era essencialmente monoteísta, ou pelo menos monolátrico, durante o período da monarquia (1000-587); defende também que os israelitas dificilmente teriam adorado Asherah e Baal, e ainda assim mui brevemente. Para demonstrar que Israel era essencialmente monoteísta, Tigay cita a preponderância esmagadora de nomes próprios com Yahweh como o elemento divino ou teofórico, e a raridade de nomes pessoais com elementos teofóricos diferentes do nome de Yahweh[135].

A distribuição de elementos "teofóricos" – ou seja, formas de nomes divinos – em nomes próprios dá credibilidade, no entanto, apenas à noção de que Yahweh fosse o deus mais popular de Israel ou sua divindade nacional. Há mais especulação do que evidência nessa questão de nomes próprios, que, por mais sugestivos que sejam, são notoriamente difíceis de avaliar para finalidades historiográficas. A atribuição de nomes estava sujeita a convenções regidas por outros fatores que não preocupações religiosas. De fato, como D. Pardee observou[136], os nomes de divindades contidas em nomes próprios são de pouca utilidade como prova de devoção a essas divindades. Por exemplo, textos ugaríticos raramente, se alguma vez, têm nomes próprios com o elemento teofórico da deusa Asherah (*'aṯrt*)[137]. No entanto, os textos rituais uga-

---

134. Cf. capítulo 5, seção 2.

135. TIGAY, J. H. *You Shall Have No Other Gods*, p. 12, 65-73, 83-85.

136. Cf. PARDEE, D. An Evaluation of the Proper Names from Ebla from a West Semitic Perspective: Pantheon Distribution According to Genre. *In*: ARCHI, A. (ed.). *Eblaite Personal Names and Semitic Name-Giving*. Roma: Missione Archeologica Italiana in Siria, 1988, p. 119-151. Pardee coleta um bom número de exemplos de deidades cultuadas, mas ausentes da onomástica. Cf. tb. WEISS, K. M.; ROSSMANN, D. L.; CHAKRABORTY, R.; NORTON, S. L. Wherefore Art Thou, Romeo? Name Frequency Patterns and Their Use in Automated Genealogy Assembly. *In*: DYKE, B.; MORRILL, W. T. (eds.). *Genealogical Demography*. Nova York: Academic Press, 1980, p. 41-61. Para uma crítica ao trabalho de Tigay, cf. CALLAWAY, R. The Name Game: Onomastic Evidence and Archaeological Reflections on Religion in Late Judah. *Jian Dao*, vol. II, 1999, p. 15-36.

137. Cf. EMERTON, J. A. New Light on Israelite Religion: The Implications from Kuntillet 'Ajrûd. *ZAW*, vol. 94, 1982, p. 16 n. 10; OLYAN, S. *Asherah and the Cult of Yahweh in Israel*. Atlanta: Scholars, 1988 (SBLMS 34), p. 35-36; HADLEY, J. M. *The Cult of Asherah in Ancient Israel and Judah*: Evidence for a Hebrew Goddess. Cambridge: Cambridge University Press, 2000 (University of Cambridge Oriental Publications, 57), p. 106-155; ZEVIT, Z. *The Religions of Ancient Israel*: A Synthesis of Parallactic Approaches. Londres: Continuum, 2001, p. 370-405. F. Gröndahl (*Die*

ríticos indicam que essa deusa era venerada na antiga Ugarit. Similarmente, embora Tannit fosse a deusa mais popular no oeste púnico, os nomes púnicos também raramente contêm *tnt* como um elemento teofórico[138]. Em geral, os nomes próprios servem como evidência confiável das condições religiosas apenas quando usados em conjunto com outras informações.

Embora muitos parâmetros da discussão sobre a religião israelita tenham permanecido os mesmos desde *Yahweh e os deuses de Canaã*, de Albright, houve uma grande mudança. Os mais de vinte anos transcorridos desde a publicação do livro de Albright testemunharam grandes descobertas epigráficas e arqueológicas. Para a Idade do Bronze Média e Tardia (1950-1200), a publicação das cartas de Mari e textos ugaríticos continua a fornecer novas informações sobre a religião cananeia. Por exemplo, uma carta publicada da cidade de Mari, junto ao Rio Eufrates, ajuda a iluminar a função política do uso de imagens relacionadas a tempestades, seja de Baal em Ugarit, seja de Yahweh em Israel. Novas tábuas da antiga Emar, moderna Meskene, na Síria, também fornecem alguns dados sobre a religião cananeia no fim da Idade do Bronze (cerca de 1550-1200). Novos dados sobre a Idade do Ferro (cerca de 1200-587) incluem descobertas dentro e fora de Israel. Inscrições de Deir 'Alla, um local transjordânico localizado junto ao Rio Jordão, ao norte de Jericó, dão informações sobre a religião da Transjordânia. A versão aramaica do Sl 20 em demótico, uma forma tardia do egípcio, fornece informações sobre Baal, entre outras divindades. As inscrições de Kuntillet Ajrud e Khirbet el-Qôm fornecem novos textos sobre a asherah

---

Personennamen der Texte aus Ugarit. Roma: Pontifical Biblical Institute, 1967 [Studia Pohl 1]) não lista nenhum nome próprio com '*aṯrt* como elemento teofórico.

138. OLYAN, S. *Asherah and the Cult of Yahweh*, p. 36-37. Para mais discussões sobre Tannit, cf. HARDEN, D. *The Phoenicians*. 2. ed. Middlesex: Penguin, 1980, p. 79; *DISO*, vol. 229; CROSS, F. M. *Canaanite Myth and Hebrew Epic*, p. 28; DOTHAN, M. A Sign of Tannit from Tel'Akko. *IEJ*, vol. 24, 1974, p. 44-49; ODEN JR., R. A. *Studies in Lucian's De Syria Dea*. Missoula: Scholars, 1977 (HSM 15), p. 92-93, 141-149; GÖRG, M. Zum Namen der punischen Göttin Tinnit. *UF*, vol. 12, 1980, p. 303-306; LIPIŃSKI, E. Notes d'épigraphie phéniciennes et puniques. *OLP*, vol. 14, 1983, p. 129-165; BORDREUIL, P. Tanit du Liban (Nouveaux documents phéniciens III). *In*: *Phoenicia and the East Mediterranean in the First Millennium B.C.*: Proceedings of the Conference Held in Louvain 14-16 November 1985. Lovaina: Uitgeverij Peeters, 1987 (Studia Phoenicia, V), p. 79-86; OLYAN, S. M. *Asherah and the Cult of Yahweh*, p. 53-54, 59-60; LIPIŃSKI, E. *Dieux et déesses*, p. 62-64, 199-215, 423-426, 440-446.

proibida na Bíblia. Muitos estudiosos têm considerado as referências à asherah nessas inscrições uma evidência de Asherah como uma deusa israelita. As escavações em Cartago alteraram a compreensão acadêmica em torno do sacrifício infantil na religião fenícia e israelita. A iconografia descoberta em Pozo Moro, na Espanha, talvez forneça representações do culto púnico do sacrifício de crianças. O crescente corpo de inscrições fenícias e transjordânicas ajudou a academia a concentrar-se na natureza das religiões dos vizinhos imediatos de Israel. Os pergaminhos do Mar Morto continuam a fornecer novas leituras crítico-textuais de passagens bíblicas importantes. Escritos não bíblicos da comunidade que produziu os pergaminhos do Mar Morto foram publicados. Esses textos refletem noções religiosas com raízes no fim da Idade do Bronze ou na Idade do Ferro, e, em alguns pontos, os textos fornecem novas informações sobre essas mesmas noções na tradição bíblica. Uma grande variedade de descobertas arqueológicas continua a adicionar informações importantes ao registro histórico da cultura de Israel. Em suma, os dados que iluminam a religião de Israel mudaram substancialmente nos últimos anos, e eles ajudaram a produzir quatro grandes mudanças na perspectiva acadêmica que configura o trabalho atual.

A mudança mais significativa envolve a identidade cultural de Israel. Apesar do modelo reinante há muito tempo, segundo o qual cananeus e israelitas eram povos de cultura fundamentalmente diferente, dados arqueológicos agora lançam dúvidas sobre essa visão. A cultura material da região exibe numerosos pontos em comum entre israelitas e cananeus no período do Ferro I (cerca de 1200-1000). O registro sugere que boa parte da cultura israelita sobrepôs-se à, ou derivou da, cultura "cananeia" (os estudiosos chamam a cultura precedente de "cananeia" porque a Bíblia refere-se a ela com esse termo, mas esse termo bíblico pode ser em parte um termo "guarda-chuva" para as várias populações na região). Como será observado adiante, no capítulo 1, o texto extrabíblico do Egito, conhecido como estela de Merneptá, também distingue entre Israel e Canaã. Em suma, a cultura israelita era, em grande parte, "cananeia" em sua natureza. Dada a informação disponível, não se pode manter uma separação cultural radical entre "cananeus" e israelitas durante o período do Ferro I. Com certeza, a história primitiva de Israel foi extremamente complexa, e estabelecer continuidade ou descontinuidade étnica é impossível para aquele período. Algumas distinções provavelmente existiam entre os vários grupos que habitavam as terras altas, os vales e as regiões costeiras na história mais antiga de Israel; e boa parte das informações sobre eles estão indisponíveis atualmente. A primeira seção do capítulo 1 concentra-se no desenvolvimento da cultura israelita a partir da cultura "cananeia" mais ampla. O restante deste estudo concentra-se em uma área específica desse *continuum* cultural, a saber, os motivos literários e religiosos da herança "cananeia" de Israel que suportam o desenvolvimento da monolatria israelita.

A mudança na compreensão acadêmica da cultura do início de Israel levou à segunda grande mudança de perspectiva, que envolve a natureza do culto javista. Com a mudança de perspectiva em relação ao pano de fundo "cananeu" de Israel, noções de longa data sobre a religião israelita estão lentamente caindo por terra. Baal e Asherah faziam parte da herança cananeia de Israel, e o processo de emergência da monolatria israelita foi uma questão da ruptura de Israel com o seu próprio passado cananeu e não simplesmente a evitação de vizinhos cananeus. Embora o testemunho bíblico represente com precisão a existência da adoração Israelita a Baal e talvez também a Asherah, essa adoração não era tanto um caso de sincretismo israelita com as práticas religiosas de seus vizinhos "cananeus", como algumas passagens bíblicas retratam, mas sim um exemplo de reminiscência da religião israelita antiga. Se é possível afirmar que o sincretismo esteve envolvido, foi um sincretismo de várias tradições e práticas religiosas dos israelitas. Em suma, qualquer sincretismo era quase sempre um fenômeno interno da cultura israelita. No início da história de Israel, o culto de Yahweh, em geral, era predominante. No entanto, essa declaração não caracteriza totalmente a religião pré-exílica israelita como um todo. Em vez disso, a religião israelita aparentemente incluía a adoração de Yahweh, El, Asherah e Baal.

A forma desse espectro religioso do início de Israel mudou devido, principalmente, a dois grandes desenvolvimentos: o primeiro foi a convergência, e o segundo foi a diferenciação[139]. A convergência envolveu a

---

139. Sobre a convergência neste período, cf. HALPERN, B. "Brisker Pipes Than Poetry": The Development of Israelite Monotheism. *In*: NEUSNER, J.; LEVINE, B. A.; FRERICHS, E. S. (eds.).

coalescência de várias das divindades ou de algumas de suas características na figura de Yahweh. Esse desenvolvimento começou no período dos Juízes e continuou durante a primeira metade da monarquia. Nesse ponto, El e Yahweh foram identificados mutuamente, e talvez Asherah não mais continuou como uma divindade distinta identificável. Características pertencentes a divindades como El, Aserah e Baal foram absorvidas pela religião javista de Israel. Tal processo de absorção é evidente nas composições poéticas que uma série de estudiosos consideram ser o estrato mais antigo da literatura de Israel[140]. A partir de uma perspectiva linguística[141], esses poemas, incluindo Gn 49, Jz 5, 2Sm 22 (= Sl 18), 2Sm 23,1-7 e os Sl 29 e 68, parecem ser mais antigos do que as composições poéticas em livros proféticos e, portanto, datam pelo menos da primeira metade da monarquia; e alguns deles podem ser ainda mais antigos. Jz 5, por exemplo, sugere um cenário pré-monárquico[142]. Nessas composições

---

Judaic Perspectives on Ancient Israel. Filadélfia: Fortress, 1987, p. 88. Em vista da adoração de Baal no antigo Israel (cf. capítulo 2, seção 1), parece improvável que essa fosse uma característica geral da sociedade israelita como um todo, conforme argumentado por Halpern. Cross usa o termo "diferenciação" para se referir à religião cananeia e israelita (*Canaanite Myth and Hebrew Epic*, p. 71). Em sua discussão da combinação bíblica dos traços de El e Baal no personagem de Yahweh, ele usa o termo "conflação" (p. 163), que considero refletir o processo mais amplo de convergência. Cf. tb. AHLSTRÖM, G. W. The Travels of the Ark: A Religio-Political Composition. *JNES*, vol. 43, 1984, p. 146-148. Para uma discussão mais aprofundada, cf. adiante, especialmente o capítulo 1, seção 4; capítulo 3, seção 5; capítulo 5; e capítulo 6, seção 1. Em sua resenha à primeira edição deste livro, S. Parker prefere o termo "individuação" à minha "diferenciação". Cf. PARKER S. *Hebrew Studies*, vol. 33, 1992, p. 158. Para "diferenciação", cf. ainda EMBERLING, G. Ethnicity in Complex Societies: Archaeological Perspectives. *Journal of Archaeological Research*, vol. 5/4, 1997, p. 306, referência por cortesia de E. Bloch-Smith; cf. seu o novo e relevante artigo, "Israelite Ethnicity in Iron I: Archaeology Preserves What Is Remembered and What Is Forgotten in Israel's History" (*JBL*, vol. 122/3, 2003).

140. Para um debate sobre a datação da assim chamada poesia antiga, cf. CROSS, F. M.; FREEDMAN, D. N. *Studies in Ancient Yahwistic Poetry*. Missoula: Scholars, 1975 (SBLDS 76); CROSS, F. M. *Canaanite Myth and Hebrew Epic*, p. 100-103, 121-144, 151-162, 234-137; FREEDMAN, D. N. *Pottery, Poetry, and Prophecy*: Studies in Early Hebrew Poetry. Winona Lake: Eisenbrauns, 1980, p. 77-178. Para visão contrária, cf. FLOYD, M. H. Oral Tradition as a Problematic Factor in the Historical Interpretation of Poems in the Law and the Prophets (Tese de Doutorado, Claremont Graduate School, 1980), 174-205, 484-493.

141. ROBERTSON, D. A. Linguistic Evidence in Dating Early Hebrew Poetry (Tese de Doutorado, Yale University, 1966); O'CONNOR, M. *Hebrew Verse Structure*. Winona Lake: Eisenbrauns, 1980.

142. CROSS, F. M. *Canaanite Myth and Hebrew Epic*, p. 100-101. G. Garbini (Il cantico di Debora. *La parola del passato*, vol. 178, 1978, p. 5-31) e J. A. Soggin (*Judges*: A Commentary. Filadélfia: Westminster, 1981 [OTL], p. 93) argumentam em favor de uma data monárquica para Jz 5, mas alguns detalhes na ambientação deste texto sugerem uma época pré-monárquica (cf. STAGER, L.

poéticas, títulos e características originalmente pertencentes a várias deidades secundariamente acumularam-se sobre Yahweh.

Além disso, se as críticas proféticas de Elias e Oseias incluem informações históricas confiáveis, então Baal era aceito em Israel por israelitas. O que os profetas não mencionam é quais atividades essas divindades exerciam no Israel monárquico. A monolatria israelita desenvolveu-se por meio de conflitos e conciliações entre os cultos de Yahweh e os de outras divindades, e a literatura israelita incorporou algumas das características de outras divindades na personalidade divina de Yahweh. Polêmicas contra divindades diferentes de Yahweh até contribuíram para esse processo. Apesar de as polêmicas rejeitarem outras divindades, a polêmica javista supunha que Yahweh incorporava as características positivas das próprias divindades que estava a condenar.

O segundo grande processo envolveu a diferenciação do culto israelita da sua herança "cananeia". Numerosas características do culto israelita inicial foram mais tarde rejeitadas como "cananeias" e não javistas. Esse desenvolvimento aparentemente começou com a rejeição do culto a Baal no século IX, continuou no século VIII até o VI, com condenações legais e proféticas do culto a Baal, a asherah, do culto solar, dos lugares altos, das práticas que diziam respeito aos mortos e de outras características religiosas. Os dois principais desenvolvimentos de convergência e diferenciação moldaram os contornos do monoteísmo distinto que Israel praticou e definiu a partir do exílio (cerca de 587-538), que se seguiu aos últimos dias da monarquia judaica. O capítulo 1 discute convergências no estado mais primitivo da religião do Israel antigo em conexão com as deidades El, Baal e Asherah. O capítulo 2, seção 4, ilustra como a percepção marcial associada à deusa Anat foi assimilada por Yahweh, embora a própria deusa não faça nenhuma aparição em textos israelitas; nesse caso, a convergência de imagens é indicada, embora não haja aparentemente a presença do culto a essa deusa no antigo Israel. Os capítulos 2, 3 e 4 apresentam exemplos de convergência e de diferenciação no Israel antigo. Nesses capítulos, Baal, o símbolo da asherah e imagens solares são vistos

---

E. Archaeology, Ecology, and Social History: Background Themes to the Song of Deborah. *In*: EMERTON, J. (ed.). *Congress Volume: Jerusalem 1986*. Leiden: Brill, 1988 [VTSup], p. 221-34).

como sujeitos a modificação para o culto de Yahweh, e diferentes graus de convergência ou assimilação ao culto de Yahweh podem ser discernidos. Todos esses três fenômenos também refletem o desenvolvimento posterior da diferenciação. Como as antigas características cananeias/israelitas, Baal e a asherah foram percebidos como não javistas e, portanto, não israelitas. O capítulo 5 examina algumas práticas cúlticas também sujeitas à diferenciação: lugares altos, práticas que dizem respeito aos mortos e o sacrifício *mlk*. Os dois primeiros (lugares altos e práticas relacionadas aos mortos), originalmente parte da herança antiga de Israel, foram criticados como não javistas.

A terceira mudança de perspectiva envolve o papel da monarquia (cerca de 1000-587) nos processos de convergência e diferenciação. A monarquia promoveu a inclusão de várias deidades, ou suas características, no culto de Yahweh[143]. O desenvolvimento de uma religião nacional e de um deus nacional não excluía outras deidades; na verdade, às vezes seus cultos eram encorajados. As religiões nacionais ou estatais na Mesopotâmia e no Egito toleravam outras divindades; além disso, essas religiões incorporaram as características de várias divindades no culto da deidade estatal, exaltando, assim, a deidade principal e a identidade própria do Estado. Como um exemplo de incorporação, os traços de numerosas divindades foram atribuídos a Marduk, o deus da Babilônia, não só em cinquenta nomes que ele recebe no fim do Enuma Elish mas também na caracterização de mais de uma dúzia de divindades como aspectos de Marduk em uma pequena lista de deuses[144]. Assur, o deus

---

143. Isto foi percebido por H. Gottlieb (El und Krt – Jahwe und David. Zum Ursprung des alttestamentlichen Monotheismus. *VT*, vol. 24, 1974, p. 159-167) e Morton Smith (*Palestinian Parties and Politics That Shaped the Old Testament*. Nova York: Columbia University Press, 1971, p. 21-22). A maior parte dos trabalhos trata do papel da monarquia. P. ex., cf. RINGGREN, H. *Israelite Religion*, p. 57-65, 220-238; FOHRER, G. *History of Israelite Religion*, p. 123-50; CROSS, F. M. *Canaanite Myth and Hebrew Epic*, p. 219-265; MENDENHALL, G. *The Tenth Generation*: The Origins of the Biblical Tradition. Baltimore: Johns Hopkins University Press, 1973, p. 181, 188-194; AHLSTRÖM, G. H. *Royal Administration and National Religion in Ancient Palestine*. Leiden: Brill, 1982 (Studies in the History of the Ancient Near East, 1); *Who Were the Israelites?* Winona Lake: Eisenbrauns, 1986, p. 85-99; HALPERN, B. Brisker Pipes Than Poetry, p. 77-115.

144. Cf. LAMBERT, W. G. The Historical Development of the Mesopotamian Pantheon: A Study in Sophisticated Polytheism. *In*: GOEDICKE, H.; ROBERTS, J. J. M. (eds.). *Unity and Diversity*: Essays in the History, Literature, and Religion of the Ancient Near East. Baltimore: John Hopkins University Press, 1975, p. 191-200; Trees, Snakes and Gods in Ancient Syria and Anatolia. *BSOAS*,

da cidade-Estado com o mesmo nome, foi retratado com a iconografia de outras divindades. Da mesma forma, Amun-Re, o divino campeão do Novo Reino do Egito, incorporou os atributos das principais divindades mais tradicionais do Egito[145]. Um processo comparável pode ser visto em andamento no Israel monárquico. Para exemplos de tolerância, pode-se apelar às concessões de Salomão aos deuses de suas esposas estrangeiras (1Rs 11,5.7-8) ou ao patrocínio de Acab da adoração fenícia a Baal (1Rs 17–19)[146]. Na primeira metade de sua existência, a monarquia promoveu algumas características de convergência na exaltação de Yahweh como o deus nacional. Por meio dessa exaltação, Yahweh evidentemente adquiriu títulos e traços originalmente pertencentes a outras divindades.

Além disso, a religião real era tanto conservadora quanto inovadora. Incorporava práticas tradicionais na religião popular, como o culto a Baal, o símbolo da asherah, os lugares altos e práticas que diziam respeito aos mortos. Durante a segunda metade da monarquia, os programas religiosos

---

vol. 48, 1985, p. 439; LIVINGSTONE, A. *Mystical and Mythological Explanatory Works of Assyrian and Babylonian Scholars*. Oxford: Clarendon, 1986, p. 101, 233; SOMMERFELD, W. *Der Aufstieg Marduks*. Kevelaer: Butzon & Bercker; Neukirchen-Vluyn: Neukirchener Verlag, 1982 (AOAT, 213), p. 174-81. Sobre os cinquenta nomes de Marduk, cf. J. BOTTÉRO, J. "Les noms de Marduk, l'écriture et la 'logique' en Mésopotamie ancienne. *In*: JONG ELLIS, M. de. (ed.). *Essays on the Ancient Near East in Memory of Jacob Joel Finkelstein*: Memoirs of the Connecticut Academy of Arts and Sciences. Hamden: Archon Books, 1977, p. 5-28. Para mais discussões, cf. HENDEL, R. S. Aniconism and Anthropomorphism in Ancient Israel. *In*: TOORN, K. van der. (ed.). *The Image and the Book: Iconic Cults, Aniconism, and the Rise of Book Religion in Israel and the Ancient Near East*. Leuven: Peeters, 1997 (Contributions to Biblical Exegesis and Theology, 21), p. 206-212; SMITH, Mark S. *The Origins of Biblical Monotheism*: Israel's Polytheistic Background and the Ugaritic Texts. Oxford: Oxford University Press, 2001, p. 87-88. Cf. tb. PARPOLA, S. Monotheism in Ancient Assyria. *In*: PORTER, B. N. (ed.). *One God or Many?* Conceptions of Divinity in the Ancient World. Bethesda: CDL Press, 2000, p. 165-209.

145. Sobre Amun-Re, cf. ASSMAN, J. *Re und Amun*: Die Krise des polytheistischen Weltbildes im Ägypten der 18.-20. Dynastie. Gotinga: Vandenhoeck & Ruprecht, 1982 (OBO, 51); POSENER, G. Sur le monothéisme dans l'ancienne Egypte. *In*: CAQUOT, A.; DELCOR, M. (eds.). *Mélanges biblique et orientaux en l'honneur de M. Henri Cazelles*. Kevelaer: Butzon & Bercker; Neukirchen-Vluyn: Neukirchener Verlag, 1981 (AOAT, 212), p. 347-351; cf. REDFORD, D. B. D. *Akhenaten*: The Heretic King. Princeton: Princeton University Press, 1984, p. 158, 176, 205, 225-226, 232; MOOR, J. C. de. The Crisis of Polytheism in Late Bronze Ugarit. *OTS*, vol. 24, 1986, p. 1-20; BAINES, J. Egyptian Deities in Context: Multiplicity, Unity, and the Problem of Change. *In*: PORTER, B. N. *One God or Many?*, p. 9-78, esp. 53-62. Cf. tb. HALPERN, B. Brisker Pipes Than Poetry, p. 79-80.

146. TIGAY, J. H. Israelite Religion: The Onomastic and Epigraphic Evidence. *In*: MILLER JR., P. D.; HANSON, P. D.; McBRIDE, S. D. (eds.). *Ancient Israelite Religion*: Essays in Honor of Frank Moore Cross. Filadélfia: Fortress, 1987, p. 178-179.

patrocinados pelos reis judaítas Ezequias e Josias contribuíram para a diferenciação da religião israelita do seu passado "cananeu". A centralização do culto e a crítica a várias práticas cúlticas refletem mudanças substanciais nas políticas religiosas reais após a queda do Reino do Norte. Apesar dos papéis que a monarquia desempenhou no desenvolvimento do monoteísmo israelita, ela tem sido vista como uma instituição hostil ao culto javista "puro". Se é necessário dar crédito às condenações nos Livros dos Reis, os monarcas de Israel foram os mais culpados em tolerar e, às vezes, até mesmo em importar divindades e práticas religiosas supostamente estranhas ao javismo. Embora esse ponto de vista seja parcialmente verdadeiro, também pode levar a conclusões equivocadas. A monarquia foi responsável por alguns dos desenvolvimentos que levaram ao eventual surgimento do monoteísmo, já que geralmente mantinha um relacionamento especial com Yahweh; este era o deus nacional e patrono da monarquia. Além disso, o "serviço" (*'bd) israelita apenas para Yahweh no período monárquico finalmente evoluiu para uma noção de serviço universal para Yahweh[147]. Embora o monoteísmo tenha sido, em última análise, um produto do exílio, alguns desenvolvimentos que levaram a ele estão evidentes em uma variedade de expressões religiosas que datam do período da monarquia. A influência real é abundantemente manifesta no uso político de imagens de tempestade, que o capítulo 2, seção 3, enfatiza. O cenário real em torno da asherah é discutido no capítulo 3, seção 1. Imagens solares no antigo Israel foram, talvez em parte, um fenômeno real, como explorado no capítulo 4. Outras características da religião israelita, embora não de origem real, foram toleradas pela monarquia e às vezes incorporadas ao culto real; cultos em lugares altos e práticas que dizem respeito aos mortos, discutidos no capítulo 5, pertencem a essa categoria.

Uma advertência a respeito da reconstrução histórica do papel da monarquia na religião de Israel merece comentário. Como a BH recebeu sua formação principalmente na cidade de Jerusalém, a informação bíblica relativa à política religiosa real deriva em grande parte do Reino do

---

147. Sobre este ponto, cf. FLOSS, J. *Jahwe dienen – Göttern dienen*: Terminologische, literarische und semantische Untersuchung einer theologischen Aussage zum Gottesverhältnis im Alten Testament. Cologne: Peter Hanstein Verlag GmbH, 1975 (BBB, 45), esp. p. 140-149.

Sul. Como resultado, não é possível fornecer uma visão equilibrada das práticas religiosas da monarquia do Norte, exceto nos casos que tinham importância para os transmissores e compiladores do Sul. A instituição da iconografia do touro por Jeroboão I nas cidades de Dã e Betel (1Rs 12,28-30) e o fomento real do culto ao baal fenício por Acab e sua esposa tirense, Jezabel (1Rs 17–19), evidentemente apareceram em livros bíblicos produzidos na capital do Sul, porque essas práticas continham evidências da apostasia do Reino do Norte. Muitas das práticas religiosas estudadas nos capítulos seguintes parecem ser características gerais de ambos os reinos (incluindo a asherah, os lugares altos e costumes religiosos relacionados aos mortos) ou específicas de Judá (como imagens solares para Yahweh). As contribuições religiosas feitas pela monarquia examinadas neste estudo são, portanto, muitas vezes, decididamente judaítas em suas características.

A quarta mudança de perspectiva reflete o enorme e manifesto interesse pelas deusas na religião israelita. Como ilustra o título de *Yahweh e os deuses de Canaã*, de Albright, as deusas não figuraram nem de longe tão proeminentemente quanto os deuses na literatura secundária pertencente ao antigo Israel. Isso se deve à relativa escassez de material primário relacionado a deusas naquele contexto. As características dos deuses El e Baal são mais frequentemente atestadas em descrições bíblicas de Yahweh do que a marca das deusas Asherah e Anat. Felizmente, o interesse em deusas antigas e o seu lugar na religião israelita tem provocado um maior escrutínio das fontes antigas em busca de informações pertinentes. Além disso, inscrições de Kuntillet Ajrud e Khirbet el-Qôm (e Ecrom, de acordo com alguns estudiosos) fornecem dados adicionais sobre uma deusa, Asherah, ou pelo menos seu símbolo, a asherah, e têm forçado estudiosos a reexaminar os papéis das deusas em Israel. As deusas Asherah, Astarte e Anat são discutidas em várias partes do presente estudo. Nesse sentido, o capítulo 1, seção 4, e o capítulo 3 são dedicados a Asherah e seu símbolo, a asherah. O capítulo 3, seção 4, aborda as provas relativas a Astarte no Israel antigo. O capítulo 2, seção 4, apresenta os dados sobre a influência literária que as tradições pertencentes à deusa Anat podem ter exercido em algumas descrições de Yahweh, embora pareça que Anat não fosse uma deusa em momento algum no antigo Israel. Outras deusas recebem breve atenção: as figuras fenícias Tannit e *tnt* 'štrt, a bíblica "Rainha do céu" (Jr 7,18; 44,17-25) e a Ishtar da Mesopotâmia. O capítulo 3, seção 5, discute a sabedoria personificada (Pr 1–9; Eclo 1,20; 4,13; 24,12-17; Br 4,1), outra figura feminina muitas vezes incluída por estudiosos nessa companhia divina.

O presente trabalho utiliza as adições de dados e grandes mudanças de perspectiva a fim de iluminar as tendências gerais subjacentes no desenvolvimento de várias características da religião israelita. Os estudiosos há muito tempo reconhecem que o corpo de evidências ugaríticas fornece indicações consistentes sobre a literatura, a mitologia e a religião dos cananeus, que constituem o fundo do qual boa parte da religião israelita emergiu. Na verdade, muitos estudos acadêmicos têm tratado aspectos individuais das contribuições cananeias à religião israelita. Este livro examina os dados cananeus e israelitas em maior nível de detalhamento e lança questões sobre a relação fundamental entre a religião cananeia e a religião israelita. As tarefas envolvem mais do que o estabelecimento de paralelos entre textos cananeus e israelitas e iconografias correlatas. Além disso, requer situar as divindades cananeias, seus símbolos e suas imagens cúlticas no contexto do complexo desenvolvimento histórico do culto de Yahweh. No princípio, o antigo Israel testemunhou um espectro de adoração religiosa que incluía os cultos a várias divindades cananeias. Evidências e inscrições bíblicas refletem a esmagadora hegemonia religiosa de Yahweh ao longo de quase todos os períodos da história israelita. Textos, iconografia, arqueologia e outros dados documentam ainda mais o caráter complexo dessa hegemonia ao longo da Idade do Ferro. No fim da monarquia, grande parte desse amplo espectro da prática religiosa tinha desaparecido; o javismo monolátrico era a norma em Israel, preparando o palco para o surgimento do monoteísmo israelita[148]. Como ilus-

---

148. Cf. AHLSTRÖM, G. W. *Royal Administration*, p. 69; SMITH, Mark S. God Male and Female in the Old Testament: Yahweh and His Asherah. *Theological Studies*, vol. 48, 1987, p. 338. Halpern (Brisker Pipes Than Poetry, p. 85, 87, 88, 91, 96, 101) iguala o henoteísmo monolátrico de Israel (ou seja, a adoração de uma divindade sem negar a existência de outras divindades) com o monoteísmo e chama a religião henoteísta monolátrica do Israel monárquico de "inconscientemente monoteísta". Para um estudo desta terminologia, cf. PETERSEN, D. L. Israel and Monotheism: The Unfinished Agenda. *In*: TUCKER, G. M.; PETERSEN, D. L.; WILSON, R. R. (eds.). *Canon, Theology, and Old Testament Interpretation*: Essays in Honor of Brevard S. Childs. Filadélfia: Fortress, 1988, p. 92-107. Cf. tb. a discussão no capítulo 6.

tram os capítulos 2 a 5, o período da monarquia criou as condições para o desenvolvimento gradual do monoteísmo. Tendo em vista as informações fornecidas nos cinco primeiros capítulos, o capítulo 6 oferece uma visão histórica do desenvolvimento da convergência, da monolatria e do monoteísmo no antigo Israel. O capítulo 7 apresenta algumas importantes questões históricas e teológicas apresentadas pelo quadro histórico desenhado no capítulo 6. A informação contida neste estudo ilustra os fatores complexos envolvidos no surgimento do monoteísmo israelita, uma das maiores contribuições do antigo Israel para a civilização ocidental.

2 Pressupostos para este estudo

Antes de apresentar os dados históricos sobre o desenvolvimento do culto a Yahweh, pode ser útil listar já no início alguns dos pressupostos metodológicos inerentes a esta investigação[149]. As suposições mais importantes consideram a natureza da Bíblia. Esta, a principal fonte da história do Israel antigo, não é um livro de história no sentido moderno. No entanto, contém muita informação histórica, e na verdade os livros que vão de Josué ao Segundo Livro das Crônicas podem ser corretamente chamados de obras de antigos historiadores israelitas. Como B. Halpern comenta, os autores desses livros bíblicos não eram menos historiadores do que Heródoto ou Tucídides[150]. Os historiadores bíblicos apresentaram uma imagem do antigo Israel baseada em informações que eles viam como historicamente verdadeiras. Há outras semelhanças entre a historiografia dos antigos autores bíblicos e a dos estudiosos modernos da religião israelita. Tanto os estudiosos antigos quanto os modernos têm tentado identificar os períodos a que as várias partes pertencem; os dois grupos vasculham todas as partes de livros bíblicos para avaliar a natureza histórica e a precisão das informações neles contidas. Estudiosos, quer antigos, quer modernos, têm tentado organizar em ordem cronológica as

---

149. Cf. HERION, G. A. The Impact of Modern and Social Science Assumptions on the Reconstruction of Israelite Religion. *JSOT*, vol. 34, 1986, p. 3-33; BERLINERBLAU, J. The "Popular Religion" Paradigm in Old Testament Research: A Sociological Critique. *JSOT*, vol. 60, 1993, p. 3-26.

150. HALPERN, B. *The First Historians*: The Hebrew Bible and History. São Francisco: Harper & Row, 1988, p. 3-35; cf. BRETTLER, M. *The Creation of History in Ancient Israel*. Londres: Routledge, 1995. Cf. tb. a discussão nas p. 31-33 anteriormente.

informações de que dispõem, com a intenção de construir uma narrativa da História de Israel que lhes esteja conforme. Estudiosos modernos tentam organizar livros bíblicos e os blocos de material neles contidos, a fim de compreender os vários períodos da História de Israel. Como os antigos escribas de Israel, estudiosos modernos também trazem outros dados externos para ajudar na interpretação da História de Israel. Eles incorporam fontes ou materiais de outros gêneros de literatura ou outras fontes que permitam sua escrita histórica. Como historiadores modernos, escritores bíblicos forneceram informações de ambiência de tempos em tempos (p. ex., 1Sm 28,3; 1Rs 18,3b; 2Rs 9,14b-15a; 15,12) ou explicações "históricas" dos eventos que eles descrevem (p. ex., 2Rs 13,5-6; 17,7-23). Autores bíblicos e modernos também forneceram notas de rodapé para seus estudos. A diferença é que os autores bíblicos incorporam as notas de rodapé em seus textos (p. ex., 1Rs 14,19.29; 15,7.23.31; 16,14.20; 22,45; 2Rs 1,18; 10,34; 12,19; 13,8.12; 14,15.28; 15,6.11.15.21.26.31.36; 16,19; 20,20; 21,17; 23,28).

Há, no entanto, grandes diferenças entre a historiografia da Bíblia e a historiografia moderna. Ao constituir uma imagem do antigo Israel, os historiadores modernos normalmente evitam as interpretações fortemente teológicas de eventos que envolvem a historiografia bíblica. Ao mesmo tempo, deve-se reconhecer que, como os antigos historiadores de Israel, historiadores modernos que investigam a história bíblica muitas vezes têm um interesse pessoal, teológico, sobre o assunto, mesmo quando tentam manter uma distância crítica dele. Na verdade, a pesquisa dos estudiosos modernos é ditada em grande medida tanto pela preocupação com a precisão histórica quanto pelo interesse religioso dos estudiosos no registro bíblico. Os estudiosos modernos são sensíveis aos diferentes tipos de textos da Bíblia e suas histórias em separado e têm identificado o modo desigual pelo qual o material bíblico distribui-se ao longo da história do antigo Israel. As fontes para o período que abrange desde a queda do Reino do Norte (por volta de 722) até à queda do Reino do Sul (cerca de 587) superam fortemente as fontes tanto para o período dos Juízes (por volta de 1200-1000) quanto as fases iniciais da monarquia (cerca de 1000-722). Como resultado, muito mais se sabe sobre a monarquia tardia do que sobre o período dos

Juízes ou da primeira metade da monarquia. Além disso, a maior parte dos dados provém do Reino do Sul, existindo grandes lacunas na informação relativa ao Reino do Norte. Além de significativas lacunas nos dados primários, existem outros problemas. A reconstrução histórica desenhada nos capítulos seguintes é ainda mais complicada devido ao longo período de tempo e à diversidade cultural e topográfica das áreas das quais os dados primários derivam. Por exemplo, os reinos do Norte e do Sul exibiram muitas divergências culturais expressas em cerâmica, tipos de túmulos, linguagem e instituições sociais. Outras diferenças regionais que perpassam tanto o Reino do Norte quanto o Reino do Sul são ainda mais difíceis de entender, uma vez que há pouca informação disponível para essas características regionais específicas. Finalmente, as transições entre períodos baseados no registro arqueológico permanecem obscuras; eram muito mais complexas do que o registro textual indica[151]. Na verdade, A. Faust observou que, apesar das continuidades de longo prazo, o período entre o século XI e início do século X testemunhou alguma ruptura da cultura material, bem como um significativo abandono de terras rurais montanhosas[152].

Depois de testar o cenário histórico de passagens da Bíblia, os estudiosos bíblicos estudam as informações fornecidas pelas várias passagens em busca de potenciais inter-relações. Muitas vezes tais relações são obscuras, tênues ou inexistentes. Essa fase de investigação assemelha-se a trabalhar com um quebra-cabeças em que faltam muitas ou a maioria das peças[153]. Pior ainda, os estudiosos não sabem quantas peças existem. É claro que muitas ou provavelmente a maioria das peças está faltando, mas não há maneira de verificar a extensão das lacunas nos dados. Comentaristas tentam superar essas limitações consultando outras

---

151. Sobre a transição Bronze Tardio-Ferro I, cf. adiante, p. 79s., nota 164. Para a transição Ferro I-Ferro II, cf. FAUST, A. Abandonment, Urbanization, Resettlement and the Formation of the Israelite State. *Near Eastern Archaeology*, vol. 66/4, 2003.

152. Para discussão e evidências, cf. FAUST, A. Abandonment, Urbanization, Resettlement and the Formation of the Israelite State; BLOCH-SMITH, E. M. Israelite Ethnicity in Iron I: Archaeology Preserves What Is Remembered and What Is Forgotten in Israel's History. *JBL*, vol. 122/3, 2003. Não aceito a causa apresentada por Faust para esses acontecimentos.

153. Para ilustrações dos problemas inerentes às reconstruções históricas, cf. FISCHER, D. H. *Historians' Fallacies*: Toward a Logic of Historical Thought. Nova York: Harper & Row, 1970.

fontes: arqueologia, iconografia e inscrições. No entanto, tais fontes sofrem de muitas das mesmas limitações encontradas no registro bíblico. A partir de uma síntese de todas elas, surge uma imagem parcial do antigo Israel.

Estudar a religião israelita envolve reconhecer o caráter da religião antiga manifesta no registro bíblico. Este estudo concentra-se muitas vezes em desenvolvimentos em grande escala e examina a religião em suas expressões institucionais, na medida em que o registro bíblico fornece informações principalmente sobre as instituições de Israel – religiosas, sociais e régias. Para muitas pessoas hoje, a religião é um assunto privado, mantido separado da política. Em contraste flagrante, a religião retratada na BH não é primariamente um assunto privado, mas sim um assunto comunitário, um assunto nacional, com grandes implicações sociais e políticas. A Torá ou o Pentateuco, consistindo nos cinco primeiros livros da Bíblia, relata as origens nacionais de Israel, bem como as normas legais, sociais e cúlticas pelas quais os israelitas eram chamados a viver. Dos livros narrativos de Josué ao Segundo Livro das Crônicas é fornecida uma história nacional que compreende o período que vai até à queda do Reino do Sul. Os livros proféticos detalham problemas religiosos com o Reino do Norte ou do Sul como um todo, embora às vezes enfoquem questões religiosas de grupos específicos de pessoas. Os livros sapienciais e outras obras dos Escritos (Ketubim) oferecem instruções para questões cotidianas e ilustram as dificuldades da existência israelita. A Bíblia muitas vezes apresenta um quadro geral do antigo Israel e sua religião. Este livro amiúde depende desse tipo de quadro, na medida em que confia na correlação de características religiosas com os desenvolvimentos ocorridos nas instituições políticas e sociais.

Há não apenas problemas com o registro histórico mas também dificuldades com métodos e perspectivas modernas. Na análise dos dados disponíveis são feitas suposições conscientes e inconscientes. Além disso, os dados existentes implicam, inevitavelmente, escolhas. O exame da religião israelita no presente trabalho concentrou-se mais nos dados literários do que na informação arqueológica. Visto que os interesses contemporâneos ditam os assuntos de algumas partes deste estudo, os dados são inevitavelmente moldados por considerações contemporâneas. O monoteísmo não é apenas uma questão para a investigação acadêmica do antigo Israel; o monoteísmo israelita antigo continua a suscitar interesse entre os adeptos do judaísmo e do cristianismo, duas das grandes tradições monoteístas de hoje. Similarmente, o interesse renovado nas deusas semíticas do Noroeste e na linguagem de gênero aplicada a Yahweh na BH afetam o tratamento dessas questões históricas nos capítulos 1 e 3.

O estudo da religião israelita muitas vezes envolve mais o exame de práticas do que o de crenças confessionais, porque a Bíblia mais frequentemente enfatiza práticas corretas do que crenças corretas ou atitudes internas. Os estudiosos cristãos, no entanto, tendem a se concentrar mais em crenças ou atitudes internas, porque a teologia cristã enfatiza bastante esse aspecto da religião. O estudo do monoteísmo israelita é dificultado por esse fator, já que o monoteísmo geralmente é definido como uma questão de crença em uma divindade, enquanto a monolatria é entendida como uma questão de prática, especificamente, da adoração de somente uma deidade, por vezes combinada também com uma tolerância para com o culto que outros povos prestam a suas divindades. No entanto, se a religião israelita antiga pode ser percebida principalmente como uma questão de prática, então a distinção moderna entre monoteísmo e monolatria é problemática[154]. Não obstante, tal distinção é mantida neste estudo por duas razões. Em primeiro lugar, o aparecimento da monolatria e do monoteísmo continuam a ser questões de interesse atual. Em segundo lugar, a distinção entre os dois fenômenos emergiu no contexto da religião israelita.

Por fim, o estudo moderno da religião israelita atenta tanto para o que algumas fontes bíblicas consideram "normativo" quanto para o que parece estar fora das normas estabelecidas pelas leis bíblicas ou pelas críticas proféticas. Embora a Bíblia e as afirmações religiosas nela feitas sejam inteiramente relevantes para a tarefa de reconstruir a história da religião israelita, elas não representam a totalidade da fé israelita em Yahweh. Todos os dados ligados à religião, incluindo a Bíblia, inscrições, iconografia

---

154. Para um tratamento crítico dos problemas que dizem respeito a definições, terminologia e compreensão do monoteísmo em Israel, cf. HALPERN, B. Brisker Pipes Than Poetry, p. 75-115; PETERSEN, D. L. Israel and Monotheism, p. 92-107.

e outros dados arqueológicos, são pertinentes à tentativa de compreender a religião do Israel antigo. A noção de uma essência religiosa à parte da soma total das crenças, palavras e ações religiosas de um povo constitui uma abstração secundária. Quando as expressões sobre uma essência religiosa do antigo Israel são baseadas em declarações bíblicas sobre normas religiosas, tais expressões representam declarações de fé pessoal, e não descrição histórica. Afirmações bíblicas e, por vezes, afirmações contemporâneas sobre o sincretismo religioso constituem, por um lado, uma espécie de tentativa de fazer distinções entre uma essência religiosa normativa de Israel e, por outro, práticas ilegítimas ou não israelitas que infectariam a religião israelita. Embora seja historicamente verdadeiro que algumas práticas, oriundas dos vizinhos de Israel, foram secundariamente incorporadas à religião israelita, outras práticas classificadas como o resultado do sincretismo pertenciam à antiga herança religiosa de Israel. Tanto as características originais quanto as emprestadas constituem elementos legítimos para a investigação histórica. A antiga religião israelita incluía práticas oficialmente sancionadas e práticas não sancionadas por várias autoridades; tanto a religião oficial quanto a religião popular são (ou devem ser) parte de qualquer descrição histórica da religião israelita. O esforço historiográfico examina as limitações e os pressupostos históricos das reivindicações bíblicas. A tarefa de reconstruir o culto de Yahweh inclui as reivindicações bíblicas e coloca-as dentro de um quadro mais amplo que explica a informação disponível. Os dados nas fontes atestadas indicam um pluralismo de prática religiosa no antigo Israel que levou às vezes a conflitos sobre a natureza da prática javista tida como correta. É precisamente esse conflito que produziu a diferenciação entre a religião israelita e a sua herança cananeia durante a segunda metade da monarquia. Como resultado de tal conflito, alguns elementos da fé aparecem transformados ou silenciados na Bíblia de várias maneiras. Descrições antropomórficas de Yahweh e a linguagem da deusa podem constituir exemplos dessa mudança. Ambas faziam parte das antigas tradições de Israel; ambas foram consideravelmente modificadas ao longo do processo de diferenciação[155].

---

155. Cf. DAY, J. *Yahweh and the Gods and Goddesses of Canaan*, p. 226-233.

Devido a essas considerações sobre evidências históricas antigas e sobre métodos modernos usados para reconstruir a religião israelita, o quadro apresentado nos capítulos seguintes é necessariamente parcial e subjetivo.

1
DEIDADES EM ISRAEL NO PERÍODO DOS JUÍZES

1 Herança "cananeia" de Israel

A cultura israelita primitiva não pode ser separada facilmente da cultura de "Canaã"[156]. A região montanhosa de Israel na Idade do Ferro (cerca de 1200-587) reflete a continuidade com a cultura cananeia (ou melhor, semita ocidental[157]) durante o período precedente, tanto na região

---

156. Sobre o meio ambiente e organização social primitiva de Israel, cf. STAGER, L. E. The Archaeology of the Family in Ancient Israel. *BASOR*, vol. 260, 1985, p. 1-35; MEYERS, C. Of Seasons and Soldiers: A Topographical Appraisal of the Premonarchic Tribes of Galilee. *BASOR*, vol. 252, 1983, p. 47-59; AHLSTRÖM, G. W. *Who Were the Israelites?*, p. 2-83; ROGERSON, J. W. Was Israel a Fragmentary Society? *JSOT*, vol. 36, 1986, p. 17-26; BLOCH-SMITH, E.; ALPERT NAKHAI, B. A Landscape Comes to Life: The Iron Age I. *Near Eastern Archaeology*, vol. 62/2, 1999, p. 62-92, 101-127. Sobre a administração da justiça no Israel primitivo, cf. WILSON, R. R. Enforcing the Covenant: The Mechanisms of Judicial Authority in Early Israel. *In*: HUFFMON, H. B.; SPINA, F. A.; GREEN, A. R. W. (eds.). *The Quest for the Kingdom of God*: Studies in Honor of George E. Mendenhall. Winona Lake: Eisenbrauns, 1983, p. 59-75. A designação tradicional "período dos Juízes" é empregada sem adesão à noção de que esse rótulo caracteriza com precisão esse período da história israelita (por volta de 1200-1000). Para as questões historiográficas envolvidas com esse rótulo, cf. MAYES, A. The Period of the Judges and The Rise of the Monarchy. *In*: HAYES, J. H.; MILLER, J. M. (eds.). *Israelite and Judaean History*. Filadélfia: Westminster, 1977 (OTL), p. 285-331.

157. Nesta edição eu geralmente usei o rótulo mais tradicional, "cananeia". No entanto, o uso de "cananeia" como um termo de contraste com "israelita" é mais um produto da historiografia bíblica do que um registro histórico. Prefiro, em vez disso, o termo "semita ocidental", uma vez que não chancela a ideologia da historiografia bíblica. Para discutir o tema, cf. SMITH, Mark S. *Untold Stories*: The Bible and Ugaritic Studies in the Twentieth Century. Peabody: Hendrickson Publishers, 2001, p. 196-197. Cf. ainda LORETZ, O. Ugariter, "Kanaanäer" und "Israeliten". *UF*, vol. 24, p. 249-258, 1992.

montanhosa como nas cidades contemporâneas da costa e dos vales[158]. Essa continuidade é refletida, por exemplo, em inscrições. Tanto a escrita alfabética linear como a escrita cuneiforme são atestadas em inscrições na área montanhosa, bem como nos vales e na costa durante o período do Bronze tardio (por volta de 1550-1200) e do Ferro I (cerca de 1200-1000)[159]. Essa continuidade também é perceptível na linguagem. Embora "hebraico" e "cananeu" sejam os rótulos linguísticos aplicados às línguas dos dois períodos na região[160], eles não podem ser facilmente distinguidos no período do Ferro I. Por exemplo, a maioria dos estudiosos argumenta que o calendário de Gezer foi escrito em hebraico, mas E. Y. Kutscher rotula sua língua como cananeu[161]. Cananeu e hebraico sobrepõem-se tão estreitamente que a capacidade de distingui-los é mais baseada em informações históricas do que em critérios linguísticos[162]. A consciência

---

158. Cf. STAGER, L. E. Archaeology of the Family in Ancient Israel, p. 1-35; CALLAWAY, J. A New Perspective on the Hill Country Settlement of Canaan in Iron Age I. *In*: TUBB, J. N. (ed.). *Palestine in the Bronze and Iron Ages*: Papers in Honour of Olga Tufnell. Londres: Institute of Archaeology, 1985, p. 31-49.

159. Sobre a continuidade das escritas alfabéticas não cuneiformes entre a região montanhosa e os vales e a costa, cf. as referências adiante, na nota 185. Sobre textos em alfabetos cuneiformes e uma distribuiçao comparável, cf. MILLARD, A. R. The Ugaritic and Canaanite Alphabets – Some Notes. *UF*, vol. 11, 1979, p. 613-116.

160. Para diferentes pontos de vista da pesquisa acadêmica sobre as relações entre as línguas semitas do Noroeste, cf. GREENFIELD, J. C. Amurrite, Ugaritic and Canaanite. *In*: *Proceedings of the International Conference on Semitic Studies Held in Jerusalem, 19-23 July 1965*. Jerusalém: The Israel Academy of Sciences and Humanities, 1969, p. 92-101; GARR, W. R. *Dialect Geography of Syria-Palestine, 1000-586 B.C.E.* Filadélfia: University of Pennsylvania Press, 1985, p. 2-6. Para uma lista de trabalhos pertinentes, cf. p. 241-260.

161. KUTSCHER, E. Y. *A History of the Hebrew Language*. Jerusalém: Magnes; Leiden: Brill, 1982, p. 67. D. Pardee propõe que o calendário de Gezer seja possivelmente fenício (cf. a resenha: GIBSON, J. C. L. *Textbook of Syrian Semitic Inscriptions vol. 3*: Phoenician Inscriptions, Including Inscriptions in the Mixed Dialect of Arslan Tash. *JNES*, vol. 46, 1987, p. 139 n. 20). Essa classificação é baseada na comparação dos sufixos prolépticos das linhas 1 e 2 do calendário de Gezer, nas inscrições fenícias e no hebraico bíblico tardio (Ez 10,3; 42,14; Pr 13,4; Esd 3,12; Jó 29,3). Contudo, os sufixos no calendário de Gezer são notoriamente difíceis, e outras propostas, embora menos convincentes, foram feitas a respeito deles. Além disso, o sufixo antecipatório ou proléptico pode representar uma sobrevivência tanto no fenício quanto no hebraico (cf. GARR, W. R. *Dialect Geography*, p. 63, 108, 167-168).

162. Para "Canaã" e "cananeia", como termos aplicados tanto à cultura material quanto ao idioma, cf. as seguintes discussões: MAISLER (MAZAR), B. Canaan and the Canaanites. *BASOR*, vol. 102, 1946, p. 7-12; ALBRIGHT, W. F. The Role of the Canaanites in the History of Civilization. *In*: WRIGHT, G. E. (ed.). *The Bible and the Ancient Near East: Essays in Honor of William Foxwell Albright*. Garden City: Doubleday, 1961, p. 328-420; GIBSON, J. C. L. Observations on Some Important Ethnic Terms in the Pentateuch. *JNES*, vol. 20, 1961, p. 217-238; ASTOUR, M. C. The Origin of the Terms "Canaan", "Phoenician" and "Purple". *JNES*, vol. 24, 1965, p. 346-350; RAINEY,

antiga da íntima relação linguística, quando não identidade, entre cananeu e hebraico é refletida no oráculo pós-exílico de Is 19,18, que inclui o hebraico na designação da "língua de Canaã" (*śĕpat kĕna'an*; cf. *yĕhûdît*, "judaíta", em 2Rs 18,26.28; Is 36,11.13; 2Cr 32,18; Ne 13,24)[163].

Da mesma forma, a cultura material cananeia não pode ser distinta da israelita por características específicas no período dos Juízes[164]. Por

---

A. F. A Canaanite at Ugarit. *IEJ*, vol. 13, 1963, p. 43-45; The Kingdom of Ugarit. *BA*, vol. 28/4, 1965, p. 105-107 (reimpressão: CAMPBELL JR, E. F.; FREEDMAN, D. N. [ed.]. *The Biblical Archaeologist Reader 3*. Garden City: Doubleday, Anchor Books, 1970, p. 79-80); Observations on Ugaritic Grammar. *UF*, vol. 3, 1971, p. 171; Toponymic Problems (cont.). *TA*, vol. 6, 1979, p. 161; Toponymic Problems (cont.). *TA*, vol. 9, 1982, p. 131-32; VAUX, R. de. Le Pays de Canaan. *JAOS*, vol. 88, 1968, p. 23-30; *Histoire ancienne d'Israël*: Des origines à l'installation en Canaan. Paris: Gabalda, 1971, 124-126 (tradução inglesa de D. Smith – *The Early History of Israel*. Filadélfia: Westminster, 1978, p. 126-28); MILLARD, A. R. The Canaanites. *In*: WISEMAN, D. J. (ed.). *Peoples of Old Testament Times*. Oxford: Clarendon, 1973, p. 29-52; GÖRG, M. Der Name "Kanaan" in aegyptischer Wiedergabe. *BN*, vol. 18, 1982, p. 26-27; WEIPPERT, M. Kina i. *BN*, vol. 27, 1985, 18-21; Kanaan. *Reallexikon der Assyriologie*, vol. 5, p. 352-355. Cf. LEMCHE, N. P. *The Canaanites and Their Land*: the Tradition of the Canaanites. Sheffield: JSOT, 1991 (JSOTSup 110). Cf. as críticas: RAINEY, A. F. Who Is a Canaanite? A Review of the Textual Evidence. *BASOR*, vol. 304, 1996, p. 1-15; NA'AMAN, N. The Canaanites and Their Land: A Rejoinder. *UF*, vol. 26, 1994, p. 397-418. Cf. a resposta de Lemche (Greater Canaan: The Implications of a Correct Reading of EA 151:49-67. *BASOR*, vol. 310, 1998, p. 19-24; Where Should We Look for Canaan? A Reply to Nadav Na'aman. *UF*, vol. 28, 1996, p. 767-772). Cf. tb. FLEMING, O. "The Storm God of Canaan" at Emar. *UF*, vol. 26, 1994, p. 127-130; HESS, R. Occurrences of "Canaan" in Late Bronze Age Archites of the West Semitic World. *IOS*, vol. 18, 1998, p. 365-372; Canaan and Canaanites at Alalakh. *UF*, vol. 31, 1999, p. 225-236; NA'AMAN, N. Four Notes on the Size of Late Bronze Age Canaan. *BASOR*, vol. 313, 1999, p. 31-38. Cf. tb. os comentários em SMITH, Mark S., *Untold Stories*, p. 196-197. Na Idade do Bronze tardio, "Canaã", como uma unidade geográfica, refere-se à província egípcia em geral e à costa em particular (MAISLER, B. Canaan and the Canaanites, p. 11). O limite norte de Canaã corria em algum lugar ao sul do reino de Ugarit e ao norte de Biblos (cf. RAINEY, A. F. Kingdom of Ugarit, p. 106; Toponymic Problems (cont.). *TA*, vol. 9, 1982, p. 131). Mercadores cananeus eram distintos em Ugarit, tomados como estrangeiros (RAINEY, A. F. A Canaanite at Ugarit, P. 43-45; LOEWENSTAMM, S. E. Ugarit and the Bible II. *Biblica*, vol. 59, 1978, p. 117). A relação entre a língua ugarítica e a língua cananeia é mais complexa (cf. as obras citadas na nota 160 e as observações de Albright em *Yahweh and the Gods of Canaan*, p. 116, n. 15). As moedas do séc. II cunhadas em Laodiceia (Lataquia) ostentam a inscrição "de Laodicea, mãe em Canaã" (HILL, G. F. *A Catalogue of the Greek Coins of Phoenicia*. Londres: Longmans, 1910, tábua 50). Na terra de origem, o termo "cananeia" é atestado até mesmo à época do Novo Testamento (Mt 15,22; cf. Mc 7,26).

163. KAISER, O. *Isaiah 13–39*: A Commentary. Tradução de R. A.Wilson. Filadélfia: Westminster, 1974 (OTL), p. 106-107; CLEMENTS, R. E. *Isaiah 1–39*. Grand Rapids: Eerdmans; Londres: Marshall, Morgan & Scott, 1980 (New Century Bible Commentary), p. 171; ORLINSKY, H. M. The Biblical Concept of the Land of Israel. *EI*, vol. 18, 1986 = N. Avigad Volume, p. 55* n. 17. A respeito deste versículo, cf. mais adiante BARTHÉLEMY, D. *Critique Textuelle de L'Ancien Testament*: Isaïe, Jérémie, Lamentations. Friburgo: Éditions Universitaires; Gotinga: Vandenhoeck & Ruprecht, 1986 (OBO, 50/2), p. 1.143-1.150.

164. Cf. o escrutínio em Bloch-Smith e Alpert-Nakhai (A Landscape Comes to Life, p. 62-92, 101-127). Cf. tb. MAZAR, A. The Iron Age I. *In*: BENTOR, A. (ed.). *The Archaeology of Ancient Israel*.

exemplo, algumas panelas de cozinhar da Idade do Ferro I (cerca de 1200-1000) e jarras de armazenamento, tais como as atestadas em Giloh, representam uma tradição de cerâmica contínua com a Idade do Bronze tardio[165]. Itens como casa de quatro cômodos, jarra de armazenamento com colarinho e cisternas talhadas na rocha, antigamente usados para distinguir entre a cultura israelita das terras montanhosas e a cultura canaanita da costa e dos vales, são agora atestados na costa, nos vales ou na Transjordânia[166]. Tanto a tradição nativa quanto a influência da costa e dos vales são representadas também em padrões funerários. Vários sepultamentos importantes em cavernas continuaram na região montanhosa a partir da Idade do Bronze tardio e ao longo de toda a Idade do Ferro. Tumbas de arcossólios e de bancada, dois tipos de sepultura escavada em

---

Tradução de R. Greenberg. New Haven: Yale University Press/The Open University of Israel, 1992, p. 258-301; BUNIMOVITZ, S. Socio-Political Transformations in the Central Hill Country in the Late Bronze–Iron I Transition. *In*: FINKELSTEIN, I.; NA'AMAN, N. (eds.). *From Nomadism to Monarchy*: Archaeological and Historical Aspects of Early Israel. Jerusalém: Yad Izhak Ben-Zri/Israel Exploration Society; Washington: Biblical Archaeological Society, 1994, p. 179-202; DEVER, W. G. *What Did the Biblical Writers Know and When Did They Know It?*, p. 108-124. Cf. algumas precauções úteis em BUNIMOVITZ, S.; FAUST, A. Chronological Separation, Geographical Segregation, or Ethnic Demarcation? Ethnography and the Iron Age Low Chronology. *BASOR*, vol. 332, 2001, p. 1-10. Para considerações sobre economia, cf. MUTH, R. F. Economic Influences on Early Israel. *JSOT*, vol. 75, 1997, p. 59-75.

165. Cf. MAZAR, A. Giloh: An Early Israelite Settlement Site Near Jerusalem. *IEJ*, vol. 31, 1981, p. 20-27, 32-33; AHLSTRÖM, G. W. *Who Were the Israelites?*, p. 26, 28; FINKELSTEIN, I. *The Archaeology of the Israelite Settlement*. Jerusalém: Israel Exploration Society, 1988, p. 270-291, 337.

166. Para a ausência de características diagnósticas que distingam as culturas materiais cananeia e israelita no período dos Juízes, cf. AHLSTRÖM, G. W. *Who Were the Israelites?*, p. 28-35; CALLAWAY, J. A New Perspective, p. 37-41; DEVER, W. G. The Contribution of Archaeology to the Study of Canaanite and Early Israelite Religion. *In*: MILLER JR., P. D.; HANSON, P. D.; McBRIDE, S. D. (eds.). *Ancient Israelite Religion*: Essays in Honor of Frank Moore Cross. Filadélfia: Fortress, 1987, p. 235; IBRAHIM, M. M. The Collared Rim Jar of the Early Iron Age. *In*: MOOREY, R.; PARR, P. (eds.). *Archaeology and the Levant*: Essays in Honor of Kathleen Kenyon. Warminster: Aris & Philips, 1978, p. 116-126; SCHOORS, A. The Israelite Conquest: Textual Evidence in the Archaeological Argument. *In*: LIPIŃSKI, E. (ed.). *The Land of Israel: Cross-Roads of Civilizations*. Lovaina: Uitgeverij Peeters, 1985 (Orientalia Lovansiensia Analecta, 19), p. 78-92. Cf. tb. BEEK, G. van; BEEK, O. van. Canaanite-Phoenician Architecture: The Development and Distribution of Two Style. *EI*, vol. 15, 1981, p. 70*-74*. Cf. tb. a continuidade da prática da agricultura em socalcos em GIBSON, S. Agricultural Terraces and Settlement Expansion in The Highlands of Early Iron Age Palestine: Is there Any Correlation between the Two? *In*: MAZAR, A. (ed.). *Studies in the Archaeology of the Iron Age in Israel and Jordan*. Sheffield: Sheffield Academic Press, 2001 (JSOTSup, 331), p. 113-146.

rocha, foram inicialmente atestadas na costa e apareceram também na região montanhosa no período do Ferro I[167].

O pano de fundo cananeu (ou semita ocidental) da cultura de Israel estendeu-se até o domínio da religião. Isso é evidente pela terminologia para sacrifícios e agentes cúlticos. A linguagem sacrifical da BH, com termos correspondentes em vocábulos ugaríticos e/ou fenícios, inclui *zebaḥ*, "oferta abatida", um termo bíblico aplicado a sacrifícios tanto nos cultos de Yahweh (Gn 46,1; Ex 10,25; 18,12; Os 3,4; 6,6; 9,4; Am 5,25) quanto nos de Baal (2Rs 10,19.24; cf. KTU 1.116.1; 1.127; 1.148; KAI 69,12.14; 74,10); *zebaḥ hayyāmîm*, "o sacrifício anual abatido" (1Sm 1,21; 2,19; 20,6; cf. KAI 26 A II,19-III,2; C IV, 2-5); *šĕlāmîm*, "oferta de sacrifício de bem-estar/pacífico"[168] (Lv 3; cf. KTU 1.105.9; 109; KAI 69,3; 51 obv. 5-6; 120,2); *neder*, oferenda de um voto (Nm 30; Dt 12; cf. o ugarítico *ndr*, KTU 1.127.2; cf. *mḏr*, 1.119.30; KAI 155,1; 156; cf. 18,1; 45,1); *minḥāh*, "oferta de alimentos ou primícias" (Lv 2,1-16; cf. CIS 14,5; KAI 69,14; 145,12-13); *kālîl*, "holocausto" (Dt 33,10; Lv 6,15-16; 1Sm 7,9; Sl 51,21; cf. Dt 13,17; cf. KTU 1.115.10; KAI 69,3, 5, 7; 74,5)[169]. Outros termos têm sido vistos como equivalentes semânticos em hebraico e ugarítico. Assume-se, por exemplo, que *'ôlāh*, na BH (Lv 1; cf. Jz 11,30.39), seja semanticamente equivalente ao ugarítico *šrp* (KTU 1.105.9, 15; 1.106.2; 1.109); ambos denotam uma oferta totalmente consumida pelo fogo. O sacrifício *'ôlāh* pertencia não só ao culto de Yahweh em Jerusalém e em outros lugares mas também ao culto de Baal na Samaria (2Rs 10,24; cf. *'lt* in KAI 159,8). Um ritual de expiação geral não era apenas

---

167. GONEN, R. Regional Patterns and Burial Customs in Late Bronze Age Canaan. *Bulletin of the Anglo-Israel Archaeological Society*, 1984-1985, p. 70-74; BLOCH-SMITH, E. M. Burials, Israelite. *ABD*, p. 1.785-1.789; *Judahite Burial Practices and Beliefs about the Dead*. Sheffield: Sheffield Academic Press, 1992 (JSOTSup, 123; JSOT/ASOR Monograph Series, 7). Cf. tb. o ensaio dela: The Cult of the Dead in Judah: Interpreting the Material Remains. *JBL*, vol. 111, 1992, p. 213-224. Cf. ainda TAPPY, R. Did the Dead Ever Die in Biblical Judah? *BASOR*, vol. 298, 1995, p. 59-68.

168. Cf. LEVINE, B. *The JPS Torah Commentary: Leviticus*. Filadélfia: The Jewish Publication Society, 1989, p. 15.

169. Cf. FOHRER, G. *History of Israelite Religion*, p. 58-59; LEVINE, B. *In the Presence of the Lord*: A Study of Cult and Some Cultic Terms in Ancient Israel. Leiden: Brill, 1974; TARRAGON, J. M. de. *Le Culte à Ugarit*. Paris: Gabalda, 1980 (CRB, 19); WEINFELD, M. Social and Cultic Institutions in the Priestly Source Against Their Ancient Near Eastern Background. *In*: *Proceedings of the Eighth World Congress of Jewish Studies*. Jerusalém: World Union of Jewish Studies, 1983, 95-129.

um acontecimento israelita (p. ex., Lv 16; 17,11; cf. Gn 32,21 para um exemplo não cúltico); era também um fenômeno ugarítico (KTU 1.40)[170]. Tanto os textos ugaríticos (1.46.1; 1.168.9) quanto os rituais bíblicos (Lv 4–5) dizem respeito à obtenção do perdão divino (*slḫ/*slḥ). Essa incidência de termos sacrificais altamente especializados sugere uma herança semita ocidental comum.

Embora outros paralelos terminológicos entre os textos israelitas e ugaríticos e fenícios sejam encontrados também na cultura mesopotâmica, esses laços marcam ainda mais as culturas "israelita" e "cananeia", intimamente relacionadas. Nomes bíblicos com um pano de fundo cananeu para o pessoal envolvido no culto incluem "sacerdote", kōhēn (2Rs 10,19; cf. KTU 4.29.1; 4.38.1; 4.68.72), "servos dedicados", nĕtûnîm/nĕtunîm (Nm 3,9; 8,19) e nĕtînîm (Esd 2,43.58.70; 7,7; 8,17.20; Ne 3,26.31; 7,46.60.72; 10,29; 11,3.21; cf. 1Cr 9,2; cf. o ugarítico ytnm em KTU 4.93.1), e qādēš, um tipo de funcionário cúltico tanto na religião israelita (Dt 23,18 [E 17]; 2Rs 14,24; 15,12; 22,47; 23,7; Jó 36,14) quanto no culto ugarítico (KTU 1.112.21; 4.29.3; 4.36; 4.38.2; 4.68.73)[171]. Similarmente, hakkōhēn haggādôl, "sumo sacerdote", expressão que aparece na BH (Lv 21,10; Nm 35,25-28; Js 20,6; 2Rs 12,11; 22,4.8; Ne 3,1.20; 13,28; 2Cr 34,9; Ag 1,1.12.14; 2,2.4; Zc 3,1.8; 6,11), tem natureza muito semelhante ao ugarítico rb khnm, "che-

---

170. Cf. MOOR, J. C. de; SANDERS, P. An Ugaritic Expiation Rite and Its Old Testament Parallels. *UF*, vol. 23, 1991, p. 283-300.

171. A respeito de pessoal ligado ao culto em Ugarit, cf. TARRAGON, J. M. de. *Le Culte à Ugarit d'après les textes de la pratique en cunéiformes Alphabétiques*. Paris: Gabalda, 1980 (CRB, 19), p. 131-148; HELTZER, M. *The Internal Organization of the Kingdom of Ugarit*: Royal Service System, Taxes, Royal Economy, Arms and Administration. Wiesbaden: Dr. Ludwig Reichert Verlag, 1982, p. 131-139. Para uma sinopse sobre o pessoal ligado ao culto em Ugarit, cf. CLEMENTS, D. M. *Sources for Ugaritic Ritual and Sacrifice vol. I*: Ugaritic and Ugaritic Akkadian Texts. Münster: Ugarit-Verlag, 2001 (AOAT, 284/1), p. 1.086-1.089. Para uma apresentação geral do ritual Ugarítico, cf. OLMO LETE, G. del. *Canaanite Religion according to the Liturgical Texts of Ugaritic*. Tradução de W. G. E. Watson. Bethesda: CDL Press, 1999. Para um estudo aprofundado dos textos rituais ugaríticos, cf. o trabalho magistral de D. Pardee (*Les textes rituels*. Paris: Édition Recherche sur les Civilisations, 2000 [RSO XII]). Uma tradução em inglês dos rituais, feita por Dennis Pardee, deve aparecer na série Writing in the Ancient World. A respeito dos ugaríticos *ytnm*, de *nĕtûnîm* e *nĕtînîm*, na BH, cf. LEVINE, B. A. The *Nĕthînîm*. *JBL*, vol. 82, 1963, p. 207-212; PUECH, E. The Tel el-Fûl Jar and the *Nĕtînîm*. *BASOR*, vol. 261, 1986, p. 69-72. Relativamente a *qdš*, cf. GRUBER, M. I. Hebrew *qĕdēšāh* and Her Canaanite and Akkadian Cognates. *UF*, vol. 18, 1986, p. 133; cf. tb. as referências na nota 173.

fe dos sacerdotes" (KTU 1.6 VI 55-56). Além disso, a "tenda da reunião" ('*ōhel mô'ēd*) derivou de protótipos cananeus (2Sm 7,6; KTU 1.4 IV 20-26)[172]. Certamente, paralelos na terminologia não estabelecem paralelos no ambiente cultural em cada um desses casos[173], no entanto, a continuidade cultural parece provável. É evidente, a partir de muitas áreas da cultura, que a sociedade israelita hauriu fortemente da cultura cananeia[174].

A evidência das semelhanças entre as sociedades cananeia e israelita levou a uma grande mudança na compreensão geral da relação entre essas duas sociedades. Em vez de vê-las como duas culturas separadas, alguns estudiosos definem a cultura israelita como um subconjunto da cultura cananeia[175]. Existem, entretanto, algumas características israelitas que não são atestadas em fontes canaanitas. Essas incluem a antiga tradição do santuário sulista de Yahweh, chamado de Sinai (Dt 33,2; cf. Jz 5,5; Sl 68,9), Farã (Dt 33,2; Hab 3,3), Edom (Jz 5,4) e Teimã (Hab 3,3 e nas inscrições de Kuntillet Ajrud; cf. Am 1,12; Ez 25,13)[176], bem como a antiga

---

172. A propósito dos paralelos ugaríticos com '*ōhel mô'ēd*, da BH, cf. capítulo 1, seção 2.

173. A interpretação de *qĕdēšāh*, da BH, é um bom exemplo de como as equivalências culturais foram erroneamente traçadas com base em cognatos etimológicos. De acordo com Gruber (He-brew *qĕdēšāh*, p. 133-348), estudiosos têm incorretamente imputado um pano de fundo cúltico à *qĕdēšāh*, "prostituta", da BH (Gn 38,21-22; Dt 23,18 [E 17]; Os 4,14), e um significado sexual para os seus cognatos, o termo ugarítico *qdšt* e o acádico *qadištu*. Dessa forma, o *qĕdēšāh* da BH e seus cognatos foram vistos como termos para prostitutas cultuais. Baseado em seu exame das evidências existentes, Gruber conclui, pelo contrário, que a *qĕdēšāh* da BH refere-se a uma prostituta (secular), enquanto seus cognatos ugarítico e acádico referem-se a funcionários de cultos cujos papéis não incluem atividades sexuais. Cf. ademais os debates em WESTENHOLZ, J. G. Tamar, *Qĕdēšāh*, *Qadištu, and Sacred Prostitutions in Mesopotamia. HTR*, vol. 82/3, 1989, p. 245-265; BIRD, P. A. *Missing Persons and Mistaken Identities*: Women and Gender in Ancient Israel, Overtures to Biblical Theology. Mineápolis: Fortress, 1997, p. 206-208, 233-236. Cf. ainda ACKERMAN, S. *Warrior Dancer, Seductress, Queen*: Women in Judges and Biblical Israel. Nova York: Doubleday, 1998 (The Anchor Bible Reference Library), p. 156, 176 n. 92.

174. Isto não quer dizer que a transição do Bronze tardio para o Ferro I na região montanhosa tenha sido simples. A arqueologia dessa transição é imensamente complicada e ultrapassa o escopo desta discussão. Para discussões sobre esse assunto, cf. as obras citadas na nota 164.

175. Cf. COOGAN, M. D. Canaanite Origins and Lineage: Reflections on the Religion of Ancient Israel. *In*: MILLER JR., P. D.; HANSON, P. D.; McBRIDE, S. D. (eds.). *Ancient Israelite Religion*: Essays in Honor of Frank Moore Cross, p. 115.

176. Para as tradições do santuário do Sul, cf. capítulo 2, seção 2.

tradição de Israel sobre o êxodo do Egito (Ex 15,4)[177]. Nenhuma dessas características parece ser cananeia[178].

Que Israel, de alguma forma, distinguia-se de Canaã por volta de 1200 é claro a partir de um monumento inscrito do Faraó Mernepthá. A estela data do quinto ano do reinado do faraó (cerca de 1208) e menciona Israel e Canaã:

> Os príncipes estão prostrados, dizendo: "Misericórdia!"
> Entre os Nove Arcos, nenhum levanta a cabeça.
> Tehenu está desolado; Hatti está pacificado;
> Canaã está saqueado com todas as desgraças;
> Ashkelon está exilado; Gezer está prisioneiro.
> Yanoam ficou igual a algo que não existe;
> Israel foi devastado, sua semente já não existe;
> Hurru tornou-se viúva para o Egito!
> Todas as terras juntas estão pacificadas;
> Toda aquela que estava irrequieta foi dominada[179].

---

177. Sobre o desenvolvimento das tradições do êxodo e da perambulação no deserto, cf. CHILDS, B. S. *The Book of Exodus*. Filadélfia: Westminster, 1974 (OTL), p. 218-230, 254-264.

178. RINGGREN, H. *Israelite Religion*, p. 43-44. O pano de fundo cananeu do nome de Yahweh é controverso. De acordo com Cross e Freedman, Yahweh era uma forma abreviada do título de El, que se tornou um nome divino (CROSS, F. M. *Canaanite Myth and Hebrew Epic*, p. 60-72; Reuben, First-Born of Jacob. *ZAW*, vol. 100, 1988, p. 57-63; FREEDMAN, D. N. *Pottery, Poetry, and Prophecy*, p. 132-146, 119-120). Para críticas a esta teoria, cf. RINGGREN, H. *Israelite Religion*, p. 68; CHILDS, B. S. *The Book of Exodus*, p. 62-64; GIBSON, A. *Biblical Semantic Logic*: A Preliminary Analysis. Oxford: Basil Blackwell, 1981, p. 71-73, 159-164. Para o argumento de que o nome de Yahweh pode estar relacionado a um toponímico da região ao sul de Canaã, mencionada nos registros egípcios do fim da Idade do Bronze, cf. GIVEON, R. Toponymes Ouest-Asiatiques à Soleb. *VT*, vol. 14, 1964, p. 244; HERRMAN, S. *Israel in Egypt*. Londres: SCM, 1973 (Studies in Biblical Theology, 11/27), p. 56-86; cf. ASTOUR, M. C. Yahweh in Egyptian Topographical Lists. *In*: GÖRG, M.; PUSCH, E. (eds.). *Festschrift Elmar Edel*: 12 Marz 1979. Bamberg: M. Görg, 1979 (Aegypten und Altes Testament, 1), p. 17-34; AHLSTRÖM, G. W. *Who Were the Israelites?*, p. 58-60; HESS, R. J. The Divine Name Yahweh in Late Bronze Age Sources? *UF*, vol. 23, 1991, p. 180-182. Para mais discussões sobre as questões, cf. REDFORD, D. B. The Ashkelon Relief at Karnak and the Israel Stela. *IEJ*, vol. 36, 1986, p. 199-200; WEINFELD, M. The Tribal League at Sinai. *In*: MILLER JR., P. D.; HANSON, P. D.; McBRIDE, S. D. (eds.). *Ancient Israelite Religion*: Essays in Honor of Frank Moore Cross, p. 303-314; FINKELSTEIN, I. *Archaeology of the Israelite Settlement*, p. 345.

179. *ANET*, 378. Para o texto, cf. KITCHEN, K. A. *Ramesside Inscriptions vol. 4*: Historical and Biographical. Oxford: Basil Blackwell, 1982, p. 12-19. Para mais informações, cf. LICHTHEIM, M. *Ancient Egyptian Literature vol. 2*: The New Kingdom. Berkeley: University of California Press, 1976, p. 73-78. Para discussões adicionais, cf. REDFORD, D. The Ashkelon Relief at Karnak and the Israel Stela, p. 188-200; SCHULMAN, A. R. The Great Historical Inscription of Mer-

O propósito dessa passagem era celebrar o poder egípcio sobre várias terras na Síria-Palestina. Hatti e Hurru representam toda a região da siro-palestina; Canaã e Israel representam unidades menores dentro da área, e Gezer, Ashkelon e Yanoam são três cidades dentro da região. Nesse hino ao poder do faraó, todos esses lugares estão sob o domínio egípcio. O texto distingue Israel e Canaã, pois eles constituem dois termos diferentes no texto. Alguns estudiosos notam que os dois termos são ainda mais distintos. A palavra "Canaã" é escrita com uma característica linguística especial chamada de determinante, denotando terra. "Israel" é escrito com o determinante para povo. Tirar conclusões históricas dessa diferença do uso escribal nas duas determinações mostra-se problemático. Por um lado, se as determinações foram usadas com precisão pelo escriba egípcio que escreveu esse texto, então Israel estava estabelecido como um povo por volta de 1200 a.C.; por outro, alguns estudiosos acreditam que os escribas não usaram consistentemente as duas determinações diferentes em outros textos e, portanto, desafiam a precisão do seu uso na estela de Merneptá[180]. Se as determinações foram usadas corretamente, Israel simboliza um povo que vive na região montanhosa, em vez de designar a área geográfica da região montanhosa. Em qualquer caso, Israel e Canaã são diferenciados no texto, e de alguma forma eles representavam diferentes entidades para o escriba egípcio que inscreveu a estela de Merneptá. Já em 1200, Israel foi diferenciado dos seus antepassados cananeus.

Evidências do Ferro I hoje à disposição dos estudiosos apresentam um dilema. Por um lado, a compreensão histórica do período foi tremendamente reforçada pela pesquisa arqueológica[181]. Por outro lado, os dados

---

nepta at Karnak: A Partial Reappraisal. *Journal of the American Research Center in Egypt*, vol. 24, 1987, p. 21-34; HASEL, M. Israel in the Merneptah Stela. *BASOR*, vol. 296, 1994, p. 45-61. Para uma análise do texto, cf. NICCACCI, A. La Stèle d'Israël. Grammaire et stratégie de communication. *In*: SIGRIST, M. (ed.). *Études Égyptologiques et Bibliques à la mémoire du Père B. Couroyer*. Paris: Gabalda, 1997 (CRB, 36), p. 43-107. Para comentários adicionais (especialmente uma crítica ao artigo de Hasel), cf. RAINEY, A. F. Israel in Merneptah's Inscription and Reliefs. *IEJ*, vol. 51, 2001, p. 57-75.

180. Para discussão, cf. *ANET*, p. 378 n. 18; AHLSTRÖM, G. W.; EDELMAN, D. Merneptah's Israel. *JNES*, vol. 44, 1985, p. 59-61; AHLSTRÖM, G. W. *Who Were the Israelites?*, p. 37-42.

181. Cf. a valiosa inspeção feita por E. Bloch-Smith e B. A. Nakhai. A Landscape Comes to Life: The Iron Age I. *Near Eastern Archaeology*, vol. 62, 1999, p. 62-92, 101-127.

não respondem a muitas das questões importantes sobre o Israel primitivo. Atualmente, é impossível estabelecer, com base em informações arqueológicas, distinções entre israelitas e cananeus no período do Ferro I. A evidência arqueológica não fornece um conjunto claro de critérios para distinguir um sítio israelita de um sítio cananeu, embora a justaposição de características (p. ex., casas de quatro quartos, jarras de armazenamento com colarinho, cisternas talhadas) em um sítio do Ferro I no planalto central continue a ser tomado como um sinal de um assentamento israelita. A evidência epigráfica fornece, igualmente, ajuda limitada a esse respeito, uma vez que, até o século X, as línguas e as inscrições de fontes epigráficas não fornecem distinções entre as duas culturas.

A evidência bíblica é igualmente problemática. Embora haja muita informação histórica, a precisão dessa informação é complicada por séculos de transmissão textual e interpretação. De fato, boa parte do material narrativo da BH referente ao período do Ferro I data da segunda metade da monarquia, afastado pelo menos dois ou três séculos dos eventos do período do Ferro I que os textos relatam[182]. Além disso, em alguns casos, o registro bíblico complica as questões interpretativas. A dificuldade de distinguir israelitas de cananeus é exacerbada por referências bíblicas a vários grupos além de israelitas e cananeus. Gabaonitas (Js 9,15; cf. 2Sm 21), jerameelitas (1Sm 27,10; 30,29), quenitas (Jz 1,16; 4,11; 1Sm 27,10; 30,29), os descendentes de Raab (Js 6,25), Caleb, o cenzeu (Js 14,13-14; 21,12) e as cidades cananeias de Hefer e Tirzá tornaram-se parte de Israel (cf. Ex 6,15)[183]. Presumivelmente, outros grupos e lugares foram absorvidos por Israel da mesma maneira. Além disso, outros grupos são mencionados como despojados da terra pelos israelitas: "heteus, heveus, ferezeus, gergeseus, amorreus e jebuseus" (Js 3,10; 9,1; 11,3; 12,8). Embora alguns desses nomes possam parecer suspeitos e refletir uma tentati-

---

182. Para uma discussão recente de várias posições sobre o desenvolvimento do material histórico israelita, cf. HALPERN, B. *The First Historians*; cf. tb. capítulo 1, seção 3.

183. SMITH, Mark S. *Palestinian Parties and Politics*, p. 16, 211 n. 15; SPERLING, D. Israel's Religion in the Ancient Near East. *In*: GREEN, A. (ed.). *Jewish Spirituality*: From the Bible Through the Middle Ages. Nova York: Crossroad, 1987 (World Spirituality: An Encyclopedic History of the Religious Quest 13), p. 9. Smith incluiria midianitas com base em Nm 10,29-30 e moabitas com base em Nm 25,1-5. Embora seja possível que midianitas e moabitas fossem componentes da população do Israel primitivo, as fontes citadas não apoiam essa reconstrução.

va posterior de reconstruir a história do desenvolvimento inicial de Israel na terra, permanece válida a opinião de que alguns deles indicariam a complexa composição social do Israel da região montanhosa. Finalmente, as tentativas atuais de distinguir Israel de Canaã no período do Ferro I são marcadas por suas próprias limitações modernas. Para apresentar apenas uma das dificuldades, apesar de as sociedades israelita e cananeia não poderem ser diferenciadas com base em evidências arqueológicas[184], traços arqueológicos não constituem todos os critérios para fazer distinções históricas; mesmo se não houvesse um único critério para estabelecer distinções claras, com base no material cultural (e, atualmente, não há esse critério), alguns dos primeiros israelitas podem ter percebido a si mesmos como radicalmente diferentes dos cananeus. Informação relacionada a tais percepções não está atualmente disponível para o período do Ferro I, embora possa ser inferida a partir de textos bíblicos mais antigos, como Jz 5. A partir da evidência que está à disposição, pode-se concluir que, embora em grande parte fosse cananeu, de acordo com dados culturais disponíveis hoje, Israel expressou um sentido distinto de origem e de deidade e possuía propriedades geográficas bastante distintas na área colinosa no fim da Idade do Ferro I. O caráter cananeu da cultura israelita moldou significativamente as muitas maneiras pelas quais os antigos israelitas comunicaram sua compreensão religiosa a respeito de Yahweh. Esse ponto pode ser estendido: o povo da zona montanhosa que veio a ser conhecido como Israel compreendia numerosos grupos, incluindo cananeus, cuja herança marcou todos os aspectos da sociedade israelita. Em suma, durante a Idade do Ferro I, Israel era consideravelmente cananeu em suas características.

Israel herdou tradições culturais locais do fim da Idade do Bronze, e sua cultura foi em grande parte contínua com a cultura cananeia da costa e dos vales durante o período do Ferro I. No âmbito da religião não foi diferente. Embora não se possam identificar as divindades locais anteriores ao surgimento de Israel ou durante esse processo, equiparando a religião ugarítica e a religião cananeia, a evidência ugarítica é pertinente

---

184. Cf. resenha de *The Archaeology of the Israelite Settlement*, de D. Esse, em FINKELSTEIN, I. *Biblical Archaeologist Review*, vol. 14/5, 1988, p. 6-9.

para o estudo da religião cananeia, já que inscrições do fim da Idade do Bronze e do período do Ferro I, em Canaã, indicam que as divindades da terra incluíam El, Baal, Asherah e Anat, todas elas divindades muito importantes, conhecidas a partir dos textos ugaríticos. O nome próprio *'y 'l*, "onde está o El?", está contido em uma inscrição do século XII de Qubur el-Walaydah, que se encontra a cerca de dez quilômetros a sudeste de Gaza[185]. A ânfora de Laquis, datada do século XIII, contém uma inscrição provavelmente referindo-se a essa deusa: *mtn. šy [l] [rb]ty 'lt*, "mattan. Uma oferta [para] minha [senho]ra, 'Elat"[186]. As palavras *rbt*, "senhora" (literalmente, "a grande", marcada com uma terminação feminina) e *'lt*, "deusa", são títulos regulares, embora não exclusivos, de Asherah nos textos ugaríticos[187], e tais epítetos na ânfora de Laquis provavelmente se referem a ela também. Uma ponta de flecha de El-Khadr, perto de Belém, que data de aproximadamente 1100, traz *bn 'nt*, "filho de Anat"[188]. Baal é mencionado em uma carta proveniente de Taanach do século XV e em uma carta de El-Amarna do século XIV de Tiro (EA 147,13-15)[189]. O elemento

---

185. Cf. CROSS, F. M. Newly Found Inscriptions in Old Canaanite and Early Phoenician Scripts. *BASOR*, vol. 238, 1980, p. 2-3; PUECH, E. Origine de l'alphabet. *RB*, vol. 93, 1986, p. 174. Sobre esse tipo de nome, cf. ALBRIGHT, W. F. Northwest Semitic Names in a List of Egyptian Slaves from the Eighteenth Century B. C. *JAOS*, vol. 74, 1954, p. 225-226; An Ostracon from Calah and the North-Israelite Diaspora. *BASOR*, vol. 149, 1958, p. 34 n. 12; HUFFMON, H. B. *Amorite Personal Names*. Baltimore: Johns Hopkins University Press, 1965, p. 161. Para a problemática em torno da datação dessas inscrições, cf. WALLENFELS, R. Redating the Byblian Inscriptions. *JANES*, vol. 15, 1983, p. 97-100.

186. A propósito da carta de Taanach, cf. *ANET*, p. 490. A respeito da inscrição na jarra de Laquis, cf. CROSS, F. M. The Evolution of the Proto-Canaanite Alphabet. *BASOR*, vol. 134, 1954, p. 21; The Origin and Early Evolution of the Alphabet. *EI*, vol. 8, 1967 (= E. L. Sukenik Volume), p. 16*; PUECH, E. Origine de l'alphabet, p. 178-180; The Canaanite Inscriptions of Laquis and Their Religious Background. *TA*, vol. 13-14, 1986-1987), p. 17-18. No primeiro artigo, Cross oferece uma segunda tradução possível: "Um presente: um cordeiro para minha senhora 'Elat".

187. CROSS, F. M. Evolution of the Proto-Canaanite Alphabet, p. 20 n. 17. Em CTA 3.2(KTU 1.3 II).18, *'ilt* refere-se à deusa Anat; se não, refere-se a Athirat (1.4[1.1 IV].14; 3.5.45 = 1.3 V 37; 4.1.8 = 1.4 I 7; 4.4[1.4 IV].49; 6.1[1.61].40; 15.3 [1.15 III].26; 14.4.198, 202 = 1.14 IV 35, 39). Uma inscrição neopúnica tem uma dedicatória: *lhrbt l 'lt*, "para a Senhora, a Deusa" (COOK, G. A. *A Textbook of North Semitic Inscriptions*. Oxford: Clarendon, 1903, p. 158, cf. 135). Cf. tb. o nome Abdi-Ashirta (que significa "servo de Asherah") de Amurru, nas cartas de EA (cf. HALPERN, B. *The Emergence of Israel in Canaan*. Chico: Scholars, 1983 [SBLMS, 29], p. 58-62, 69-78).

188. CROSS, F. M. Old Canaanite and Early Phoenician Scripts, p. 7. Sobre as pontas de flecha deste período, cf. MITCHELL, T. C. Another Palestinian Inscribed Arrowhead. *In*: TUBB, J. N. (ed.). *Palestine in the Bronze and Iron Ages*: Papers in Honour of Olga Tufnell, p. 136-153.

189. Cf. GLOCK, A. E. Texts and Archaeology at Tell Ta'anak. *Berytus*, vol. 31, 1983, p. 59-61. O elemento teofórico de *b 'l* pode estar por trás de ᵈIM, atestado como o elemento teofórico nos nomes

*b 'l ocorre também em uma inscrição de Laquis[190], seja como nome divino, seja como um elemento contido em nomes pessoais. Outras deidades desfrutaram de devoção cúltica no fim do segundo milênio em Canaã. Por exemplo, 'l 'b, o deus que é ancestral divino, e b 'lt, "a Senhora", são conhecidos a partir de inscrições do fim do segundo milênio provenientes de Laquis[191]. Dado que os textos ugaríticos e bíblicos atestam assim muitas das mesmas divindades, práticas religiosas e noções, os textos ugaríticos devem ser usados com cautela como material religioso da esfera semítica ocidental que a tradição israelita herdou.

De acordo com a tradição bíblica, essas divindades continuaram de várias maneiras ao longo do período dos Juízes dentro de Israel (embora poucos, se algum, dos seguintes textos realmente datem do período pré-monárquico, eles podem refletir condições religiosas anteriores, ou pelo menos ajudar a sugerir algo da extensão de divindades adoradas no Israel pré-monárquico). O deus de Siquém em Jz 9,46 (cf. 8,33) é chamado 'ĕl bērît, que os estudiosos identificaram como um título de El[192]. A devoção religiosa a Asherah talvez esteja por trás de Gn 49,25. A asherah, o símbolo nomeado em homenagem à deusa Asherah, é explicitamente descrita em Jz 6,25-26. A palavra ba'al forma o elemento teofórico no nome bíblico Jerobal (Jz 6,32; 8,35). Dois membros da família de Saul, Isbaal (1Cr 8,33; 9,39) e Meribaal (1Cr 8,34; 9,40), do mesmo modo têm nomes contendo o elemento ba'al. Apenas um nome próprio, Shamgar ben Anat (Jz 5,6), atesta o nome de Anat no período dos Juízes. A falta de evidência epigráfica ou bíblica para Anat sugeriria a ausência de um culto dedicado

---

cananeus de alguns remetentes de cartas de El Amarna, p. ex., EA 249-250, 256 e 258. Cf. HESS, R. Divine Names in the Amarna Texts. *UF*, vol. 18, 1986, p. 154. O nome b 'ly é atestado em uma inscrição de Shiqmana, por volta do século XII (cf. LEMAIRE, A. Notes d'épigraphie nord-ouest sémitique. *Semitica*, vol. 30, 1980, p. 17-32).

190. PUECH, E. The Canaanite Inscriptions, p. 17.

191. PUECH, E. The Canaanite Inscriptions, p. 17-22.

192. A propósito de 'ĕl bērît, cf. CROSS, F. M. *Canaanite Myth and Hebrew Epic*, p. 39, 44; LEWIS, T. J. The Identity and Function of El/Baal Berith. *JBL*, vol. 115, 1996, p. 401-423; STAGER, L. E. The Fortress-Temple at Shechem and the "House of El, Lord of the Covenant". *In*: WILLIAMS JR., P. H.; HIEBERT, T. (eds.). *Realia Dei*: Essays in Archaeology and Biblical Interpretation in Honor of Edward F. Campbell, Jr. at His Retirement. Atlanta: Scholars, 1999 (Scholars Press Homage Series, 23), p. 228-249.

a ela. Durante o período dos Juízes, as principais divindades no território de Israel incluíam Yahweh, El, Baal e talvez Asherah.

Alguns estudiosos têm usado essa evidência para demonstrar que Israel, no período dos Juízes, era fortemente "sincretista", na medida em que incorporava elementos cananeus em uma religião israelita que era originalmente não cananeia[193]. Na verdade, alguns textos bíblicos veem a proto-história de Israel no Sinai como uma época em que elementos cananeus teriam sido estranhos ao javismo. Por exemplo, Dt 32 expressa a vida no deserto nos seguintes termos: "O único a conduzi-lo [a Israel] foi Yahweh, nenhum deus estrangeiro o acompanhou" (v. 12; cf. tb. vv. 8 e 17)[194]. A alegação é potencialmente enganosa por duas razões. Em primeiro lugar, os elementos religiosos identificados como "cananeus" não eram "sincretistas", pelo menos não no sentido de que tais elementos não fossem originais para Israel. A historiografia bíblica em Dt 32 omite todo o reflexo do fato de que a herança cultural de Israel era, em grande parte, cananeia; na verdade, nega implicitamente essa ideia. Em segundo lugar, a evidência de que as divindades cananeias,

---

193. Cf. KAUFMANN, Y. *The Religion of Israel*, p. 229-231; cf. a evidência bíblica de Kaufmann (p. 229 n. 7) desmente isso.

194. A literatura secundária denota pouco consenso sobre a data de Dt 32. Alguns comentaristas, citando características poéticas arcaicas, preferem uma data na primeira metade da monarquia ou mais cedo (cf. SKEHAN, P. K. The Structure of the Song of Moses in Deuteronomy (Dt 32,1-43). *CBQ*, vol. 13, 1951, p. 153-163; *Studies in Israelite Poetry and Wisdom*. Washington: Catholic Biblical Association of America, 1971 [CBQMS 1], p. 67-77; CROSS, F. M. *Canaanite Myth and Hebrew Epic*, p. 264 n. 193; FREEDMAN, D. N. *Pottery, Poetry, and Prophecy*, p. 99-101). Outros escritores preferem uma data exílica ou pós-exílica (cf. RAD, G. von. *Deuteronomy: a Commentary*. Tradução de D. Barton. Londres: SCM, 1966 [OTL], p. 200; MAYES, A. D. H. *Deuteronomy*: New Century Bible. Londres: Oliphants, 1979, p. 382). A opção de Yahweh por Israel no TM de Dt 32,8-9 não precisa ser vista como um traço tardio. Um conceito comparável é atestado no conto de Wen-Amun, datado de cerca de 1100. Nessa história, o governante de Biblos, Zakar-Ba'l, diz a Wen-Amun: "Ora, quando Amon fundou todas as terras, ao fundá-las, fundou primeiro a terra do Egito" (*ANET*, p. 27; LICHTHEIM, M. *Ancient Egyptian Literature vol. 2*, p. 227). De acordo com Rad, a mistura de material literário (sapiencial, profético etc.) não favorece uma data mais antiga. Além disso, comentaristas notaram a presença de elementos originalmente do Norte (p. ex., a menção de Jacó no v. 9) e componentes do Sul (a apelação divina de "rocha"), pressupondo um cenário quando essas características uniram-se. Essa combinação de características corroboraria também uma data no século VIII ou mais tarde, de acordo com A. Reichert (The Song of Moses (Dt 32) and The Quest for the Deuteronomic Psalmody. In: *Proceedings of the Ninth World Congress of Jewish Studies*: Division a, the Period of the Bible. Jerusalém: World Union of Jewish Studies, 1986, p. 57-58). Quanto a evidências para uma data mais tardia, cf. OLYAN, S. M. *Asherah and the Cult of Yahweh*, p. 72 n. 7. Para uma inspeção recente, cf. SANDERS, P. *The Provenance of Deuteronomy 32*. Leiden: Brill, 1996 (OTS, 37).

El, Baal ou Asehrah, fossem objeto de devoção religiosa israelita separada do culto de Yahweh no período dos Juízes é inconsistente. Ambas essas afirmações são extensões da historiografia bíblica: porque as obras históricas da Bíblia veem a religião do período dos Juízes dessa forma, alguns estudiosos concluíram que a visão bíblica representa a realidade histórica[195]. No entanto, de várias maneiras, El, Baal e Asherah (ou pelo menos o símbolo nomeado em sua homenagem, a asherah) foram integralmente relacionados com Yahweh e o culto dessa divindade durante o período dos Juízes.

Em suma, os israelitas podem ter-se visto como um povo diferente dos cananeus. Tradições religiosas separadas sobre Yahweh, tradições separadas de origens no Egito para pelo menos algum componente de Israel e propriedades geográficas separadas na região montanhosa contribuíram para o senso de diferença dos israelitas em relação aos seus vizinhos cananeus que habitavam a costa e os vales. No entanto, as culturas israelitas e cananeias compartilhavam muito entre si, e a religião não era exceção. As deidades e seus cultos no Israel na Idade do Ferro representam aspectos de continuidade cultural com a cultura autóctone da Idade do Bronze tardio e com a cultura urbana contemporânea na costa e nos vales. Os exemplos de El, Baal e o símbolo da asherah ilustram essa continuidade para o período dos Juízes.

2 Yahweh e El

O Deus original de Israel era El. Essa reconstrução pode ser deduzida a partir de duas informações. Primeiro, o nome de Israel não é um nome javista, com o elemento divino de Yahweh, mas sim um nome a partir de El, com o elemento *'ēl*. Esse fato sugere que El foi o deus-chefe original do grupo chamado Israel[196]. Em segundo lugar, Gn 49,24-25 apresenta uma série de epítetos separados da menção de Yahweh no versículo 18 (discutidos na seção 3, adiante). No entanto, desde cedo, Yahweh foi com-

---

195. Cf. nota 160 anteriormente.

196. AHLSTRÖM, G. W. Where Did the Israelites Live? *JNES*, vol. 41, 1982, p. 134.

preendido como o deus de Israel em distinção a El. Dt 32,8-9 compreende Yahweh segundo o papel de um dos filhos de El, aqui chamado 'elyôn[197]:

Quando o Altíssimo ('elyôn) deu às nações a herança delas,
quando ele separou a humanidade,
ele fixou os limites das nações
de acordo com o número de seres divinos[198].
Porque a porção de Yahweh é o seu povo,
Jacó, a herança que lhe cabe.

Essa passagem apresenta uma sequência na qual cada divindade recebeu sua própria nação, e Israel foi a nação que Yahweh recebeu. Também sugere que Yahweh, originalmente um deus guerreiro do Sinai/Farã/ Edom/Teimã[199], fosse conhecido separadamente de El em um ponto inicial no início de Israel[200]. Talvez devido ao comércio com Edom/Midiã, Yahweh entrou secundariamente na religião das terras montanhosas israe-

---

197. A propósito de 'elyôn como um título de El, cf. a seção 4 adiante.

198. O TM lê *běnê yiśrā'ēl*, enquanto a LXX lê *aggelōn theou*, e Qumrã *bny 'lhym* (cf. Símaco e Vetus Latina). Quanto às evidências contidas nos Manuscritos do Mar Morto, cf. a discussão de J. A. Duncan (*In*: ULRICH, E.; CROSS, F. M. (eds.). *Qumran Cave 4. IX*: Deuteronomy, Joshua, Judges, Kings. Oxford: Clarendon, 1995 [DJD XIV], p. 90). Cf. tb. SKEHAN, P. K. A Fragment of the "Song of Moses" (Deut. 32) from Qumran. *BASOR*, vol. 136, 1954, p. 12-15; MEYER, R. Die Bedeutung von Deuteronomium 32, 8f. 43 (4Q) für die Auslegung Moseesliedes. *In*: KUSCHKE, A. (ed.). *Verbannung und Theologie Israels im 6. und 5. jahrhundert v. Chr. Wilhelm Rudolph zum 70. Geburtstage*. Tubinga: J. C. B. Mohr, 1961, p. 197-209; TOV, E. *Textual Criticism of the Hebrew Bible*. Mineápolis: Fortress; Assen/Maastricht: Van Gorcum, 1992, p. 269; SCHENKER, A. Le monothéisme israélite: un dieu qui transcende le monde et les dieux. *Biblica*, vol. 78, 1997, p. 438. Skehan (*Studies*, p. 69) observa que Eclo 17,17, refletindo exegese posterior de Dt 32,8, implica um governante divino para cada nação.

199. Cf., anteriormente, as referências bíblicas a estas localidades, e, adiante, a nota 237.

200. Para discussão do povo original de Yahweh, sua importação de Edom e sua adoção secundária na religião da área montanhosa, cf. TOORN, K. van der. *Family Religion in Babylonia, Syria and Israel*. Leiden: Brill, 1996, p. 266-315, esp. 281-286; Yahweh, *DDD*, p. 910-919; SMITH, Mark S. *The Origins of Biblical Monotheism*, p. 135-148. Cf., adiante, a nota 237. O pano de fundo do nome de Yahweh é controverso. Para uma discussão atual da forma, cf. TROPPER, J. Der Gottesname **Yahwa. VT*, vol. 51, 2001, p. 81-106. Para propostas anteriores, cf. TOORN, K. van der. Yahweh. *DDD*, p. 913-916. Para uma defesa recente de Yahweh como título de El, cf. DIJKSTRA, M. El, de God van Israël-Israël, het volk van YHWH. Over de van het Jahwisme in Oud-Israël. *In*: BECKING, B.; DIJKSTRA, M. (eds.). *Eén God alleen...?* Over monotheïsme in Oud-Israël en de verering van de godin Asjera. Kampen: Kok, 1998, p. 59-92; e o artigo de sua autoria: El, YHWH and Their Asherah: On Continuity and Discontinuity in Canaanite and Ancient Israelite Religion. *In*: DIETRICH, M.; LORETZ, O. (eds.). *Ugarit*: Eine ostmediterranes Kulturzentrum in Alten Orient. Münster: Ugarit-Verlag, 1995 (ALASP, 7), p. 43-73. Como os defensores anteriores dessa visão, Dijkstra não reuniu provas para a identificação de Yahweh como um título de El. Um argumento plausível para o pano de fundo midianita-edomita de Yahweh foi elaborado por K. van der Toorn, mas o argumento

litas. Passagens como Dt 32,8-9 sugerem um vestígio literário da assimilação inicial de Yahweh, o deus guerreiro sulista, para o panteísmo mais amplo da região montanhosa, liderado por El; outros textos apontam para Asherah (consorte de El), Baal e outras divindades como membros desse panteão. Com o tempo, El e Yahweh foram mutuamente identificados entre si, enquanto Yahweh e Baal coexistiram e mais tarde competiram como deuses guerreiros. Como o capítulo seguinte (seção 2) sugere, um elemento dessa competição envolveu a assimilação a Yahweh da linguagem e de motivos originalmente associados a Baal.

Uma indicação de que Yahweh e El eram inicialmente identificados entre si é que não há polêmicas bíblicas contra El. Em um ponto inicial, a tradição israelita identificou El com Yahweh ou pressupôs essa equalidade[201]. É por essa razão que a BH tão raramente distingue entre El e Yahweh[202]. O desenvolvimento do nome El (*'ēl*) em um nome genérico, significando "deus", também era compatível com a perda do caráter distinto de El nos textos religiosos israelitas. Um texto bíblico exibe bastante

---

para a importação do culto de Yahweh sob Saul devido ao seu pano de fundo edomita é especulativo. Cf. TOORN, K. van der. *Family Religion*, p. 266-286.

201. EISSFELDT, O. El and Yahweh. *JSS*, vol. 1, 1956, p. 25-37; CROSS, F. M. *Canaanite Myth and Hebrew Epic*, p. 44-75. Sobre a possível certificação de El em Ebla como *Dinger* em uma lista de oferendas, cf. LAMBERT, W. G. Old Testament Mythology in Its Ancient Near Eastern Context. *In*: EMERTON, J. (ed.). *Congress Volume*: Jerusalém 1986. Leiden: Brill, 1988 (VTSup, 40), p. 131. Cf. *DINGER-lì* em Emar 282,16.

202. CROSS, F. M. *Canaanite Myth and Hebrew Epic*, p. 44. Para vários pontos de vista sobre como a identificação entre Yahweh e El ocorreu, cf. COOPER, A. Divine Names and Epithets in the Ugaritic Texts, p. 337-342; L'HEUREUX, C. E. Searching for the Origins of God. *In*: HALPERN, B.; LEVENSON, J. D. (eds.). *Traditions in Transformation*: Turning Points in Biblical Faith, Festschrift Honoring Frank Moore Cross. Winona Lake: Eisenbrauns, 1981, p. 33-44. Ez 28 representa uma exceção ao fato de que a tradição bíblica não faz distinção entre El e Yahweh, mas o deus nessa sátira sobre a cidade de Tiro é o El tirense e não o El natural da cultura cananeia de Israel. Sobre esse capítulo, cf. POPE, M. H. *El in the Ugaritic Texts*. Leiden: Brill, 1955 (VTSup 2), p. 97-103; WILSON, R. R. The Death of the King of Tyre: The Editorial History of Ezekiel 28. *In*: MARKS, J. H.; GOOD, R. M. (eds.). *Love and Death in the Ancient Near East*: Essays in Honor of Marvin H. Pope. Guilford: Four Quarters, 1987, p. 211-218, esp. 213-214; GREENFIELD, J. C. The Hebrew Bible and Canaanite Literature, p. 554; PAGE JR., H. R. *The Myth of Cosmic Rebellion*: A Study of Its Reflexes in Ugaritic and Biblical Literature. Leiden: Brill, 1996 (VTSup, 65), 140-158; CALLENDAR JR., D. E. *Adam in Myth and History*: Ancient Israelite Perspectives on the Primal Human. Winona Lake: Eisenbrauns, 2000 (HSS, 48), p. 179-189. Reconhecer que Ez 28 refere-se ao El tirense forneceria uma confirmação adicional de que El era de fato um deus tirense, embora sob um nome diferente (p. ex., Betel, cf. adiante).

fortemente a assimilação do significado da palavra *'ēl*, nomeadamente Js 22,22 (cf. Sl 10,12; 50,1)[203]:

'ēl 'ĕlōhîm yhwh   O deus dos deuses é Yahweh,
'ēl 'ĕlōhîm yhwh   O deus dos deuses é Yahweh.

A primeira palavra em cada cláusula desse versículo reflete o desenvolvimento do nome do deus El em um substantivo genérico que significa "deus". Nesse caso, o substantivo faz parte de uma expressão superlativa proclamando o incomparável *status* divino de Yahweh. A expressão "deus dos deuses" pode ser comparada a outras expressões superlativas desse tipo na Bíblia, como "rei dos reis" (Dn 2,37; Esd 7,12), o nome do livro bíblico "Cântico dos Cânticos" (Ct 1,1) e as palavras de abertura do primeiro discurso em Eclesiastes, "vaidade das vaidades" (Ecl 1,2)[204].

O tratamento teológico sacerdotal da história religiosa primitiva de Israel em Ex 6,2-3 identifica o velho deus El Shaddai com Yahweh. Nessa passagem, Yahweh aparece a Moisés: "Deus falou a Moisés e lhe disse: 'Eu sou Yahweh. Apareci a Abraão, a Isaac e a Jacó como El Shaddai, mas não lhes dei a conhecer meu nome Yahweh'". Essa passagem reflete o fato de que Yahweh era desconhecido para os patriarcas. Em vez disso, adoravam o deus cananeu, El. Textos epigráficos de Deir 'Alla, um local ao norte de Jericó, atravessando o Rio Jordão, atestam o epíteto *shadday*. Nessas inscrições, o epíteto *shadday* não é aplicado ao grande deus, El. O autor de Ex 6,2-3 talvez não tenha conhecido nem feito essa distinção; ao contrário, ele identificou Yahweh com as tradições do grande deus cananeu, El[205].

---

203. Cf. ROBERTS, J. J. M. El. *IDBSup*, p. 255-258. Para uma abordagem recente de *'ĕlōhîm* na BH, cf. BURNETT, J. S. *A Reassessment of Biblical Elohim*. Atlanta: Scholars, 2001 (SBLDS, 183).

204. POPE, M. H. *Song of Songs*. Garden City: Doubleday, 1977 (AB, 7C), p. 294-295.

205. Cf. CROSS, F. M. *Canaanite Myth and Hebrew Epic*, p. 47 n. 15, 52-60, 86 n. 17, 298; CHILDS, B. S. *The Book of Exodus*, p. 111-114; FREEDMAN, M. A. *Pottery, Poetry, and Prophecy*, p. 86; HACKETT, J. A. Some Observations on the Balaam Traditions at Deir 'Alla. *BA*, vol. 49, 1986, p. 216-222; Religious Traditions in Israelite Transjordan. *In*: MILLER JR., P. D.; HANSON, P. D.; McBRIDE, S. D. (eds.). *Ancient Israelite Religion: Essays in Honor of Frank Moore Cross*, p. 125-136. Cf. LORETZ, O. Der kanaanäische Ursprung des biblischen Gottesnames El Šaddaj. *UF*, vol. 11, 1979, p. 420-421; KNAUF, E. A. El Šaddai – der Gott Abrahams? *BN*, vol. 29, 1985, p. 97-103. Para a *editio princeps* [primeira edição impressa] dos textos de Deir 'Alla, cf. HOFTIJZER, J.; KOOIJ, G. van der. *Aramaic Texts from Deir 'Alla*. Leiden: Brill, 1976. Para a

O estudo de J. H. Tigay sobre onomástica epigráfica é compatível com a reconstrução histórica da identificação de El com Yahweh na antiga tradição israelita[206]. Tigay lista todos os nomes próprios com elementos teofóricos. Encontrados em inscrições israelitas, todos datados após o início da monarquia, estão 557 nomes com Yahweh como elemento divino, 77 nomes com *'l, um punhado de nomes com o componente divino *b'l, e nenhum nome refere-se às deusas Anat ou Asherah. Os poucos nomes próprios com os nomes divinos delas não refletem um culto a essas divindades; Baal pode ser uma exceção. Os nomes com o elemento do nome de El refletem historicamente a identificação entre Yahweh e El na época em que esses nomes aparecem nas inscrições atestadas. Assim como culto algum é atestado para Anat (e talvez Asherah) na religião israelita, assim também não há culto algum distinto atestado para El, exceto em sua identificação com Yahweh.

Em Israel, as características e os epítetos de El tornaram-se parte do repertório das descrições de Yahweh. Tanto nos textos quanto na iconografia, El é uma figura idosa e barbuda entronizada[207], às vezes diante de

---

bibliografia relativa aos textos de Deir 'Alla até 1984, cf. AUFRECHT, W. E. A Bibliography of the Deir 'Alla Plaster Texts. *Newsletter for Targumic and Cognate Studies*, Supplement 2, 1985, p. 1-7. O šdym em Dt 32,16-17 e no Sl 106,37 podem não ser demônios (cf. o acádio *šēdu*), mas sim um grupo de divindades correspondentes a šdyn nos textos de Deir 'Alla (para discussão adicional, cf. HACKETT, J. A. *The Balaam Texts from Deir 'Alla*. Chico: Scholars, 1984 [HSM, 31], p. 85-89; Religious Traditions, p. 133). Poderiam eles ser a comitiva militar de El Shadday? Para discussões adicionais, cf. adiante a seção 5.

206. TIGAY, J. H. *You Shall Have No Other Gods*, p. 12, 65-73, 83-85. Estas somas para nomes de Yahweh e El confrontam-se com apenas vinte e seis nomes plausíveis não Yahweh-El. Alguns dos vinte e seis casos podem ser javistas (como *ṭbšlm*, "[divino] aliado é bom" [?]; TIGAY, 69) ou pertencer a estrangeiros. A popularidade relativa dos nomes contendo El, na verdade, provém do fato de serem considerados javistas. Z. Zevit (A Chapter in the History of Israelite Proper Names. *BASOR*, vol. 250, 1983, p. 1-16) observa que não ocorrem nomes com -*yh*/-*yhw* antes do século X, talvez refletindo um desenvolvimento relativamente tardio do culto de Yahweh em Canaã/Israel (cf. SMITH, Mark. S. *Palestinian Parties and Politics*, p. 21). Cf. adicionalmente NORIN, S. I. L. *Sein Name allein ist hoch*: Das Jhw-haltige Suffix althebraischer Personennamen untersucht mit besonderer Berücksichtigung der alttestamentlichen Redaktionsgeschichte. Lund: Gleerup, 1986 (ConBOT, 24). Para as limitações no uso de nomes próprios como provas de prática religiosa, cf. a introdução. A respeito do intervalo onomástico, cf. TIGAY, J. H. *You Shall Have No Other Gods*, p. 17.

207. Para descrições de El, cf. POPE, M. H. *El in the Ugaritic Texts*, p. 34-35; HERRMANN, W. El. *DDD*, p. 274-280. Cf. ainda Herrmann, W. Wann werde Jahwe zum Schöpfer der Welt. *UF*, vol. 23, 1991, p. 166-180. Exemplos ugaríticos da iconografia de El barbudo incluem *ANEP*, n. 493, e a caneca de bebida de Ugarit. Para discussões adicionais, cf. SCHAEFFER, C. F. A. Neue Entdeckungen in Ugarit. *Archiv für Orientforschung*, vol. 20, 1963, p. 206-216, esp. fig. 30; Le culte

divindades individuais (KTU 1.3 V; 1.4 IV-V), às vezes perante o conselho divino (KTU 1.2 I), conhecido por uma variedade de expressões; esse traço é atestado também em inscrições fenícias (KAI 4,4-5; 14,9, 22; 26 A III 19; 27,12; cf. KTU 1.4 III 14). Em KTU 1.10 III 6, El é chamado *drd<r>*, "o sem idade"; em KTU 1.3 V e 1.4 V, Anat e Asherah afirmam a eternidade de sua sabedoria[208]. A eternidade dele também é expressa em seu epíteto, *'ab šnm*, "pai dos anos"[209]. Em KTU 1.4 V 3-4, Asherah

---

d'El à Ras Shamra et le veau d'or. *CRAIBL*, 1966, p. 327-328; Nouveaux témoinages du culte d'El et de Baal à Ras Shamra et ailleurs en Syrie-Palestine. *Syria*, vol. 43, 1966, p. 1-19, esp. fig. 1; POPE, M. H. The Scene on the Drinking Mug from Ugarit. *In*: GOEDICKE, H. (ed.). *Near Eastern Studies in Honor of William Foxwell Albright*. Baltimore: Johns Hopkins University Press, 1971, p. 393-405; CROSS, F. M. *Canaanite Myth and Hebrew Epic*, p. 35-36. Essas peças de iconografia de El são os análogos mais próximos das figuras masculinas de metal entronizadas com a mão erguida, oriundas de Ugarit, Jezzin (Líbano), Biblos, Tell Abu Hawam, Beth-Shemesh e outros lugares (cf. NEGBI, O. *Canaanite Gods in Metal*: An Archaeological Study of Ancient Syro-Palestinian Figurines. Tel Aviv: Tel Aviv University Institute of Archaeology, 1976, p. 42-56 n. 1.441, 1.443, 1.446, 1.447, 1.450). Cf. adicionalmente as discussões de W. Herrmann (El. *DDD*, p. 274-280) e Smith (*The Origins of Biblical Monotheism*, p. 41-66). Acompanhe o debate sobre El principalmente como um deus arameu entre I. Kottsieper (El – ein aramäischer Gott? – Eine Antwort. *BN*, vol. 94, 1998, p. 87-98) e C. Maier e J. Tropper (El – ein aramäischer Gott. *BN*, vol. 93, 1998, p. 77-88), que rejeitam a tese de Kottsieper. Para mais discussões sobre a assembleia divina na tradição cananeia e israelita, cf. capítulo 3, seção 5.

208. Cross (*Canaanite Myth and Hebrew Epic*, p. 21) argumenta que *'lm* é um epíteto especialmente apropriado para El. No entanto, as provas são bastante restritas. A sabedoria de El é chamada *'m 'lm*, "para a eternidade" (KTU 1.3 V 31; 1.4 IV 42). A palavra relacionada, *'llmn*, em KTU 1.1 V 5, pode referir-se a El, mas o contexto está muito fragmentado para fornecer confirmação. Cross interpreta a ocorrência de *'lm* em KTU 1.108.1 também como um título de El. A primeira linha do texto apresenta *rp'u mlk 'lm*, e a segunda linha chama essa figura de *'il*. Cross considera *'il* na linha 2 como El, e não genericamente como "deus", e identifica *rp'u mlk 'lm* com El. Para os problemas subjacentes nessa interpretação, cf. capítulo 5, seções 2 e 3. O termo *'lm* é um epíteto adequado também a outras divindades que não El. A realeza de Baal é chamada *'lm* em KTU 1.2 IV 10. A expressão *zbl mlk 'llmy* em KTU 1.22 I 10 é problemática. A palavra *'llmy* parece ser uma forma de **'lm*, "o eterno" (GOOD, R. M. Geminated Sonants, Word Stress, and Energic *in-nn/-.nn* in Ugaritic. *UF*, vol. 13, 1981, p. 118-119). Onde *'lām* aparece na BH com outros elementos de imagens atestados para El nos textos ugaríticos, o uso que a BH faz de *'ôlām* pode ser rastreado até El.

209. Para mais discussões de *'ab šnm* como "pai dos anos", cf. POPE, M. H. *El in the Ugaritic Texts*, p. 32-33; CROSS, F. M. *Canaanite Myth and Hebrew Epic*, p. 16 n. 24; GREENFIELD, J. C. The Hebrew Bible and Canaanite Literature, p. 555; ULLENDORFF, E. Ugaritic Marginalia IV. *EI*, vol. 14, 1978 (= H. L. Ginsberg Volume), p. 23*. O título *'ab šnm* tem sido interpretado de outras formas por duas razões. Em primeiro lugar, o plural dos anos é expresso diferentemente pela forma feminina *šnt*. Nesse caso, o uso do plural masculino é uma forma congelada. Em segundo lugar, *šnm* aparece em KTU 1.114.18-19 como o segundo elemento no nome composto da personagem divina, *ṭkmn w-šnm*, que acompanha El, afligido por embriaguez severa, até à casa dele. Esse papel é tratado como um dever filial em 1.17 I 31-32. Portanto, tem sido inferido que *ṭkmn w-šnm* é um filho de El, e que o título de El, *'ab šnm*, refere-se à paternidade de El em relação a essa figura. Para tais pontos de vista alternativos, cf. *ANET*, p. 129 n. 1; GORDON, C. H. El, Father of *šnm. JNES*, vol. 35, 1976, p. 261-262; GRAY, J. *The Biblical Doctrine of the Reign of God*. Edimburgo: T. & T.

dirige-se desta forma a El: "És grandioso, ó El, e, de fato, sábio; tua barba grisalha te instrui" (*rbt 'ilm lḥkmt šbt dqnk ltsrk*). As ameaças de Anat em 1.3 V 24-25 e 1.18 I 11-12 também mencionam a barba grisalha de El. Da mesma forma, Yahweh é descrito como o deus patriarcal envelhecido (Sl 102,28; Jó 36,26; Is 40,28; cf. Sl 90,10; Is 57,15; Hab 3,6; Dn 7,9; 2Esd 8,20; Tb 13,6.10; Eclo 18,30), entronizado em meio à assembleia de seres divinos (1Rs 22,19; Is 6,1-8; cf. Sl 29,1-2; 82,1; 89,5-8; Is 14,13; Jr 23,18.22; Zc 3; Dn 3,25)[210]. Textos bíblicos posteriores continuaram a longa tradição de Yahweh envelhecido, entronizado diante das hostes celestiais. Dn 7,9-14.22 descreve um Yahweh barbudo como o "ancestral dos dias" e "o Altíssimo". Ele é entronizado no meio da assembleia das hostes celestiais, chamadas no versículo 18 "os santos do Altíssimo", *qaddîšê 'elyônîn* (cf. 2Esd 2,42-48; Ap 7). Essa descrição para as hostes angélicas deriva do antigo uso do hebraico *qĕdōšîm*, "santos", para o conselho divino (Sl 89,6; Os 12,1; Zc 14,5; cf. KAI 4,5.7; 14,9, 22; 27,12). A tradição do Deus barbudo entronizado aparece também em uma moeda do período persa marcada com *yhd*, "Yehud"[211]. A iconografia pertence a um deus, aparentemente Yahweh.

A tradição cananeia/israelita do conselho divino derivou do estabelecimento da corte real[212] e evoluiu de acordo com a terminologia do poder

---

Clark, 1979, p. 235, esp. n. 201; JIRKU, A. Šnm (Schunama) der Sohn des Gottes 'Il. *ZAW*, vol. 82, 1970, p. 278-279; MOOR, J. C. de. Studies in the New Alphabetic Texts from Ras Shamra I. *UF*, vol. 1, 1969, p. 79; POPE, M. H. *El in the Ugaritic Texts*, p. 33, 61, 81.

210. Para pesquisas sobre a terminologia do conselho divino em acádio, ugarítico, fenício e hebraico, cf. MULLEN, E. T. *The Divine Council in Canaanite and Early Hebrew Literature*. Chico: Scholars, 1980 (HSM, 24); COOPER, A. Divine Names and Epithets in the Ugaritic Texts, p. 431-441.

211. Cf. EDELMAN, D. V. Tracking Observance of the Aniconic Tradition Through Numismatics. *In*: EDELMAN, D. V. (ed.). *The Triumph of Elohim: From Yahwisms to Judaisms*. Grand Rapids: Eerdmans, 1996, p. 185-225, esp. 190-204, com desenhos das duas faces da moeda na p. 225.

212. A linguagem que descreve a corte divina ugarítica inclui muitos outros elementos derivados do aparato régio do segundo milênio. A terminologia de tratado real para o tributo (*'argmn*) e presentes reais de um rei inferior a um rei superior (*mnḥ*) aparecem em KTU 1.2 I 37-38 (cf. KTU 3.1.24-25; 4.91.1). O termo *'bd*, literalmente, "escravo", mas no contexto de um inferior a um superior, "servo", aparece também em KTU 1.2 I 36 e 1.5 II 12 (cf. *PRU IV*, p. 49, linha 12; 2Sm 16,7; cf. GREENFIELD, J. C. Some Aspects of Treaty Terminology in the Bible. *In*: *Fourth World Congress of Jewish Studies: Papers vol. 1*. Jerusalém: World Union of Jewish Studies, 1967, p. 117-119; FENSHAM, F. C. Notes on Treaty Terminology in Ugaritic Epics. *UF*, vol. 11, 1979, p. 265-274; RAINEY, A. F. *The Scribe of Ugarit*. Jerusalém: Israel Academy of Sciences and Humanities, 1969, p. 141-142). O uso de *b'l* como título de Yamm em KTU 1.2 I 17-19//33-35 e Mot em 1.5 II 12

real dominante. Durante a monarquia israelita, as imagens do conselho divino continuaram a partir de seus antecedentes da Idade do Bronze tardia. M. Brettler observou que a monarquia israelita também teve um impacto distinto em algumas características do conselho divino[213]. Funções no conselho divino na literatura cananeia e israelita primitiva foram geralmente não individualizadas, mas uma exceção foi "o comandante do exército do Senhor" (*śar ṣĕbā'yhwh*) em Js 5,13-15, que, de acordo com Brettler, foi baseado no papel comparável existente no exército de Israel (1Sm 17,55; 1Rs 1,19; cf. Jz 4,7). Da mesma forma, o divino "destruidor", *mašḥît*, de Ex 12,13 e 1Cr 21,15 (cf. Is 54,16; Jr 22,7), pode ser rastreado até o *mašḥît* militar de 1Sm 13,17 e 14,15, talvez como uma classe de combatentes personificados ou individualizados, e secundariamente incorporados ao reino divino[214]. Os *mašḥîtîm* aparecem ou individualmente ou como uma pluralidade agindo em nome de seu divino

---

reflete o título diplomático para um rei superior (3.1.26). A insistência dos mensageiros em ter o ouro de Baal (*pḏ*) em 1.2 I 19//35 reflete uma exigência rotineira de um monarca ao rei que ele está sitiando (cf. KTU 1.3 III 46-47; 1Rs 20,2-4; para a interpretação de *pḏ*, cf. OLMO LETE, G. del. *Mitos y leyenda*s, p. 609). Os protocolos dos mensageiros e suas apresentações das mensagens que carregam refletem a linguagem da correspondência real internacional. As fórmulas que introduzem a mensagem de Yamm em 1.2 I 16//33 são comuns em cartas da realeza. Para mais discussões sobre esses paralelos, cf. ROSS, J. F. The Prophet as Yahweh's Messenger. *In*: ANDERSON, B. W.; HARRELSON, W. (eds.). *Israel's Prophetic Heritage*: Essays in Honor of James Muilenburg. Nova York: Harper, 1962, p. 98-107 (reimpressão: PETERSEN, D. L. (ed.). *Prophecy in Israel*: Search for an Identity. Filadélfia: Fortress; Londres: SPCK, 1987 [Issues in Religion and Theology 10], p. 112-121). Similarmente, *lḥt*, etimologicamente derivado de "tabuleta", significa "mensagem", tanto nas passagens humanas quanto nas passagens divinas (1.2 I 26; cf. PARDEE, D. A New Ugaritic Letter. *BiOr*, vol. 34, 1977, p. 7-8), e não "insulto" ou algo do tipo (para esta opinião, cf. OLMO LETE, G. del. *Mitos y leyendas*, p. 571-572). Outra terminologia dentro das descrições da corte celestial parece ter derivado diretamente de um contexto real. A maneira pela qual Baal aborda El, *bḥnt*, "com sua graciosidade", em KTU 1.17 I 16, foi modelada segundo o ato de intercessão perante o rei na corte ugarítica. Em um contexto secular, uma pessoa pede a outra para "interceder por mim diante do rei" (KTU 2.15.3; cf. KAI 10,9-10). Sobre essa comparação, cf. WATTS, J. W. *Ḥnt*: An Ugaritic Formula of Intercession. *UF*, vol. 21, 1989, p. 443-449.

213. BRETTLER, M. *God Is King*: Understanding an Israelite Metaphor. Sheffield: JSOT, 1989 (JSOTSup, 76), p. 102-109. O professor Brettler sugeriu a formulação relativa a *mašḥît*. Sobre aspectos do conselho divino na literatura profética, cf. HOLLADAY, J. S. Assyrian Statecraft and the Prophets of Israel. *HTR*, 63, 1970, p. 29-51 (reimpresso em PETERSEN, D. L. [ed.]. *Prophecy in Israel*: Search for an Identity, p. 122-143).

214. Cf. a opinião de R. de Vaux e B. Mazar, segundo a qual os *mašḥîtîm* filisteus, em 1Sm 13,5 e 31,2, podem ser caracterizados como forças de ataque móveis; citado em MACHINIST, P. Biblical Traditions: the Philistines and Israelite History. *In*: OREN, E. D. (ed.). *The Sea Peoples and Their World*: a Reassessment. Filadélfia: The University Museum, University of Pennsylvania, 2000 (University Museum Monograph, 108; University Museum Symposium Series, 11), p. 58, 71 n. 29. Cf., adiante, p. 194s., nota 491.

senhor. Duas das misteriosas figuras divinas em Gênesis são evidentemente *mašḥîtîm*, uma vez que aplicam esse mesmo termo a si mesmas em Gn 19,13. Outras características do conselho divino na literatura israelita refletem desenvolvimentos políticos posteriores. De acordo com Brettler, *měšārēt*, "servo", aplicou-se primeiro aos funcionários reais no período pós-exílico (p. ex., 1Cr 27,1; 28,1; 2Cr 17,19; 22,8; Est 1,10; 2,2), e secundariamente referiam-se a anjos em um texto pós-exílico, Sl 103,21 (cf. Sl 104,4)[215]. Algumas inovações bíblicas na terminologia da corte celestial no período pós-exílico podem ter sido modeladas segundo a corte do poder reinante da Mesopotâmia. A representação de *satã* em Jó 1–2 e Zc 3 tem sido localizada nas burocracias neobabilônicas ou persas[216]. Da mesma forma, J. Teixidor sugeriu que o termo angélico *'îr*, "observador" (p. ex., Dn 4,10.14.20), foi baseado em espiões que atuavam no império em nome do governante persa[217].

El e Yahweh demonstram disposição compassiva semelhante para com a humanidade. Como "El, o Gentil, o Compassivo" (*lṭpn 'il dp'id*), o "pai da humanidade" (*'ab 'adm*), Yahweh é um "deus misericordioso e piedoso", *'el-rāḥûm wĕḥannûn* (Ex 34,6; Sl 86,15), e pai (Dt 32,6; Is 63,16; 64,7; Jr 3,4.19; 31,9; Ml 1,6; 2,10; cf. Ex 4,22; Os 11,1). Tanto El como Yahweh aparecem aos humanos em visões de sonho e agem como seu patrono divino[218]. Como El (KTU 1.16 V-VI), Yahweh é um deus que cura (Gn 20,17; Nm 12,13; 2Rs 20,5.8; Sl 107,20; cf. o nome pessoal, *rĕpā'ēl*, em 1Cr 26,7). Além disso, a descrição da morada de Yahweh

---

215. BRETTLER, M. *God Is King*, p. 106-107, 109.

216. Cf. OPPENHEIM, A. L. "The Eyes of the Lord". *JAOS*, vol. 88, 1968, p. 173-180; MEYERS, C. L.; MEYERS, E. M. *Haggai, Zechariah 1–8*. Garden City: Doubleday, 1987 (AB 25B), P. 184; DAY, P. L. *An Adversary in Heaven*: śāṭān in the Hebrew Bible. Atlanta: Scholars, 1988 (HSM, 43), p. 39-43; BRETTLER, M. *God Is King*, p. 105, 109. Sobre o *satã*, cf. ainda FORSYTH, N. *The Old Enemy*: Satan and the Combat Myth. Princeton: Princeton University Press, 1987, p. 107-123.

217. Resenha, feita por J. Teixidor, de *The Genesis Apocryphon of Qumran Cave I: A Commentary*, de J. A. Fitzmyer (*JAOS*, vol. 87, 1967, p. 634); cf. DAY, J. *An Adversary in Heaven*, p. 42.

218. Cf. POPE, M. H. *El in the Ugaritic Texts*, p. 25-54; Ups and Downs in El's Amours. *UF*, vol. 11, 1979 (= C. F. A. Schaeffer Festschrift), p. 701-708; CROSS, F. M. *Canaanite Myth and Hebrew Epic*, p. 13-43; MILLER, P. D. Aspects of the Religion of Israel. *In*: MILLER JR., P. D.; HANSON, P. D.; McBRIDE, S. D. (eds.). *Ancient Israelite Religion*: Essays in Honor of Frank Moore Cross, p. 55; GREENFIELD, J. C. The Hebrew Bible and Canaanite Literature, p. 547-548. Para El e Baal como corregentes, cf. *PE* 1.10.31 (ATTRIDGE, H. W.; ODEN JR., R. A. *Philo de Byblos*, p. 54-55). A compatibilidade entre o El e o Baal é igualmente evidente in KTU 1.15 II e 1.17 I-II.

como uma "tenda" (*'ōhel*; por ex., Sl 15,1; 27,6; 91,10; 132,3), chamada nas tradições do Pentateuco de a "tenda da reunião" (*'ōhel mô'ēd*; Ex 33,7-11; Nm 12,5.10; Dt 31,14.15), recorda a tenda de El, explicitamente descrita na narrativa cananeia de Elkunirsa[219]. O tabernáculo de Yahweh tem *qĕrāšîm*, geralmente compreendido como "tábuas" (Ex 26–40; Nm 3,36; 4,31), enquanto a habitação de El é chamada *qrš*, talvez "tabernáculo" ou "pavilhão" (KTU 1.2 III 5; 1.3 V 8; 1.4 IV 24; 1.17 V 49). Além disso, a habitação de El é definida em meio às águas cósmicas (KTU 1.2 III 4; 1.3 V 6; 1.4 IV 20-22; 1.17 V 47-48), um tema evocado em descrições da morada de Yahweh em Jerusalém (Sl 47,5; 87; Is 33,20-22; Ez 47,1-12; Jl 4,18; Zc 14,8)[220].

---

219. *ANET*, p. 519.

220. Estudos sobre a morada de El incluem: POPE, M. H. *El in the Ugaritic Texts*, p. 62-72; The Scene on the Drinking Mug from Ugarit. *In*: *Near Eastern Studies in Honor of William Foxwell Albright*, p. 393-405; KAISER, O. *Die mythische Bedeutung des Meeres in Ugarit, Aegypten und Israel*. Berlim: Töpelmann, 1961 (BZAW 80), p. 42-56; LIPIŃSKI, E. El's Abode: Mythological Traditions related to Mt. Hermon and to the Mountains of Armenia. *OLP*, vol. 2, 1971, p. 13-69; CLIFFORD, R. J. The Tent of El and the Israelite Tent of Meeting. *CBQ*, vol. 33, 1971, p. 221-227; *The Cosmic Mountain in Canaan and the Old Testament*. Cambridge: Harvard University Press, 1972 (HSM, 4), p. 35-37; CROSS, F. M. *Canaanite Myth and Hebrew Epic*, p. 36-39; The Priestly Tabernacle in Light of Recent Research. *In*: *Temple and High Places in Biblical Times*: Proceedings of the Colloquium in Honor of the Centennial of Hebrew Union College, Jewish Institute of Religion, Jerusalem, 14-16 March 1977. Jerusalém: Hebrew Union College, Jewish Institute of Religion, 1981, p. 177-178; McCARTER, P. K. The River Ordeal in Israelite Literature. *HTR*, vol. 66, 1973, p. 403-412; MULLEN, E. T. *The Divine Council*, p. 128-168; WEINFELD, M. Social and Cultic Institutions in the Priestly Source Against Their Ancient Near Eastern Background. *In*: *Proceedings of the Eighth World Congress of Jewish Studies, Jerusalem, 16-21 August 1981*. Jerusalém: World Union of Jewish Studies, Perry Foundation for Biblical Research, 1983, p. 103-104; SMITH, Mark S. Mt. Ll in KTU 1.2 I 19-20. *UF*, vol. 18, 1986, p. 458; GREENFIELD, J. C. The Hebrew Bible and Canaanite Literature, p. 548, 554. Cf. tb. a importante contribuição legada por D. E. Fleming (Mari's Large Public Tent and the Priestly Tent Sanctuary. *VT*, vol. 50, 2000, p. 485-498). A nova evidência de Mari, discutida por Fleming, adiciona-se ao pano de fundo cultural da tenda de El e do tabernáculo de Yahweh. Diversos comentaristas (p. ex., Cross, Clifford, Greenfield, Mullen) identificam a residência de El com a sede do conselho divino na tradição ugarítica. A iconografia de um selo de Mari talvez reforce esta identificação (VANEL, A. *L'Iconographie du Dieu de l'Orage dans le Proche-Orient Ancien jusqu'à VIIe Siècle avant J.-C*. Paris: Gabalda, 1965 [CRB, 7], p. 73-74; KEEL, O. *The Symbolism of the Biblical World*: Ancient Near Eastern Iconography and the Book of Psalms. Nova York: Seabury, 1978, fig. 42). O. Keel descreve a cena: o selo retrata "um deus do tipo de El entronizado, entre a nascente de dois córregos, em uma montanha. Ele é flanqueado por duas deusas da vegetação que crescem das águas. Uma quarta figura, um deus guerreiro, aparece arrojando-se em direção do riacho com uma lança" (Ancient Seals and the Bible. *JAOS*, vol. 106, 1986, p. 309). Esse selo aparentemente combina pelo menos duas cenas que se distinguem no ciclo de Baal. El em sua residência e Baal perfurando as águas constituem dois mitologemas ou cenas mitológicas em separado. As discrepâncias nas descrições ugatíricas dos dois constituem advertência contra a identificação dos contextos da morada de El e do conselho divino, pelo menos para a tradição ugarítica (POPE, M. H. *El in the Ugaritic Texts*, p. 69), quando

As características de Yahweh em Dt 32,6-7 incluem alguns motivos que podem ser rastreados a descrições tradicionais de El:

Assim agradeceis a Yahweh,
povo louco e insensato (*lō' ḥākām*)?
Não é Ele o pai (*'abîkā*) que te criou (*qānekā*),
que te fez e te estabeleceu (*wayĕkōnĕnekā*)?
Lembra-te dos tempos antigos (*'olām*),
considera os anos de muitas gerações (*šĕnôt dôr-wādôr*);
perguntai a teu pai e ele te mostrará;
aos teus avós e eles te dirão.

Como J. C. Greenfield observa[221], quase todas as linhas dessa passagem contêm um elemento familiar a partir de descrições de El, conhecido como "Touro El, seu pai; El, o rei que o estabelece", *ṯr 'il'abh'il mlk dyknnh* (KTU 1.3 V 35-36; 1.4 I 4-5 etc.). Como El, Yahweh é o pai (**'ab*) que estabelece (**kwn*) e cria (**qny*). O verbo *qny* recorda o epíteto "El, criador da terra", *'l qny 'rṣ*. A tradição cananeia do segundo milênio, preservada em um texto hitita, atribui esse título a El[222]. Gn 14,19 igualmente aplica esse título a *'el 'elyôn*, ele próprio um velho epíteto de El. A expressão também é encontrada em uma inscrição neopúnica de Leptis Magna, na Líbia (KAI 129,1). Enquanto Dt 32,6-7 aplica alguns

---

não para a tradição cananeia em geral – embora a literatura ugarítica possa assumir a identificação sem expressá-la explicitamente. Se os dois não foram identificados na literatura ugarítica ou na literatura cananeia em geral, a união da cena do conselho divino com a morada celestial, tal como encontrada na tradição bíblica, pertenceria a um ponto na tradição literária cananeia mais tardia do que os textos literários ugaríticos. Sobre as tradições de El e suas águas em Hierápolis, cf. ATTRIDGE, H. W.; ODEN JR., R. A. *The Syrian Goddess (de Dea Syria) Attributed to Lucian*. Missoula: Scholars, 1976 (Society of Biblical Literature Texts and Translations, 9; Graeco-Roman Religion Series, 1), p. 4, 8 n. 14; ODEN JR., R. A. *Studies*, p. 32-33, 124-126, 142. Sobre a iconografia mesopotâmica das águas que fluem do vaso segurado por Ea/Enki, cf. BUREN, E. D. van. *The Flowing Vase and the God with Streams*. Berlim: Hans Schoetz und Co.; GMBH; Verlagsbuchhandlung, 1933, p. 9-10; *Symbols of the Gods in Mesopotamian Art*. Roma: Pontificium Institutum Biblicum, 1945 (AnOr 23), p. 131-333.

221. GREENFIELD, J. C. The Hebrew Bible and Canaanite Literature, p. 554.

222. Cf. *ANET*, p. 519. A respeito deste título, cf. MILLER JR., P. D. El, the Creator of the Earth. *BASOR*, vol. 239, 1980, p. 43-46. Para as correspondências em língua luvita para este título, cf. LAROCHE, E. Études sur les Hieroglyphes Hittites. *Syria*, vol. 31, 1954, p. 102-103. Cf. o título ugarítico de Asherah, *qnyt 'ilm*, "criadora dos deuses", e o título de Dagan em Emar, *EN qu-ù-ni*, "senhor da criação" (Emar 373,88'; 379,5', 381,15 e 382,16; meus agradecimentos ao Senhor Douglas Green por trazer estas referências à minha atenção).

traços tradicionais de El a Yahweh, ele emprega, da mesma forma, outras características de El como indicação sobre o caráter do povo, segundo Greenfield. As pessoas, por exemplo, são "insensatas" (*lō' ḥākām*), ao contrário de El. Por fim, "eternidade" *('ôlām)* evoca o mesmo epíteto de El, e "os anos de muitas gerações" (*šěnôt dôr-wādôr*) ecoa o título de El, *'ab šnm*, "pai dos anos".

Tanto algumas descrições de Yahweh quanto alguns de seus epítetos podem ser remontados aos de El. Tradições relativas ao sítio arqueológico cúltico de Siquém ilustram o processo cultural que está por trás da inclusão javista de títulos antigos de El, ou, dito de forma diferente, a assimilação javista de locais de culto antigos de El. Na cidade de Siquém, o deus local era *'ēl běrît*, "El da aliança" (Jz 9,46; cf. 8,33; 9,4). A palavra *'ilbrt* aparece como um título da Idade do Bronze tardio para El em KTU 1.28.14-15[223]. Nas narrativas patriarcais, o deus de Siquém, *'ēl*, é chamado de *'ělōhê yiśrā'ēl*, "o deus de Israel", e presume-se que seja Yahweh[224]. Nesse caso, um processo de reinterpretação parece estar em ação. Nos primórdios da história de Israel, quando o culto de Siquém tornou-se javista, ele herdou e continuou as tradições de El daquele local[225], por isso Yahweh recebeu o título *'ēl běrît*, o antigo título de El.

---

223. CRAIGIE, P. C. *El brt. El dn* (RS 24. 278, 14-15). *UF*, vol. 5, 1973, p. 278-279; CROSS, F. M. *Canaanite Myth and Hebrew Epic*, p. 39, 44; KITCHEN, K. A. Egypt, Ugarit, Qatna and Covenant. *UF*, vol. 11, 1979, p. 458; LEWIS, T. J. "The Identity and Function of El/Baal Berith, p. 408, 416; STAGER, L. E. The Fortress-Temple, p. 239.

224. FOHRER, G. *History of Israelite Religion*, p. 38.

225. Cf. BOLING, R. G. *Judges*. Garden City: Doubleday, 1975 (AB 6A), p. 180. A complexa tradição histórica em torno do culto de Siquém talvez aponte também para sua antiguidade (cf. WRIGHT, G. E. *Shechem*: The Biography of a Biblical City. Nova York: McGraw-Hill, 1965, p. 123-158; TOOMBS, L.; WRIGHT, G. E. The Fourth Campaign at Balatah (Shechem). *BASOR*, vol. 169, 1963, p. 28, 30; TOOMBS, L. Shechem: Problems of the Early Israelite Era. *In*: CROSS, F. M. (ed.). *Symposia Celebrating the Seventy-Fifth Anniversary of the Founding of the American Schools of Oriental Research (1900-1975)*. Cambridge: American Schools of Oriental Research, 1979, p. 69-83). O relacionamento pacífico entre os israelitas e os siquemitas em Js 24,25-26 tem gerado teorias que postulam uma emergência precoce de Israel nas proximidades de Siquém. Gn 34 retrata um período violento nas relações primitivas entre o clã de Jacó e os nativos de Siquém. A história das relações entre os vários membros da população era, sem dúvida, complexa. Cf. PURY, A. de. Genèse XXXIV et l'histoire. *RB*, vol. 71, 1969, p. 5-49; LEMAIRE, A. Asriel, *śr'l*, Israël et l'origine de la confédération Israelite. *VT*, vol. 23, 1973, p. 239-243; Les Benê Jacob: Essai d'interprétation historique d'une tradition patriarcale. *RB*, vol. 85, 1978, p. 321-337; cf. VAUX, R. de. *The Early History of Israel*, p. 800-804; Freedman, D. N. *Pottery, Poetry, and Prophecy*, p. 84, 88, 164, 172, 176; AHLSTRÖM, G. W. Another Moses Tradition. *JNES*, vol. 39, 1980, p. 65- 69, esp. 66; *Who Were the Israelites?*, p. 40, 66-70; HALPERN, B. *The Emergence*, p. 81-94, 228. Uma vez

Esse registro ilustra até certo ponto como as tradições cananeias/israelitas foram transmitidas. O conhecimento israelita das tradições religiosas de outras divindades não se deveu apenas ao contato entre Israel e seus vizinhos fenícios na Idade do Ferro. Em vez disso, como uma função da identificação de Yahweh-El em locais de cultos a El, como Siquém e Jerusalém, a antiga tradição religiosa de uma divindade como El foi herdada pelo sacerdócio javista de Israel. Ez 16,3a proclama assim: "Assim diz o Senhor Deus para Jerusalém: Por tua origem e nascimento és do país de Canaã". A inclusão israelita de Yahweh na figura mais antiga de El não foi sincrética, na medida em que El pertencia à herança religiosa original de Israel. Se o sincretismo estava envolvido, era um sincretismo de várias noções israelitas, e que os profetas, na verdade, aplaudiram. B. Vawter observa: "O próprio fato de os profetas terem lutado contra a canaanização faria deles defensores do 'sincretismo' pelo qual títulos pagãos foram apropriados para Yahweh"[226]. No entanto, mesmo essa "canaanização", para usar o termo de Vawter, fazia parte da herança de Israel.

3 Yahweh e Baal

Às vezes supõe-se que, no período dos Juízes, a devoção religiosa a Baal competia com o culto de Yahweh[227]. A base para essa alegação é fundamentada na crítica que os livros dos Juízes (2,11-13; 3,7) e de 1Samuel (7,3-4; 12,10) dirigem contra Baal. A história de Gedeão em Jz 6 funciona como uma história paradigmática, projetada para ilustrar como os javistas verdadeiros na fase inicial da história de Israel erradicaram

---

que em Siquém nenhum nível de destruição pode ser datado do tempo pouco antes de 1200, e são atestadas contínuas reparações de fortificações da Idade do Bronze tardio até o período do Ferro I, Ahlström argumenta que o reino siquemita de Labayu, conhecido a partir das cartas de Amarna, continuou até o tempo de Gedeão. A evidência arqueológica, especialmente a partir de inspeções, poderia combinar-se com tal teoria; cf. FINKELSTEIN, I. *The Archaeology of the Period of the Settlement and Judges*. Tel Aviv: Hakkibutz Hameuchad, 1986 (Heb.); *'Izbet Sarṭah: An Early Iron Age Site Near Rosh Ha'ayin, Israel*. Oxford: BAR, 1986 (BAR International Series, 299), esp. 205-213; *The Archaeology of the Israelite Settlement*; MAZAR, B. The Early Israelite Settlement in the Hill Country. *BASOR*, vol. 241, 1981, p. 75-85; STAGER, L. E. The Archaeology of the Family in Ancient Israel, p. 24; The Fortress-Temple, p. 228-249.

226. VAWTER, B. The Canaanite Background of Genesis 49. *CBQ*, vol. 17, 1955, p. 12 n. 40.

227. KAPELRUD, A. S. *Baal in the Ras Shamra Texts*. Copenhagen: Gad, 1952, p. 64-93; POPE, M. H. *El in the Ugaritic Texts*, p. 32, 35-42.

a devoção a Baal e a Asherah (cf. vv. 25-32). Na verdade, na história, o nome de Gedeão é alterado de Jerobaal, um nome com *ba'al* como seu elemento teofórico.

O quadro histórico do tratamento israelita de Baal é difícil de reconstruir. Isso pode ser clarificado pela distinção entre o material mais antigo e o uso que transmissores do Livro dos Juízes fizeram desse material. O ponto de vista posterior deles está embutido na polêmica de Jz 2–3, um estágio secundário do livro, que data provavelmente da segunda metade do período monárquico[228]. Indícios textuais no Livro dos Juízes apontam para a monarquia como o período de redação (que envolveu a edição e a complementação da tradição recebida). O versículo final (Jz 21,25) relata o período dos Juízes a partir de uma perspectiva monarquista: "Naquele tempo não havia rei em Israel; cada homem fazia o que lhe parecia melhor". É possível identificar mais precisamente o prazo para a redação do livro dos Juízes. Jz 18,30 relata o desenvolvimento histórico do sacerdócio na tribo de Dã: "E Jônatas filho de Gérson, filho de Moisés, com seus filhos foram sacerdotes da tribo dos danitas até o dia do cativeiro da terra"[229]. A expressão cronológica *'ad-yôm gĕlôt hā'āreṣ*, "até o dia do cativeiro da terra", refere-se à captura do Reino do Norte em 722, que incluía o território da tribo de Dã, ou, menos provavelmente, ao exílio do Reino do Sul, em 587. Dada a perspectiva monárquica de Jz 21,25, o exílio do Reino do Norte é evidentemente o intencionado. Nesse caso, a redação do Livro dos Juízes pertence ao século VIII, ou mais tarde. As polêmicas posteriores de Jz 2 e 3 funcionam como os elementos iniciais no padrão cíclico subjacente na estrutura de muitas das histórias de Juízes: os israelitas pecam contra Deus, que, por sua vez, deixa-os como

---

228. A propósito destas passagens, cf. BOLING, R. G. *Judges*, p. 30, 74; SOGGIN, J. A. *Judges*, p. 39, 41-44, 45.

229. Quanto a Jz 18,30, leia-se "Moisés" em vez de "Manassés" do TM (para a evidência das versões e fontes rabínicas, cf. BARTHÉLEMY, D. *Critique Textuelle de L'Ancien Testament*. Friburgo: Éditions Universitaires; Gotinga: Vandenhoeck & Ruprecht, 1982 [OBO 50/1], p. 1.115-1.116). Cf. a discussão de S. Weitzman (Reopening the Case of the Suspiciously Suspended Nun in Judges 18:30. *CBQ*, vol. 61, 1999, p. 429-447). A respeito de Jz 18, cf. SOGGIN, J. A. *Judges*, p. 276-278; SCHLEY, D. G. *Shiloh*: A Biblical City in Tradition and History. Sheffield: JSOT, 1988 (JSOTSup, 63). Quanto à função de frases relacionadas em Juízes, cf. CHILDS, B. S. A Study of the Formula, 'Until This Day'. *JBL*, vol. 82, 1963, p. 272-292; LONG, B. O. Framing Repetitions in Biblical Historiography. *JBL*, vol. 106, 1987, p. 397-398.

presa para seus inimigos; os israelitas clamam a Deus para salvá-los, e nesse momento Deus envia um juiz para libertá-los de seus oponentes[230].

A informação sobre Baal e a asherah em Jz 6 parece ser mais antiga, pois está integrada no tecido da história. A informação mais antiga contida nesse capítulo estaria disponível para os transmissores e provavelmente serviu como a fonte histórica para as polêmicas posteriores. Se esse material é mais antigo, ele então atesta a aceitação israelita de Baal e Asherah no período dos Juízes? A redação dos últimos transmissores manifestada em Jz 2–3 indica que eles responderam afirmativamente a essa pergunta. Apesar dos problemas de tal conclusão, é de fato uma conclusão razoável, mas pode mascarar o quadro geral. Os transmissores supuseram que, no período dos Juízes, Baal e Asherah eram divindades distintas, adoradas pelos israelitas à custa do culto a Yahweh. Com certeza, a adoração da divindade da tempestade fenícia Baal à custa do culto de Yahweh ocorreu durante o reinado de Acab, mas isso não parece ter sido o caso no tempo dos Juízes. Apesar da imagem que os últimos transmissores construíram, alguns elementos mais antigos, especialmente os nomes próprios com o elemento *ba'al* em Jz 6 e em outros lugares podem sugerir uma situação diferente. O corpo de evidências pode apontar para uma imagem mais complexa, na qual o culto ao velho deus cananeu Baal era considerado tolerável por alguns israelitas.

O tratamento que os transmissores dão ao nome de Jerobaal em Jz 6–7 expõe o problema religioso. Os transmissores alteraram a conotação baalista original do nome, que significa "que Baal possa lutar". O nome do rei de Biblos, Rib-Addi, ilustra o significado original do nome de Jerobaal, uma vez que o nome Rib-Addi tem essencialmente os mesmos elementos que o nome de Jerobaal. Ambos têm a mesma base ou raiz verbal,

---

230. Sobre este ciclo, cf. RICHTER, W. *Die Bearbeitungen des 'Retterbuches' in der deuteronomischen Epoche*. Bonn: P. Hanstein, 1964 (BBB, 21), p. 65-68; MALAMAT, A. Charismatic Leadership in Early Israel. *In*: CROSS, F. M.; LEMKE, W. E.; MILLER JR., P. D. (eds.). *Magnalia Dei, The Mighty Acts of God*: Essays on the Bible and Archaeology in Memory of G. Ernest Wright. Garden City: Doubleday, 1976, p. 155; MAYES, A. D. H. The Period of the Judges and the Rise of the Monarchy. *In*: HAYES, J. H.; MILLER, J. M. (eds.). *Israelite and Judaean History*. Filadélfia: Westminster, 1977 (OTL), p. 290; SOGGIN, J. A. *Judges*, p. 43-44; AHLSTRÖM, G. W. *Who Were the Israelites?*, p. 75; HALPERN, B. *The First Historians*, p. 121-143; BRETTLER, M. The Book of Judges: Literature as Politics. *JBL*, vol. 108, 1989, p. 395-418.

ryb, "lutar", e ambos têm um nome do Deus cananeu da tempestade. O nome Addu aparece como Haddu em textos ugaríticos, estando Haddu em paralelismo com Baal. No segundo milênio, Baal era um epíteto de Haddu. Tal como o nome Jerobaal, o nome Rib-Addi significa "que Addu possa lutar". Jz 6,32 reinterpreta o nome de Jerobaal negativamente como um nome antibaal: "Que Baal pleiteie contra ele, porque ele derrubou seu altar". A interpretação negativa do nome como antibaal demonstra a percepção dos transmissores de que o elemento teofórico se referia ao deus Baal[231]. Da mesma forma, 2Sm 11,21 reflete uma visão negativa do nome de Jerobaal. O versículo refere-se a Jerobaal como Jeroboset, substituindo *ba'al* pelo elemento *bešet*, um trocadilho com *bôšet*, "vergonha". Jr 3,24 refere-se a Baal precisamente como *habbôšet*, "a Vergonha" (cf. 11,13; Os 9,10)[232]. Albright argumenta que o nome de Gedeão, baseado na raiz *gd'*, "cortar (com machado)", funcionava no texto para indicar o papel de Jerobaal como um destruidor do altar de Baal e da asherah. Albright, portanto, sugeriu que Jerobaal era o original e talvez o único nome dessa figura (embora duas figuras históricas possam estar por trás dos dois nomes). Alguma confirmação para a conclusão de Albright é fornecida em 1Sm 12,11. O versículo oferece uma lista parcial de juízes que salvaram Israel; a enumeração dá o nome de Gedeão apenas como Jerobaal[233]. O disfarce editorial de Jz 7,1 também reflete tradição independente sobre Jerobaal. O capítulo começa sua história: "Levan-

---

231. ALBRIGHT, W. F. *Archaeology and the Religion of Israel*. Baltimore: Johns Hopkins University Press, 1956, p. 160; *The Biblical Period from Abraham to Ezra*. Nova York: Harper & Row, 1963, p. 42; *Yahweh and the Gods of Canaan*, p. 199-200, esp. n. 101; RINGGREN, H. *Israelite Religion*, p. 44; EMERTON, J. A. Gideon and Jerubbaal. *Journal of Theological Studies*, vol. 27, 1976, p. 289-312; OLDENBURG, U. *The Conflict Between El and Ba'al in Canaanite Religion*. Leiden: Brill, 1969, p. 179. Para uma tentativa de comparar o elemento *bôšet* nesses nomes com o acádio *baštu*, "dignidade, orgulho, honra", cf. TSEVAT, M. Ishbosheth and Congeners: The Names and Their Study. *Hebrew Union College Annual*, vol. 34, 1975, p. 71-87; para críticas a essa posição, cf. McCARTER, P. K. *II Samuel*. Garden City: Doubleday, 1984 (AB, 9), p. 84-85. A visão de Tsevat recebeu novo apoio a partir de G. J. Hamilton (New Evidence for the Authenticity of *bšt* in Hebrew Personal Names and for Its Use as a Divine Epithet in Biblical Texts. *CBQ*, vol. 60, 1998, p. 228-250). Cf., ademais, SCHORCH, S. *Euphemismen in der Hebräischen Bibel*. Wiesbaden: Harrassowitz, 2000 (Orientalia Biblica et Christiana, 12), p. 78 n. 201. Supondo-se que a visão de Hamilton sobre as origens do elemento *bšt* seja corretamente "espírito protetor", permanece possível que tenha sido secundariamente entendido como "vergonha" nesses contextos.

232. Cf. COOPER, A. Divine Names and Epithets in the Ugaritic Texts, p. 359-360.

233. AHLSTRÖM, G. W. Another Moses Tradition, p. 65-69.

tando-se bem cedo, Jerobaal, isto é, Gedeão…" Alguns nomes próprios com *ba'al* como elemento teofórico provavelmente se referiam realmente ao deus Baal, o que explicaria as alterações do redator. Tal ambiguidade subjaz em alguns nomes próprios com *ba'al* como o elemento teofórico, que pode ser ou um nome de Baal ou um nome de Yahweh. Por exemplo, como Jerobaal, o nome *ba'al ḥānān*, o supervisor real das oliveiras e sicômoros sob Davi em 1Cr 27,28 (cf. Gn 36,38-39), é ambíguo. O nome significa "Baal é gracioso", referindo-se à divindade Baal, ou "o senhor é gracioso", referindo-se a Yahweh.

O pressuposto de que *ba'al* refira-se a um deus, Baal, não só está subjacente na mudança de Jerobaal para Jeroboset em 2Sm 11,21 mas também informa o fato de que os nomes de Isbaal ("homem" [?] de Baal/ senhor") e Meribaal ("Baal/o senhor é defensor/meu mestre") em 1Cr 8–9 foram alterados para Isboset ("homem [?] da vergonha") e Mefiboset (a partir de *mippîbôšet*, "da boca [?] da vergonha") em 2Sm 2–4. As mudanças nesses nomes refletem a suposição de que eles testemunharam uma aceitação de Baal[234]. No entanto, Isbaal e Meribaal pertenciam ao clã de Saul, no qual nomes javistas também são atestados, como Jônatas, o filho de Saul. Por que uma família javista daria nomes ligados a Baal, se Baal fosse um deus com inimizade com Yahweh? A resposta está talvez implícita no nome de outro membro da família fornecido na genealogia do clã de Saul em 1Cr 8,30 e 9,36. Nesses versículos, Baal é o nome do tio de Saul. O nome é hipocorístico (ou seja, sem um nome divino) e é geralmente interpretado como "(Yahweh é) Senhor". Esse nome também pertence a um rubenita (1Cr 5,5). Analogias diretas são fornecidas pelo nome *bĕ'alyāh*, "Yah é senhor" (1Cr 12,6, Baalias) e *ywb'l*, "Yaw é senhor", atestada em uma inscrição de selo[235]. Esses nomes apontam para três possibilidades. Na família de Saul, ou *ba'al* era um título para Yahweh, ou Baal era aceitável em círculos régios, javistas, ou ambos[236].

---

234. Cf. ALBRIGHT, W. F. *Archaeology and the Religion of Israel*, p. 113, 207 n. 62; *The Biblical Period*, p. 38; TIGAY, J. H. *You Shall Have No Other Gods*, p. 8 n. 10; cf. OLDENBURG, U. *The Conflict*, p. 181 n. 4. Para discussões textuais e filológicas dos nomes, cf. McCARTER, P. K. *II Samuel*, p. 82, 85-87, 124- 25, 128. Cf. nota 232, acima.

235. AVIGAD, N. "Hebrew Seals and Sealings and Their Significance for Biblical Research. *In*: EMERTON, J. (ed.). *Congress Volume*: Jerusalem 1986. Leiden: Brill, 1988 (VTSup, 40), p. 8.

236. RINGGREN, H. *Israelite Religion*, p. 44.

A mesma gama de possíveis interpretações subjaz nos nomes de Isbaal e Meribaal; ambos eram possivelmente javistas, mais tarde entendidos como antijavistas na importação. A defesa posterior desses nomes aponta para o fato de que a linguagem sobre Baal, embora criticada durante a monarquia, foi usada durante o período dos Juízes. Além disso, as características de Baal e Yahweh provavelmente sobrepuseram-se. Há evidências indiretas para essa conclusão naquela que é considerada a poesia mais antiga de Israel. Algumas passagens, por exemplo, Jz 5,4-5 e Sl 29, usam imagens características de Baal para descrever Yahweh como o guerreiro divino lutando para libertar Israel[237]. Em resumo, o conflito entre Yahweh e Baal foi um problema do período monárquico e não do período dos Juízes[238].

A questão religiosa do período dos Juízes requer mais explicações. Se, no Israel primitivo, El e Yahweh eram mutuamente identificados, e os cultos de Baal e Yahweh coexistiam, a questão sobre por que os cultos de Baal e Yahweh foram considerados irreconciliáveis a partir do século IX precisa ser abordada. Para antecipar a discussão do próximo capítulo, El não era uma ameaça ao culto de Yahweh no Israel antigo. O baal fenício, pelo contrário, representou uma ameaça no século IX e adiante, especialmente graças aos esforços de Acab e Jezabel para elevá-lo no Reino do Norte[239]. Essa situação era a perspectiva por meio da qual os últimos transmissores de Juízes percebiam o material religioso de Juízes 6–7. Em Israel, durante o período dos Juízes, no entanto, Baal já não era provavelmente uma ameaça mais do que El o fosse. Mais tarde, a tradição não veria a figura de Baal nesses termos; na verdade, fontes posteriores tratam Baal como uma ameaça ao javismo desde a Era dos Juízes até o período da monarquia. Embora esse testemunho histórico sobre Baal nos

---

237. Cf. capítulo 2, seção 2. É possível que a aplicação de imagens de tempestade (na tempestade de chuva) fosse secundária a Yahweh, que afinal se diz derivar de Midiã/Teimã/Farã, uma região não particularmente conhecida por suas tempestades. Cf. SMITH, Mark S. *The Origins of Biblical Monotheism*, p. 145-146. Se correta, a aplicação de imagens de tempestade, feitas sob a apropriação de imagens de Baal, ainda seria muito antiga, provavelmente pré-monárquica. J. Day (*Yahweh and the Gods and Goddesses of Canaan*, p. 91-116) enfatizou bastante a apropriação secundária das imagens de Baal por Yahweh.

238. RINGGREN, H. *Israelite Religion*, p. 44.

239. Cf. capítulo 2, seção 1.

círculos israelitas esteja provavelmente correto, o polêmico descarte da testemunha não o é. Baal provavelmente não era a ameaça no período dos Juízes ou no século X que os transmissores posteriores da tradição o consideraram. Foram os eventos traumáticos do século IX e adiante que moldaram a perspectiva dos transmissores.

4 Yahweh e Asherah

Assim como há pouca evidência sobre El como um deus israelita separado no período dos Juízes, também não se atesta Asherah como uma deusa israelita separada nesse contexto. Argumentos em favor de Asherah como uma deusa nesse período baseiam-se em Jz 6 e em outros lugares onde ela é mencionada ao lado de Baal. No entanto, a história em Jz 6 foca muito mais atenção na adoração a Baal, e nenhuma em Asherah. Somente a asherah, o símbolo que leva o nome da deusa, é criticada. Além disso, ao contrário de *'ēl e ba'al*, *'ăšērāh* não aparece como o elemento teofórico em nomes próprios hebreus[240]. Nos últimos anos tem-se afirmado que Asherah era uma deusa israelita e a consorte de Yahweh, porque seu nome, ou pelo menos o item cúltico que a simboliza (a asherah), aparece nas inscrições de Kuntillet Ajrud e Khirbet el-Qôm, do século VIII. Antecipando essa discussão[241], **šrth*, nessas inscrições, refere-se ao símbolo originalmente nomeado em homenagem à deusa, embora seja possível que, durante o século VIII, ele não a simbolizasse. Essa conclusão não trata, no entanto, da questão de se Asherah foi distinguida como uma deusa separada e consorte de Yahweh no período dos Juízes. Na verdade, pode-se argumentar que o seu símbolo fazia parte do culto de Yahweh nesse período, mas não simbolizava uma deusa. Assim como El, Baal e suas imagens foram adaptados ao culto de Yahweh, a asherah foi um símbolo no culto javista nesse período.

Há uma passagem que pode apontar para Asherah como uma deusa israelita em algum ponto no início de Israel. Gn 49 relata as bênçãos de Jacó sobre seus doze filhos. B. Vawter, D. N. Freedman e M. O'Connor

---

240. Sobre este ponto, cf. OLYAN, S. M. *Asherah and the Cult of Yahweh*, p. 35-36.

241. Cf. capítulo 3, seção 3.

argumentam que os versículos 24-26, parte das bênçãos para José, representam uma série de epítetos divinos, incluindo dois títulos de Asherah[242]. O TM assim os lê:

wattēšeb bě'êtān qaštô
wayyāpōzzû zěrō'ê yādāyw
mîdê 'ăbîr ya'ăqōb
miššām rō'eh 'eben yiśrā'ēl
mē'ēl ābîkā wěya'zěrekkā
wě'ēt šadday wîbārěkekkā
birkōt šāmayim mē'āl
birkōt těhôm rōbeşet tāḥat
birkōt šādayim wārāḥam
birkōt ābîkā gāběrû 'al
birkōt hôray 'ad-
ta'ăwat gib'ôlām
tihyênâ lěrō'š yôsēp
ûlqodqōd nězîr 'eḥāyw

A seguinte tradução afasta-se do TM e, em vez disso, reflete a proposta de B. Vawter de que quatro pares de entidades divinas são invocadas a partir do versículo 24d até o versículo 26c:

O seu arco ficou esticado,
As mãos dele eram ágeis,
Pelo Touro de Jacó,
Pela força do Pastor, a Rocha de Israel,
Por El, o teu Pai, que te ajuda,
Por Shaddai que te abençoa
Com as bênçãos dos Céus, desde cima,
As bênçãos do abismo, agachadas nas profundezas,
As bênçãos dos Peitos-e-Ventre,

---

242. VAWTER, B. The Canaanite Background, p. 12-17; FREEDMAN, D. N. "Who Is Like Thee Among the Gods?" The Religion of Early Israel. *In*: MILLER JR., P. D.; HANSON, P. D.; McBRIDE, S. D. (eds.). *Ancient Israelite Religion: Essays in Honor of Frank Moore Cross*, p. 324-325; O'CONNOR, M. *Hebrew Verse Structure*, p. 177-178. Para a questão da etimologia de *šadday*, cf. ALBRIGHT, W. F. The Names Shaddai and Abram. *JBL*, vol. 54, 1935, p. 173-204; RINGGREN, H. *Israelite Religion*, p. 22; CROSS, F. M. *Canaanite Myth and Hebrew Epic*, p. 52-56; e referências na nota 205 anteriormente.

As bênçãos do teu Pai, Herói e Todo-Poderoso,
As bênçãos das Montanhas Eternas,
O prazer das Colinas Eternas,
Que estejam na cabeça de José,
Na coroa dos escolhidos entre seus irmãos[243].

Dentro dos versículos 24-26, Vawter vê quatro conjuntos de epítetos divinos: (a) *'abîr ya'ăqōb*, "Touro[244] de Jacó", e *rō'eh 'eben yiśrā'ēl*, "Pastor, Rocha de Israel"; (b) *'ēl ābîkā wĕya'zĕrekkā*, "El, seu pai, que te salva", e *šadday wîbārĕkekkā*, "Shaddai que te abençoa"; (c) *šāmayim mē'āl*, "Céu acima", e *tĕhôm rōbeṣet tāḥat*, "Profundamente agachado abaixo"; e (d) *šādayim wārāḥam*, "Peitos-e-Ventre", e *ābîkā gibbôr wā'āl*, "seu Pai, Herói e Todo-Poderoso". A maioria desses epítetos, incluindo "Pai" e "Shaddai", é atribuída alhures a Yahweh-El. "Touro de Jacó" é um título de Yahweh no Sl 132,2.5; Is 49,26; 60,16 (cf. Is 1,4). O par de Céu e Profundeza é descrito de forma semelhante em Dt 33,13. Aí *ṭal*, "orvalho", ocorre na mesma posição sintática que *'āl*, "acima", em Gn 49,25c (cf. Gn 27,28a). Gn 27,39 combina de forma diferente os vários termos associados com o Céu nestes versos: *ûmiṭṭal haššāyim mē'āl*, "do orvalho do Céu de cima". O'Connor compreende o versículo 26a como uma série de epítetos e traduz "as bênçãos de seu pai, Herói e Todo-Po-

---

243. Muitas emendas foram propostas para estes versículos. Para questões de crítica textual, cf. VAWTER, B. The Canaanite Background, p. 16; CROSS, F. M.; FREEDMAN, D. N. *Studies in Ancient Yahwistic Poetry*, p. 75-76, 91-92 n. 78-83. No versículo 24a, o TM compreende José como o referente (assim como VPR, New Jewish Publication Society version; cf. NAB), mas muitos comentaristas tomam os inimigos de José como o referente (como O'CONNOR, M. *Hebrew Verse Structure*, p. 177). Essa tradução emenda o TM *gāběrû* para *gibbôr* e *hôray*, do TM, para *harěrê* no versículo 26. Na tentativa de tornar *birkōt 'ăbîkā gāběrû* mais consistente com a habitual interpretação de *birkōt šādayim wārāḥam*, como uma expressão de fertilidade natural, alguns comentaristas emendam a primeira expressão para *birkōt 'ăbîb wĕgib'ōl* (p. ex., SPEISER, E. A. *Genesis*. Garden City: Doubleday, 1964 [AB. I], p. 369-370); não há nenhuma crítica textual de base para essa mudança. As bênçãos dos versículos 25b-26a são traduzidas como sintaticamente dependentes de *wîbārĕkekkā*. É possível lê-las como o sujeito do verbo no versículo 26b (O'CONNOR, M. *Hebrew Verse Structure*, 177).

244. Eu não estou inclinado a separar a semântica de *'ăbîr/ 'abbîr*, como N. Sarna sustenta (SARNA, N. *The JPS Torah Commentary*: Genesis. Filadélfia: The Jewish Publication Society, 1989], p. 343, 372 n. 49), baseado em um primeiro estudo de Sarna (The Divine Title ''abhîr ya'ăqôbh. *In: Essays on the Occasion of the 70th Anniversary of Dropsie University*. Filadélfia: Dropsie University Press, 1979, p. 389-398). Para *'ăbîr* como "touro," cf. MILLER, P. D. Animal Names as Designations in Ugaritic and Hebrew. *UF*, vol. 11, 1979, p. 177-186; cf. tb. CROSS, F. M. *Canaanite Myth and Hebrew Epic*, p. 4-5 n. 6.

deroso". Em vez de *gābĕrû 'al*, do TM (também VPR), **gbr* é entendido como um substantivo, *w-* é tomado como a conjunção, e *'l* é lido como uma forma curta do epíteto divino, *'ly*[245]. O versículo 25e também contém epítetos: "as bênçãos dos Peitos-e-Ventre". Essa leitura do versículo 25e é convincente, dados os pares de epítetos nas divisões rítmicas das frases anteriores. Na verdade, os títulos do versículo 25e estão emparelhados com o título "teu pai" do versículo 26a, que lembra um epíteto padrão.

A expressão *šādayim wārāḥam*, no verso 25e, ecoa títulos ugaríticos das deusas Asherah e Anat[246]. A palavra *rḥm* está associada à deusa Anat em KTU 1.6 II 27, 1.15 II 6 e 1.23.16. Em KTU 1.23.13 e 28, esse título refere-se a Anat em seu emparelhamento com Asherah[247]. Em uma invocação em KTU 1.23.23-24 mencionam-se os "belos deuses" (*'ilm n 'mm*) recebendo alimento de Asherah e Anat[248]:

'iqr 'an 'ilm n 'mm	eu invocaria os belos deuses,
['agzr ym bn] ym	[os vorazes do mar, filhos do] mar,
ynqm b 'ap ḏd	que chupam a teta do peito
'aṯrt [wrḥmy]	de Asherah [e Rahmay]

A descrição dos "belos deuses" tem paralelo em KTU 1.23-61, que se refere a uma deusa com a palavra *št*, "senhora", talvez um título de Anat em outros lugares em ugarítico (KTU 1.18 IV 27; 1.19 IV 53)[249]. Em Gn 49,25e-26a, "Peitos-e-Ventre" pode ser um título atribuído a uma deusa,

---

245. Sobre *'ly* como um epíteto, cf. capítulo 2, seção 2.

246. VAWTER, B. The Canaanite Background, p. 16-17.

247. Cf. *rḥmt* para "mulheres jovens" também na estela de Mesha (KAI 181,17). Para discussão, cf. BORDREUIL, P. A propos de l'Inscription de Mesha' deux notes. *In*: MICHÈLE DAVIAU, P. M.; WEVERS, J. W.; WEIGL, M. (eds.). *The World of the Arameans III*: Studies in Language and Literature in Honour of Paul-Eugène Dion. Sheffield: Sheffield Academic Press, 2001 (JSOTSup, 326), p. 158-161.

248. Sobre KTU 1.23, cf. POPE, M. H. Mid Rock and Scrub: A Ugaritic Parallel to Exodus 7:19. *In*: TUTTLE, G. (ed.). *Biblical and Near Eastern Studies*: Essays in Honor of W. S. Lasor. Grand Rapids: Eerdmans, 1978, p. 146-150; OLMO LETE, G. del. *Mitos y leyendas*, p. 427-448; R. RATNER, R.; ZUCKERMAN, N. "A Kid in Milk"?: New Photographs of KTU 1.23, Line 14. *Hebrew Union College Annual*, vol. 57, 1986, p. 15-60. A reconstrução de [*'agzr ym bn*] é sugerida pelas frases paralelas nas linhas 58-59 e 61. O emparelhamento de *'aṯrt wrḥm* na linha 13 e *'aṯrt wrḥmy* na linha 28 é a base para a reconstrução da linha 24b.

249. Para a interpretação de *št*, cf. OLMO LETE, G. del, *Mitos y leyendas*, p. 633-634. Cf., ademais, MERLO, P. Über die Ergänzung ,<št> in KTU 1.23:59. *UF*, vol. 28, 1996, p. 491-494.

emparelhado com a imagem masculina padrão de El como pai. Esse emparelhamento pertenceria a uma maior sequência de epítetos emparelhados, incluindo títulos de El. Quanto a qual deusa pode estar envolvida, não é muito difícil de estabelecer. Os epítetos não pertencem a Anat, uma vez que seu culto não é demonstrado no Israel da Idade do Ferro ou na Fenícia. Astarte poderia ser a deusa de Gn 49,25, uma vez que seu nome está associado à fertilidade natural, que é o cenário para os epítetos nessa passagem. Mais especificamente, a expressão *'aštĕrôt ṣō'n* refere-se aos animais jovens (Dt 7,13; 28,4.18.51)[250] e deriva do nome da deusa em substantivo composto com *ṣō'n*, um termo coletivo para pequenos animais como ovelhas e cabras[251]. Além disso, há referências posteriores a Astarte na literatura bíblica (Jz 2,13; 10,6). A evidência mais forte, no entanto, confirma Asherah como a deusa evocada pelos epítetos femininos em Gn 49,25, e o pano de fundo ugarítico dos epítetos favorece Asherah. Além disso, o emparelhamento de *šādayim wārāḥam* com El apontaria ainda mais para Asherah, já que Asherah é a deusa emparelhada com ele nos textos ugaríticos. Outras interpretações são possíveis para *šādayim wārāḥam*. Esses termos com significado de "peitos e ventre" podem ser interpretados de forma puramente natural, como sinais de fertilidade natural. Tal interpretação representa a visão tradicional dos termos e é refletida na maioria das traduções modernas (p. ex., VPR, NAB, New Jewish Publication Society). A palavra *šdym* poderia ser traduzida de forma diferente e refere-se a "montanhas", cognato com o acádio *šadû*, e *rāḥam* poderia ser entendida de outra forma, talvez como "ventos", o plural do hebraico *rûaḥ*. A primeira alternativa se harmonizaria bem com o contexto da fertilidade natural nesses versos. A segunda alternativa seria compatível com os termos cósmicos "Céu" e "Abismos" na dupla divisão rítmica precedente e com "Montanhas Eternas" e "Colinas Eternas" na linha seguinte. O emparelhamento com El, no entanto, favorece

---

250. *BDB*, p. 800; ALBRIGHT, W. F. *Yahweh and the Gods of Canaan*, p. 185; GINSBERG, H. L. The North-Canaanite Myth of Anath and Aqhat. *BASOR*, vol. 97, 1945, p. 9; ODEN JR., R. A. *Studies*, 80; HADLEY, J. M. The Fertility of the Flock? The De-Personalization of Astarte in the Old Testament. *In*: BECKING, B.; DIJKSTRA, M. (eds.). *On Reading Prophetic Texts*: Gender-Specific and Related Studies in Memory of Fokkelien van Dijk-Hemmes. Leiden: Brill, 1996, p. 115-133.

251. Cf. LEVINE, B. A. Ugaritic Descriptive Rituals. *Journal of Cuneiform Studies*, vol. 17, 1963, p. 105-111.

a interpretação de *šādayim wārāḥam* como epítetos de Asherah. Se essa interpretação de Gn 49,24-26 estiver correta, então El e Asherah eram divindades israelitas distintas de Yahweh, que é invocado separadamente no versículo 18[252]. Esse capítulo pode, então, representar uma tradição ou um estágio inicial na história religiosa de Israel na qual El e Yahweh não eram identificados entre si e Asherah era uma deusa identificável.

Na tradição subsequente, os títulos de El nessa passagem foram tratados diferentemente de *šādayim wārāḥam*. No período da monarquia, os títulos masculinos de El e Baal foram considerados epítetos de Yahweh, como suas recorrências em Dt 33,26-27 e no Sl 18 (2Sm 22),14-16 demonstram. A imagem feminina de Gn 49,25 sofreu um desenvolvimento diferente na história da tradição. Não foi diretamente assimilada a Yahweh da mesma forma que os epítetos masculinos o foram. Em vez disso, tais epítetos não foram aplicados a Yahweh, e, como demonstra o capítulo 3, a linguagem feminina para o divino aparece rara e indiretamente nos textos bíblicos. A história da interpretação de Gn 49,25 também ilustra a maneira como essa linguagem feminina foi tratada. Traduções e comentários modernos geralmente tratam a linguagem de "Peitos e Ventre" em termos puramente naturais, apesar do conjunto de epítetos divinos em torno dessa expressão. S. Olyan demonstrou que Asherah era uma deusa emparelhada com El, e esse emparelhamento foi legado à religião israelita em virtude da identificação de Yahweh-El[253]. Essa reconstrução é consistente com a evidência de Gn 49,25. No entanto, a história subsequente da linguagem feminina parece diferir. Em alguns ambientes, a devoção à deusa pode ter persistido, mas nem a informação bíblica nem o material epigráfico confirmam inequivocamente essa reconstrução histórica. Em vez disso, o culto explícito da deusa pode não ter durado muito tempo. A língua materna, originalmente derivada da deusa e feita presente, em termos cúlticos, por meio do símbolo da asherah, posteriormente não se referia à deusa no culto de Yahweh. Os títulos e imagens pertencentes a El e Baal em Gn 49,24-26 levantam mais uma questão sobre a natureza

---

252. A autenticidade desta invocação tem sido posta em dúvida (FREEDMAN, D. N. *Pottery, Poetry, and Prophecy*, p. 85; cf. O'CONNOR, M. *Hebrew Verse Structure*, p. 175).

253. OLYAN, S. *Asherah and the Cult of Yahweh*, p. 38-61.

da união de deidades no Israel primitivo. Enquanto a tradição posterior presumia que esses versículos descreviam Yahweh, na verdade eles parecem tratar de um deus diferente, uma vez que Yahweh é invocado em uma seção separada no versículo 18.

Outra evidência, um estande de culto oriundo do sítio arqueológico de Taanach, pode apontar para a devoção israelita a Asherah no início da monarquia. Datado do século X pelas pessoas envolvidas em sua escavação, esse estande quadrado vazio tem quatro níveis ou registros que representam uma série de símbolos divinos[254]. O nível inferior retrata uma figura feminina nua com cada uma de suas mãos repousando sobre as cabeças dos leões (ou leoas) que a flanqueiam. Essa figura poderia ser Anat, Asherah ou Astarte, mas o atestado do culto de Astarte nesse período e sua iconografia com o leão no Egito pode favorecer a identificação da figura feminina com ela aqui. O segundo registro mais baixo tem uma abertura no meio flanqueada por duas esfinges com corpo de leão, asas de pássaro e uma cabeça feminina. O registro seguinte tem uma árvore sagrada, composta de um tronco central pesado, germinando simetricamente três pares de ramos espiralados. Dois íbexes estão de pé em suas patas traseiras, e ambos estão voltados para a árvore no centro. Flanqueando os dois íbexes, há dois leões. O símbolo da árvore

---

254. Para uma imagem do estande, cf. GLOCK, A. E. Taanach. *EAEHL*, vol. 4, p. 1.142. Para uma discussão detalhada sobre o estande, cf. HESTRIN, R. "The Cult Stand from Ta'anach and Its Religious Background". *In*: LIPIŃSKI, E. (ed.). *Studia Phoenicia V*: Phoenicia and the East Mediterranean in the First Millennium B. C., Proceedings of the Conference Held in Leuven 14-16 November 1985. Lovaina: Uitgeverij Peeters, 1987 (Orientalia Lovaniensia Analecta, 22), p. 62-77. Tigay (*You Shall Have No Other Gods*, p. 92-93) defende a proveniência cananeia do estande. J. G. Taylor argumenta que o estande é israelita e que Asherah é retratada nos registros 2 e 4, e Yahweh nos registros 1 e 3 (Yahweh and Asherah at Tenth Century Taanach. *Newsletter for Ugaritic Studies*, vol. 37/38, 1987, p. 16-18; The Two Earliest Representations of Yahweh. *In*: ESLINGER, L.; TAYLOR, G. (eds.). *Ascribe to the Lord*: Biblical and Other Studies in Memory of Peter C. Craigie. Sheffield: JSOT, 1988 [JSOTSup 67], p. 557-566). Para outras avaliações, cf. HADLEY, J. M. *The Cult of Asherah in Ancient Israel and Judah*, p. 169-176; MILLER, P. D. *The Religion of Ancient Israel*, p. 43-45. Cf. tb. o importante estudo de P. Beck (The Cult-Stands from Taanach: Aspects of the Iconographic Tradition of Early Iron Age Cult Objects in Palestine. *In*: FINKELSTEIN, I.; NA'AMAN, N. (eds.). *From Nomadism to Monarchy*: Archaeological and Historical Aspects of Early Israel. Jerusalém: Yad Izhak Ben-Zvi/Israel Exploration Society; Washington: Biblical Archaeology Society, 1994, p. 352-381). Para uma análise mais aprofundada da iconografia desse estande, cf. tb. o capítulo 2, seção 2; capítulo 3, seção 4; capítulo 4, seção 3. Para discussões arqueológicas sobre Taanach na Idade do Ferro, cf. FINKELSTEIN, I. *Archaeology of the Israelite Settlement*, 88-89.

é uma asherah, a árvore nomeada em homenagem à deusa Asherah. O registo superior apresenta um animal jovem de quatro patas, seja um bovino, como um boi, seja um touro jovem sem chifres (BH *ēgel*). Esse animal pode ter representado Baal ou Yahweh na Taanach do século X. Finalmente, acima do animal há um disco solar, o símbolo da divindade solar que aparece com deidades principais nas iconografias desse período. Em resumo, assumindo a data correta do estande como sendo o século X, o estande de Taanach atesta o politeísmo nessa área e sugere que, no início do Ferro II (cerca de 1000-587), a cidade mantinha a adoração de um deus, Yahweh ou Baal, a adoração de uma deusa, provavelmente Astarte, e a devoção a asherah, possivelmente nesse momento simbolizando a deusa Asherah. A importância do estande para a compreensão da religião israelita nos primeiros anos da monarquia depende, em parte, da precisão da datação do estande por seus escavadores. Se o estande for datado corretamente, então pode constituir evidência sobre a religião israelita. Jz 1,27 sugere que a cidade permaneceu pelo menos parcialmente cananeia até a monarquia. Depois da ascensão da dinastia davídica, a cidade tornou-se israelita. A organização da nação por Salomão lista Taanach e Meguido no quinto distrito (1Rs 4,12). Embora politicamente identificada como israelita, a cidade pode ter continuado suas tradições cúlticas cananeias, que floresceram nos vales e na costa no fim da Idade do Bronze. Datado do início da monarquia, o estande pareceria fornecer evidências em favor do politeísmo israelita (incluindo Asherah), em continuidade com as tradições cananeias anteriores.

Que Anat não fosse uma deusa no Israel na Idade do Ferro, isso parece claro. À exceção de nomes próprios, as provas do seu culto são virtualmente inexistentes. Como a seção 4 do capítulo 2 discute, suas imagens também se tornaram parte do repertório de descrições marciais para Yahweh. A adoração solar nesse período inicial é igualmente difícil de estabelecer. Imagens solares para Yahweh desenvolveram-se durante o período da monarquia, talvez mediante a influência da ideologia religiosa da monarquia[255]. A distribuição geográfica dessas divindades pode ser apontada minimamente. O culto de Yahweh e o símbolo, a asherah, a par-

---

255. RINGGREN, H. *Israelite Religion*, p. 62, 97-98. Sobre a linguagem solar, cf. capítulo 4.

tir de dados posteriores, aparecem como características gerais da religião do Norte e do Sul. As provas do Norte sobre El parecem claras a partir de seu culto em Siquém. Jerusalém provavelmente representaria outro lugar de culto onde o culto real de Yahweh assumiu as tradições nativas de El. A imagem solar monárquica para Yahweh parece ser estritamente um desenvolvimento sulista, uma característica especial do culto da realeza judaíta. A informação sobre Baal vem principalmente de fontes do Norte, mas ele era aparentemente popular em ambos os reinos. A evidência para Astarte é extremamente rara no período dos Juízes. Além disso, a evidência bíblica pode derivar de uma polêmica posterior do Sul contra essa deusa.

5 Convergência das imagens divinas

Alguns dos poemas israelitas mais antigos justapuseram imagens associadas a El e Baal nos textos ugaríticos e aplicaram essa justaposição de atributos a Yahweh. Observou-se que Gn 49,25-26, por exemplo, exibe linguagem derivada de El e Asherah. Segundo F. M. Cross[256], Dt 33,26-27[257] mistura epítetos de El e Baal[258]. O versículo 26 descreve

---

256. CROSS, F. M. *Canaanite Myth and Hebrew Epic*, p. 157 n. 52; cf. 163.

257. A datação de Dt 33 varia significativamente. Entre estudiosos que defendem uma data pré-monárquica encontram-se I. L. Seeligman (A Psalm from Pre-Regal Times. *VT*, vol. 14, 1964, p. 90), Cross (*Canaanite Myth and Hebrew Epic*, p. 123) e Freedman (*Pottery, Poetry, and Prophecy*, p. 90-92). H. Seebass argumenta em favor de um cenário davídico para o poema (Die Stämmeliste von Dtn XXXIII. *VT*, vol. 27, 1977, p. 158-169). Von Rad (*Deuteronomy*, 208) data Dt 33 do século IX ou do início do VIII. Outros estudiosos que propõem uma datação do século VIII incluem Mayes (*Deuteronomy*, 397), G. A. Smith (*The Book of Deuteronomy*. Cambridge: Cambridge University Press, 1918, p. 361), C. Steuenagel (*Das Deuteronomium*: Göttingen Handbuch zum Alten Testament. Gotinga: Vandenhoeck & Ruprecht, 1923, p. 173) e R. Tournay (Le Psaume et les Bénédictions de Möise (Deutéronome, XXXIII). *RB*, vol. 65, 1958, p. 208). As datas posteriores propostas para a formação do capítulo não impedem uma data anterior para versículos 26-27.

258. Em vista da evidência relativa à fusão de El com Baal entre as fontes ugaríticas e as primeiras tradições bíblicas, pode-se questionar se as tradições israelitas criaram a união de imagens divinas ou herdaram-na (cf. as discussões de Gn 49 nas seções 4 e 5). É impossível responder a tal questão, a menos que o caráter de Yahweh antes de entrar em contato com El ou Baal (se houve tal período) possa ser determinado. Nas mais antigas tradições israelitas que descrevem a marcha do guerreiro divino, Yahweh aparece principalmente como uma divindade da tempestade com epítetos de El. Apesar de algumas afirmações acadêmicas em contrário (cf. MILLER, P. D. *The Divine Warrior in Early Israel*. Cambridge: Harvard University Press, 1973 [HSM 5], p. 48-58; ROBERTS, J. J. M. *The Earliest Semitic Pantheon*: A Study of the Semitic Deities Attested in Mesopotamia before Ur III. Baltimore: Johns Hopkins University Press, 1972, p. 95-96 n. 233), El não é atestado

Yahweh na linguagem da tempestade tradicional para Baal[259], enquanto o 27 aplica a Yahweh a expressão *'ĕlōhê qedem*, "o deus antigo", uma descrição que reflete a grande idade de El:

Não há ninguém como Deus, ó Jeshurun,
que cavalga (*rōkēb*) através dos céus (*šāmayim*) em sua ajuda,
e em sua majestade através dos céus.
O Deus eterno (*'ĕlōhê qedem*) é o seu lugar de habitação...

O Sl 18 (2Sm 22),14-16 (E 13-15), da mesma forma, justapõe imagens de El e de Baal em títulos para Yahweh[260]:

Yahweh também trovejou nos céus,
e o Altíssimo (*'elyôn*) manifestou a sua voz,
granizo e brasas de fogo.
E Ele enviou as suas flechas,
e os dispersou;
Ele acendeu as luzes,
e os aniquilou.

Em seguida, os canais do mar (*'ăpîqê mayim*) foram vistos...

Esse passo tem duas marcas explícitas da linguagem sobre El dentro de um episódio que descreve principalmente uma tempestade teofânica do tipo relacionado a Baal na literatura ugarítica. O título *'elyôn* é um antigo epíteto de El[261]. Em Gn 14,9 ocorre como um título do deus dos patriarcas, e aparece nas composições poéticas mais antigas para o Deus de Israel (cf. tb. Nm 24,4; cf. Dt 32,8). É um título divino comum

---

claramente como uma figura guerreira no material textual existente. Se a abordagem adotada nesta seção é correta, ela serviria para explicar a compatibilidade fundamental de Yahweh e Baal durante o período dos Juízes e da monarquia primitiva (cf. capítulo 2).

259. Cf. capítulo 2, seção 2.

260. Em relação à data e à função do Sl 18, cf. CROSS, F. M. *Canaanite Myth and Hebrew Epic*, p. 158-159.

261. Estudiosos diferem quanto a se *'elyôn* era originalmente um epíteto de El ou uma acreção secundária a El (cf. Gn 14,18). Sobre esta questão, cf. CROSS, F. M. *Canaanite Myth and Hebrew Epic*, p. 50-52; cf. RENDTORFF, R. The Background of the Title עֶלְיוֹן in Gen xiv". *In: Fourth World Congress of Jewish Studies vol. 1*: Papers. Jerusalém: World Union of Jewish Studies, 1967, p. 167-170. *PE* 1.10.15 diferencia entre El e Elioun (*'elyôn*), mas isso pode representar uma tentativa helenística de imitar os relatos clássicos (para texto e tradução, cf. ATTRIDGE, H. W.; ODEN JR., R. *Philo of Byblos*, 46-47). Para mais discussões, cf. POPE, M. H. *El in the Ugaritic Texts*, p. 55-57.

no Saltério (Sl 93; 21,8; 46,5; 50,14; 57,3; 73,11; 77,11; 78,17.35.56; 83,19; 91,1.9; 92,2; 107,11). No Sl 82,6, aparece na expressão *běnê 'elyôn*, referindo-se a outras divindades e refletindo o papel de El como pai dos deuses. Os "canais do mar" (*ăpîqê mayim*) talvez ecoem a descrição das águas da morada de El, chamadas *mbk nhrm//'apq thmtm*, "nascentes dos dois rios//os canais de abismos duplamente profundos" (KTU 1.2 III 4; 1.3 V 14; 1.4 IV 21-22; 1.5 VI 1*; 1.6 I 34; 1.17 VI 48; cf. 1.100.2-3)[262]. Além das características associadas a El na tradição cananeia, o Sl 18,14-16 descreve Yahweh como um guerreiro divino, evidenciando seu armamento divino na tempestade, tal e qual Baal nos textos ugaríticos.

Em Dt 33,26-27, Sl 18 (2Sm 22),14-16, bem como em Gn 49,25-26, imagens regularmente aplicadas a El e Baal na literatura semita do Noroeste tornaram-se atributos de Yahweh em um ponto relativamente antigo na história religiosa de Israel. Além disso, ao aplicar tais imagens a Yahweh, essas passagens combinam ou fundem as imagens de mais de uma divindade cananeia. Outras passagens poéticas tratadas em capítulos subsequentes, como o Sl 68 e Dt 32, oferecem outros exemplos de conflação ou convergência da linguagem divina associada com uma variedade de divindades na literatura cananeia. Tal convergência na história mais antiga de Israel ocorre de outras formas. Os modos e conteúdos da revelação próprios de El e Baal aparecem de forma conflituosa nos primeiros níveis da tradição bíblica[263]. Da mesma maneira, o Sl 27 descreve a habitação divina em termos usados para as casas de El e Baal na tradição cananeia. O Sl 27,6 chama a casa de Yahweh de tenda (*'ōhel*), como a casa que El habita no mito de Elkunirsa. O Sl 27,4 chama o lar de Yahweh de "casa" (*bêt*), linguajar mais característico da morada de Baal (KTU 1.4 VII 42) do que da habitação de El (cf. KTU 1.114). Como J. C. Greenfield observou[264], outros termos no Sl 27 que evocam a linguagem sobre a casa de Baal incluem *nō'am* no versículo 4 e *yişpěnēnî* (*şpn*) no versículo 5.

---

262. Cf. anteriormente, seção 2.

263. CROSS, F. M. *Canaanite Myth and Hebrew Epic*, p. 186.

264. GREENFIELD, J. C. The Hebrew Bible and Canaanite Literature, p. 551-554.

6 Convergências na religião israelita

As principais divindades de Israel no período dos Juízes não eram numerosas. Gn 49,25-26 possivelmente aponta para uma fase inicial em que Israel conhecia três divindades: El, Asherah e Yahweh. Adicionalmente, Baal constituiu uma quarta divindade na história religiosa primitiva de Israel. Essa situação alterou-se por volta do período inicial da monarquia. Yahweh e El foram identificados mutuamente, e, em algum momento, a devoção à deusa Asherah não continuou como um culto separado identificável. Depois desse ponto, o politeísmo no período dos Juízes, além da devoção a Baal, tornou-se difícil de documentar. Em geral, os estágios mais antigos da literatura religiosa de Israel exibem alguns sinais limitados de Yahweh assimilando as imagens das divindades principais. Essas conclusões não podem ser expressas sem restrições, na medida em que os dados são incompletos e possivelmente não representativos. Na verdade, devido ao quadro incompleto desse período, talvez deva concluir-se que Israel era mais politeísta no período dos Juízes.

Outros desenvolvimentos religiosos dentro do culto de Yahweh podem ter desempenhado um papel na acentuação da monolatria javista durante vários períodos. Segundo P. D. Miller[265], essas características incluem a tradição anti-imaginária ou anicônica de Israel, a influência dos Dez Mandamentos na tradição religiosa de Israel e polêmicas contra *'ĕlōhîm 'ăḥērîm*, "outros deuses" (Ex 20,3; Dt 5,7), e contra *'ĕlōhîm ḥădāšîm*, "novos deuses" (Jz 5,8; cf. Sl 44,21), bem como negações de outros deuses (Dt 32,39; 1Sm 2,2). Ainda que numerosas polêmicas contra imagens (p. ex., Is 2,8; 10,10; 30,22; 31,7; 40,19; 42,19; Jr 1,16; 8,19; Mq 1,7; Na 1,14) colocassem em questão a alegação de que a exigência

---

265. MILLER, P. D. Israelite Religion. *In*: KNIGHT, D. A.; TUCKER, G. M. *The Hebrew Bible and Its Modern Interpreters*. Filadélfia: Fortress; Decatur: Scholars, 1985, p. 212. Sobre as exigências anicônicas de Israel, cf. HALLO, W. W. Texts, Statues and the Cult of the Divine King. *In*: EMERTON, J. (ed.). *Congress Volume*: Jerusalem 1986. Leiden: Brill, 1988 (VTSup 40), p. 54-66; HALPERN, B. "Brisker Pipes Than Poetry", p. 82, 83, 100, 101, 109-110, n. 25-26; HENDEL, R. S. "The Social Origins of the Aniconic Tradition in Early Israel. *CBQ*, vol. 50, 1988, p. 365-382; METTINGER, T. The Veto on Images and the Aniconic God in Ancient Israel. *In*: BIEZAIS, H. (ed.). *Religious Symbols and Their Functions*. Estocolmo: Almqvist & Wiksell International, 1979, p. 15-29. Sobre "outros deuses", especialmente no contexto dos Dez Mandamentos, cf. CHILDS, B. S. *The Book of Exodus*, p. 403-404. Cf. a discussão nas p.19s. ; capítulo 3, seção 3; capítulo 6, seção 1.

anicônica exercia influência sobre outros aspectos da religião israelita, presumivelmente essas características ajudaram a moldar ideias de monolatria no início da história de Israel[266]. Além disso, as críticas proféticas contra as imagens pertencem em grande parte ao século VIII, deixando em aberto a questão da influência posterior da exigência anicônica. Como ilustra o capítulo 6, a centralização do culto e a ascensão da escrita como meio autorizado também contribuíram para o desenvolvimento da monolatria israelita no período da monarquia. Essas características da religião israelita geralmente a distinguem dos vizinhos de Israel, tanto quanto a evidência indica.

A convergência de títulos e imagens de divindades com a personagem Yahweh parece ter sido parte de um desenvolvimento religioso mais amplo de conflação de motivos religiosos na tradição israelita. Dois exemplos desse desenvolvimento religioso geral ilustram bem essa percepção. As tradições bíblicas e extrabíblicas sobre Shaddai talvez testemunhem uma influência regional sobre o culto de Yahweh. O epíteto aparece duas vezes nas histórias de Nm 22–24, que dizem respeito ao profeta-vidente Balaão (Nm 24,4.16)[267]. Inicialmente, era um não israelita contratado para amaldiçoar os israelitas que se deslocam através de Moab, mas Balaão, no fim, proclama uma bênção sobre eles. Os textos de Deir 'Alla também sugerem que *šd(y)* era um epíteto divino comum na Transjordânia, bem como descrevem um oráculo de Balaão que dá testemunho de divindades chamadas *šdyn*, *shaddays*. As divindades *šdyn* nesses textos divergem do material conhecido sobre El ou Yahweh oriundo ou do ugarítico ou, em geral, da Bíblia. Poderia parecer, tanto a partir da atestação bíblica do

---

266. Confira o importante trabalho de T. N. D. Mettinger (*No Graven Image?* Israelite Aniconism in Its Ancient Near Eastern Context. Estocolmo: Almqvist & Wiksell, 1995 [ConBOT, 42]). Cf. as reações em TOORN, K. van der. (ed.). *The Image and the Book: Iconic Cults, Aniconism, and the Rise of Book Religion in Israel and the Ancient Near East.* Leuven: Peeters, 1997 (Contributions to Biblical Exegesis and Theology, 21); LEWIS, T. J. Divine Images: Aniconism in Ancient Israel. *JAOS*, vol. 118, 1998, p. 36-53. Com base na falta de imagens divinas em lugares que são identificados plausivelmente como israelitas, R. S. Hendel defenderia o aniconismo como uma característica que distingue o Israel primitivo da cultura cananeia; cf. HENDEL, R. S. The Social Origins of the Aniconic Tradition in Early Israel, p. 367-368, e sua resenha de *The Early History of God*, em *CBQ*, vol. 54, 1992, p. 132-333. Outros estudiosos situam o aniconismo consideravelmente mais tarde. Cf. SCHMIDT, B. B. The Aniconic Tradition: On Reading Images and Viewing Texts, p. 75-105; EDELMAN, D. V. Tracking Observance of the Aniconic Tradition Through Numismatics.

267. Cf. anteriormente, nota 205.

título El Shaddai em Nm 24 quanto a partir da referência aos *šdyn* nos textos de Deir Alla, que esse epíteto divino fosse tradicional para a região da Transjordânia. O epíteto foi um título para El durante o período da monarquia, aparecendo, por exemplo, em Gn 49,25. A tradição sacerdotal reflete a posterior assimilação desse título ao repertório de epítetos para Yahweh (Gn 17,1; 28,3; 35,11; 43,14; cf. Ez 10,5) e liga o nome a Betel (Gn 48,3).

Na tradição religiosa israelita, as águas da morada de El aparentemente sofreram duas grandes alterações. Em primeiro lugar, aparecem de duas maneiras diferentes na tradição bíblica[268]. Como nos exemplos de Gn 49,25d e Dt 33,13b assinalados anteriormente, essas águas são fonte de vida. Em Is 33,20-22; Ez 47,1-12; Jl 4,18; Zc 14,8 (cf. Gn 2,10; 2Esd 5,25-26; 1Enoque 26), elas brotam do subsolo do templo. Como mencionado no caso do Sl 18 (2Sm 22),16, as águas também aparecem na tradição bíblica como águas do submundo (cf. tb. Jó 28,11[269]; 38,16-17; 2Esd 4,7-8). Em segundo lugar, o cenário do submundo das águas era talvez originalmente estranho ao mitologema[270]. Os exemplos de El Shaddai e as águas da casa de El ilustram que, apesar da identificação explícita entre Yahweh e El feita em algumas passagens bíblicas, a relação entre as tradições de El e Yahweh era altamente complexa. De fato, as tradições religiosas cananeias exibem modificações substanciais em suas formas israelitas. De modo geral, é difícil, se não impossível, identificar as forças sociopolíticas específicas por trás do processo de convergência. Um dos principais exemplos citados é o Sl 18 (= 2Sm 22), que é claramente uma ação de graças da realeza. A partir desse exemplo, é evidente que a monarquia ou gerou ou herdou (e então usou) a convergência das imagens divinas a fim de elevar o deus nacional. Na verdade, a grande maioria dos textos bíblicos data do período monárquico ou mais tarde, e a posição

---

268. Cf. anteriormente, seção 2.

269. Além das correntes de água do submundo em Jó 28, Greenfield (The Hebrew Bible and Canaanite Literature, p. 556) observa dois outros motivos ugaríticos agrupados no mesmo capítulo: as referências a Yamm e Mot nos versículos 14 e 22, ambos chamados de "amados de El" na literatura ugarítica, e a questão mais ampla da localização da sabedoria, uma característica de El na mitologia ugarítica. Sobre a morada de El, cf. anteriormente.

270. WENSINCK, A. J. *The Ocean in the Literatures of the Western Semites*. Amsterdam: Johannes Muller, 1918, p. 4-49; GASTER, T. H. Ded, Abode of the. *IDB*, vol. 1, p. 787.

ascendente de Yahweh como o deus nacional sob a monarquia faria da convergência das imagens divinas uma poderosa ferramenta ideológica política. No entanto, dada a falta de informação, o período pré-monárquico não pode ser excluído inteiramente como o contexto mais antigo para a convergência, pelo menos até certo ponto.

7 Israel e seus vizinhos

Os vizinhos imediatos de Israel que emergiram no início do primeiro milênio exibem dez ou menos divindades, de acordo com os dados disponíveis, que são escassos[271]. À primeira vista, Amon não parece refletir um grupo relativamente pequeno de divindades. Baseado nos elementos teofóricos em nomes próprios, K. Jackson lista dez divindades amonitas: *'b, 'dn, 'l, 'nrt, bl, hm, mlk, nny, 'm* e *šmš*[272]. Alguns desses elementos, tais como *'b* e *'dn*, no entanto, são presumivelmente títulos. Fontes bíblicas pressupõem que *mlk* ou Milcom fosse o deus nacional amonita (1Rs 11,5.33; Jr 49,1.3; cf. 2Sm 12,30; 1Cr 20,2; Sf 1,5). Nomes próprios amonitas demonstram uma preponderância do elemento teofórico *'l*[273], o que poderia sugerir uma relação próxima entre El e Milcom na religião amonita. Talvez os dois tenham sido identificados, como El e Yahweh na religião israelita[274]. O deus patrono da dinastia

271. WELLHAUSEN, J. *Prolegomena to the History of Ancient Israel*. Edimburgo: A. & C. Black, 1885; reimpressão: Nova York: Meridian Books, 1957; reimpressão: Gloucester: Peter Smith, 1973, p. 440; CROSS, F. M., citado em HALPERN, B. *The Emergence*, p. 102; HALPERN, B. "Brisker Pipes Than Poetry", p. 79, 84.

272. JACKSON, K. Ammonite Personal Names in the Context of the West Semitic Onomasticon. *In*: MEYERS, C. L.; O'CONNOR, M. (eds.). *The Word of the Lord Shall Go Forth*: Essays in Honor of David Noel Freedman in Celebration of His Sixtieth Birthday. Winona Lake: Eisenbrauns, 1983 (American Schools of Oriental Research Special Volume Series, 1), p. 518. Cf. ainda MUNTINGH, L. M. What Did the Ammonites' Deities Mean to Them? The Concept of Deity as Revealed in Ammonite Personal Names. In: WYK, K. van. (ed.). *"Feet on Level Ground"*: A South African Tribute of Old Testament Essays in Honor of Gerhard Hasel. Berrien Center: Hester, 1996, p. 193-300. W. E. Aufrecht interpreta o nome *'nmwt* como a raiz *'ny* mais o nome divino Mot, "Morte" (The Ammonite Language of the Iron Age. *BASOR*, vol. 266, 1987, p. 92). No que diz respeito às limitações de usar nomes para reconstruir a religião, cf. a introdução.

273. JACKSON, K. *The Ammonite Language of the Iron Age*. Chico: Scholars, 1973 (HSM, 27), p. 95-98; Ammonite Personal Names, p. 518. Sobre *mlkm* em inscrições, cf. tb. AVIGAD, N. Some Decorated West Semitic Seals. *IEJ*, vol. 35, 1985, p. 5. Cf., além disso, PUECH, E. Milcom, *DDD*, p. 575-576.

274. Cf. TIGAY, J. H. *You Shall Have No Other Gods*, p. 19 n. 60.

moabita foi Quemós (KAI 181,3.5.9.12.13.14.18.19.32.33; 1Rs 11,7; Jr 48,13)[275]. O nome Ashtar-Quemós aparece uma vez (KAI 181,17). Doutro modo, as divindades de Moab são pouco conhecidas[276].

O caso de Edom talvez se assemelhe mais à situação religiosa do Israel primitivo. O deus nacional de Edom era Qos, atestado em material epigráfico de Qitmit e nos escritos de Josefo (*Antiguidades* 15.253)[277]. Esse nome divino aparece como o elemento teofórico em vários nomes edomitas (incluindo os dois reis), nabateus e árabes[278]. El (Gn 36,39), Baal (Gn 36,38) e Hadad (1Rs 11,14-21; Gn 36,35-36) também aparecem como elementos teofóricos em nomes próprios edomitas. Alguns desses nomes eram, possivelmente, divindades cananeias antigas que continuaram na religião edomita do primeiro milênio, embora, da mesma maneira que o termo Anat em nomes israelitas, esses elementos teofóricos não possam apontar para a devoção cúltica relativa a essas divindades. Uma cabeça de uma deusa, presumivelmente edomita, foi escavada em Qitmit[279]. Como um aparte, deve-se notar que a informação bíblica sobre os edomitas nessas passagens pode sugerir um alto nível de interação cultu-

---

275. Sobre Quemós, cf. MÜLLER, H. P. Chemosh. *DDD*, p. 186-189. Cf. tb. AUFRECHT, W.; SHURY, W. D. Three Iron Age Seals: Moabite, Aramaic and Hebrew. *IEJ*, vol. 47, 1997, p. 58. Cf. tb. WORSCHECH, U. Der Gott Kemosch. Versuch einer Characterisierung. *UF*, vol. 24, 1992, p. 393-401. Sobre as circunstâncias históricas de Quemós na história moabita, cf. NA'AMAN, N. King Mesha and the Foundation of the Moabite Monarchy. *IEJ*, vol. 47, 1997, p. 83-92. Para o contexto mais amplo da cultura em Moab, cf. TIMM, S. *Moab zwischen den Mächten*: Studien zu historischen Denkmälern und Texten. Wiesbaden: Harrassowitz, 1989 (Ägypten und Altes Testament, 17). Cf. WYK, K. van. *Squatters in Moab*: A Study in Iconography, History, Epigraphy, Orthography, Ethnography, Religion and Linguistics of the ANE. Berrien Center: Louis Hester, 1996; cf. a resenha crítica de W. Aufrecht (*CBQ*, vol. 60, 1998, p. 132-134). Para estatuetas moabitas, cf. WORSCHECH, U. Pferd, Göttin und Stier: Funde zur moabitischen Religion aus e l-Bālūʿ (Jordanien). *UF*, vol. 24, 1992, p. 385-391.

276. Cf. os nomes próprios de El e Baal, listados para selos moabitas em HELTZER, M. The Recently Published West Semitic Inscribed Stamp Seals. *UF*, vol. 31, 1999, p. 216-217.

277. Cf. KNAUF, E. A. Qôs. *DDD*, p. 674-677. Para uma inspeção útil do que se sabe sobre Moab, cf. *BA*, vol. 60/4, 1997.

278. Cf. BEIT-ARIÉ, I.; CRESSON, B. An Edomite Ostracon from Horvat "Uza". *TA*, vol. 12, 1985, p. 96-100; BENNETT, C. M. Fouilles d'Umm el-Biyara. *RB*, vol. 73, 1966, p. 400; ODED, B. Egyptian References to the Edomite Deity Qaus. *Andrew University Seminary Studies*, vol. 9, 1971, p. 47-50; VRIEZEN, T. C. The Edomitic Deity Qaus. *Oudtestamentische Studien*, vol. 14, 1965, p. 330-353. Sobre Josephus, *Antiguidades* 15.253, cf. MARCUS, R. *Josephus vol. 8*: Jewish Antiquities, Books 15-17. Londres: W. Heinemann; Cambridge: Harvard University Press, 1963 (Loeb Classical Library), p. 118-119.

279. BECK, P. A Head of a Goddess from Qitmit. *Qadmoniot*, vol. 19, 1986, p. 79-81.

ral no Israel primitivo. Tal interação explicaria ainda melhor as origens e a incorporação do culto de Yahweh na região montanhosa de Israel no período do Ferro I, provenientes de Edom/Midiã/Teimã/Farã, uma tradição que perdurou apesar das hostilidades posteriores entre israelitas e edomitas[280].

As cidades-Estados fenícias de Biblos, Sídon e Tiro evidenciam menos de dez divindades. As divindades de Biblos eram Baal-Shamem (KAI 4,3), *b'l 'dr* (KAI 9 B 5), *b'l* (KAI 12,4) e *b'lt gbl*, "a senhora de Biblos" (KAI 5,1; 6,2; 7,3)[281]. O deus dinástico de Biblos era Baal-Shamem, e as outras divindades talvez fossem divindades cananeias mais

---

280. Cf. TOORN, K. van der. *Family Religion*, p. 281-286; SMITH, Mark S. *The Origins of Biblical Monotheism*, p. 145-146. Cf. anteriormente, p. 83s., 91-93.

281. Sobre Baal-Shamem, cf. capítulo 2, seção 1. A deusa, *hrbt b'lt gbl*, "a Dama, a Senhora de Biblos" (KAI 10,2.3.7.15), é conhecida no segundo milênio como ^dNIN ša *URU gu-ubla* (EA 68,4), ^dNIN ša *URU gub-la* (EA 73,3-4; 74,2-30) etc. (cf. HESS, R. Divine Names, p. 151). Sobre o título divino *b'lt* na inscrição protossinaítica 347, cf. ALBRIGHT, W. F. *The ProtoSinaitic Inscriptions and Their Decipherment*. Cambridge: Harvard University Press, 1966, p. 17; CROSS, F. M. The Early Alphabetic Inscriptions from Sinai and Their Development. *BASOR*, vol. 110, 1948, p. 6-22; Origin and Early Evolution, p. 8*-24*. Ela já foi identificada tanto como Astarte quanto como Asherah. A identificação de "A Senhora de Biblos" com Astarte é baseada em inferências extraídas de fontes clássicas. Conforme Plutarco (*De Iside et Osiride*, § 15, 3), a rainha de Biblos é chamada de Astarte de acordo com alguns (GRIFFITHS, J. G. *Plutarch's de Iside et Osiride*. Cambridge: Cambridge University Press, 1970, p. 140-141). Uma identificação de Astarte como a deusa de Biblos pode ser inferida também a partir da descrição de Afrodite em Biblos em *De Dea Syria*, § 6 (ATTRIDGE, H. W.; ODEN JR., R. A. *De Dea Syria*, p. 13). Afrodite é igualada com Astarte em outras fontes, como *PE* 1.10.32 (ATTRIDGE, H. W.; ODEN JR., R. A. *Philo de Byblos*, p. 54-55). Cross (Origin and Early Evolution of the Alphabet, p. 8*; *Canaanite Myth and Hebrew Epic*, p. 28-29 n. 90) e R. A. Oden Jr. (Ba'al Šamem and 'Ēl. *CBQ*, vol. 39, 1977, p. 460) argumentam em favor da identificação do *b'lt gbl* com Asherah, em grande parte baseada em funções comuns, mas é possível que Astarte tenha exercido essas funções na Fenícia do primeiro milênio. J. W. Betlyon (*The Coinage and Mints of Phoenicia*: The Pre-Alexandrine Period. Chico: Scholars, 1980 [HSM, 26], p. 115, 139-140) defende um sincretismo de características das três grandes deusas na "Dama de Biblos". Sobre Astarte e Ashkelon, cf. 1Sm 31,10. Heródoto (*History* 1.105) (GODLEY, A. D. *Herodotus vol. 1*. Cambridge: Harvard University Press; William Heinemann, 1920 [Loeb Classical Library], p. 136-137) refere-se ao "templo de Afrodite Urânia" em Ascalão, uma referência a Astarte. Olyan (Some Observations Concerning the Identity of the Queen of Heaven. *UF*, vol. 19, 1987, p. 168-169) observou uma inscrição de Delos, na qual Afrodite Urânia é identificada com Astarte da Palestina: "Para o Zeus celestial e Astarte da Palestina/Afrodite dos Céus, deuses com audição", *Dii Ourioi kai Astartei Palaistinei Aproditei Ouraniai theois epekoois* (ROUSEEL, P.; LAUNEY, M. *Inscriptions de Delos*. Paris: Honore Champion, 1937, n. 2.305). A inscrição n. 1.719 traz o mesmo texto, com alguma restauração. Não há nenhuma evidência para os nomes de Asherah e Anat no continente fenício. Para mais discussão, cf. LIPIŃSKI, E. *Dieux et déesses de l'univers phénicien et puniques*. Leuven: Uitgeverij Peeters/& Departament Oosterse Estudos, 1995 (Orientalia Lovaniensa Analecta, 64), p. 70-76; BONNET, C. *Astarté*: Dossiê documentaire et perspectives historiques. Roma: Consiglio Nazionale delle Ricerche, 1996 (Contributi alla Storia della Religione Fenicio-Punica, II; Collezione di Studi Fenici, 37), p. 19-30.

antigas.[282] As sidônias incluíam Eshmun (KAI 14-16) e Astarte (KAI 13,1; 1Rs 11,5)[283], e inscrições em Sídon também mencionam Resefe (KAI 15) e Refaim (13,7; 14,8). O tratado de paz entre Assaradão e Baal II, de Tiro, lista, ordenadamente, as divindades de Tiro como Betel, Anat-Betel, Baal-Shamem, Baal-Malaga, Baal-Safon, Melqart, Eshmun e Astarte[284]. A posição inicial de Betel apontaria para seu *status* como o deus principal do panteão tirense. A teoria de que Betel fosse

---

282. A respeito de *b'l 'dr*, cf. OLYAN, S. M. *Asherah and the Cult of Yahweh*, p. 64-68. Cf. tb. CROSS, F. M. A Recently Published Phoenician Inscription of the Persian Period from Byblos. *IEJ*, vol. 29, 1979, p. 41, 43; LIPIŃSKI, E. *Dieux et déesses*, p. 88-89, 261-262, 418.

283. Para Astarte em Sidon, cf. tb. *De Dea Syria*, § 4 (cf. ATTRIDGE, H. W.; ODEN JR., R. A. *De Dea Syria*, 13); cf. 1Rs 11,5.33; 2Rs 23,13. Para discussão e outras fontes primárias, cf. LIPIŃSKI, E. *Dieux et déesses*, p. 128-154; BONNET, C. *Astarté*, p. 30-36. As reivindicações de Asherah como uma deusa sidônia durante o período persa são circunstanciais. J. W. Betlyon (The Cult of 'Ašerah/'Ēlat at Sidon. *JNES*, vol. 44, 1985, p. 53-56) argumenta que o título *'lt ṣr*, "deusa de Tiro," que aparece nas moedas sidônias aponta para um culto de Asherah, já que *'lt* é atestado como um epíteto de Asherah em textos ugaríticos, embora não exclusivamente (cf. anteriormente, nota 187). Um epíteto tão geral como *'lt* talvez possa ser associado à deusa principal de uma localidade. Astarte é claramente a deusa mais importante do período persa em Sídon. Similarmente, *rbt*, um epíteto presente nos textos ugaríticos para Asherah, é atribuído a Astarte nas inscrições fenícias do período persa, oriundas de Sídon e de outros lugares (cf. capítulo 3, seção 4). Não há confirmação de que Asherah esteja presente tanto isoladamente quanto como elemento teofórico em nomes próprios de Sídon. Por outro lado, Astarte é atestada em nomes próprios (cf. BETLYON, J. W. *The Coinage and Mints*, p. 3-20). Sobre Eshmun, cf. RIBICHINI, S. Eshmun. *DDD*, p. 306-309; XELLA, A. P. Les plus anciens témoignages sur le dieu Eshmoun: Un mise au point. *In*: MICHÈLE DAVIAU, P. M.; WEVERS, J. W.; WEIGL, M. (eds.). *The World of the Aramaeans II*: Studies in History and Archaeology in Honour of Paul-Eugène Dion. Sheffield: Sheffield Academic Press, 2001 (JSOTSup, 325), p. 230-242; Eshmun von Sidon: Der phönizische Aklepios. *In*: DIETRICH, M.; LORETZ, O. (eds.). *MesopotamicaUgaritica-Biblica*: Festschrift für Kurt Bergerhof zur Vollendung seines 70. Lebensjahres am 7. Mai 1992. Kevalaer: Butzon & Bercker; Neukirchen-Vluyn: Neukirchener Verlag, 1993 (AOAT), p. 481-498.

284. Sobre Astarte em Tiro, cf. o tratado de Esarhaddon com Baal II, de Tiro (*ANET*, p. 534), as testemunhas clássicas tardias de *PE* 1.10.32 (ATTRIDGE, H. W.; ODEN JR., R. A. *Philo of Byblos*, p. 54-55) e Josefo (*Antiguidades* 8.146) (THACKERAY, H. St.J.; MARCUS, R. *Josephus vol. 5*: Jewish Antiquities, Books 5-8. Cambridge: Harvard University Press; Londres: William Heinemann, 1934 [Loeb Classical Library], p. 650-651) e *Contra Apionem* 1.118, 123 (THACKERAY, H. St.J. *Josephus*: The Life, Against Apion. Cambridge: Harvard University Press; Londres: William Heinemann, 1926 [Loeb Classical Library], p. 210-213). De acordo com Josefo (*Contra Apionem* 1.123; THACKERAY, H. St.J. *Josephus*: The Life, p. 224-225), o Rei Etbaal foi um sacerdote de Astarte. Astarte aparece como o elemento teofórico em nomes próprios de Tiro (PRITCHARD, J. B. *Palestinian Figurines in Relation to Certain Goddesses Known Through Literature*. New Haven: American Oriental Society, 1943, p. 71). Seu nome aparece também como um elemento nos nomes régios tirenses registrados por Josefo (*Contra Apionem* 1.157; THACKERAY, H. St.J. *Josephus*: The Life, p. 224-225). Para evidências helenísticas e romanas sobre Astarte em Tiro, cf. SEYRIG, H. Antiquités syriennes. *Syria*, vol. 40, 1963, p. 19-28. Para uma visão geral, cf. BONNET, C. *Astarté*, p. 37-44.

uma hipóstase secundária de El tem sido defendida por M. Barré[285]. A representação do El tirense em Ez 28 comportaria essa conclusão. Baal--Shamem também é mencionado em uma inscrição tirense (KAI 18). Astarte é atestada em KAI 17,1 da vizinha Umm el-'Amed. Inscrições nas proximidades de Sarepta incluem as divindades *šdrp'* e *tn'štrt*, talvez uma combinação dos nomes de duas deusas, Tannit e Astarte[286]. A coletividade de divindades, o conselho divino, é atestada em inscrições fenícias de Biblos (KAI 4,4-5.7), Sídon (KAI 14,9.22) e Karatepe (KAI 26 A III 19).

Com base nas poucas evidências disponíveis, parece que os vizinhos do primeiro milênio de Israel não mantiveram a devoção cúltica na mesma escala que a religião do segundo milênio na região do Levante. Enquanto mais de duzentas divindades são atestadas em Ugarit, os textos dos Estados do primeiro milênio na região atestam dez ou menos divindades. Pode-se presumir que em Israel e entre seus vizinhos havia outras divindades das quais os textos existentes não fornecem testemunho. De fato, pode-se argumentar que, se o mesmo número e a mesma variedade de textos estivessem disponíveis para o Israel primitivo ou para seus vizinhos como o estão para Ugarit, o número de divindades seria próxima do número de divindades presentes nos textos ugaríticos. Esse argumento por extrapolação para os textos ugaríticos não pode representar um argumento pelo silêncio nem melhor nem pior do que outro que concluiria por uma relativa escassez de divindades a partir dessa pouca existência de textos israelitas e de outros textos do noroeste semítico do primeiro milênio. Em última análise, derivar reivindicações históricas com base nos textos realmente atestados (especialmente para o período inicial) é altamente problemático. Embora se possa afirmar apenas que as divindades atestadas para Israel são relativamente poucas em número, continua sendo possível que a religião do Levante do primeiro milênio tenha diferido

---

285. BARRÉ, M. L. *The God-List in the Treaty between Hannibal and Philip V of Macedonia*. Baltimore: Johns Hopkins University Press, 1983, p. 48-49. Contudo, cf. a crítica de K. van der Toorn (Anat-Yahu, Some Other Deities, and the Jews of Elephantine. *Numen*, vol. 39, 1992, p. 80-101).

286. Para o debate em torno destas deidades, cf. PECKHAM, B. Phoenicia and the Religion of Israel: The Epigraphic Evidence. *In*: MILLER JR., P. D.; HANSON, P. D.; S. D. McBRIDE, S. D. (eds.). *Ancient Israelite Religion*: Essays in Honor of Frank Moore Cross, p. 80-81. Cf. tb. as referências apresentadas anteriormente nas notas 283 e 284.

nesse respeito das de seus antecedentes do segundo milênio, e Israel foi parte desse desenvolvimento.

Em conclusão, de acordo com as evidências disponíveis, a religião israelita em sua forma mais antiga não contrasta marcadamente com as religiões de seus vizinhos levantinos em número ou configuração de divindades. Em vez disso, o número de divindades em Israel era relativamente típico para a região. Além disso, como foi feito nas religiões dos Estados vizinhos, algumas antigas divindades cananeias continuaram dentro de um panteão israelita dominado por um deus nacional. Como algumas das cidades-Estados fenícias e talvez Edom, o Israel mais antigo conhecia El, Baal, um novo deus dinástico ou nacional, o conselho divino, uma divinização parcial dos antepassados falecidos (Refaim) e talvez o culto de uma deusa. Da mesma forma, durante o período dos Juízes, Yahweh detinha hegemonia de uma complexa religião que preservava alguns antigos componentes cananeus por meio de uma identificação com El, uma continuação dos conceitos de divino conselho e antepassados parcialmente divinizados, uma coexistência com Baal e talvez um início de tolerância a Asherah e posterior assimilação de seu culto e de seu símbolo, a asherah. Esse estado de coisas não deve ter-se mantido durante o período da monarquia.

2
YAHWEH E BAAL

1 Adoração a Baal em Israel

De acordo com o registro bíblico, a adoração de Baal ameaçou Israel desde o período dos Juízes até à monarquia[287]. Presume-se que, em 1Rs 11,4, esse foi o caso do reinado de Salomão. Nomes com *ba'al* como o elemento teofórico, como Jerobaal, Isbaal e Meribaal, têm sido tomados para indicar que a sociedade israelita, incluindo alguns círculos reais, via a adoração de Baal como uma prática legítima. Na verdade, alguns estudiosos interpretam esses nomes como evidência tanto de que *ba'al* era um título de Yahweh quanto de que o culto de Baal coexistiu com o culto de Yahweh[288]. Inscrições de Samaria, a capital do Reino do Norte, fornecem um testemunho importante para os séculos IX ou VIII. Essas inscrições, chamadas de óstracos da Samaria, contêm pelo menos cinco nomes com

---

287. Para a literatura secundária até 1975, cf. COOPER, A. Divine Names and Epithets in the Ugaritic Texts, p. 350-352; cf. tb. POPE, M. H. Baal Worship. *EncJud*, vol. 4, p. 7-12; RENDTORFF, R. El, Ba'al und Jahwe: Erwägungen zum Verhältnis von kanaanäischer und israelitischer Religion. *ZAW*, vol. 78, 1966, p. 277-292; GAÁL, E. Tuthmösis III as Storm-God? *Studia Aegyptica*, vol. 3, 1977, p. 29-37; KINET, D. *Ba'al und Jahwe: Ein Beitrag zur Theologie des Hoseabuches*. Frankfurt: Lang, 1977 (Europaische Hochschulschriften, 23/87); SAVIV, A. Baal and Baalism in Scripture. *Beth Mikra*, vol. 29, 1983/1984, p. 128-132 (Heb.). Sobre Baal em fontes anteriores ao material ugarítico, cf. KOCH, K. Zur Ursprung der Baal-Verworkeit. *UF*, vol. 11, 1979 (= C.F.A. Schaeffer Festschrift), 465-479; PETTINATO, G. Pre-Ugaritic Documentation of Ba'al. *In*: RENDSBURG, G.; ADLER, A.; ARFA, M.; WINTER N. H. (eds.). *The Bible World*: Essays in Honor of Cyrus H. Gordon. Nova York: KTAV, 1980, p. 203-209; HERRMANN, W. Baal. *DDD*, p. 132-139; cf. SOLLBERGER, E. *Administrative Texts Chiefly Concerning Textiles*: L. 2752. Roma: Missione Archeologica Italiana in Siria, 1986 (Archiv Reali di Ebla Testi, 8), p. 9-10.

288. Cf. capítulo 1, seção 3.

o elemento teofórico de *ba'al* em oposição a nove nomes com o componente referente a Yahweh[289]. Por contraste, não há nomes pessoais com *ba'al* como elemento teofórico que nos tenham sido preservados em Judá. Esses dados levaram a alguma especulação acadêmica sobre a aceitação generalizada de Baal desde o período dos Juízes até a queda do Reino do Norte em 722, especialmente no Norte[290].

De acordo com 1Rs 17–19, o século IX foi um momento crítico para o culto de Baal em Israel. As fontes bíblicas e extrabíblicas fornecem uma ampla variedade de informações relativas ao culto de Baal em Israel e na Fenícia durante esse período. O registro bíblico apresenta dramaticamente a propagação do culto ao baal fenício na Samaria. Jezabel, filha de Etbaal, rei de Tiro, e esposa de Acab, rei do reino setentrional, foi grande patrocinadora do culto a Baal (1Rs 16,31). Primeiro, Acab construiu um templo para Baal, que se diz ter sido na Samaria (1Rs 16,32). Em 2Rs 13,6 fica claro que Baal tinha seu próprio templo nos arredores de Samaria, separado do culto do deus nacional, Yahweh (cf. 1Rs 16,32; 2Rs 10,21-27)[291]. Acab também ergueu uma asherah, cujas localização e relação com Baal

---

289. A respeito de nomes de Baal em óstracos da Samaria, cf. POPE, M. H. Baal Worship, p. 11; LAWTON, R. Israelite Personal Names on Pre-Exilic Hebrew Inscriptions. *Biblica*, vol. 65, 1984, p. 332, 335, 341; KAUFMAN, I. T. The Samaria Ostraca: A Study in Ancient Hebrew Paleography (Tese de Doutorado, Harvard University, 1966); The Samaria Ostraca: An Early Witness to Hebrew Writing. *BA*, vol. 45, 1982, p. 229-239; TIGAY, J. H. *You Shall Have No Other Gods*, p. 65-66. Os nomes são *'bb'l*, "Baal/o senhor é pai" (2,4); *b'l'*, "Baal/senhor" (1,7); B'LZMR, "Baal/o senhor é forte" (ou "Baal/o senhor canta", 12,2-3); *b'l'zkr*, "Baal/o senhor se lembra" (37,3); e *mrb'l*, "Baal/o senhor é forte(?)" (2,7); cf. *[t]ṣb'l*(?) em Mesad Hashavyahu (cf. TIGAY, J. H. *You Shall Have No Other Gods*, p. 66). Quanto ao ambiente vital dos óstracos, cf. tb. RAINEY, A. F. The Sitz im Leben of the Samaria Ostraca. *TA*, vol. 6, 1979, p. 91-94; cf. SHEA, W. H. Israelite Chronology and the Samaria Ostraca. *ZDPV*, vol. 101, 1985, p. 9-20. Cf. tb. o nome fenício *b'lplt*, de Tel Dã (NAVEH, J. Inscriptions of the Biblical Period. *In*: SHANKS, H.; MAZAR, B. (eds.). *Recent Archaeology in the Land of Israel*. Jerusalém: Biblical Archaeology Society and Israel Exploration Society, 1985, p. 64); o substantivo hebraico *blntn* (**bêl-nātan* a partir de **ba'al-nātan*) está em uma inscrição aramaica do século VIII de Calá (ALBRIGHT, W. F. An Ostracon, p. 34 n. 15, 35). Albright interpreta o elemento teofórico nesse nome como um título de Yahweh, mas o nome parece não ser javista.

290. POPE, M. H. Baal Worship, p. 11-12. Cf. tb. RAINEY, A. The Toponyms of Eretz Israel. *BASOR*, vol. 231, 1978, p. 1-17; ROSEN, B. Early Israelite Cultic Centres in the Hill Country. *VT*, vol. 38, 1988, p. 114-117.

291. OLYAN, S. M. *Asherah and the Cult of Yahweh*, p. 6. Para discussões adicionais, cf. Yadin, Y. The "House of Baal" of Ahab and Jezabel in Samaria, and that of Athalia in Judah. *In*: MOOREY, R.; PARR, P. (eds.). *Archaeology in the Levant*: Essays for Kathleen Kenyon. Warminster: Aris & Phillips, 1978, p. 127-135; cf. HALPERN, B. "The Excremental Vision": The Doomed Priests of Doom in Isaiah 28. *Hebrew Annual Review*, vol. 10, 1986, p. 117 n. 14. Cf. tb. HOFFMANN, H.

não são especificadas. Elias, o inimigo de Acab, e as medidas que Acab e Jezabel tomaram para apoiar o culto a Baal na capital são apresentados em 1Rs 17–19. Jezabel perseguiu os profetas de Yahweh (1Rs 18,3), mas providenciava pagamentos aos profetas de Baal e Asherah (1Rs 18,19)[292]. Mais tarde, num discurso a Yahweh, Elias diz que é o único profeta de Yahweh que escapou de Acab e Jezabel (1Rs 19,10).

Para julgar a partir das fontes bíblicas, o baal de Jezabel era um deus com poder sobre a chuva, como o Baal ugarítico. Em 1Rs 17–19 enfatiza-se o poder de Yahweh sobre a natureza, que corresponde a vários fenômenos associados a Baal nos textos ugaríticos[293]. Esses poderes incluem domínio sobre a tempestade (1Rs 17,1-17; 18,41-46)[294]. Os profetas de "o *baal*" competem com Elias no Monte Carmelo para ver qual deus realmente tem poder sobre a natureza (1Rs 18). Uma das funções de 1Rs 17–19 é provar que Yahweh tem poder sobre todos esses fenômenos, mas, ao contrário do baal de Jezabel, Yahweh transcende essas manifestações de poder divino (1Rs 19, esp. versículo 11)[295]. O próprio nome de Jezabel, 'îzebel, "onde está o Príncipe?" (p. ex., 1Rs 16,31; 18,4s.; 19,1; 21,5s.; 2Rs 9,7), recorda a formulação específica da preocupação humana

---

D. *Reform und Reformen*: Untersuchungen zu einem Grundthema der deuteronomistischen Geschichtsschreibung. Zurique: Theologischer Verlag, 1980 (AThANT, 66), p. 42-43.

292. Numerosos estudiosos tratam a referência aos profetas de Asherah em 1Rs 18,19 como uma glosa secundária. Cf. capítulo 3, seção 1, para discussão.

293. Para discussões mais antigas, cf. ALT, A. Das Gottesurteil auf dem Karmel. *In*: *Kleine Schriften zur Geschichte des Volkes Israel: Zweiter Band*. Munique: C. H. Beck'sche Verlagsbuchhandlung, 1953, p. 135-149; GALLING, K. Der Gott Karmel und die Achtung der fremden Gotter. *In*: ALBRIGHT, W. F. (ed.). *Geschichte und Altes Testament*. Tubinga: J. C. B. Mohr (Paul Siebeck), 1953, p. 105-126; ROWLEY, H. H. Elijah on Mount Carmel. *Bulletin of the John Rylands Library*, vol. 43, 1960-1961, p. 190-219; AP-THOMAS, D. R. Elijah on Mount Carmel. *PEQ*, vol. 92, 1960, p. 146-155; KAUFMANN, Y. *The Religion of Israel*, p. 273-275; EISSFELDT, O. Jahve und Baal. *In*: SELLHEIM, R.; MAASS, F. (eds.). *Kleine Schriften*: Erster Band. Tubinga: J. C. B. Mohr [Paul Siebeck], 1962, p. 1-12; ALBRIGHT, W. F. *The Biblical Period*, p. 38, 42, 70-71. Cf. tb. CROSS, F. M. *Canaanite Myth and Hebrew Epic*, p. 190-194; FENSHAM, F. C. A Few Observations on the Polarization Between Yahweh and Baal in I Kings 17–19. *ZAW*, vol. 92, 1980, p. 227-236; PECKHAM, B. Phoenicia and the Religion of Israel, p. 80, 87; BONNET, C. *Melqart*: Cultes et Mythes de l'Héraclès & Tyrien en Méditerranée. Lovaina: Uitgeverij Peeters/Presses Universitaires de Namur, 1988 (Studia Phoenicia, 8), p. 139-143; OLYAN, S. M. *Asherah and the Cult of Yahweh*, p. 8, 38, 62; BECK, M. *Elia und die Monolatrie, Ein Beitrag zur religionsgeschichtlichen Ruckfrage nach dem vorschriftprophetischen Jahwe-Glauben*. Berlim: de Gruyter, 1999 (BZAW, 281). Sobre 1Rs 18, cf., adiante, capítulo 3, seção 1.

294. Cf. FENSHAM, F. C. A Few Observations, p. 233-234; cf. BONNET, C. *Melqart*, p. 143.

295. CROSS, F. M. *Canaanite Myth and Hebrew Epic*, p. 190-194.

expressa sobre a morte de Baal, atestada no ciclo ugarítico de Baal (KTU 1.5 IV 4-5)[296].

Que o baal bíblico fosse um deus fenício com poder sobre a tempestade pode ser deduzido a partir de textos extrabíblicos. O baal é identificado com Melqart[297] ou Baal-Shamem[298]. Nada nas escassas fontes fenícias que contemplam esse deus contradiz diretamente uma identificação com Melqart. Talvez ele fosse o principal deus da cidade de Tiro, já que em KAI 47,1 ele é chamado de "Senhor de Tiro" (*b 'l ṣr*)[299]. Além disso, seria possível argumentar que o baal de Jezabel deveria ser Melqart, uma vez que seu nome significa "rei da cidade", provavelmente referindo-se a Tiro (embora esse ponto, talvez, pressuponha que seu nome e seu culto tenham se originado em Tiro, uma conclusão que vai além da área da informação atualmente disponível). Uma característica principal do seu culto parece ser o seu "despertar" da morte[300]. Melqart é o Hércules a quem Josefo

---

296. O nome de Jezabel, *'îzebel*, tem dois elementos: *'y*, "onde?", e *zebel*, "príncipe" (com distorção de **zĕbul*; cf. *BDB*, p. 33). Para **zbl* em nomes, cf. *zbl* (MOSCA, P.; RUSSEL, J. A Phoenician Inscription from Cebel Ireis Dagi in Rough Cilicia. *Epigraphica Anatolia*, vol. 9, 1987, p. 1-27), *šmzbl*, "o nome é príncipe" (KAI 34,4), *b 'l 'zbl* (KAI 67,1-2) e *beelzeboul* (Mc 3,22; Mt 12,27; Lc 11,18). Sobre o elemento **'î* em nomes, cf. *'î-kābôd*, "onde está a Glória?" (1Sm 4,21), *'î'ezer*, "onde está o Socorro?" (Nm 26,30), *'îtāmār*, "onde está Tamar?" (Ex 6,23 etc.), e *'b 'l*, "onde está Baal?" (BERTHIER, A.; CHARLIER, R. *Le Sanctuaire punique d'El-Hofra à Constantine*: Texte. Paris: Arts et Metiers Graphiques, 1955, p. 106, texto 141, linha 2).

297. ALBRIGHT, W. F. *Yahweh and the Gods of Canaan*, p. 243-244; VAUX, R. de. *The Bible and the Ancient Near East*. Tradução de D. McHugh. Garden City: Doubleday, 1971, p. 238-251; BONNET, C. *Melqart*, p. 139-143. Oden Jr. (Ba'al Šamem and 'Ēl, p. 457-473) identifica Baal-Shamem com El, o que não concorda com a atestação de Baal-Shamem e *'l qn 'rṣ* como deuses separados em KAI 26 A III 18. Para mais críticas, cf. BARRÉ, M. L. *The God-List*, p. 56-57.

298. EISSFELDT, O. Jahve und Baal, p. 1-12; RINGGREN, H. *Israelite Religion*, p. 42, 261; MAZAR, B. *The Early Biblical Period*: Historical Essays. Edição de S. Ahituv e B. A. Levine. Jerusalém: Israel Exploration Society, 1986, p. 79-80; BARRÉ, M. L. *The God-List*, p. 56; OLYAN, S. M. *Asherah and the Cult of Yahweh*, p. 62-64; NIEHR, H. JHWH in der Rolle des Baalšamem. *In*: DIETRICH, W.; KLOPFENSTEIN, M. A. (eds.). *Ein Gott allein?*, p. 307-326; RÖLLIG, W. Baal-Shamem. *DDD*, p. 149-151.

299. Cf. tb. "Melqart em Tiro" (*mlqrt bṣr*), que aparece em uma inscrição fenícia (BORDREUIL, P. Attestations inédité de Melqart, Baal Hamon et Baal Safon à Tyr (Nouveaux documents religieux phéniciens II). *In*: BONNET, C.; LIPIŃSKI, E.; MARCHETTI, P. (eds.). *Religio Phoenicia*: Acta Colloquii Namurcensis habiti diebus 14 et 15 mensis Decembris anni 1984. Namur: Société des études classiques, 1986 [Studia Phoenicia, 4], p. 77-82). Meus agradecimentos ao Professor Olyan por chamar minha atenção sobre este artigo.

300. Quanto ao texto de Josefo (*Antiguidades* 8.146), cf. THACKERAY, H. St.J.; MARCUS, R. *Josephus vol. 5*: Jewish Antiquities, Books 5–8, p. 650. Para detalhes sobre *mqm 'lm*, "o despertador de deus(es)", em KAI 44,2, cf. VAUX, R. de. *The Bible and the Ancient Near East*, p. 247-249; GIBSON, J. C. L. *Textbook of Syria Semitic Inscriptions vol. 3*: Phoenician Inscriptions. Oxford:

chama de "herói morto" (*hērōi enagizousi*), que recebe oferendas. Josefo (*Antiguidades* 8.146) também menciona que Hiram "viabilizou a ressurreição de Hércules" (*tou hērakleous egersin epoiēsato*). O título "ressuscitador de Hércules" (*egerse[itēn tou] hērakleou[s]*) ocorre em uma inscrição do período romano de Filadélfia. Esse culto está subjacente no título *mqm 'lm*, "o ressuscitador de(os/as) deus(es)", em uma inscrição fenícia do século II, localizada em Rodes (KAI 44,2). Argumentos que identificam o Baal de 1Rs 17–19 com Melqart dependem em grande parte de ver a provocação de 1Rs 18,27 como uma alusão a esse rito do "despertar". No entanto, a antiga noção do Oriente Próximo do "deus adormecido" nesse versículo é mais ampla do que o culto específico de Melqart. O sono é atribuído às divindades na Mesopotâmia, no Egito e em Canaã, incluindo Yahweh (Sl 44,24 [E 23]; 78,65)[301]. Não há nenhuma evidência indicando que Melqart fosse um deus ligado a tempestades, apesar de poder-se apelar à sua linhagem apresentada por Filo de Biblos (*PE* 1.10.27): "Demarous tinha um filho Melkarthos, que também é conhecido como Hércules"[302]. A partir dessa ligação entre Melqart e Demarous, um título de Baal-Haddu em textos ugaríticos[303], pode-se inferir que a natureza de Melqart fosse meteorológica.

Clarendon, 1982, p. 144-147; BONNET, C. *Melqart*, p. 143, 377. Sobre Baal-Shamem e Melqart em Tiro nos períodos helenístico e romano, cf. tb. SEYRIG, H. Antiquités syriennes, p. 19-28. Para descrições gregas de Hércules, cf. VAUX, R. de. *The Bible and the Ancient Near East*, p. 247, 250; GIBSON, J. C. L. *Textbook of Syrian Semitic Inscriptions vol. 3*, p. 145-146. Cf. mais discussões sobre essas obras, na nota 301, a seguir.

301. Para o motivo do "deus adormecido" na literatura do Antigo Oriente Próximo, cf. BATTO, B. The Sleeping God: An Ancient Near Eastern Motif of Divine Sovereignty. *Biblica*, vol. 68, 1987, p. 153-177; McALPINE, T. *Sleep Divine and Human in the Old Testament*. Sheffield: JSOT, 1987 (JSOTSup, 38), p. 181-190; MROZEK, A.; VOTTO, S. The Motif of the Sleeping Divinity, *Biblica*, vol. 80, 1999, p. 415-419. Se os motivos em 1Rs 18,27, incluindo o deus adormecido, pretendiam se referir especificamente a Melqart, é possível que uma fusão das figuras Baal-Shamem e Melqart esteja por trás do retrato do deus de Jezabel em 1Rs 18. Para os assim chamados "deuses que morrem e ressuscitam", cf. SMITH, Mark S. *The Origins of Biblical Monotheism*, p. 104-131; METTINGER, T. N. D. *The Riddle of Resurrection*: "Dying and Rising Gods" in the Ancient Near East. Estocolmo: Almqvist & Wiksell International, 2001 (ConBOT, 50). Mettinger faz uma bela análise das evidências antigas, bem como do debate moderno. Ele acredita que essa categoria tem mais mérito do que as que outras exposições (como a minha) levaram em conta.

302. ATTRIDGE, H. W.; ODEN JR., R. A. *Philo of Byblos*, p. 52-53.

303. POPE, M. H. *El in the Ugaritic Texts*, p. 47 n. 95, 56.

A evidência sobre Baal-Shamem é manifestamente meteorológica. Atestado nas inscrições fenícias de Biblos (KAI 4,3), de Umm el-'Amed (KAI 18,1.7), de Karatepe (KAI 26 A III 18), de Kition (RES 1519b), de Cartago (KAI 78,2) e da Sardenha (KAI 64,1), Baal-Shamem tinha poder sobre a tempestade, o que é mencionado em uma maldição no tratado entre Assaradão e Baal II de Tiro. O tratado invoca três "baals" – Baal--Shamem, Baal-Malaga, e Baal-Safon – para trazer um "mau vento" sobre Baal II, se ele violar o tratado: "Que Baal-Shamem, Baal-Malaga e Baal-Safon ergam um mau vento contra seus navios, para desfazer suas amarras, rasgue as suas boças, que uma forte onda os afunde no mar, uma violenta maré [...] erga-se contra ti"[304]. Essa maldição invoca todos os três deuses para empunharem o seu poder sobre a tempestade (cf. Jn 1,4). De acordo com Filo de Biblos (*PE* 1.10.7), *beelsamēn* era um deus-tempestade, associado com o Sol nos céus e equiparável a Zeus[305], embora as características solares de Baal-Shamem, aparentemente, sejam um produto posterior[306]. Pode-se inferir que Baal-Shamem, e não Melqart, seja o deus patrono de Acab e Jezabel a partir dos nomes próprios atestados para a família real tirense. O registro onomástico da Casa Real tirense não tem nomes com Melqart. Existe apenas uma exceção a *b'l* como elemento teofórico em nomes reais próprios de Tiro[307].

Que Baal-Shamem e não Melqart fosse uma ameaça em Israel no período pré-exílico pode ser inferido do fato de que o deus em questão é chamado "o baal" (1Rs 18,19.22.25.26.40). A invocação de Baal-

---

304. *ANET*, p. 534. Sobre os três baals no tratado de Assaradão, cf. BARRÉ, M. L. *The God-List*, p. 50-56. Baal-Safon aparece com Baal-Hamon em um texto fenício datado do século VI e originário da região de Tiro (BORDREUIL, P. Attestations inédités, p. 82-86).

305. Cf. ATTRIDGE, H. W.; ODEN JR., R. A. *Philo of Byblos*, 40-41; OLYAN, S. M. *Asherah and the Cult of Yahweh*, p. 62. A iconografia de touro que sobreviveu em moedas de Tiro datadas do período persa (BETLYON, J. W. *The Coinage and Mints*, p. 43-44) talvez constitua mais um elemento de apoio à identificação de Baal-Shamem como um deus da tempestade.

306. AVI-YONAH, M. Mount Carmel and the God of Baalbek. *IEJ*, vol. 2, 1952, p. 121; ODEN JR., R. A. Ba'al Šamem and 'Ēl, p. 464; ATTRIDGE, H. W.; ODEN JR., R. A. *Philo of Byblos*, p. 81 n. 49. Para mais exemplos, cf. Zeus Heliopolis (cf. nota 313) e Adonis em Macróbio (*Saturnalia* 1.21.1) (DAVIES, P. V. *Macrobius*: The Saturnalia. Nova York: Columbia University Press, 1969, p. 141). Cf. tb. Macróbio, *Saturnalia* 1.17 (DAVIES, P. V. *Macrobius*, p. 114-127).

307. Citando Menander de Éfeso, Josefo (*Contra Apionem* 2.112-2.114, 157 [THACKERAY, H. St.J. *Josephus: The Life*, p. 210-219, 224-251; cf. *Antiquities* 8.144-49 [THACKERAY, H. St.J.; MARCUS, R. *Josephus*, vol. 5, *Antiquities, Books 5–8*, p. 648-653]).

-Shamem na versão aramaica do Sl 20, escrita em caracteres demóticos, também pode fornecer evidência desse deus na religião israelita[308]. Essa versão do Sl 20 pertence a um papiro datado do século II, conhecido como Amherst Egípcio n. 63 (coluna XI, linhas 11-19). O texto, que pode ter vindo de Edfu, demonstra alguma influência egípcia, especificamente a menção ao deus Hórus. O texto pode, em segundo lugar, refletir características genuinamente israelitas. M. Weinfeld argumenta que o salmo era originalmente cananeu ou da região norte de Israel[309]. Para Weinfeld, as referências a Baal-Shamem, a El-Betel e ao Monte Safon refletem uma ambientação original cananeia ou israelita do Norte, talvez Betel. A versão bíblica do Sl 20 refletiria uma versão sulista, que secundariamente importou o salmo para o culto de Yahweh. Nesse caso, a versão aramaica pode ter derivado de um predecessor do norte de Israel. Se assim for, a referência a Baal-Shamem poderia refletir o impacto desse deus na religião israelita.

Alguns estudiosos identificam o baal de Jezabel com o baal do Carmelo, talvez como sua manifestação local[310]. Como Baal-Shamem, o baal do Carmelo parece ser um deus da tempestade. Uma inscrição do século II de Carmelo, em uma estátua, identifica esse deus como Zeus Heliópolis[311]. Em Baalbek, Zeus Heliópolis tinha características solares e meteo-

---

308. NIMS, C. F.; STEINER, R. C. A Paganized Version of Psalm 20:2-6 from the Aramaic Text in Demotic Script. *JAOS*, vol. 103, 1983 (= S. N. Kramer Festschrift), p. 261-274. Para uma percepção diferente da relação entre o demótico e o TM, cf. ZEVIT, Z. The Common Origin of the Demotic Prayer to Horus and Psalm 20. *JAOS*, 1990, p. 213-228.

309. WEINFELD, M. The Pagan Version of Psalm 20:2-6 – Vicissitudes of a Psalmodic Creation in Israel and Its Neighbours. *EI*, vol. 18, 1985 (= N. Avigad volume), p. 130-140, 70*; NIMS, C. F.; STEINER, R. C. A Paganized Version, p. 269-272. Cf. tb. STEINER, R. Papyrus Amherst 63: A New Source for the Language, Literature, Religion, and History of the Aramaeans. *In*: GELLER, M. J.; GREENFIELD, J. C.; WEITZMAN, M. P. (eds.). *Studea Aramaica*: New Sources and New Approaches; Papers Delivered at the Londres Conference of the Institute of Jewish Studies University College Londres 26th-28th June 1991. Assistência de V. T. Mathias. (Oxford: Oxford University Press, 1995 (JSS Supplement, 4), p. 205-207. Para uma tradução consistente, cf. STEINER, R. C. The Aramaic Text in Demotic Script. *In*: HALLO, W. W.; YOUNGER JR., K. L. (eds.). *The Context of Scripture vol. 1*: Canonical Compositions from the Biblical World. Leiden: Brill, 1997, p. 309-327.

310. EISSFELDT, O. Jahve und Baal, p. 1-12.

311. AVI-YONAH, M. Mount Carmel, p. 118-124; ALBRIGHT, W. F. *Yahweh and the Gods of Canaan*, p. 229-230; CROSS, F. M. *Canaanite Myth and Hebrew Epic*, p. 7 n. 13, p. 8 n. 16; OLYAN, S. M. *Asherah and the Cult of Yahweh*, p. 62.

rológicas. De acordo com Macróbio (*Saturnalia* 1.23.19), foi uma forma solarizada do deus-tempestade Assírio, Adad[312]. Como no caso de Baal-Shamem, a característica solar de Adad é um desenvolvimento secundário. Macróbio (*Saturnalia* 1.23.10) identifica o culto de Zeus Heliópolis com uma adoração solarizada de Júpiter. O texto fornece uma descrição adicional:

> Os assírios, também, em uma cidade chamada Heliópolis, adoram o Sol com um elaborado ritual sob o nome de Heliópolis, chamando-o de "Zeus de Heliópolis". A estátua desse deus foi trazida da cidade egípcia também chamada Heliópolis, quando Senemur (que era, talvez, o mesmo que Senepos) foi rei do Egito [...] a identificação desse deus com Júpiter e o Sol é clara a partir do cerimonial e da aparência da estátua[313].

Em suma, a evidência bíblica sugere que o baal fenício de Acab e Jezabel era um deus-tempestade. A evidência extrabíblica indica que o baal do Carmelo e Baal-Shamem também eram deuses da tempestade, enquanto esse não parece ser o caso de Melqart. A partir dos dados disponíveis, seguindo-se O. Eissfeldt, Baal-Shamem foi o baal de Jezabel.

Algumas razões para a adoção do baal fenício pela monarquia do Norte podem ser sugeridas de forma provisória. A coexistência do culto a Yahweh e a Baal antes e até o século IX pode ter sugerido a Acab e a seus sucessores que elevar Baal em Israel não representaria uma inovação radical. As políticas religiosas de Acab presumivelmente teriam tido apelo àqueles "cananeus" que viviam em cidades israelitas durante a monarquia, se tais "cananeus" representam um testemunho histórico daqueles descendentes das antigas cidades cananeias que os israelitas dizem não ter mantido originalmente (Js 16,10; 17,12-13; Jz 1,27-35)[314]; no entanto, esse testemunho é difícil de avaliar no que tange a seu valor histórico. O programa religioso de Acab e Jezabel representou uma visão teopolítica

---

312. AVI-YONAH, M. Mount Carmel, p. 121.

313. DAVIES, P. V. *Macrobius*, p. 151. Para o texto, tradução e notas, cf. tb. BORNECQUE, H. *Macrobe: Les Saturnales vol. 1*: Books 1–3. Paris: Librairie Garnier Frères, 1937, p. 236-237; WILLIS, J. *Ambrosii Theodosii Macrobii*: Saturnalia. Leipzig: BSB B. G. Teubner Verlagsgesellschaft, 1970, p. 126. Sobre 1.23.19, cf. DAVIES, P. V. *Macrobius*, p. 152. Cf. 1.17.66-67 (DAVIES, P. V. *Macrobius*, p. 126).

314. Sobre as datas monárquicas destas referências, cf. capítulo 1, seção 3.

em continuidade com a compatibilidade tradicional entre Yahweh e Baal. Até aquele tempo, tanto Yahweh quanto Baal tinham cultos no reino setentrional. Enquanto Yahweh era o principal deus do Reino do Norte e patrono divino da dinastia real no Norte, Baal também desfrutava de devoção cúltica. Acab e Jezabel talvez tenham criado uma visão teopolítica diferente. Enquanto o culto de Yahweh continuou no Reino do Norte, Baal, talvez, foi elevado como o deus patrono da monarquia do Norte, criando, assim, uma espécie de unidade teopolítica entre o Reino do Norte e a cidade de Tiro.

Pareceria, a partir de várias declarações no texto bíblico, que, embora Acab e Jezabel tenham tentado promover Baal, pode não ter havido inicialmente nenhuma tentativa correspondente por parte da realeza de livrar o Norte do culto de Yahweh, embora as queixas de Elias (1Rs 18,22) deem essa impressão. Acab não era bem o apóstata do javismo que as polêmicas bíblicas de 1Rs 16,30-33 e 21,25-26 apresentam. Os filhos de Acab, Ocozias (1Rs 22,40) e Jorão (2Rs 1,17; 8,25), têm nomes javistas. Após seu conflito com Elias, Acab consulta profetas javistas (1Rs 20,13-15.22.28). Na presença de Elias, a quem ele chama "meu inimigo" (1Rs 21,20), Acab arrepende-se (1Rs 21,27-29), o que requer um adiamento da punição divina. As narrativas históricas retratando Acab e Jezabel como opositores ao culto de Yahweh contêm um considerável grau de edição difamatória. A visão teopolítica de Acab e Jezabel talvez não incluísse inicialmente a erradicação do culto de Yahweh, mas parece que alguma dilapidação estaria envolvida, pelo menos dentro do culto real. Essa situação provavelmente provocou a reação severa contra o baal fenício presente no ciclo de Elias (1Rs 17–19). A perspectiva de Elias representa uma terceira visão teopolítica que reage contra o programa da realeza. Essa reação talvez tenha sido publicada posteriormente na perseguição de profetas javistas por parte de Acab e Jezabel. Tanto as evidências de apoio da realeza a Yahweh e Baal quanto os relatos de perseguição pela realeza aos profetas javistas são historicamente plausíveis[315].

---

315. SMITH, Mark S. *Palestinian Parties and Politics*, p. 34. Cf. ainda SCHNIEDEWIND, W. M. History and Interpretation: The Religion of Ahab and Manasseh in the Book of Kings. *CBQ*, vol. 55, 1993, p. 649-661.

De acordo com fontes históricas, o apoio a Baal foi severamente interrompido nesse momento da história israelita. Jeú logrou a execução dos apoiadores reais e proféticos de Baal e a destruição do templo de Baal em Samaria (2Rs 10), e Joiada, o sacerdote, autorizou a morte de Atalia e a destruição de outro templo de Baal (2Rs 11). No entanto, a reforma de Jeú não foi tão sistemática como os textos parecem sugerir. Jeú não erradicou totalmente a adoração a Baal[316]. A confirmação desse ponto de vista vem de fontes epigráficas extrabíblicas e bíblicas. As inscrições de Kuntillet Ajrud contêm os nomes de Baal e Yahweh no mesmo grupo de textos. Rejeitar tais atestações sobre o deus Baal, porque a escrita pode ser "fenícia", parece impreciso[317]. Na verdade, os textos têm "letras vogais" (ou *matres lectionis*)[318], que constituem uma convenção escrita encontrada em hebraico, mas não em fenício. Ao contrário do hebraico, o idioma fenício não usa letras para marcar vogais[319].

Referências em Oseias sobre "o baal" (2,10 [E 8]; 2,8 [E 16]; 13,1; cf. 7,16) e "os baals" (2,15 [E 13]; 2,19 [E 17]; 11,2) adicionam mais evidências de adoração a Baal no Reino do Norte. Os 2,16 (E 18) inicia uma seção que lembra imagens especialmente rememorativas de Baal. De acordo com alguns estudiosos[320], Os 2,18 (E 16) joga com *ba'al* como um título de Yahweh e indica que alguns israelitas do Norte não faziam distinção

---

316. Sobre as circunstâncias políticas da acessão e reforma de Jeú, cf. DONNER, H. The Separate States of Israel and Judah. *In*: HAYES, J. H.; MILLER, J. M. (eds.). *Israelite and Judaean History*. Filadélfia: Westminster, 1977 (OTL), p. 407-413; AHLSTRÖM, G. W. The Battle of Ramoth-Gilead in 841 B.C. *In*: AUGUSTIN, M.; SCHUNK, K. D. (eds.). *"Wünschet Jerusalem Frieden"*: Collected Communications to the 12th Congress of the International Organization for the Study of the Old Testament, Jerusalem 1986. Nova York: Peter Lang, 1988 (Beiträge zur Erforschung des Alten Testaments und des antiken Judentums, 13), p. 157-166.

317. MESHEL, Z. *Kuntillet 'Ajrûd*: A Religious Centre from the Time of the Judaean Monarchy. Jerusalém: The Israel Museum, 1978 (Museum Catalog, 175), p. 19, seção inglesa 12-13.

318. TIGAY, J. H. Israelite Religion: The Onomastic and Epigraphic Evidence. *In*: MILLER JR., P. D.; HANSON, P. D.; McBRIDE, S. D. (eds.). *Ancient Israelite Religion*: Essays in Honor of Frank Moore Cross, p. 177, 192 n. 115.

319. CROSS, F. M.; FREEDMAN, D. N. *Early Hebrew Orthography*. New Haven: American Oriental Society, 1952, p. 11-20. Sobre os caracteres das inscrições de Kuntillet Ajrud, cf. capítulo 3, seção 3.

320. Cf. ANDERSEN, F. I.; FREEDMAN, D. N. *Hosea*. Garden City: Doubleday, 1980 (AB, 24), p. 278-279. O material em Oseias é literariamente bastante complexo; em conexão com a questão das referências a Baal em Os, cf. HENTRICH, T. Die Kritik Hoseas an der kanaanäischen Religion. Eine redaktionsgeschichtliche Analyse (Tese de Doutorado, Université de Montréal, 1999).

entre Yahweh e Baal. O versículo declara: "E naquele dia, diz Yahweh, tu me chamarás 'meu marido' e já não me chamarás 'meu *ba'al*'"[321]. A substituição de Yahweh por Baal continua dramaticamente em Os 2,23-24 (E 21-23). Esses versos ecoam a mensagem de Baal a Anat em KTU 1.3 III 13-31 (cf. 1.3 IV 7-20). Nesse discurso, Baal anuncia a Anat que a palavra que ele compreende será revelada à humanidade, que ainda não a conhece. No contexto da narrativa, a palavra é a mensagem da fertilidade cósmica que ocorrerá quando o palácio de Baal for construído em sua casa no Monte Safon. Após a conclusão de seu palácio, Baal cria sua manifestação meteorológica da tempestade a partir do palácio, a qual emana em forma de bênção cósmica (KTU 1.4 V-VII). Parte da mensagem a Anat descreve a comunicação cósmica entre os Céus e os Abismos, uma imagem sobre a fertilidade cósmica[322] (cf. Gn 49,25; Dt 33,13):

dm rgm 'iṯ ly w'argmk	Pois eu tenho uma palavra que lhe direi,
hwt w 'aṯnyk	Uma mensagem que lhe contarei,
rgm 'ṣ w lḫšt 'abn	Uma palavra de uma árvore e sussurro de uma pedra,
t'ant šmm *'m 'arṣ*	Conversa do Céu com a Terra,
thmt 'mn kbkbm	Dos Abismos às Estrelas.
*'abn brq dl td' * šmm	Eu compreendo o raio que o Céu não entende,
rgm ltd' nšm	A palavra que os humanos não compreendem,

---

321. Cf. capítulo 1, seção 3. Sobre o estágio redacional em Os 2,21-23, cf. WOLFF, H. W. *Hosea*: A Commentary on the Book of the Prophet Hosea. Tradução de G. Stansell. Filadélfia: Fortress, 1974, p. 47; YEE, G. A. *Composition and Tradition in the Book of Hosea*: A Redaction Critical Investigation. Atlanta: Scholars, 1987 (SBLDS, 102), p. 87-88. Sobre Os 2, cf. tb. FREEDMAN, M. A. Israel's Response in Hosea 2:17b: "You are my Husband". *JBL*, vol. 99, 1980, p. 199-204.

322. ANDERSEN, F. I.; FREEDMAN, D. N. *Hosea*, p. 286-287; BATTO, B. The Covenant of Peace: A Neglected Ancient Near Eastern Motif. *CBQ*, vol. 49, 1987, p. 187-211, esp. 189, 200. Sobre o contexto de CTA 3.3.15-28 (= KTU 1.3 III 18-31) e o significado de **'nh* em Os 2,21-23, cf. SMITH, Mark S. Baal's Cosmic Secret. *UF*, vol. 16, 1985, p. 295-298; cf. FREEDMAN, M. A. Israel's Response, p. 199-204; BATTO, B. The Covenant of Peace, p. 199. Quanto ao par "Céu" e "Abismo" em outro contexto de fertilidade terrestre, cf. Gn 27,39; 49,25; Dt 33,13. De acordo com Hab 3,10, "O abismo emitiu sua voz", *nātan těhôm qôlô*. A frase é uma rememoração significativa de Baal a emitir sua voz santa em KTU 1.4 VII 29 e de Yahweh em várias passagens bíblicas, incluindo Jl 4,16 (E 3,16) e Am 1,2. A aplicação dessa imagem ao Abismo (profundezas) em Hab 3,10 talvez represente uma extensão desse motivo geralmente atribuído ao deus da tempestade na literatura ugarítica e israelita (cf. capítulo 2, seção 2).

wltbn hmlt 'arṣ	E as massas da Terra não entendem.
'atm w'ank 'ibǵyh	Venha, e eu o revelarei,
btk ǵry 'il ṣpn	No meio da minha montanha, Divino Safon,
bqdš bǵr nḥlty	No santo lugar, no monte de minha possessão,
bn'm bgb' tl'iyt	No lugar agradável, na colina da minha vitória.

Com a vitória na mão, a mensagem de Baal pressagia um glorioso paraíso natural na terra por meio da intervenção de suas chuvas frutificantes.

Os 2,23-24 (E 21-22) traz uma mensagem semelhante, que também utiliza a linguagem da fala cósmica ou "resposta"[323]:

wĕhāyāh bayyŏm hahû'	Naquele dia eu atenderei,
'e'ĕneh nĕ'um yhwh	Eu responderei, oráculo de Yahweh,
'e'ĕneh 'et- -haššāmāyim	Eu responderei aos céus
wĕhēm ya'ănû 'et- -hā'āreṣ	E eles responderão à terra.
wĕhā'āreṣ ta'ăneh	A terra responderá
'et-haddāgān wĕ'et- -hattîrôš	Com o trigo, o vinho
wĕ'et -hayyiṣhār	e o óleo
wĕhēm ya'ănû 'et-yi- zre'e(')l	E eles responderão a Jezrael.

Tal como a vitória de Baal sobre as forças da destruição, um dia a "resposta" de Yahweh produzirá recompensa cósmica para Israel (cf. Os 14,9). Como a palavra de Baal para Anat, a mensagem de Yahweh trespassará os céus e a terra, que explodirá com a fertilidade universal. Para Os 2, esse discurso cósmico comunica a fertilidade natural, uma bênção que procede do pacto entre Yahweh e Israel (v. 20). As palavras de Os 2,23-24 carregam a carga da tradição literária cananeia, evocando, como

---

323. Cf. YEE, G. A. *Composition and Tradition*, p. 88-90.

Os 2,18, as imagens do deus meteorológico Baal e suas bênçãos divinas sobre o cosmos.

Apesar das tentativas reais de reforma, o culto a Baal sobreviveu. Embora Jorão, filho de Acab, tenha empreendido um programa de reforma (2Rs 3,2) e Atalia e Matã, sacerdotes de Baal, tenham sido assassinados (2Rs 11,18), a devoção da realeza a Baal persistiu. Além disso, Acaz promoveu o culto a Baal (2Cr 28,2). De acordo com Jr 23,13, o culto de Baal levou à queda da Samaria e do Reino do Norte. O versículo declara: "Nos profetas de Samaria, eu vi uma loucura: eles profetizaram em nome de Baal e desencaminharam o meu povo Israel". Jr 23,27 condena ainda mais a profecia israelita por Baal. Ezequias procurou eliminar a adoração da divindade, mas seu filho, Manassés, prestou apoio monárquico a seu culto (2Rs 21,3; 2Cr 33,3). Finalmente, Josias purgou o Templo de Jerusalém da parafernália cúltica projetada para Baal (2Rs 23,4; cf. Sf 1,4). A polêmica profética existente desde o fim do Reino do Sul também afirma que a monarquia permitiu devoção religiosa a Baal até seus últimos dias (Jr 2,8; 7,9; 9,13; 12,6). A partir das evidências cumulativas, parece que, em geral, Baal era um deus israelita aceito, que a crítica a seu culto começou no século IX ou no século VIII e que, apesar da crítica profética e deuteronomista, esse deus permaneceu popular até o fim do Reino do Sul. Não há nenhuma evidência de que Baal fosse considerado uma grande ameaça ao culto de Yahweh antes do século IX.

A palavra *ba'al* exibe um desenvolvimento complexo em fontes bíblicas e extrabíblicas. Os termos hebraicos "o baal" (*habba'al*) e "os baals" (*habbĕ'ālîm*) representam o deus Baal, sua manifestação em uma variedade de locais de culto e vários "senhores" divinos ou deuses. Baal-Hermon, Baal-Líbano e Baal-Safon, o deus de Ugarit ligado a tempestades (cf. KAI 50; 69; Ex 14,2.9; Nm 33,7), parecem ser deuses da tempestade cananeus[324]. O baal do Carmelo em 1Rs 18, o baal fenício de Acab e Jezabel e o baal criticado por Oseias também eram deuses da tempestade, talvez o mesmo. O agrupamento de vários deuses meteorológicos conhe-

---

324. Cf. *ANET*, 534. Para o debate, cf. CROSS, F. M. *Canaanite Myth and Hebrew Epic*, p. 28 n. 86; PECKHAM, B. Phoenicia and the Religion of Israel, p. 89-90 n. 11-13. Para evidências posteriores de Filo de Biblos, cf. ATTRIDGE, H. W.; ODEN JR., R. A. *Philo of Byblos*, p. 82 n. 55.

cidos pelo nome Baal é atestado no Tratado entre Assaradão e Baal de Tiro, bem como em Ugarit e em um tratado egípcio-hitita. CTA 29 (KTU 1.47).6-11 e KTU 1.118.5-10 listam seis baals (*b 'lm*) depois de Baal-Safon (*b 'l ṣpn*; cf. KTU 1.148.3-4, 11-12). Uma versão acádia do mesmo texto de Ugarit, RS 20.24[325], lista o deus da tempestade seis vezes (^{d}IM *II-VII*) após o deus do clima chamado de "senhor do Monte Hazi" (^{d}IM *be-el ḫuršân ḫazi*)[326]. Do mesmo modo, no tratado (cerca de 1280) entre Ramsés II e o rei hitita, Hattusilis, as testemunhas divinas incluem "Set [i.e., Baal], senhor do céu" e Set de várias cidades[327]. A menção "deste Hadad" (*hdd zn*) em uma das inscrições de Panammu (KAI 213,14.16) reflete um reconhecimento dos múltiplos Hadads.

Oseias faz um jogo de palavras sobre a relação entre o grande deus Baal, suas manifestações em vários locais de culto e, por fim, o uso genérico de seu nome para se referir a outros "senhores"[328]. Os 2,18-19 (E 16-17) torna explícita a conexão entre "o baal" e a expressão genérica para deuses, "os baals". Comprovações do século II e do século VI relacionadas à expressão "os baals" refletem o uso bem difundido, mas não exclusivamente genérico, da expressão. Jr 23,13 indica que o deus da tempestade semita ocidental, Baal, continuou a ser reconhecido como uma divindade em Israel. Ao mesmo tempo, duas seções de Jeremias criticam a adoração a Baal, "porque numerosos como tuas cidades são os teus deuses, ó Judá!" (2,28; cf. 11,13). Jeremias mistura o singular, "o baal" (2,8; 7,9; 11,13.17; 32,29), com o plural, "os baals" (2,23; 9,14). Os plurais "os baals" (Jr 2,23; 9,14), "os baals e as asherahs" (Jz 3,7) e

---

325. Cf. NOUGAYROL, J. *Ug V*, p. 45-46; TARRAGON, J. M. de. *Le Culte à Ugarit*, p. 157; HEALEY, J. F. The Akkadian "Pantheon" List from Ugarit. *SEL*, vol. 2, 1985, p. 115-125.

326. De acordo com Nougayrol (*Ug V*, p. 48), estes *b 'lm* constituem a escolta militar de Baal. Nougayrol permite ainda a possibilidade de que esses baals sejam baals de vários santuários locais. R. J. Clifford (*The Cosmic Mountain*, p. 65) também supõe que esses são os baals em santuários locais. J. C. de Moor (The Semitic Pantheon of Ugarit. *UF*, vol. 2, 1970, p. 219) igualmente identifica esses *b 'lm* com *b 'l ṣpn*, mas considera-os vários baals de santuários locais. A referência a *b 'lm*, dessa maneira, difere de alusões a *b 'l*, *b 'l ṣpn*, ou *b 'l 'ugrt* em outros textos e, parece, refere-se a entidades que diferem de alguma forma de todos esses três baals.

327. *ANET*, 201. Esse tipo de delineamento de um deus da tempestade é encontrado também nos tratados hititas descobertos em Ras Shamra (cf. *Ug V*, p. 48). Não é de forma alguma certo, no entanto, que grupos de múltiplos ^{d}IM nas listas hititas de deuses refiram-se a variantes locais ou a manifestações do deus da tempestade.

328. Cf. HALPERN, B. "Brisker Poetry Than Pipes", p. 84, 92-94.

"os baals e as astartes" (Jz 2,13; 10,6; 1Sm 7,4; 12,10) refletem um posterior desenvolvimento no uso do termo "os baals"[329]. Essas expressões

329. ANDERSEN, F. I.; FREEDMAN, D. N. *Hosea*, p. 256-258. Além da manifestação da divindade em vários locais, existem outros tipos de formas plurais de divindades na literatura semítica noroeste, atestadas principalmente em ugarítico e fenício. As formas plurais de divindades podem refletir uma vanguarda divina relacionada a uma divindade. Isso constitui uma interpretação menos provável para "os baals", uma vez que, após seis referências a *b'lm*, CTA 29.12 (= KTU 1.118.11) lista *'il t'dr b'l*, "auxiliares divinos de Baal", talvez equivalente à sua vanguarda descrita em KTU 1.5 V 7-9. Essa ideia pode ser aplicada a referências plurais enigmáticas a *ršpm*, cognato com o deus semítico ocidental Resefe. O ugarítico atesta tanto *ršpm* quanto vários *ršp* combinados com um nome de lugar (XELLA, A. P. KTU 1.91 [RS 19.15] e i sacrifici del re. *UF*, vol. 11, 1979, p. 833-838). O plural *ršpm* em KTU 1.91.11 é descrito como adentrando *bt mlk*, o palácio real ou o santuário/capela real. De acordo com Tarragon (*Le Culte à Ugarit*, p. 167), essa descrição refere-se à procissão de estátuas de culto em um santuário. Inscrições sidônias (KAI 15,2; RES 289,2, 290,3, 302 B:5) mencionam *'rs ršpm*, "a terra dos resefes" (cf. *'rqršp* em KAI 214,11). Seguindo Albright, H. Donner e W. Röllig (*Kanaanäische und Aramäische Inschriften vol. 2*: Kommentar. Wiesbaden: Otto Harrassowitz, 1973, p. 24) interpretam *ršpm* como uma coletividade geral de divindades como os Refaim (cf. adiante). Poderia *'rs* referir-se, como šmm *rmm*, na linha anterior de KAI 15,2, a um "distrito" sagrado, nesse caso talvez figurativamente ao "submundo", portanto um cemitério? (Cf. PICARD, G. C. From the Foundation of Carthage to the Barcid Revolution. *Archaeologia Viva*, vol. 1/2, 1968-1969, p. 152). Fulco (*The Canaanite God Rešep*. New Haven: American Oriental Society, 1976, p. 47) traduz *'rs ršpm* como "Terra dos Guerreiros". O *ršpm* ugarítico e fenício pode designar uma vanguarda marcial. Uma descrição egípcia do exército de Ramsés III é compatível com essa visão: "as carruagens-guerreiras são tão poderosas quanto Rashaps" (*ANET*, p. 250 n. 27). Na BH, *rešep* aparece como parte de uma vanguarda teofânica (Dt 32,24; Hab 3,5) e como um termo para faíscas e flechas de fogo (Sl 76,3; Jó 5,7; Ct 8,6; cf. Aramaico *rišpā'*, "chama"). Sobre Resefe, cf. tb. XELLA, A. P. Le dieu Rashaph à Ugarit. *Les annales archaeologiques arabes syriennes*, vol. 29-30, 1979-1980, p. 145-162; COOPER, A. Divine Names and Epithets in the Ugaritic Texts, p. 413-415; YADIN, Y. New Gleanings on Resheph from Ugarit. *In*: KORT, A.; MORSCHAUER, S. (eds.). *Biblical and Related Studies Presented to Samuel Iwry*. Winona Lake: Eisenbrauns, 1985, p. 259-274; GREENFIELD, J. C. The Hebrew Bible and Canaanite Literature, p. 549). Outros grupos coletivos de divindades em ugarítico incluem *rp'um*, os *mlkm* e os *ktrt*. O termo *gtrm*, em KTU 1.112.18-20, poderia pertencer a essa categoria (como um título para os Refaim como *mlkm*? Cf. *gtr* como título de *rp'u mlk 'lm* em KTU 1.108.1-2; cf. TARRAGON, J. M. de. *Le Culte à Ugarit*, p. 159, 176; capítulo 5, seções 2 e 3). Moor (The Semitic Pantheon, p. 226) interpreta alguns nomes divinos ugaríticos (e.g., *'ilhm, b'lm, mtm, nhrm*, e algumas vezes *'ilm*) com mimação [uso do sufixo "mem", *-m* – N.T.] como ocorrências de plurais majestáticos (poderia o toponímico *'ānātôt*, em Jr 1,1, ser explicado segundo essas linhas?). Cf. tb. o "Baali-Zafon", atestado no Novo Reino do Egito (*ANET*, p. 250). J. A. Wilson interpreta essa frase tanto como um plural majestático quanto como substantivo coletivo (*ANET*, p. 250 n.12). Betel (*Ba-a-a-ti-ilî*[meš]) e Anat-Betel (*dA-na(?)-ti-Ba-[a]--[a-ti-il]î*[meš]), encontrados no tratado de Baal de Tiro com Assaradão, são termos marcados como formas plurais (BORGER, R. *Die Inschriften Asarhaddons Königs von Assyrien*. Graz: Weidner, 1956 [Archiv für Orientforschung Beiheft, 9]; reimpressão: Osnabrück: Biblio-Verlag, 1967, p. 109, col. 4, linha 6; *ANET*, p. 491; BARRÉ, M. L. *The God-List*, p. 46-47). Na BH, *'ĕlōhîm* pode ser entendido como um plural majestático ou similar (cf. *GKC*, § 124 g-h; GINSBERG, H. L. *The Israelian Heritage of Judaism*. Nova York: The Jewish Theological Seminary of America, 1982, p. 35; DRAFFKORN KILMER, A. E. Ilāni/Elohîm. *JBL*, vol. 76, 1957, p. 216-217; AHLSTRÖM, G. W. *Who Were the Israelites?*, p. 94; cf. ROBERTS, J. J. M. *The Earliest Semitic Pantheon*, p. 134-135). As observações em Filo de Biblos (*PE* 1.10.20) podem ser observadas nesta conexão: "Agora os aliados de Elos, isto é, Cronos, eram chamados de 'eloim', como os nomeados segundo Cronos seriam 'cronianos'" (*hoi de summachoi Ēlou tou Kronou Elōeim epeklēlēsan hos an*

indicam que a designação de "baal" no período da monarquia tardia veio a significar todos "os baals" ou vários deuses da região, com diferentes cultos e identidades. Talvez esse uso seja comparável a *ilāni u ištarāti*, uma expressão acádia para "deuses e deusas", baseada na palavra para "deus" somada ao uso genérico da forma plural do nome próprio da deusa Ishtar[330].

A tradição bíblica agrupou e combinou diferentes deuses como "baals", assim como aparentemente uniu várias tradições sobre El e

---

Kronioi houtoi ēsan *hoi legomenoi epi Kronou* (ATTRIDGE, H. W.; ODEN JR., R. A. *Philo of Byblos*, 50-51). No entanto, Burnett (*A Reassesment of Biblical Elohim*, p. 19-24, 57-58) rejeita o plural majestático em favor do plural abstrativo. O entendimento resultante (e a tradução) de *'ĕlōhîm* ("divindade") não é preferível ao entendimento (e à tradução) resultante da interpretação de *'ĕlōhîm* como plural majestático ("divindade presidente"). Ainda assim, os argumentos de Burnett especificamente sobre *'ĕlōhîm* como plural abstrativo devem ser muito elogiados. Para discussão adicional de tais grupos divinos, cf. SMITH, Mark S. *The Origins of Biblical Monotheism*, p. 67-68; observe, ademais, KOTTSIEPER, I. 'ŠTRM – eine südarabische Gottheit in der Scharonebene. *ZAW*, vol. 113, 2001, p. 245-250.

330. Sobre *ilāni u ištarāti*, cf. *CAD* I:272; *AHw*, p. 399-400; COOPER, A. Divine Names and Epithets in the Ugaritic Texts, p. 342, 404. A genericização das divindades semíticas ocidentais para substantivos comuns ocorreu de várias maneiras. O nome de Dagon (ROBERTS, J. J. M. *The Earliest Semitic Pantheon*, p. 18-19) tornou-se uma palavra da BH para "grão", *dāgôn* (*BDB*, p. 186). Na BH, *'aštĕrôt (haṣ)ṣō'n*, referindo-se a ovelhas e cabras jovens em Dt 7,13 e 28,4.18.51, representa o uso genérico da fertilidade de Astarte (*BDB*, p. 800; ALBRIGHT, W. F. *Yahweh and the Gods of Canaan*, p. 185; GINSBERG, H. L. The North Canaanite Myth of Anath and Aqhat, p. 9; ODEN JR., *Studies*, p. 80). Na BH, *rešep*, como demônio (Dt 32,24; Hab 3,5), doença (Sl 78,48) e faíscas e flechas de fogo (Sl 76,3; Jó 5,7; Ct 8,6), pode ser rastreado até o deus cananeu com o mesmo nome (cf. a nota anterior). Para evidência de *rĕšāpîm* em fontes rabínicas como uma ninhada de pássaros, cf. LIPIŃSKI, E. "*Rešāfîm*: From God to Birds of Prey. *In*: LANGE, A.; LICHTENBERGER, H.; RÖMHELD, D. (eds.). *Mythos im Alten Testament und seiner Umwelt*: Festschrift für Hans-Peter Müller zum 65. Geburstag. Berlim: 1999 (BZAW, 278), p. 255-559. Em árabe, os nomes de Baal e Mot denotam tipos de solo relacionados às qualidades dos deuses que deram seus nomes a esses tipos (SMITH, W. R. *The Religion of the Semites*: The Fundamental Institutions. Londres: Adam & Charles Black, 1894; reimpressão: Nova York: Schocken, 1972, p. 97; GASTER, T. H. *Thespis*: Ritual, Myth, and Drama in the Ancient Near East. Garden City: Doubleday, 1961, p. 124-125). Gaster acrescentaria Athtar a essa lista, mas Robertson Smith questiona essa atribuição (*Religion of the Semites*, p. 99 n. 2). As expressões "casa de Baal" e "campo da casa de Baal" referem-se a um campo bem-irrigado na Mishná (*Sebi'it* 2,9; *Terumot* 10,11, *Baba Batra* 3,1; cf. SMITH, W. R. *Religion of the Semites*, p. 96-97, 99 n. 2, 102). De acordo com G. Dossin, em Mari o nome de Shamash era usado como uma palavra para "deus" (Le Pantheon de Mari. *In*: *Studia Mariana vol. 4*. Leiden: Brill, 1950, p. 46). Para a possibilidade de que *'annôt* em Ex 32,18 tenha derivado do nome da deusa Anat, cf. GINSBERG, H. L. The North-Canaanite Myth, p. 9. Albright (*Yahweh and the Gods of Canaan*, p. 187) interpreta **'ašmannîm* (escrito com *waw* em 1QIsaᵃ) em Is 59,10 como um plural abstrato que significa "saúde", derivado do nome do deus Eshmun. O desenvolvimento de *'l* para "deus" a partir de El/Ilu foi discutido em conexão com o processo de genericização – cf. a resenha de *The Earliest Semitic Pantheon*, de J. J. M. Roberts, *JSS*, vol. 19, 1974, p. 89, feita por A. R. Millard. O uso genérico não parece se aplicar ao nome divino *mlk* (cf. capítulo 5, seção 3).

agrupou e reuniu asherahs com astartes. A forma plural de "baals" (*habbĕ'ālîm*) refere-se aos "senhores" divinos ou deuses de vários lugares, e alguns deles sobreviveram ao longo da Idade do Ferro apenas na forma de nomes de lugares[331]. Estes incluiriam Baal (1Cr 4,33), Baal-Gad (Js 11,17; 12,7; 13,5), Baal-Hamon (Ct 8,11), Baal-Hasor (2Sm 13,23), Baal-Hermon (Dt 3,9; Jz 3,3; 1Cr 5,23), Baal-Líbano (2Rs 19,23; Sl 29,5-6), Baal-Meon (Nm 32,38; 1Cr 5,8; Ez 25,9; cf. KAI 181:3, 30), Baal-Fegor (Nm 25,3.5; Dt 4,3; Sl 106,28; cf. Os 9,10), Baal-Farasim (2Sm 5,20; 1Cr 14,11), Baal-Salisa (2Rs 4,42) e Baal-Tamar (Jz 20,33)[332]. Tais baals incluíam diferentes manifestações do deus da tempestade em vários locais, com tradições cultuais presumivelmente tão variadas quanto as de El ou Yahweh em seus vários santuários[333].

As descrições de Baal e baals em 1Rs 17–19, Os 2 e outros textos bíblicos levantam uma questão final sobre o caráter de Baal no antigo Israel. Nas fontes ugaríticas, as manifestações meteorológicas de Baal são expressões do seu poder marcial. Em contraste, 1Rs 17–19 e Os 2 desaprovam a crença na capacidade de Baal para produzir chuvas, mas essas e outras passagens bíblicas silenciam sobre a importância marcial de sua manifestação. Na verdade, nenhum texto bíblico expressa ideias sobre o *status* de Baal como um guerreiro. Yahweh tenha talvez exibido e possivelmente usurpado esse papel em um momento tão precoce entre os transmissores das tradições da literatura religiosa de Israel. Essa conclusão pode ser inferida a partir das numerosas semelhanças entre Baal e Yahweh que muitos estudiosos têm observado há muito tempo.

---

331. A forma *habbĕ'ālîm* não é singular com um *mem* acrescentado ou enclítico (conforme BOLING, R. G. *Judges*, p. 74).

332. Sobre as dificuldades para a interpretação de Baal-Hamon, cf. POPE, M. H. *Song of Songs*, p. 686-688. Sobre Baal-Fegor, cf. capítulo 5, seção 2. Segundo o Sl 106,34-38, o culto de Baal-Fegor envolvia o sacrifício de crianças; a esse respeito, cf., adiante, capítulo 5.

333. Cf. MCCARTER, P. K. Aspects of the Religion of the Israelite Monarchy: Biblical and Epigraphic Data. *In*: MILLER JR., P. D.; HANSON, P. D.; McBRIDE, S. D. (eds.). *Ancient Israelite Religion*: Essays in Honor of Frank Moore Cross, p. 139-143.

2 Imagens de Baal e Yahweh

Várias descrições semíticas ocidentais enfatizam a teofania de Baal na tempestade (KTU 1.4 V 6-9, 1.6 III 6-7., 12-13., 1.19 I 42-46) ou seu papel como guerreiro (KTU 1.2 IV, 1.5 I 1-5, 1.119.26-29, 34-36; RS 16.144.9[334]). Essas duas dimensões de Baal estão explicitamente ligadas em KTU 1.4 VII 29-35, 1.101.1-4 e EA 147.13-15, bem como em algumas iconografias[335]. F. M. Cross trata diferentes descrições de Baal como um único *Gattung* ['gênero'] com quatro elementos, que aparecem nessas passagens em graus variados. Os quatro componentes são: (a) a marcha do divino guerreiro, (b) as convulsões da natureza à medida que o guerreiro divino manifesta o seu poder, (c) o retorno do divino guerreiro à sua santa montanha para assumir o reinado divino e (d) a expressão da "voz" do divino guerreiro (ou seja, o trovão), vinda de seu palácio, fornecendo chuvas que fertilizam a terra[336]. O material bíblico que ridiculariza outras divindades reserva para Yahweh o poder sobre a tempestade (Jr 10,11-16; 14,22; Am 4,7; 5,8; 9,6). Descrições bíblicas de Yahweh como deus da tempestade (1Sm 12,18; Sl 29; Jó 38,25-27.34-38) e guerreiro divino (Sl 50,1-3; 97,1-6; 98,1-2; 104,1-4; Dt 33,2; Jz 4–5; Jó 26,11-13; Is 42,10-15 etc.) mostram explicitamente essa unidade e esse padrão subjacentes no

---

334. *PRU III*, p. 76.

335.*ANEP*, 168, 307 n. 490. Sobre EA 147,13-15, cf. MORAN, W. L. *Les Lettres d'El-Amarna*. Tradução de D. Collon e H. Cazelles. Paris: Les Éditions du Cerf, 1987 (LAPO, 13), p. 378-380. Para discussões de maneira geral, cf. CROSS, F. M. *Canaanite Myth and Hebrew Epic*, p. 147-151; MILLER, P. D. *The Divine Warrior*, p. 24-48; WEINFELD, M. Divine Intervention in War in Ancient Israel and in the Ancient Near East. *In*: TADMOR, H.; WEINFELD, M. (eds.). *History, Historiography and Interpretation*: Studies in Biblical and Cuneiform Literatures. Jerusalém: Magnes, 1983, p. 121-147; MOON-KANG, S. *Divine War in the Old Testament and the Ancient Near East*. Berlim: de Gruyter, 1989 (BZAW, 177), p. 77-79; KLOOS, C. *Yhwh's Combat with the Sea*: A Canaanite Tradition in the Religion of Ancient Israel. Amsterdam: G. A. van Oorschot; Leiden: Brill, 1986, p. 42-52. Para mais iconografia pertinente, cf. as representações do "deus golpeador" sírio da Era do Bronze tardia; cf. VANEL, A. *L'Iconographie du dieu de l'orage, dans le proche-orient ancien jusqu'au VIIe siècle avant J.-C.* Paris: Gabalda, 1965 (CRB, 3), p. 69-110; NEGBI, O. *Canaanite Gods in Metal*: An Archaeological Study of Ancient Syro-Palestinian Figurines. Tel Aviv: Tel Aviv University, Institute of Archaeology, 1976, p. 29-36; CORNELIUS, I. *The Iconography of the Canaanite Gods Reshef and Ba'al*: Late Bronze Age I and Iron Age Periods (c. 1500-1000 BCE). Friburgo: Universitätsverlag; Gotinga: Vandenhoeck & Ruprecht, 1994 (OBO, 140); KEEL, O.; UEHLINGER, C. *Gods, Goddesses and Images of God*, p. 60, 76-78, 135-136, 138, 140 n. 8.

336. CROSS, F. M. *Canaanite Myth and Hebrew Epic,* 162-163. Cf. tb. POPE, M. H. Baal Worship, p. 12.

Sl 18(= 2Sm 22),6-19; 68,7-10 e 86,9-19[337]. Sl 29, 1Rs 19 e 2Esd 13,1-4 dramatizam a progressão meteorológica subjacente na imagem de Yahweh como guerreiro. Todas as três passagens pressupõem a imagem da tempestade movendo-se para o Leste a partir do Mar Mediterrâneo para a costa. Em 1Rs 19 e 2Esd 13,1-4, essa força é retratada com características humanas. A procissão do guerreiro divino é acompanhada por um contingente de seres menos divinos (Dt 32,34; 33,2; Hab 3,5; KTU 1.5 V 6-9; cf. Jz 5,20). O antecedente ugarítico de Resefe na comitiva de Yahweh em Hab 3,5 pode ser KTU 1.82.1-3, que talvez inclua Resefe como um guerreiro com Baal contra *tnn*, relacionado com os *tannînîm* bíblicos[338]. Apesar de o poder de outras deidades marciais do Oriente Próximo ser manifesto na tempestade (p. ex., Amun, Ningirsu/Ninurta, Marduk e Addu/Adad)[339], a proximidade de terminologia e de imagens entre Ugarit e a evidência bíblica aponta para uma influência cultural nativa sobre as descrições meteorológicas de Yahweh.

A tradição israelita modificou a sua herança cananeia moldando a marcha do guerreiro divino especificamente para o elemento do santuário sudeste de Yahweh, alternativamente chamado de Sinai (Dt 33,2; cf. Jz 5,5; Sl 68,9), Farã (Dt 33,2; Hab 3,3), Edom (Jz 5,4) e Teimã (Hab 3,3[340] e nas inscrições de Kuntillet Ajrud; cf. Am 1,12; Ez 25,13). Essa modificação pode estar subjacente na diferença entre o epíteto de Baal *rkb 'rpt*, "o que cavalga as nuvens" (p. ex., CTA 2.4[KTU 1.2 IV].8), e um título de Yahweh, *rōkēb bā'ărābôt*, "o que cavalga por sobre as estepes", no Sl 68,5 (cf. Dt 33,26; Sl 104,3)[341], embora um pano de fundo comum para

---

337. CROSS, F. M. *Canaanite Myth and Hebrew Epic*, p. 151-163; MOON-KANG, S. *Divine War*, p. 204-222; KLOOS, C. *Yhwh's Combat with the Sea*.

338. DAY, J. *God's Conflict with the Dragon and the Sea*. Cambridge: Cambridge University Press, 1985 (University of Cambridge Oriental Publications, 35), p. 105-106.

339. Cf. WEINFELD, M. "Rider of the Clouds" and "Gatherer of the Clouds". *JANES*, vol. 5, 1975 (= T. H. Gaster Festschrift), p. 421-426; Divine Intervention, p. 121-124; MOON-KANG, S. *Divine War*, p. 23-48; HIEBERT, T. *God of My Victory*: The Ancient Hymn of Habakkuk 3. Atlanta: Scholars, 1986 (HSM, 38), p. 93.

340. CROSS, F. M. *Canaanite Myth and Hebrew Epic*, p. 101-102; Reuben, First-Born of Jacob, p. 57-63; MILLER, P. D. *Divine Warrior*, p. 160-161; HIEBERT, T. *God of My Victory*, p. 83-92. Imagina-se que esses poemas pertençam ao estrato mais antigo da literatura israelita (cf. a introdução, seção 1).

341. JOHNSON, A. R. *Sacral Kingship in Ancient Israel*. Cardiff: University of Wales, 1967, p. 78 n. 6; GRAY, J. A Cantata of the Autumn Festival: Psalm LXVIII. *JSS*, vol. 22, 1977, p. 7, 9, 21 n. 4;

essa característica seja evidente a partir de outras descrições de Baal e Yahweh. A noção de Baal a bordo de uma carruagem de guerra alada está implícita em *mdl*, um elemento na comitiva meteorológica de Baal em KTU 1.5 V 6-11[342]. O Sl 77,19 refere-se às rodas na teofania de tempestades de Yahweh, o que pressupõe uma carruagem de guerra divinal. O Sl 18(2Sm 22),11 apresenta Yahweh cavalgando sobre o vento, rodeado por nuvens de tempestade. Essa imagem forma a base para a descrição da carruagem divina em Ez 1 e 10. O Sl 65,12 (E 11), da mesma forma, pressupõe a imagem da carruagem-tempestade: "Coroas o ano com teus benefícios, e de teus rastros emana a fartura". Similarmente, a carruagem da tempestade de Yahweh é a imagem presumida em Hab 3,8 e 15:

> Foi a tua ira contra os rios, ó Yahweh?
> Foi tua cólera contra os rios
> ou tua indignação contra o mar,
> quando cavalgaste sobre os teus cavalos,
> em tua carruagem da vitória?
> Pisaste o mar com os teus cavalos,
> O turbilhão das águas poderosas.

A descrição dos cavalos de Yahweh encaixa-se no contexto maior da tempestade teofânica dirigida contra os inimigos cósmicos, Mar e Rio (nesse versículo os cavalos não têm relação com os cavalos dedicados ao Sol em 2Rs 23,11, a menos que houvesse uma coalescência das imagens da carruagem da tempestade e do Sol[343]). O motivo de um deus da tempestade cavalgando uma carruagem com sua comitiva divina estende-se,

---

DAY, J. *God's Conflict*, p. 31. Embora *bā'ărābôt*, na BH, seja interpretado como "estepes" em vez de "nuvens", Yahweh não obstante é retratado movendo-se carregado por uma nuvem nessa passagem (cf. DAY, J. *God's Conflict*, p. 32). Para outras sugestões, cf. COOPER, A. Divine Names and Epithets in the Ugaritic Texts, p. 458-460.

342. Cf. GREENFIELD, J. C. Ugaritic *mdl* and Its Cognates. *Biblica*, vol. 45, 1964, p. 527-534; WEINFELD, M. "Rider of the Clouds", p. 421-426; DAY, J. Echoes of Baal's Seven Thunders and Lightnings in Psalm xxix and Habakkuk iii 9 and the Identity of the Seraphim in Isaiah vi. *VT*, vol. 29, 1979, p. 147 n. 18; GOOD, R. M. Some Draught Terms Relating to Draught and Riding Animals. *UF*, vol. 16, 1984, p. 80-81. Day (*God's Conflict*, p. 33 n. 93) também compara a ordem de Enlil a Ishkur: "Sejam os sete ventos arreados diante de ti como um bloco, arreie os ventos adiante de ti" (*ANET*, p. 578). Cf. tb. os sete ventos no armamento de Marduk em Enuma Elish 4,46-47 (*ANET*, p. 66). Cf. WEIDER, A. A. Ugaritic-Hebrew Lexicographical Notes. *JBL*, vol. 84, 1965, p. 164.

343. Cf. AHLSTRÖM, G. W. *Royal Administration*, p. 70 n. 130.

na tradição israelita, aos exércitos divinos de Yahweh montando em carruagens com cavalos (2Rs 2,11; 6,17).

Outras características originalmente conferidas a Baal também foram atribuídas a Yahweh. Albright e outros estudiosos[344] argumentaram que o epíteto *'ly*, "o Altíssimo", pertencente a Baal nos textos ugaríticos (KTU 1.16 III 6, 8; cf. RS 18.22.4'), aparece como um título de Yahweh em 1Sm 2,10, 2Sm 23,1, Sl 18(2Sm 22),14 e 68,6.30.35 (cf. Dn 3,26.32; 4,14.21.22.29.31; 5,18.21; 7,25), no hipocorístico bíblico *ēlî*, no nome do sacerdote de Siló[345] e em amostras da inscrição dos nomes pessoais hebreus *yhw'ly*, "Yahu é o Altíssimo", *yw'ly*, "Yaw é Altíssimo", *'lyhw*, "Altíssimo é Yahu", e *'lyw*, "o Altíssimo é Yaw"[346].

A iconografia de touro que Jeroboão I patrocinou em Dã e Betel (1Rs 12,28-31) tem sido atribuída à influência de Baal no Reino do Norte. Essa imagem representava uma antiga tradição setentrional de iconografia divina para Yahweh, usada provavelmente como um símbolo rival da tradicional iconografia real dos querubins do Templo de Jerusalém[347]. A antiga tradição Norte da iconografia de touro para Yahweh reflete-se no nome *'glyw*, que pode ser traduzido como "Yaw é

---

344. ALBRIGHT, W. F. *The Biblical Period*, p. 18; DAHOOD, M. *Psalms I*: 1–50. Garden City: Doubleday, 1965 (AB, 16), p. xxiii, xxv, xxxvi, 45, 79, 89, 117, 194, 251; *Psalms II*: 51–100. Garden City: Doubleday, 1968 (AB, 17), p. xxxix, 38, 149, 303; *Psalms III*: 101–150. Garden City: Doubleday, 1970 (AB, 17A), p. xxxix-xl, 188, 201, 229, 293, 295, 310, 320, 341; FREEDMAN, D. N. *Pottery, Poetry, and Prophecy*, p. 78-79, 261; CROSS, F. M. *Canaanite Myth and Hebrew Epic*, p. 234 n. 66; COOPER, A. Divine Names and Epithets in the Ugaritic Texts, p. 451-458. Sobre *'ly* em RS 18.22.4', cf. *PRU VI*, p. 55; HUEHNERGARD, J. *Ugaritic Vocabulary in Syllabic Transcription*. Atlanta: Scholars, 1987 (HSS, 32), p. 160. Freedman (*Pottery, Poetry, and Prophecy*, p. 95) e G. Rendsburg (The Northern Origin of "the Last Words of David" (2 Sam. 23,1-7). *Biblica*, vol. 69, 1988, p. 119) interpretam *'āl* em 2Sm 23,1 como um epíteto. Citando a expressão *'l* em 4QSamª, Cross (*Canaanite Myth and Hebrew Epic*, p. 52 n. 31, 234 n. 66) e McCarter (*II Samuel*, p. 477) rejeitam essa interpretação de 2Sm 23,1 (cf. ULRICH, E. C. *The Qumran Text of Samuel and Josephus*. Missoula: Scholars, 1978 [HSM, 19], p. 113-114; BARTHÉLEMY, D. *Critique Textuelle de l'Ancien Testament*, p. 1.310).

345. O nome *'ēlî* não indica que ele era um sacerdote de uma divindade *'ly*, diferente de Yahweh (conforme AHLSTRÖM, G. W. The Travels of the Ark, p. 142; *Who Were the Israelites?*, p. 78), mas sim que *'ly*, um título de Baal nos textos ugaríticos, tornou-se um título de Yahweh no antigo Israel.

346. AVIGAD, N. *Hebrew Bullae from the Time of Jeremiah*: Remnants of a Burnt Archive. Jerusalém: Israel Exploration Society, 1986, p. 45, 93-94.

347. CROSS, F. M. *Canaanite Myth and Hebrew Epic*, p. 73-75. Cf. tb. AHLSTRÖM, G. W. *Royal Administration*, p. 69 n. 91; KOENEN, K. Eherne Schlage und goldenes Kalb: Eine Vergleich der Überlieferungen. *ZAW*, vol. 111, 1999, p. 353-372. Para o êxodo como um "mito fretado" do Norte,

o touro jovem", no óstraco de Samaria 41,1[348]. A estatueta de um touro, datada aproximadamente do século XII, descoberta em um sítio na região colinosa de Efraim, e o jovem touro descrito no estande da Taanach do século X envolvem igualmente a iconografia de um deus, seja Yahweh, seja Baal[349]. Outras descobertas trouxeram à tona a iconografia de uma divindade sobre um touro em uma placa do século IX de Dã e uma estela do século VIII de Betsaida[350]. De fato, evidência para Yahweh como touro aparece no Papiro Egípcio de Amherst n. 63 (coluna XI): "Hórus-Yaho, nosso touro está conosco. Que o Senhor de Betel nos responda ao amanhecer"[351]. Apesar do sincretismo posterior com Hórus, o texto aparentemente preserva uma oração a Yahweh em seu emblema animal como um touro, aqui invocado como o deus patrono de Betel. A outra questão é se essas representações eram específicas de El ou de Baal (ou de ambos) na Idade do Ferro. Pensa-se que a linguagem deriva também de El, frequentemente chamado de "touro" (*ṯr*) nos

---

cf. TOORN, K. van der. *Family Religion*, p. 287-315; cf. tb. COOPER, A.; GOLDSTEIN, B. Exodus and *Maṣṣôt* in History and Tradition. *Maarav*, 8/2, 1992, p. 15-37.

348. Sobre a leitura do nome, cf. GIBSON, J. C. L. *Textbook of Syrian Semitic Inscriptions vol. 1*: Hebrew and Moabite Inscriptions. Oxford: Clarendon, 1971, p. 10, 12; AHLSTRÖM, G. W. An Archaeological Picture of Iron Age Religion in Ancient Palestine. *Studia Orientalia*, vol. 55, 1984, p. 11; TIGAY, J. H. *You Shall Have No Other Gods*, p. 59. Em uma comunicação privada, Tigay menciona que o nome próprio pode ser discutível se *ʻgl* significa "acelerar, apressar". No entanto, esse significado verbal é raro, até mesmo não atestado para o hebraico, pelo menos no período bíblico.

349. Para uma discussão sobre o sítio do touro, cf. MAZAR, A. The "Bull Site" – An Iron Age I Open Cult Place. *BASOR*, vol. 247, 1982, p. 27-42; WENNING, R.; ZENGER, E. Ein bäuerliches Baal-Heiligtum im samarischen Gebirge aus der Zeit der Anfänge Israels. *ZDPV*, vol. 102, 1986, p. 75-86. Para uma defesa do sítio como israelita, cf. MAZAR, A. On Cult Places and Early Israelites: A Response to Michael Coogan. *Biblical Archaeologist Review*, vol. 15/4, 1988, p. 45. Por outro lado, I. Finkelstein (Two Notes on Northern Samaria: The "Einun Pottery and the Date of the "Bull Site'". *PEQ*, vol. 130, 1998, p. 94-98) considera o sítio do touro como da Era do Bronze Média. Além da iconografia do bezerro, o disco solar e uma deusa são retratados no estande de Taanach, e, se alguém assumisse sua proveniência israelita, isso constituiria um exemplo da crença religiosa politeísta em Israel; cf. HESTRIN, R. Cult Stand from Ta'anach. *EAEHL*, vol. 4, p. 61-77; e capítulo 1, seção 4; capítulo 4, seção 3.

350. Para a placa B de Tel Dã, cf. BIRAN, A. Two Bronze Plaques and the *Ḥuṣṣot* of Dan. *IEJ*, vol. 49, 1999, p. 43-54. Sobre a estela de Betsaida, cf. BERNETT, M.; KEEL, O. *Mond, Stier und Kult am Stadttor, Die Stele von Betsaida (et-Tell)*. Friburgo: Universitätsverlag; Gotinga: Vandenhoeck & Ruprecht, 1998 (OBO, 161); KEEL, O. *Goddesses and Trees, New Moon and Yahweh*: Ancient Near Eastern Art and the Hebrew Bible. Sheffield: Sheffield Academic Press, 1998 (JSOTSup, 261), p. 115-120; ORNAN, T. The Bull and Its Two Masters: Moon and Storm Deities in Relation to the Bull in Ancient Near Eastern Art. *IEJ*, vol. 51, 2001, p. 1-26.

351. Cf. STEINER, R. C. The Aramaic Text in Demotic Script, p. 310, 318. Steiner também compara ao discurso de Abdias em 2Cr 13 (esp. vv. 8, 10, 12).

textos ugaríticos. Há algumas evidências que apontam para a aplicação dessa iconografia a El na Idade do Ferro. O título *'ăbîr ya'ăqōb*, "touro de Jacó" (Gn 49,24; Sl 132,2.4), derivou do imaginário bovino de El. A imagem de Yahweh com chifres "como os chifres do boi selvagem" (*kĕtô'ăpōt rĕ'ēm*) em Nm 24,8 também pertence a esse plano. Outras provas iconográficas da Idade do Bronze tardio e do Ferro I podem favorecer uma ligação com Baal[352]. A referência ao beijo em Baal em 1Rs 19,18 e a alusão ao beijo em touros em Os 13,2[353] parecem reforçar o pano de fundo baalista para a iconografia de touros no Reino do Norte. No entanto, a menção a beijos em touros no contexto aparente do culto de Betel no Papiro Egípcio de Amherst n. 63 (coluna V) apontaria para o fundo javista dessa prática[354]. Também é possível que um número de deuses importantes possa ser considerado como "o touro divino"[355], uma vez que esse título também se aplica a Ashim-Betel no Papiro Egípcio de Amherst n. 63 (coluna XV)[356]. A polêmica contra um bezerro em Samaria em Os 8,5 e 10,5 pode refletir indignação com o símbolo javista que fora associado também a Baal. Da mesma forma, Tb 1,5 (LXX Vaticanus e Alexandrinus) menciona a adoração a "Baal, o bezerro" (*tē Baal tē damalei*) no Reino do Norte. Apesar da evidência para a atribuição de "touro" a Baal no primeiro milênio, uma solução retrospectiva que tente rastrear as imagens relacionadas especificamente a El ou Baal pode não ser aplicável. B. Vawter argumenta que "touro" não significa mais do que um chefe "macho"[357], um ponto talvez apoiado pelo uso secular desse termo em KTU 1.15 IV 6, 8, 17,

---

352. Cf. COOPER, A. Divine Names and Epithets in the Ugaritic Texts, p. 361; MAZAR, A. The "Bull Site", p. 27-32; HESTRIN, R. Cult Stand from Ta'anach, p. 75. Cf. ainda a discussão de D. Fleming (If El is a Bull, Who is a Calf? Reflections on Religion in Second-Millennium Syria--Palestine. *EI*, vol. 26, 1999, p. 52*-63*).

353. Talvez o motivo do "beijo" em Os 13,2 devesse ser comparado com *naššĕqû-bar*, "beijar com pureza (?)" no Sl 2,12, embora C. A. e E. G. Briggs (*A Critical and Exegetical Commentary on the Book of Psalms vol. 1*. Edimburgo: T. & T. Clark, 1906 [ICC], p. 17) comparem a Jó 31,26-28 (cf. capítulo 4, nota 588 adiante).

354. Cf. STEINER, R. C. The Aramaic Text in Demotic Script, p. 313.

355. Conforme T. J. Lewis (comunicação pessoal).

356. Cf. STEINER, R. C. The Aramaic Text in Demotic Script, p. 321. Esse texto pode fornecer uma base para o *'ašmat* de Samaria em Am 8,14 e Esem-Betel, um nome divino composto atestado em Elefantina. Cf. COGAN, M. Ashima. *DDD*, p. 105-106.

357. VAWTER, B. The Canaanite Background, p. 4.

19 e 4.360.3[358]. A polêmica antibaalista de Os 13,2 e de Tb 1,5 também poderia constituir uma rejeição secundária desse símbolo javista, porque a iconografia de touro pode ter representado ambos os deuses no ambiente maior da Fenícia e do Reino do Norte. Em qualquer caso, a tradição cananeia da iconografia do touro de fato fornece o pano de fundo para essa representação de Yahweh.

Comum tanto a Yahweh quanto a Baal era também uma constelação de motivos em torno de suas naturezas marcial e meteorológica. O mais conhecido e mais antigo desses motivos é, talvez, a derrota de inimigos cósmicos chamados Leviatãs, *'qltn, tnn*, a besta de sete cabeças, Yamm, e Mot. Um selo do segundo milênio, oriundo de Mari, retrata um deus arremessando uma lança em águas, aparentemente representando o conflito do deus da guerra semita ocidental com as águas cósmicas (cf. a traspassação, *ḥll*, da serpente em Jó 26,13 e de *tannîn* em Is 51,9)[359]. Esse conflito corresponde em Ugarit a Baal em luta contra Yamm em KTU 1.2 IV, embora este último apareça como oponente de Anat em KTU 1.3 III 43. Yamm aparece como uma força destrutiva nos textos ugaríticos (KTU 1.14 I 19-20; cf. 1.2 IV 3-4) e um orgulhoso antagonista do guerreiro divino no registro bíblico (Jó 38,11; Sl 89,10 [E 9]). A vitória de Baal sobre Yamm em KTU 1.2 IV 27-34 apresenta a possibilidade da aniquilação da besta (**kly*; cf. KTU 1.3 III 38-39, 46) e, em seguida, proclama a morte dela, uma imagem que raramente aparece em material bíblico (Ap 21,1; cf. Testamento de Moisés 10,6)[360]. Vários textos bíblicos retratam a divina derrota de Yamm com outras imagens: o seu aplacamento (**šbḥ/*rgʿ*) (Sl 65,8 [E 7]; 89,10 [E 9]; Jó 26,11); o seu esmagamento[361] (**prr*) (Sl 74,13; cf. o esmagamento, **dkʾ*, de Raab no Sl 89,11 [E 10]); o seu ressecamento

---

358. Sobre esta utilização, cf. MILLER, P. D. Animal Names as Designations in Ugaritic and Hebrew. *UF*, vol. 2, 1970, p. 180.

359. Sobre este selo, cf. capítulo 1, nota 221.

360. Para uma discussão dos verbos em KTU 1.2 IV 27, cf. MOOR, J. C. de. *The Seasonal Pattern in the Ugaritic Myth of Baʿlu*: According to the Version of Ilimilku. Kevelaer: Butzon & Bercker; Neukirchen: Neukirchener Verlag des Erziehungsvereins, 1971 (AOAT 16), p. 138-139; GREENSTEIN, E. L. The Snaring of Sea in the Baal Epic. *Maarav*, vol. 3/2, 1982, p. 195-216.

361. Citando **prr*, "esmagar, destruir", em acádio e no hebraico mixnaico, J. C. Greenfield (resenha de *The Ras Shamra Discoveries and the Old Testament*, de A. S. Kapelrud. *JAOS*, vol. 87, 1967, p. 632) rejeita a versão costumeira de *pôrartā* no Sl 74,13 como "separar, dividir" (VPR; cf. NAB: "agitado"; New Jewish Publication Society: "regressado").

(*ḥrb) (Is 51,10); o estabelecimento de uma fronteira (gĕbûl) para Yamm (Sl 104,9; Jr 5,22; cf. Pr 8,29); a colocação de um guarda (mišmār) sobre ele (Jó 7,12); e o fechamento de Yamm por detrás de portas (Jó 38,8.10); compare-se o corte de Raab em pedaços (*ḥṣb; Is 51,9) e a dispersão (*pzr) de inimigos cósmicos (Sl 89,11 [E 10]).

Um selo de Tel Asmar (cerca de 2200) retrata uma deidade lutando contra um dragão de sete cabeças, um inimigo identificado como adversário de Baal em CTA 5.1(KTU 1.5 I).3 (e reconstruído em 30) e o antagonista de Yahweh no Sl 74,13 e Ap 13,1[362]. Uma placa de concha, de proveniência desconhecida, retrata um deus ajoelhado diante de um dragão de sete cabeças[363]. Leviatã, o inimigo de Baal mencionado na CTA 5.1(KTU 1.5 I).1 (e reconstruído em 28), aparece como adversário e criatura de Yahweh em Is 27,1, Jó 3,8; 26,13; 40,25 (E 41,1), Sl 104,26 e 2Esd 6,49.52[364]. No Sl 74,13-14 (cf. Ez 32,2), tanto o Leviatã quanto os *tannînîm* têm várias cabeças, os últimos conhecidos como inimigos de Anat em 1.83.9-10 e em uma lista de inimigos cósmicos em CTA 3.3(D).35-39 (= KTU 1.3 III 38-42). Essa lista ugarítica inclui "Mar", Yamm//"Rio", Nahar, o grande inimigo de Baal em CTA 2.4 (KTU 1.2 IV). Em Is 11,15, as tradições ligadas ao Mar//Rio e ao dragão de sete cabeças aparecem de uma forma mesclada:

> E o Yahweh destruirá totalmente a língua do mar do Egito, e agitará sua mão contra o Rio com o seu vento abrasador, e o retalhará em sete canais que homens podem atravessar a seco.

---

362. Cf. GORDON, C. H. Leviathan: Symbol of Evil. In: ALTMANN, A. (ed.). *Biblical Motifs*: Origins and Transformations. Cambridge: Harvard University Press, 1966, p. 4, pl. 1; GREEN-FIELD, J. C. Notes on Some Aramaic and Mandaic Magic Bowls. *JANES*, vol. 5, 1973 (= T. H. Gaster volume), p. 151; WILLIAMS-FORTE, E. The Snake and the Tree in the Iconography and Texts of Syria during the Bronze Age. In: GORELICK, L.; WILLIAMS-FORTE, E. (eds.). *Ancient Seals and the Bible*. Malibu: Undena, 1983, p. 18-43; RENDSBURG, G. UT 68 and the Tell Asmar Seal. *Orientalia*, vol. 53, 1984, p. 448-452. Para evidências iconográficas do deus guerreiro sírio traspassando uma serpente, cf. tb. VANEL, A. *L'Iconographie du Dieu*, p. 126; KEEL, O. Ancient Seals and the Bible, p. 309.

363. *ANEP*, p. 218 n. 671.

364. RINGGREN, H. Ugarit und das Alte Testament: Einige methodologische Erwägungen. *UF*, vol. 11, 1979, p. 719-720; COOPER, A. Divine Names and Epithets in the Ugaritic Texts, p. 388-391; LORETZ, O. Der Tod Baals als Rache Mot für die Vernichtung Leviathans in KTU 1.5 I 1-8. *UF*, vol. 12, 1980, p. 404-405; DIEWART, D. A. Job 7:12: Yam, Tannin and the Surveillance of Job. *JBL*, vol. 106, 1987, p. 203-215.

Aqui, a destruição do Egito combina os dois motivos míticos com a antiga tradição de cruzar o Mar Vermelho no Egito. A figura de sete cabeças é bem atestada em outras passagens bíblicas. No Sl 89,10, essa figura é Raab, mencionada em Is 51,9-11 na companhia de *tannîn* e Yamm. O inimigo de sete cabeças também aparece em Ap 12,3; 13,1; 17,3 e em material fora das Escrituras, incluindo *Qiddushin* 29b, Odes de Salomão 22,5 e *Pistis Sophia* 66[365]. Yamm aparece na escrita apocalíptica tardia como a fonte das bestas destrutivas que simbolizam os impérios sucessivos (Dn 7,3). J. Day sugeriu que essa imagem desenvolveu-se a partir da simbolização de Estados políticos hostis a Israel como bestas[366]. Por exemplo, Raab significaria o Egito (Is 30,7; Sl 87,4), o Rio seria a Assíria (Is 8,5-8; cf. 17,12-14), *tannîn* apontaria para a Babilônia (Jr 51,34)[367]. Esse tipo de equação funciona de uma forma menos explícita no Sl 18(2Sm 22),4-18. Nessa composição, a vitória monárquica sobre os inimigos políticos (vv. 4, 18) é descrita em termos de uma tempestade teofânica sobre águas cósmicas (vv. 8-17). Por causa do uso político dos inimigos cósmicos, Day suspeita que uma alusão política está por trás da figura de Leviatã em Is 27,1[368].

Finalmente, a figura de Mot, "Morte", é atestada em KTU 1.4 VIII–1.6 e 2.10 e em várias passagens bíblicas, incluindo Is 25,8; 28,15; 18; Jr 9,20; Os 13,14; Hab 2,5; Sl 18(2Sm 22),5-6; Ap 21,4 (cf. Odes de Salo-

---

365. CROSS, F. M. *Canaanite Myth and Hebrew Epic*, p. 113-116, 119-120; COOPER, A. Divine Names and Epithets in the Ugaritic Texts, p. 369-383; RUMMEL, S. Narrative Structures in the Ugaritic Texts. *In*: RUMMEL, S. (ed.). *Ras Shamra Parallels*, vol. 3. Roma: Pontifical Biblical Institute, 1981 (AnOr, 51), p. 233-275; LOEWENSTAMM, S. E. The Ugaritic Myth of the Sea and Its Biblical Counterparts. *EI*, vol. 14, 1978, p. 96-101 = *Comparative Studies in Biblical and Oriental Literatures*. Kevelaer: Butzon & Bercker; Neukirchen-Vluyn: Neukirchener Verlag, 1980 (AOAT, 204), p. 346-361; DAY, J. *God's Conflict*, p. 18-61, esp. 24. Presume-se que a tradição do Yamm seja mais antiga do que as tábuas ugaríticas existentes do ciclo de Baal, datadas do séc. XIV. Cross (*Canaanite Myth and Hebrew Epic*, p. 113), p. ex., data as primeiras formas orais do ciclo até a Idade do Bronze Médio (1800-1500). Esse ponto foi recentemente confirmado por uma carta de Mari discutida adiante. Para discussão adicional, cf. SMITH, Mark S. *The Ugaritic Baal Cycle vol. 1*: Introduction with Text, Translation and Commentary of KTU 1.1-1.2. Leiden: Brill, 1994 (VTSup, 55), p. 105-114.

366. DAY, J. *God's Conflict*, p. 151-178.

367. DAY, J. *God's Conflict*, p. 88.

368. DAY, J. *God's Conflict*, p. 112, 142-145.

mão 15,9; 29,4)[369]. O Mot bíblico é personificado como um demônio, da mesma maneira que o Mot de Ugarit em KTU 1.127 e o mesopotâmico *mūtu*. Como J. H. Tigay observou, esse pano de fundo explicaria a descrição de Mot em Jr 9,20 melhor do que o recurso de U. Cassuto ao episódio da janela no palácio de Baal (KTU 1.4 V-VII) ou a comparação de São Paulo com o demônio mesopotâmico Lamashtu[370]. Descrições bíblicas do vento oriental como um instrumento de destruição divina podem ter derivado das imagens de Mot na tradição cananeia, embora a dependência mitológica não esteja necessariamente indicada nesse caso. A justaposi-

---

369. COOPER, A. Divine Names and Epithets in the Ugaritic Texts, p. 392-400. Para o nome da deidade Mot como o elemento teofórico em nomes próprios eblaíticos, cf. LAMBERT, W. G. Old Testament Mythology, p. 132; POMPONIO, F. I nomi divini nei testi di Ebla. *UF*, vol. 15, 1983, p. 152. Nomes próprios de Emar, igualmente, trazem essa deidade como elemento teofórico: *iliya-mut* (Emar 109,46; 279,25; 319,8), *mutu* (Emar 32:25; 99:15) e *mu[tu?]-re'ú* (HUEHNER-GARD, J. The Vicinity of Emar. *Revue Assyriologique*, vol. 77, 1983, p. 23, texto 4, linha 27; cf. o nome eblaítico *re-u₉-mu-tù* em POMPONIO, F. I nomi divini, p. 152). A tradição mesopotâmica ocasionalmente personifica a morte na figura de *mūtu*, "morte", mas não aparece como um personagem literário (cf. *CAD*, M/2, p. 317-318). A ausência de uma figura épica da morte na tradição mesopotâmica é notável, uma vez que há uma infinidade de motivos na seção Baal-Mot do ciclo de Baal (KTU 1.4 VIII-1.6, não simplesmente 1.5-6, como é habitualmente caracterizado) também em textos literários da Mesopotâmia, como a descida do herói ao mundo dos mortos e o retorno, as descrições do mundo dos mortos e a busca e a lamentação da consorte pelo herói. Pode-se sugerir provisoriamente que a narrativa mais antiga da morte do herói aparece transformada na tradição semítica ocidental como uma história de conflito entre o herói e a morte personificada. A nova forma da história pode ter sido modelada na narrativa do conflito entre Baal e Yamm. Alguns dos pontos de contato entre as histórias de Baal-Yamm e Baal-Mot já foram observados (cf. RUMMEL, S. Narrative Structures in the Ugaritic Texts, p. 241-242). A data dessa transformação é impossível de fixar, embora os nomes pessoais com Mot como elemento teofórico de Ebla possam sugerir uma data anterior ao *corpus* literário ugarítico existente. Para mais detalhes, cf. SMITH, Mark S. Death in Jeremiah IX, 20. *UF*, vol. 19, 1987, p. 291-293. Os nomes bíblicos *'azmawet*, que significa "a Morte é forte" (2Sm 23,31; 1Cr 27,25), e *'ăhîmôt*, "meu [divino] irmão é a Morte" (1Cr 6,10), podem sugerir a permanência do deus Mot na religião israelita (cf. McCARTER, P. K. *II Samuel*, p. 498). Pode-se apelar também para personificações da morte em textos bíblicos como evidência de devoção ao deus da morte. Sobre Mot na literatura ugarítica e bíblica, cf. TROMP, N. *Primitive Conceptions of Death and the Netherworld in the Old Testament*. Roma: Pontifical Biblical Institute, 1969 (Biblica et Orientalia, 21), p. 99-107; COOPER, A. Divine Names and Epithets in the Ugaritic Texts, p. 392-400; cf. tb. MOOR, J. C. de. "O death, where is thy sting?" *In*: ESLINGER, L.; TAYLOR, G. (eds.). *Ascribe to the Lord*: Biblical and Other Studies in Memory of Peter C. Craigie. Sheffield: JSOT, 1988 (JSOTSup, 67), p. 99-107.

370. Para debate e referências, cf. TIGAY, J. H. *You Shall Have No Other Gods*, p. 70; SARACINO, F. Ger. 9, 20, un polmone ugaritico e la forza di Mot. *AION*, vol. 44, 1984, p. 539-543; SMITH, Mark S. Death in Jeremiah IX, 20, p. 289-291; cf. CUNCHILLOS, J. L. Le dieu Mut, guerrier de El. *Syria*, vol. 62, 1985, p. 205-218. Cf. tb. TAWIL, H. 'Azazel the Prince of the Steppe: A Comparative Study. *ZAW*, vol. 92, 1980, p. 43-59.

ção do vento oriental à morte personificada em Os 13,14-15 pode pressupor o fundo mitológico de Mot como evidente no siroco[371].

Como o tema dos inimigos divinos, o motivo bíblico da divina morada montanhosa deriva principalmente da tradição semítica do Noroeste de montanhas divinamente habitadas, especialmente a casa montanhosa de Baal, Safon (*ṣpn*), a moderna Jebel el-Aqra'. Essa dependência de linguagem conectada a Safon na tradição ugarítica é manifesta especialmente na identificação do Monte Sião como *yarkĕtê ṣāpôn*, "os recessos do Norte", no Sl 48,3 (cf. Is 14,13) e a manifesta substituição que o TM faz de Sião por *ṣpn* na versão aramaica do Sl 20,3, escrito em demótico[372]. De acordo com Josefo (*Antiguidades* 7.174), Belsefon era uma cidade no território de Efraim[373]. Safon é o lugar de conflito entre Baal e seus inimigos cósmicos, Yamm (KTU 1.1 V 5, 18) e Mot (KTU 1.6 VI 12). A mesma montanha, Jebel el-Aqra', Monte Hazzi na tradição hitita, ocorre na narrativa do conflito entre o deus-tempestade e Ullikumi[374]. Na tradição clássica, o mesmo pico, Monte Cássio, era um lugar de conflito entre Zeus e Tifão (Apolodoro,

---

371. Quanto ao possível ambiente vital cananeu para a manifestação de Mot no vento leste, cf. MOOR, J. C. de. *Seasonal Pattern*, p. 115, 173-176, 180, 187-189, 207, 228, 238-239; SMITH, Mark S. Interpreting the Baal Cycle. *UF*, vol. 17, 1985, p. 331. Cf. o importante estudo de A. Fitzgerald (*The Lord of the East Wind*. Washington: The Catholic Biblical Association of America, 2002 [CBQMS, 34], p. 182). Cf. WIGGINS, S. A. The Weather Under Baal: Meteorology in KTU 1.1-6. *UF*, vol. 32, 2000, p. 577-598.

372. GASTER, T. H. *Thespis*, p. 181-183; CLIFFORD, R. J. *The Cosmic Mountain*, p. 142-144; ROBINSON, A. Zion and *Sāphôn* in Psalm XLVIII 3. *VT*, vol. 24, 1974, p. 118-123; ASTOUR, M. Place Names. *In*: FISHER, L. (ed.). *Ras Shamra Parallels II*. Roma: Pontifical Biblical Institute, 1975 (AnOr, 50), p. 318-324; ROBERTS, J. J. M. *Ṣapôn* in Job 28:7. *Biblica*, vol. 56, 1975, p. 554-557; MULLEN, E. T. *The Divine Council*, p. 154-155. Cf. o Monte Hazzi divinizado (= Safon) em Emar 472,58', 473,9' e 474,21'; **ṣpn* como o elemento teofórico no nome fenício *bdṣpn* (CIS 108). Sobre Baal-Safon em fontes egípcias e fenícias, cf. STADELMANN, R. *Syrisch-Palästinensische Gottheiten in Ägypten*. Leiden: Brill, 1967 (Probleme der Ägyptologie, 5), p. 32-47; POPE, M. H. Baal-Hadad. *In*: POPE, M. H.; RÖLLIG, W. *Syrien*, p. 257-258; FAUTH, W. Das Kasion-Gebirge und Zeus Kasios. Die antike Tradition und ihre vorderorientalischen Grundlagen. *UF*, vol. 22, 1990, p. 105-118. Segundo Aquiles Tácio (*Adventures* 3.6), "em Pelúsio [no Egito] está a estátua sagrada de Zeus do Monte Cássio; nela o deus é representado tão jovem que mais parece Apolo" (GASELEE, W. *Achilles Tatius*. Londres: William Heinemann; Nova York: G. P. Putnam's Sons, 1917 [Loeb Classical Library], p. 146-147). Sobre o texto demótico do Sl 20, cf. anteriormente notas 308 e 309.

373. THACKERAY, H. St.J. *Josefo, Antiguidades* V, p. 454-455.

374. *ANET*, 123; GÜTERBOCK, H. G. The Song of Ullikumi. *Journal of Cuneiform Studies*, vol. 5, 1951, p. 145; CLIFFORD, R. J. *The Cosmic Mountain*, p. 59-60.

A Biblioteca 1.6.3; Estrabão, *Geografia* 16.2.7)[375]. Heródoto (*História* 3.5) registra que Tifão foi enterrado junto ao mar sirboniano, adjacente ao Monte Egípcio Safon[376]. Da mesma forma, Sião é o lugar onde Yahweh travará batalha (Jl 3,9-17.19-21; Zc 14,4; 2Esd 13,35; cf. Is 66,18-21; Ez 38–39). As descrições de Yahweh tomando sua posição como guerreiro no topo do Monte Sião (Is 31,4; Zc 14,4; 2Esd 13,35) também ecoam representações dos deuses da tempestade hititas e sírios de pé, cada pé em uma montanha[377]. Safon e Sião partilham uma série de epítetos. Por exemplo, KTU 1.3 III 13-31 (cf. IV 7-20), citados na íntegra na seção anterior, aplicam *qdš*, "lugar sagrado", *n'm*, "lugar aprazível", e *nḥlt*, "herança", ao monte de Baal. Similarmente, os Sl 46,5 e 48,2 descrevem Sião como **qōdeš* (cf. Ex 15,13; Sl 87,1; 93,5; KAI 17,1, 78,5 [?]), enquanto o Sl 27,4 nomeia a montanha de Yahweh *nō'am* (cf. Sl 16,6)[378]. Como Greenfield observou, *nō'am*, no Sl 27,4, é acompanhado, no versículo imediatamente posterior, por um jogo de palavras ou paronomásia com o radical **ṣpn*[379]. A montanha de Yahweh é chamada de uma *naḥălāh*, "porção" (Sl 79,1; Jr 12,7; cf. Ex 15,17; Sl 16,6). Os epítetos para Sião e a forma como eles estão

---

375. FRAZER, J. G. *Apollodorus*: The Library. Londres: William Heinemann; Nova York: G. P. Putnam's Sons, 1921 (Loeb Classical Library), p. 148-149; JONES, H. L. *The Geography of Strabo 8*. Cambridge: Harvard University Press; Londres: William Heinemann, 1930 (Loeb Classical Library), p. 244-245. Cf. DAY, J. *God's Conflict*, p. 32.

376. GODLEY, A. D. *Herodotus vol. 2*: Books 3 and 4. Cambridge: Harvard University Press; Londres: William Heinemann, 1921 (Loeb Classical Library), p. 8-9; DAY, J. *God's Conflict*, p. 33 n. 92.

377. Para exemplos do deus da tempestade da Anatólia no alto de montanhas na iconografia hitita, cf. ALEXANDER, R. L. The Mountain-God at Eflatun Pinar. *Anatolian Studies*, vol. 2, 1968, p. 77-85; A Hittite Cylinder Seal in the Fitzwilliam Museum. *Anatolian Studies*, vol. 25, 1975, p. 111-117; GÜTERBOCK, H. G. *In*: BITTEL, K. *et al. Das hethitische Felsheiligtum Yazilikaya*. Berlim: Gebr. Mann Verlag, 1975, p. 169-170, Tafel 42d; LAMBERT, W. G. Trees, Snakes and Gods, p. 443. Sobre essa iconografia de selos hititas de Ras Shamra, cf. SCHAEFFER, C. F. A. *Ugaritica 3*: Sceaux et cylindres hittites, epée gravée du cartouche de Mineptah, tablettes chypro-minoennes et autres découvertes nouvelles de Ras Shamra. Paris: Geuthner, 1956 (Mission de Ras Shamra, 8), p. 24-25 figs. 32-33, 48-49 figs. 66-67 e 50 figs. 68-69. Para a iconografia do deus da guerra sírio em uma montanha, cf. VANEL, A. *L'Iconographie du Dieu*, p. 39, 61, 79, 83, 114, 118, 162. Cf. ainda DIJKSTRA, M. The Weather-God on Two Mountains. *UF*, vol. 23, 1991, p. 127-140.

378. GREENFIELD, J. C. The Hebrew Bible and Canaanite Literature, p. 553-554.

379. Para o jogo literário sobre o nome da montanha de Baal em Os 13,12; Sl 27,5 e Jó 26,7-8, cf. GREENFIELD, J. C. The Hebrew Bible and Canaanite Literature, p. 551, 553-554.

listados juntos no Sl 48,2-3 também recordam os títulos de Safon em KTU 1.3 III 29-31[380].

O templo montanhoso de onde Baal emite sua voz e faz chover abundantemente sobre a terra (KTU 1.4 V-VII) aparece não apenas em descrições de Yahweh rugindo de Sião (Jl 3,16; Am 1,2) ou dando chuvas (Is 30,19; Jr 3,3; 5,24; 10,13; 14,4; 51,16; Am 4,7) mas também em discussões pós-exílicas sobre a reconstrução do templo em Jerusalém. A tradição da morada do templo que garante as chuvas vivificantes fundamenta a relação entre o dízimo e o templo em Ml 3,10. Essa passagem reflete a noção de que o pagamento do dízimo induziria Yahweh a abrir as janelas do céu e derramar chuvas produtivas. Da mesma forma, Ag 1,7-11 atribui a seca e a escassez ao fracasso na reconstrução do templo[381]. O papel de Yahweh como fonte divina de chuva aparece também na profecia pós-exílica (Zc 10,1). Jl 4 (E 3) apresenta vários aspectos da tradição da montanha: é o lar divino (4,17 [E 3,17]), o local do rugido de Yahweh (4,16 [E 3,16]), o local da batalha divina (4,9-15 [E 3,9-15]) com as hostes celestiais (4,11-13 [E 3,11-13]; cf. 2,1-11) e a origem das chuvas divinas que resultam em fertilidade terrestre (4,18 [E 3,18]).

Em suma, os motivos associados a Baal na literatura cananeia são amplamente manifestos na religião israelita. O ciclo de Baal (KTU 1.1-6) apresenta a sequência da derrota do inimigo, o Mar, seguida pela construção do palácio divino para o guerreiro divino, concluindo com a derrota do inimigo, a Morte. Esse padrão de características aparece em uma ampla variedade de textos bíblicos que descrevem a presença e a ação divinas. A hagadá rabínica e a literatura cristã mantêm esses motivos. De fato, a derrota do Mar, a construção do palácio celestial e a destruição da Morte pertencem à futura transformação divina do mundo em Ap 21,1-4. Esses motivos são de maior importância para a longa vida que alguns

---

380. CLIFFORD, R. J. *The Cosmic Mountain*, p. 143 n. 63; LEVENSON, J. *Theology of the Program of the Restoration of Ezekiel 40–48*. Missoula: Scholars, 1976 (HSM, 10), p. 15-16. Para conexões ugaríticas adicionais com o Sl 48, cf. tb. BARRÉ, M. L. The Seven Epithets of Zion in Ps 48, 2-3. *Biblica*, vol. 69, 1988, p. 557-563; SMITH, Mark S. God and Zion: Form and Meaning in Psalm 48. *SEL*, vol. 6, 1989, p. 67-77.

381. Cf. POPE, M. H. Baal Worship, p. 12. Cf. ANDERSON, G. *Sacrifices and Offerings in Ancient Israel*: Studies in Their Social and Political Importance. Atlanta: Scholars, 1987 (HSM, 41), p. 91-122.

deles desfrutaram; por exemplo, o motivo do Leviatã é atestado em documentos religiosos até o período moderno[382].

3 O papel da monarquia

A apresentação de Yahweh em imagens associadas a Baal na tradição cananeia desempenhou um papel na política de Israel. Yahweh, um deus tribal das terras altas, emergiu como o deus nacional de Israel (1Rs 20,23)[383]. Como na Mesopotâmia e no Egito, esse deus tornou-se o "rei" divino (Sl 10,16; cf. Ex 15,18; 1Sm 8,7; Sl 47,9; 93,1; 96,10; 97,1; 99,1; 146,10 etc.) e o deus nacional[384]. A fim de descrever o poderoso deus que os trouxe à proeminência, as dinastias davídicas recorreram à linguagem mais antiga e tradicional usada para o guerreiro divino, conhecido em Jz 5,3-5 e em outros lugares (cf. 1Sm 7,10; 12,18)[385]. Um exemplo dramático do deus patrono lutando em nome do rei davídico é o Sl 18 (= 2Sm 22).

382. Na tradição rabínica, Leviatã foi identificado como um peixe grande (*Leviticus Rabbah* 22,10; David Kimchi sobre Is 27A). Como em 2 Baruc 29,4-8, fontes rabínicas posteriores mencionam o Leviatã como alimento para os justos no banquete messiânico (*Baba Batra* 75b; *Leviticus Rabbah* 22,10; *Midrash Tehilim* 18). O Leviatã era invocado em duas tigelas aramaicas (cf. GORDON, C. H. Leviathan: Symbol of Evil, p. 8; GREENFIELD, J. C. Notes on Some Aramaic and Mandaic Magic Bowls, p. 151). Sobre o Leviatã na tradição árabe, cf. WENSINCK, A. J. *The Ocean*, p. 3, 25. Leviatã foi retratado em manuscritos hebraicos dos séculos XIII e XIV e em utensílios para o Seder nas comunidades judaicas do século XV no norte da Itália (cf. GUTTMANN, J. Leviathan, Behemoth and Ziz: Jewish Messianic Symbols in Art. *In*: GUTTMANN, J. (ed.). *No Graven Images*: Studies in Art and the Hebrew Bible. Nova York: KTAV, 1971, p. 225-230). Leviatã entrou na linguagem moderna como a maior ou mais sólida coisa de seu tipo, incluindo vários grandes animais marinhos ou embarcações marítimas, inspirando o título do tratado de Thomas Hobbes sobre o Estado, *Leviathan* (edição inglesa de 1651; edição latina de 1668).

383. Cf. FOHRER, G. *History of Israelite Religion*, p. 125; AHLSTRÖM, G. W. The Travels of the Ark, p. 141-148; STAGER, L. E. Archaeology of the Family in Ancient Israel, p. 1.

384. Cf. SOGGIN, J. A. The Davidic-Solomonic Kingdom. *In*: HAYES, J. H.; MILLER, J. M. (eds.). *Israelite and Judaean History*. Londres: SCM, 1977 (OTL), p. 361-363, 370-373.

385. Moon-Kang (*Divine War*, p. 224) descreve as dimensões políticas do guerreiro divino: "as tradições e os registros históricos e analíticos das batalhas davídicas mostram que a ideia de ajuda e intervenção de YHWH nas batalhas começou a aparecer no período ascendente do reino davídico". Cross, Freedman e outros datam Ex 15, Hab 3,3-15 e outras composições bíblicas no período pré--monárquico, enquanto alguns comentaristas preferem uma data monárquica, concordando com a ideia de que a monarquia tenha desempenhado um papel significativo na percepção sobre Yahweh segundo Baal (para toda a gama de opiniões sobre Ex 15, cf. MOON-KANG, S. *Divine War*, p. 115-116 n. 9; para as datas propostas para Hab 3,3-15, cf. HIEBERT, T. *God of My Victory*, p. 119-120; cf. FLOYD, M. H. Oral Tradition, p. 272-300). Uma data pré-monárquica para a Canção de Débora em Juízes 5 é mais provável (cf. MOON-KANG, S. *Divine War*, p. 179-180; FLOYD, M. H. Oral Tradition, p. 233-266).

Os versículos 8-19 descrevem Yahweh em termos associados à batalha de Baal (KTU 1.2 IV; cf. 1.4 VII 8-9, 38-39), lutando pelo rei e salvando-o da destruição. Os versículos 29-45 descrevem Yahweh permitindo que o monarca conquiste seus inimigos em batalha[386]. O Sl 2, um salmo real, alude aos inimigos que se opõem a Javé e a "seu ungido", o rei[387]. O Sl 89 também compara o poder vitorioso de Yahweh nos versículos 5-18 com o favor divino que Yahweh concede ao monarca davídico nos versículos 19-37. No versículo 25, Yahweh estende seu poder ao monarca em linguagem associada ao deus Baal: "Porei sua mão sobre o Mar e sua mão direita sobre o(s) Rio(s)". Como muitos comentaristas observaram[388], Mar e Rio(s) são títulos do inimigo de Baal na primeira grande seção do ciclo ugarítico dessa deidade (KTU 1.1-2).

O salmo, portanto, baseia-se na imagem da vitória de Yahweh sobre o Mar e outros inimigos cósmicos nos versículos 9-10 e estende essa imagem ao rei no versículo 25 em um momento de declínio real, indicado pelos versículos 38-51. O Sl 72,8 também alude ao Mar e ao Rio ao descrever a extensão do território davídico: "Domine-o de mar a mar, desde o Rio até os confins da terra!" (*wĕyērd miyyām 'ad-yām ûminnāhār 'ad-'apsê-'āreṣ*)[389]. Enquanto "o Rio" historicamente se refere ao Eufrates, também pode evocar o par mítico de "Mar" e "Rio". Parece que 2Sm 5,20

---

386. Concernente ao Sl 18 = 2Sm 22, cf. capítulo 1, seção 5.

387. A propósito dos aspectos políticos do Sl 2, cf. KRAUS, H. J. *Psalms 1–59*: A Commentary. Tradução de H. C. Oswald. Mineápolis: Augsburg, 1988, p. 125-132.

388. AHLSTRÖM, G. W. *Psalm 89*: Eine Liturgie aus dem Ritual des leidenden Königs. Lund: Håkan Ohlssons Boktryckeri, 1959, p. 108-109; CROSS, F. M. *Canaanite Myth and Hebrew Epic*, p. 258; CLIFFORD, R. J. Psalm 89: A Lament over the Davidic Ruler's Continued Failure. *HTR*, vol. 73, 1980, p. 35-47; MOSCA, P. G. Ugarit and Daniel 7: A Missing Link. *Biblica*, vol. 67, 1986, p. 496-517. Sobre o significado político do Sl 89, cf. ainda CROSS, F. M. *Canaanite Myth and Hebrew Epic*, p. 160-162, 257-261. Apesar do sugestivo paralelo do título de Yamm *ṭpṭ nhr*, "Rio Juiz", não há fundamentos textuais para interpretar *nhrwt* da BH no singular, embora a palavra possa ser interpretada como um plural majestático (para discussão, cf. CASSUTO, U. *Biblical and Oriental Studies vol. 2*: Bible and Ancient Oriental Texts. Tradução de I. Abrahams. Jerusalém: Magnes, 1975, p. 84; DAHOOD, M. *Psalms II*, p. 120-121). Em textos que datam do Egito do Novo Reino, a proeza militar do faraó é comparada com as habilidades marciais de Baal (cf. EA 147,13-15; *ANET*, p. 249-450; LICHTHEIM, M. *Ancient Egyptian Literature vol. 3*, p. 65, 67, 69, 71; GAÁL, E. Tuthmosis as a Storm-God?, p. 29-37).

389. O uso do singular **nāhār* no Sl 72,8 difere notavelmente do uso geral do plural nos textos da BH que contêm os termos cósmicos "Mar" e "Rio" (cf. a nota anterior). Sobre esse versículo, cf. KRAUS, H. J. *Psalmen 60-150*. Neukirchen-Vluyn: Neukirchener Verlag des Erziehungsvereins, 1972 (BKAT, 15/2), p. 498.

joga com as imagens da tempestade de Baal. Depois de derrotar os filisteus em Baal-Farasim, cita-se que Davi diz: "O Senhor abriu diante de mim uma brecha no meio dos meus inimigos, como brecha de um açude". O mesmo versículo então toma essas palavras como base para o nome do lugar: "Portanto, o nome daquele lugar é chamado Baal-Farasim"[390].

Outros motivos conhecidos das tradições ugaríticas de Baal aparecem na teologia real israelita. J. J. M. Roberts argumentou que os temas do Baal como guerreiro divino e sua montanha desenvolveram-se no contexto da tradição de Sião durante os reinados de Davi e Salomão[391]. Segundo T. N. D. Mettinger[392], o título divino $\$b\,'t$ foi concedido a Yahweh durante o reinado de Davi e expressava as funções de Yahweh como patrono divino e deus nacional da dinastia davídica. S. Moon-Kang atribui a mesma função e configuração aos títulos divinos gbr e $'zr$[393]. Que a autocompreensão teológica da dinastia e não simplesmente a adoração de Baal tenha essa linguagem do guerreiro divino em Israel pode ser deduzida a partir do fato de que a linguagem do guerreiro divino surgiu independentemente em vários locais antigos do Oriente Próximo, e não raramente sob o ímpeto de unidades políticas emergentes[394]. A inclusão da linguagem tradicional do deus-guerreiro convinha a Yahweh, a divindade patrona de um Estado-nação recém-emergente. O conceito de Yahweh como o guerreiro divino, portanto, não derivou simplesmente da adoração de Baal; era também o produto da política davídica. De fato, pode-se supor que Baal continuou a ser popular em Israel precisamente porque a monarquia adotou seus títulos e imagens para descrever seu deus patrono. O de-

---

390. Sobre 2Sm 5,20, cf. McCARTER, P. K. *II Samuel*, p. 154. Cf. tb. MAZAR, A. Three Israelite Sites in the Hills of Judah and Ephraim. *BA*, vol. 45, 1982, p. 170.

391. ROBERTS, J. J. M. Zion in the Theology of the Davidic-Solomonic Empire. *In*: ISHIDA, T. (ed.). *Studies in the Period of David and Solomon and Other Essays*: Papers Read at the International Symposium for Biblical Studies, Tokyo, 5-7 December 1979. Winona Lake: Eisenbrauns, 1982, p. 93-108. Cf. tb. MOON-KANG, S. *Divine War*, p. 202. Freedman (*Pottery, Poetry, and Prophecy*, p. 79, 93-107) caracteriza o século X e seguintes como um período de "sincretismo monárquico" em relação aos títulos divinos (p. ex., *'ly*; cf. anteriormente, seção 2).

392. METTINGER, T. N. D. YHWH SABAOTH – The Heavenly King on the Cherubim Throne. *In*: ISHIDA, T. (ed.). *Studies in the Period of David and Solomon and Other Essays*: Papers Read at the International Symposium for Biblical Studies, Tokyo, 5-7 December 1979, p. 117.

393. MOON-KANG, S. *Divine War*, p. 197-198.

394. MOON-KANG, S. *Divine War*.

senvolvimento, na Idade do Ferro, dos deuses da cidade da Mesopotâmia, Marduk da Babilônia e Assur de Assur, ilustra ainda mais a dependência da linguagem marcial para Yahweh na tradição literária israelita/canaanita. Como Yahweh, essas duas divindades guerreiras tinham cultos que deram expressão a novas potências militares emergentes na Babilônia e em Assur[395]. A esses dois deuses foram atribuídas imagens encontradas nas tradições literárias das regiões locais. Da mesma forma, as descrições bíblicas sobre Yahweh, a divindade nacional do novo Estado emergente, basearam-se nas tradições da matriz israelita/canaanita.

Os estudiosos há muito concentram-se nos paralelos entre Baal nos textos ugaríticos e Yahweh no material bíblico. Não apenas as imagens e os títulos de Yahweh como deus da tempestade podem ser encontrados nos textos ugaríticos; o pano de fundo político dessas descrições de Yahweh também pode ser rastreado até o material semítico ocidental do segundo milênio da cidade de Mari, no Rio Eufrates. Uma carta do segundo milênio proveniente de Mari confirma a função política do conflito entre o deus da tempestade e o mar cósmico. A carta, que data do fim do reinado do rei Zimri-Lim de Mari, é endereçada a ele pelo profeta Nur-Sin de Aleppo. Citando o deus da tempestade Adad, o texto afirma: "Quando você [Zimri-Lim] se sentou no trono de seu pai, eu lhe dei a(s) arma(s) com a(s) qual(ais) lutei contra o Mar (*tâmtum*)"[396]. Esse texto fornece a primeira testemunha textual externa do mito do conflito semítico ocidental na Idade do Bronze Médio. Na versão de Mari, o deus da tempestade é identificado como Addu, o equivalente acádio de Haddu (*hd*), equivalente a Baal nos textos míticos ugaríticos. Uma lista de divindades em Ugarit também fornece a equivalência entre Addu e Baal[397]. O deus ^{d}IM *be-el ḫuršân ḫazi*, "Adad, senhor do Monte

---

395. Cf. introdução, seção 1 e a discussão que se segue.

396. DURAND, J. M. Le mythologème du combat entre le dieu de l'orage et la mer en Mésopotamie. *MARI*, vol. 7, 1993, p. 41-61; BORDREUIL, P.; PARDEE, D. Le combat de Ba'lu avec Yammu d'après les textes ougaritiques. *MARI*, vol. 7, 1993, p. 63-70; SMITH, Mark. S. *The Origins of Biblical Monotheism*, p. 158-159. Sobre o profeta Nur-Sin of Aleppo, cf. LAFONT, B. Le roi de Mari et les prophètes du dieu Adad. *Revue assyriologique*, vol. 78, 1984, p. 7-18.

397. RS 20.24 e RS 1929.17 (KTU 1.47), tratados por Nougayrol (*Ug V*, p. 44-45, 47-48); cf. as leituras em KTU 1.47 e 1.118. Cf. KNUTSON, F. B. Divine Names and Epithets in the Akkadian Texts. *In*: RUMMEL, S. (ed.). *Ras Shamra Parallels vol. 3*: The Texts from Ugarit and the Hebrew Bible. Roma: Pontificium Institutum Biblicum, 1981 (AnOr, 51), p. 474-476. Sobre o ugarítico *hd*,

Hazzi", corresponde a *b'l ṣpn*, "Baal-Safon". As mesmas listas fornecem a correlação de *ym*, "Yamm" (Mar), e [d]*tâmtum*, "Tiamat" (Mar). Um testemunho comparável do mar deificado ocorre em um texto acádio de Ras Shamra. Em RS 17.33 obv. 4', a lista de divindades que servem como testemunhas de um tratado entre o rei hitita Mursilis e seu vassalo real ugarítico Niqmepa inclui [[d]A].*AB.BA.GAL*, isto é, *[tâ]mtu rabitu*, "o grande Mar"[398]. A divindade semítica ocidental do oceano cósmico também é atestada em Mari. Alguns nomes próprios incluem *ym* como elemento teofórico[399]. De acordo com A. Malamat, a oferenda que Yahdun-Lim de Mari faz ao "Oceano" (*a-ab-ba*) no Mar Mediterrâneo reflete o culto semítico ocidental do deus do mar[400]. Um texto de Emar confirma oferendas a Yamm ([d]*Ia-a-mi*)[401].

Em contraste com o conflito entre Baal e Yamm retratado no ciclo de Baal (KTU 1.2 IV), o texto de Mari concentra-se na função humana e política das armas cósmicas como presentes do deus da tempestade ao rei. O poder do deus da tempestade, o patrono do rei, reforça o poder do monarca. Em outros lugares, armas divinas desempenham um papel importante na expressão do poder real. Nos textos babilônicos

---

cf. POPE, M. H. Baal-Hadad. *In*: POPE, M. H.; RÖLLIG, W. *Syrien*, p. 253-254; ZIJL, P. J. van. *Baal*: A Study of the Texts in Connexion with Baal in the Ugaritic Epics. Kevelaer: Butzon und Bercker; Neukirchen-Vluyn: Neukirchener Verlag des Erziehungsvereins, 1972 (AOAT, 10), p. 346-351; CROSS, F. M. *Canaanite Myth and Hebrew Epic*, p. 10-11, 58. Sobre *hd*, especialmente em fontes do primeiro milênio, cf. GREENFIELD, J. C. Aspects of Aramaean Religion. *In*: MILLER JR., P. D.; HANSON, P. D.; McBRIDE, S. D. (eds.). *Ancient Israelite Religion: Essays in Honor of Frank Moore Cross*, p. 67-70.

398. *PRU IV*, p. 85.

399. Cf. HUFFMON, H. B. *Amorite Personal Names*, p. 120, 124, 210; GELB, I. J. *A Computer -Aided Analysis of Amorite*. Chicago: Oriental Institute of the University of Chicago, 1980 (Assyriological Studies, 21), p. 272-273; DURAND, J. M. Différentes questions à propos de la Religion. *MARI*, vol. 5, 1987, p. 613-614. Cf. o nome *aḥiyami* na Taanach (cf. GLOCK, A. E. Texts and Archaeology at Tell Ta'annak. *Berytus*, vol. 31, 1983, p. 60).

400. Cf. MALAMAT, A. 'lhwtw šl hym htykwn bṭqṣṭ prh-'wgryty" [A deidade do Mar Mediterrâneo em um texto pré-ugarítico]. *In*: *Mhqrym bmqr': Mhqrym bmqr': yws'ym l'wr bml't m'h šnh lhwldtw šl m'' d q'swṭw* [Pesquisa na Bíblia; publicada por ocasião do centenário do nascimento de M. D. Cassuto]. Jerusalém: Magnes, 1987, p. 184-188; cf. MALAMAT, A. Campaigns to the Mediterranean by Iahdunlim and Early Mesopotamian Rulers. *In*: *Studies in Honor of Benno Landsberger on His Seventy-fifth Birthday, April 21, 1965*. Chicago: University of Chicago Press, 1965 Assyriological Studies 16, p. 367.

401. Emar 373,92 ': *a-na* [d]*INANNA* ša *a-bi u*[d]*Ia-a-mi 2 ta-pal x [*, "para Astarte do Mar e para Iamu, os dois pa[res... mencionados acima" (uma oferenda).

antigos e neoassírios, os reis são descritos a brandir as armas de deuses marciais particulares[402]. Uma carta preservada em Mari foi enviada a Yashub-Yahad, rei de Dir, por Yarim-lim, rei de Aleppo. Nessa carta, Yarim-lim declara: "Eu lhe mostrarei as terríveis armas de Addu (*GIŠ. TUKUL.ḪI.A.* ᵈIM) e de Yarim-lim"[403]. Nesses textos, o rei demonstra seu grande poder invocando o poder do armamento divino. A carta de Mari, que cita as palavras de Nur-Sin de Aleppo, menciona o poder das armas divinas de Addu, mas também se refere ao mito do conflito semítico ocidental. O dom divino de armas aumenta a relação entre o deus patrono e seu rei, invocando a vitória do deus patrono sobre o inimigo cósmico. O poder do rei sobre seus inimigos reflete, no nível cósmico, a vitória do deus da tempestade sobre seu adversário.

O ciclo de Baal indica que a linguagem marcial para Yahweh derivou da esfera cananeia. O fato de esse material mítico ter sido empregado de maneira tão política na esfera cananeia é menos evidente no ciclo de Baal. A realeza, no entanto, é uma preocupação central do ciclo ugarítico de Baal, o que pode apontar para um uso político do conflito Baal-Yamm (e talvez para todo o ciclo), semelhante à função política da carta de Mari[404]. A produção do ciclo de Baal pode ter servido para reforçar a realeza não só do deus Baal mas também da dinastia ugarítica. De fato, os nomes dos reis ugaríticos refletem a relação especial entre Baal e a dinastia ugarítica. Os reis Niqmaddu I e II tomaram um nome Addu. O nome *nqmd* compõe-se de duas partes: o verbo **nqm* e o elemento teofórico *(h)d*; pode ser traduzido como "Addu vindicou"[405]. Outra dinastia tem o nome *y'ḏrd*, que significa "Que Addu ajude"[406].

---

402. *CAD* K:52-55.

403. DOSSIN, G. Une lettre de Iarîm-Lim, roi d'Alep, à Iasub-Iahad, roi de Dîr. *Syria*, vol. 33, 1956, p. 67, linha 32; *CAD* K:54; CHARPIN, D. De la Joie à l'Orage. *MARI*, vol. 5, 1987, p. 661.

404. Cf. SMITH, Mark S. Interpreting the Baal Cycle, p. 330-331 n. 95. As invocações do Rei Arḫalbu a Baal em RS 16.144.9, 12-13 (*PRU III*, 76), são, talvez, pertinentes: ᵈ*Ba'lu (IŠKUR) li-ra-ḫi-iṣ-šu*, "que Baal o inunde"; ᵈ*Ba'lu (IŠKUR) bel (EN) ḫuršân (ḪUR.SAG) Ḫazi li-ra-ḫi-iṣ--šu*, "que Baal, senhor do Monte Hazzi, o inunde". Cf. mais discussões sobre o ciclo de Baal em SMITH, Mark S. *The Ugaritic Baal Cycle*, p. 105-114.

405. A dissimilação de /dd/ para /nd/ no elemento teofórico **andu* em *ni-iq/niq-maan-du* não é excepcional (cf. ROBERTS, J. J. M. *The Earliest Semitic Pantheon*, p. 13). Sobre **nqm*, cf. PITARD, W. T. Amarna *ekēmu* and Hebrew *nāqam*. *Maarav*, vol. 3/1, 1982, p. 5-25.

406. GRÖNDAHL, F. *Die Personennamen*, p. 17, 68.

Pode-se notar que apenas essas três dinastias têm nomes com elementos teofóricos, e em todas as três instâncias o elemento teofórico é *(h)d*. A dinastia talvez considerasse Baal/Haddu seu patrono divino especial, e a transmissão e a produção final do ciclo de Baal pode ter resultado em parte dos valores políticos que tal ciclo expressou em nome da dinastia.

Contextos políticos comparáveis foram propostos para o Enuma Elish, uma obra mesopotâmica que exibe muitas semelhanças com o ciclo de Baal[407]. T. Jacobsen propõe que as semelhanças devem-se à dependência. Ele argumenta que o conflito entre Marduk e Tiamat foi modelado em uma versão semítica ocidental da tradição do conflito, como atestado no ciclo de Baal[408]. Como a carta de Mari, Enuma Elish apresenta Tiamat como o mar cósmico, mas, ao contrário da carta de Mari,

---

407. Para propostas sobre o contexto histórico do Enuma Elish, cf. MANN, T. W. *Divine Presence and Guidance in Israelite Traditions*: The Typology of Exaltation. Baltimore: Johns Hopkins University Press, 1977, p. 48-51.

408. JACOBSEN, T. The Battle Between Marduk and Tiamat. *JAOS*, vol. 88, 1968, p. 104-108; Religious Drama in Ancient Mesopotamia. *In*: GOEDICKE, H.; ROBERTS, J. J. M. (eds.). *Unity and Diversity*. Baltimore: Johns Hopkins University Press, 1975, p. 75-76. Argumentou-se também que o mito do conflito semítico ocidental foi transmitido através da Mesopotâmia para a Índia, refletido em material no Rig Veda sobre o deus da tempestade, Indra, que derrota o inimigo cósmico, Vrtra (consoante LAHIRI, A. K. *Vedic Vrtra*. Deli: Motital Banarsidass, 1984; para os textos 1.32, 1.85, 1.165, 1.170 e 1.171, cf. O'FLAHERTY, W. *The Rig Veda*: An Anthology. Middlesex: Penguin, 1981, p. 148-151, p. 167-172; VELANKAR, H. D. Hymns to Indra in Mandala I. *Journal of Bombay University*, vol. 20/2, 1950, p. 17-34). Há muito tempo Gaster comparou os materiais semítico ocidental, semítico oriental e védico (*Thespis*, p. 150, 164-165, 170). A evidência repousa em grande parte na comparação entre os deuses da tempestade, Baal e Indra. Ambos os deuses derrotam um inimigo cósmico com a ajuda de armas divinas criadas por um deus-artesão. Além disso, como Marduk (cf. Enuma Elish 4,39-40; cf. *ANET*, p. 66), a descrição de ambos os deuses da tempestade apresenta ajudantes meteorológicos (cf. O'FLAHERTY, W. *The Rig Veda*, p. 167-172). A comitiva meteorológica de Baal inclui "suas nuvens, seus ventos, suas carruagens (?), suas chuvas, [...] seus sete jovens, seus oito rapazes" (KTU 1.5 V 6-9). A comitiva de Indra inclui seus assistentes, os Maruts; são guerreiros jovens, andando em carruagens que produzem chuvas (O'FLAHERTY, W. *The Rig Veda*, p. 166-172). Sobre este ponto, cf., ademais, WYATT, N. Baal's Seven Boars. *UF*, vol. 19, 1987, p. 391-398. É interessante notar a observação de M. Müller (*Vedic Hymns*: Part 1, Hymns to Maruts, Rudra, Vâya, and Vâtra. Oxford: At the Clarendon, 1891 [The Sacred Books of the East, 32], p. 58) de que a descrição dos Maruts lançando nuvens no mar é inesperada para um povo do interior. Esse é precisamente o tipo de argumento que Jacobsen emprega para sua teoria da transmissão do mito do conflito semítico ocidental para a Mesopotâmia. A teoria defendida por Lahiri, no entanto, é prejudicada por dados limitados e reconstruções históricas problemáticas – cf. resenha feita por J. A. Santucci de *Vedic Vrtra*, de A. K. Lahiri (*Religious Studies Review*, vol. 14/1, 1988, p. 89); cf. tb. a resenha feita por J. Z. Smith de *God's Battle with the Monster: A Study in Biblical Imagery*, de M. K. Wakeman (*JBL*, vol. 94, 1975, p. 442-444; WYATT, N. Baal's Seven Boars, p. 396-398). O deus-artesão está ausente do Enuma Elish, lançando algumas dúvidas sobre se esse texto poderia ser um passo intermediário na transmissão do mito do conflito.

Enuma Elish apresenta Marduk, o patrono divino da Babilônia, como inimigo de Tiamat. A equivalência entre Marduk e Addu é expressamente feita em Enuma Elish 7,119, onde o quadragésimo sétimo nome de Marduk é Addu[409]. Da mesma forma, essa equivalência é atestada em outro texto que delineia várias divindades como aspectos de Marduk: "Adad (é) Marduk da chuva"[410]. As tradições amorritas comuns, subjacentes nas dinastias de Ugarit, Mari e Babilônia, parecem reforçar a visão de Jacobsen[411]. Por trás do mito ugarítico de Baal e Yamm, explícito na carta de Mari, está uma função política de apoio divino a um monarca humano. A julgar por seus testemunhos bíblicos, o uso político do mito do conflito pertencia ao patrimônio cananeu de Israel monárquico.

---

409. *ANET*, p. 72; BÖHL, F. M. Th. Die fünfzig Namen des Marduk. *Archiv für Orientforschung*, vol. 11, 1936, p. 210. Sobre os cinquenta nomes de Marduk, cf. tb. BOTTÉRO, J. Les noms de Marduk, p. 5-28. É evidente que o herói divino varia de acordo com a localidade, a exemplo da versão assíria, que substitui Assur por Marduk (cf. *ANET*, p. 62 n. 28). Agradeço ao professor Olyan por trazer esse ponto à minha atenção.

410. Sobre este texto, cf. BÖHL, F. M. Th. Die fünfzig Namen des Marduk, p. 210; LAMBERT, W. G. Historical Development of the Mesopotamian Pantheon, p. 198.

411. Outras evidências das tradições amoritas comuns por trás das dinastias ugaríticas e babilônicas incluem seu ancestral tribal comum, o ugarítico *ddn/dtn* (cf. KTU 1.15 III 2-4, 13-15; 1.124.4; 1.161.10), *di-ta-nu* na genealogia da dinastia de Hamurabi da Babilônia e *di-ta-na* e *di-da-a-nu* na Lista A de Reis Assírios. Para a evidência, cf. LIPIŃSKI, E. Ditanu. *In*: AVISHUR, Y.; BLAU, J. (eds.). *Studies in the Bible and the Ancient Near East Presented to Samuel E. Loewenstamm*. Jerusalém: E. Rubinstein's Publishing House, 1978, p. 91-99; MOOR, J. C. de. Rapi'uma – Rephaim. *ZAW*, vol. 88, 1968, p. 332-333; KITCHEN, K. A. The King List of Ugarit. *UF*, vol. 9, 1977, p. 142; POPE, M. H. Notes on the Rephaim Texts from Ugarit. *In*: JONG ELLIS, M. de. (ed.). *Essays on the Ancient Near East in Memory of Jacob Joel Finkelstein*. Hamden: Archon Books, 1977 (Memoirs of the Connecticut Academy of Arts and Sciences), p. 179; D. PARDEE, D. Visiting Ditanu – The Text of RS 24.272. *UF*, vol. 15, 1981, p. 127-140; LEVINE, B.; TARRAGON, J. M. de. Dead Kings and Rephaim: The Patrons of the Ugaritic Dynasty. *JAOS*, vol. 104, 1984, p. 655. Sobre a genealogia da dinastia de Hamurabi, cf. FINKELSTEIN, J. J. The Genealogy of the Hammurapi Dynasty. *JCS*, vol. 20, 1966, p. 95-118; LAMBERT, W. G. Another Look at Hammurabi's Ancestors. *JCS*, vol. 22, 1968-1969, p. 1-2. Sobre a Lista de Reis Assírios, cf. GELB, I. J. Two Assyrian King Lists. *JNES*, vol. 13, 1954, p. 209-230, esp. 210 linha 5, 211 linha 4; MILLARD, A. R. Fragments of Historical Texts from Nineveh: Middle Assyrian and Later Kings. *Iraq*, vol. 32, 1970, p. 167-176, esp. p. 175 linha 5. Cf. tb. MALAMAT, A. King Lists of the Old Babylonian Period and Biblical Genealogies. *JAOS*, vol. 88, 1968, p. 163-173; WILSON, R. R. *Genealogy and History in the Biblical World*. New Haven: Yale University Press, 1977 (Yale Near Eastern Researches, 7), p. 87-100, 107-114. Cf. tb. os nomes de dois monarcas da primeira dinastia da Babilônia, *sa-amsu/si-di-ta-nu*, e o nome de um governante na linha ancestral, *a-bi-di-ta-an* (LIPIŃSKI, E. Ditanu, p. 92-93). O nome de Ammi-ditana ocorre na genealogia da dinastia de Hamurabi e na recensão Ras Shamra de *ḪAR-ra = ḫubullu* (LANDSBERGER, B.; REINER E.; CIVIL, M. *Materials for the Sumerian Lexicon XI*: The Series Ḫar-ra = ḫubullu, Tablets 20-24. Roma: Pontificium Institutum Biblicum, 1974, p. 48, col. 4, linhas 20-21, e 52, linha 26). Este último também atesta *di-da-na* (LANDSBERGER, B.; REINER E.; CIVIL, M. *Materials*, p. 48, col. 4, linha 22, e 52, linha 28).

Notou-se que os inimigos cósmicos aparecem como símbolos políticos para Estados hostis a Israel, por exemplo, Raab para o Egito (Is 30,7; Sl 87,4). O pano de fundo para a equação dos inimigos políticos com os cósmicos talvez esteja localizado no paralelismo entre os inimigos do deus e do rei, ilustrado na tradição israelita pelo Sl 18(2Sm 22),17-18 e na tradição semítica ocidental anterior à carta de Mari.

Em vista do pano de fundo político para motivos associados ao deus da tempestade em Ugarit, Mari, Babilônia e Israel, as reconstruções acadêmicas para o cenário da linguagem que descreve a teofania da tempestade de Yahweh merecem alguma consideração adicional. Alguns estudiosos têm argumentado que a Festa dos Tabernáculos a cada outono (Ex 23,16; 34,22) incluía a entronização de Yahweh[412]. Segundo S. Mowinckel[413], o proponente mais vigoroso da teoria, o aspecto de entronização do festival é refletido em numerosos salmos contendo o motivo da batalha de Yahweh, muitas vezes na tempestade, contra os inimigos cósmicos. Esses textos incluem os Sl 65, 93 e 96–99. O ônus da prova para essa teoria recai principalmente sobre dois dados. O cabeçalho do Sl 29 na Septuaginta associa esse salmo à Festa dos Tabernáculos, e Zc 14,16-17 refere-se especificamente à celebração do reinado de Yahweh em conexão com a Festa dos Tabernáculos:

> Então acontecerá que todos os sobreviventes das nações que marcharam contra Jerusalém subirão, ano após ano, para prostrar-se diante do Rei, o Senhor Todo-poderoso, e para celebrar a festa das Tendas. E acontecerá que as famílias da terra que não subirem a Jerusalém para prostrar-se diante do Rei, o Senhor Todo-poderoso, não terão chuva.

Como J. Day nota[414], a referência à chuva no versículo 17 está de acordo com o motivo do controle de Yahweh sobre os inimigos cósmicos da água. Embora essa passagem seja pós-exílica, alguns de seus moti-

---

412. DAY, J. *God's Conflict*, p. 18-37.

413. MOWINCKEL, S. *The Psalms in Israel's Worship*. Oxford: Basil Blackwell, 1962, p. 1.16-1.92, 2.222-2.250; cf. tb. GASTER, T. H. *Thespis*, p. 442-459.

414. GERSTENBERGER, E. S. The Lyrical Literature. *In*: KNIGHT, D. A.; TUCKER, G. M. (eds.). *The Hebrew Bible and Its Modern Interpreters*. Filadélfia: Fortress; Decatur: Scholars, 1985, p. 430; DAY, J. *God's Conflict*, p. 20.

vos podem ter desfrutado de uma longa história na tradição israelita. Um cenário pré-exílico para a celebração da realeza divina no contexto dos Tabernáculos é plausível. O cenário do Sl 65, que celebra no templo a generosidade da colheita de outono, é possivelmente um salmo dos Tabernáculos. Day observa que o Sl 65,6-9 (E 5-8) lembra a vitória de Yahweh sobre as águas cósmicas[415]. Pode-se notar ainda que o motivo do versículo 9 (E 8) é precisamente meteorológico. Os "sinais" testemunhados nos confins da terra são os trovões dos céus e da terra que anunciam a chegada iminente das chuvas que sustentam a vida (cf. KTU 1.15 III 2-11; cf. 1.3 III 13-31, IV 7-20). O Sl 65 e Zc 14,16-17 indicam a importância meteorológica da chuva no início do outono. Que o poder divino sobre as águas fosse celebrado na festa outonal em Jerusalém parece evidente no Sl 65 e pode ser inferido a partir de outros salmos[416]. Enquanto alguns salmos que celebram a realeza de Yahweh podem não pertencer a esse cenário, e embora muito tenha sido feito da teoria do festival do Ano-novo, a Festa dos Tabernáculos talvez incluísse alguma celebração da realeza divina manifestada no armamento climático divino que subjuga as águas cósmicas.

Esse pano de fundo político para as imagens que colocam Yahweh contra as águas cósmicas pode ter antecedentes dentro da cultura cananeia. Teorias meteorológicas do tipo, propostas para alguns salmos bíblicos, também foram oferecidas para o ciclo de Baal. T. H. Gaster e J. C. de Moor associam diversos pontos do ciclo a várias épocas do ano, incluindo o outono[417]. Embora a tentativa de Moor de correlacionar o ciclo de Baal com um ciclo anual não tenha sido aceita, a associação, feita por Gaster, de duas partes do ciclo de Baal com o outono parece mais provável. Baseado no trabalho de Gaster, M. S. Smith argumentou, ainda, que cada uma das três seções principais do ciclo de Baal, ou seja, o conflito Baal-Yamm (KTU 1.1-2), a construção do palácio de Baal (1.3-4) e Baal--Mot (1.5-6) inspira-se no tempo do outono, especificamente a chegada

---

415. DAY, J. *God's Conflict*, p. 22.

416. DAY, J. *God's Conflict*, p. 22.

417. Para uma discussão completa dos pontos subsequentes, cf. SMITH, Mark S. Interpreting the Baal Cycle, p. 313-339; cf. GASTER, T. H. *Thespis*, esp. p. 238; MOOR, J. C. de. *Seasonal Pattern, ad loc.*

das chuvas. Evidências internas apontam para todas as três seções sendo construídas em direção ao aparecimento de chuvas que estavam em falta anteriormente. As imagens meteorológicas que se encontram por trás das armas chamadas *ṣmdm* em KTU 1.2 IV foram notadas por muitos estudiosos. Y. Yadin argumentou com base no radical *ṣmd*, "atar" (cf. o árabe *ḍamada*), que a arma é um relâmpago duplo. Os relâmpagos pressagiam o aparecimento das chuvas de outono. Na segunda seção do ciclo, Asherah está contente com a permissão de El para construir um palácio para Baal, de modo que este possa produzir as chuvas, evidentemente faltantes até esse ponto (1.4 V 6-9). Depois que o palácio é construído, Baal finalmente profere seu trovão, literalmente "voz santa", através da fenda nas nuvens (1.4 VII 25-31). A conclusão do palácio, permitindo a plena manifestação do poder do deus na tempestade, é, afinal, a mensagem cósmica que Baal tinha anteriormente insinuado para Anat (1.3 III 13-31, IV, 7-20). A terceira seção do ciclo de Baal, 1.5-1.6, expressa a questão da chuva de uma forma diferente. Em 1.5 VI 23-25, El lamenta a condição da humanidade devido à morte de Baal, o que significa que não há chuva (cf. 1.6 I 6-8). O sonho visionário de El indica-lhe que a terra irá fluir com a fertilidade produzida pelas chuvas de Baal (1.6 III). A única estação que se encaixa na situação descrita nessas passagens é o outono, quando as chuvas finalmente superam o calor do fim do verão.

Como os salmos bíblicos usados na teoria da celebração da entronização, o ciclo de Baal tem um tema manifestamente monárquico. Assim como os salmos de entronização proclamam a realeza de Yahweh, o ciclo de Baal afirma sua realeza. Os salmos de entronização e o ciclo de Baal expressam a dimensão política da realeza divina. A carta de Mari e o Sl 89 ilustram a conexão entre os níveis humano e divino da imagem da tempestade semita ocidental, e pode ser que os salmos de entronização e o ciclo de Baal pressupusessem igualmente o nível humano e divino de realeza. Esses dois níveis de realeza podem ter sido celebrados no antigo Israel na época do ano em que a divindade da tempestade parecia mais forte, o início do outono. Além disso, a natureza do entrelace das realezas divina e humana nas composições durante o período da monarquia sugere que a Festa dos Tabernáculos teria servido como uma ocasião apropriada para comunicar a relação entre os reis divino e humano. Em resumo, as imagens de tempestade associadas com Baal nos textos cananeus e com Yahweh na tradição israelita exibiam uma função política. A imagem marcial da deusa Anat pode ter exercido um papel similar.

4 Excurso: Yahweh e Anat

Embora a Bíblia apresente Baal, e, em menor medida, Asherah, como divindades separadas, não existe tal representação de Anat[418]. Exceto em nomes pessoais, Anat não aparece na Bíblia[419]. O papiro aramaico Judeu

---

418. Sobre Anat, cf. COOPER, A. Divine Names and Epithets in the Ugaritic Texts, p. 400-402; ODEN JR., R. A. *Studies*, p. 81-82; DELCOR, M. Une allusion à Anat, déesse guerrière en Ex. 32:18? *JJS*, vol. 33, 1982 (= *Essays in Honour of Yigael Yadin*), p. 145-160; LURIA, B. Z. Who Was Shamgar ben Anat? *Dor le Dor*, vol. 14, 1985-1986, p. 105-107; AHLSTRÖM, G. W. *Who Were the Israelites?*, p. 77; WALLS, N. H. *The Goddess Anat in Ugaritic Myth*. Atlanta: Scholars, 1992 (SBLDS, 135); DAY, P. L. Anat: Ugarit's "Mistress of Animals". *JNES*, vol. 51, 1992, p. 181-190; Anat. *DDD*, vol. 36-43; Why Is Anat a Warrior and Hunter? *In*: JOBLING, D.; DAY, P. L.; SHEPPARD, G. T. (eds.). *The Bible and the Politics of Exegesis*: Essays in Honor of Norman K. Gottwald on His Sixty-Fifth Birthday. Cleveland: Pilgrim Press, 1991, p. 141-146, 329-332; DAY, J. *Yahweh and the Gods and Goddesses of Canaan*. Sheffield: Sheffield Academic Press, 2001 (JSOTSup, 265), p. 132-144. A avaliação de Day parece excessivamente otimista para a extensão de Anat na religião israelita pré-exílica. Anat aparece na Bíblia apenas na forma de nomes próprios (cf. capítulo 1, seção 3), e nenhuma inscrição fenícia existente no continente a atesta. A deusa Antit é atestada em uma estela egípcia de Beth-Shan (cf. ROWE, A. *The Four Canaanite Temples of Beth-Shan*. Filadélfia: University of Pennsylvania Press, 1940, p. 34, pl. 65A; KEMPINSKI, A. Beth-shean. *EAEHL*, vol. 1, p. 215). A vocalização do ugarítico *'nt* como **'anatu* (daí a ortografia inglesa Anat) é baseada na ocorrência de seu nome como *ᵈa-natum* em RS 20.24.20 (*Ug V*, p. 44; cf. KNUTSON, F. B. Divine Names and Epithets in The Accadian Texts, p. 476-477) e em nomes pessoais ugaríticos. Para Anat em fenício e púnico, cf. FRENDO, A. A New Punic Inscription from Zejtun (Malta) and the Goddess Anat-Astarte. *PEQ*, vol. 131, 1991, p. 24-35. Para a etimologia do seu nome, cf. nota 421, adiante, e capítulo 3, seção 3.

419. Além de Shamgar, filho de 'Anat (*ben* 'ănāt), cf. *bêt-'ănāt* (Js 19,38) e *huion Anat*, "filho de Anat" (LXX Vaticanus, Js 17,7) bem como *bn'nt* em uma inscrição do século VII de Ecrom (cf. GITIN, S.; DOTHAN, T.; NAVEH, J. A Royal Dedicatory Inscription from Ekron. *IEJ*, vol. 47, 1997, p. 13-14). Cf. *'ănātôt*, um lugar em Benjamim e a casa de Jeremias (Js 21,18; 1Rs 2,26; Is 10,30; Jr 1,1; 11,21.23; 32,7-9; Esd 2,23; Ne 7,27; 11,32; 1Cr 8,45), possivelmente um nome de lugar baseado em um nome divino (cf. nomes de lugares 'Ashtaroth, 'Anat no Eufrates, ᵁᴿᵁ*Ba-'-li* em uma lista neoassíria; cf. ASTOUR, M. C. Yahweh, p. 33); cf. o benjaminita com esse nome (1Cr 7,8). O nome pessoal *'antōtiyyāh*, o nome de um benjaminita (1Cr 8,24), pode estar relacionado ao nome da deusa, mas, seguindo o exemplo de Albright e Milik, Olyan (Some Observations, p. 170 n. 56) toma esse nome como um nome de sentença que significa "Yahweh é minha providência", conectando **'antōt-* com o aramaico *'antā*' e o acádio *ittu*, "sinal, presságio" (cf. CURTIS, E. L.; MADSEN, A. A. *A Critical and Exegetical Commentary on the Books of Chronicles*. Nova York: Charles Scribner's Sons, 1910 [ICC], p. 163). Cf. tb. as formas gentílicas possivelmente relacionadas em 2Sm 23,27; Jr 29,27; 1Cr 11,28; 12,3; 27,2. Sobre Anat como o elemento teofórico em nomes próprios, além dos estudos citados na nota anterior, cf. AULD, A. G. A Judaean Sanctuary of

de Elefantina contém os nomes divinos *'ntbyt'l* (AP 22,125) e *'ntyhw* (AP 44,3) e o nome pessoal *'nty* (AP 22,108), que alguns estudiosos têm interpretado como evidência indireta para um culto judeu a Anat em Elefantina, uma prática que, em seguida, seria inferida sobre o antigo Israel. Tentativas de mitigar essa visão, sugerindo que **'nt* é um substantivo comum que expressa uma hipóstase de Yahweh[420], são problemáticas, uma vez que essa derivação é controvertida[421]. Aliás, parece que **'nt* no papiro aramaico de Elefantina derivou do nome da deusa Anat, atestada em outros documentos aramaicos egípcios do período persa. A razão para a derivação de **'nt* a partir do nome da deusa pode ser qualquer uma das influências locais arameia ou fenícia; esta última é viável, já que o nome Anat-Betel pertence às divindades tirenses mencionadas no tratado entre Assaradão e Baal II de Tiro[422]. Que seu culto fosse conhecido na Idade do Ferro em Betel pode ser inferido a partir da menção a ela no Papiro

---

'Anat (Josh. 15:59). *TA*, vol. 4, 1977, p. 85-86. Argumentos de que esses nomes indicam devoção cultual à deusa (p. ex., AHLSTRÖM, G. W. *Who Were the Israelites?*, p. 77) excedem as evidências, já que a nomeação de pessoas ocorria segundo convenções outras que as de devoção cultual (para mais discussões, cf. a introdução). Além disso, os topônimos com o elemento teofórico *'nt* fornecem informações que apontam para o caráter nativo de seu culto, mas o culto pode ser anterior à atestação dos nomes. Para uma proposta que compara as imagens de Anat e Débora, cf. CRAIGIE, P. C. Three Ugaritic Notes on the Song of Deborah. *JSOT*, vol. 2, 1977, p. 33-49; Deborah and Anat: A Study of Poetic Imagery. *ZAW*, vol. 90, 1978, p. 374-381. Cf. tb. GOOD, R. M. Exodus 32:18. *In*: MARKS, J. H.; GOOD, R. M. (eds.). *Love and Death in the Ancient Near East*: Essays in Honor of Marvin H. Pope. Guilford: Four Quarters, 1987, p. 137-142.

420. Sobre os elementos *byt'l*, **'šm*, **'nt* e **ḥrm* como hipóstases, cf. MILIK, J. T. Les papyrus araméens d'Hermoupolis et les cultes syro-phéniciens en Egypte perse. *Biblica*, vol. 48, 1967, p. 556-564; McCARTER, P. K. Aspects of the Religion of the Israelite Monarchy: Biblical and Epigraphic Data. *In*: MILLER JR., P. D.; HANSON, P. D.; McBRIDE, S. D. (eds.). *Ancient Israelite Religion*: Essays in Honor of Frank Moore Cross, p. 138-143; OLYAN, S. M. Some Observations, p. 170; BURNETT, J. S. *A Reassessment of Biblical Elohim, Society of Biblical Literature*, p. 90-92.

421. B. Porten discute as duas possibilidades de que estes elementos sejam hipóstases ou sobreviventes de antigas divindades (Archives from Elephantine. Berkeley: University of California Press, 1968, p. 154, 156, 165-170, 178-179, 317). J. P. Hyatt (The Deity Bethel in the Old Testament. *JAOS*, vol. 59, 1939, p. 81-98) e B. Levine (*In the Presence of the Lord*: A Study of Cult and Some Cultic Terms in Ancient Israel. Leiden: Brill, 1974 [Studies in Judaism in Late Antiquity, 5], p. 131-132) não vê nenhum impedimento para essa última visão. O nome Betel em Jr 48,13 pode apontar para uma fonte fenícia por trás da evidência de Betel como um nome divino em fontes bíblicas e egípcias judaicas. Tal explicação pode explicar o elemento **'nt* nos nomes de Elefantina. Para várias propostas para a etimologia do nome de Anat, cf. POPE, M. H. *'Anat. In*: POPE, M. H.; RÖLLIG, W. *Syrien*, p. 235-241. Lambert iguala o nome de Anat a Hanat, uma área povoada por um grupo de amorreus com sua capital em Terqa (Old Testament Mythology, p. 132 esp. n. 6).

422. Sobre Anat-Betel de Tiro, cf. capítulo 1, seção 6.

Egípcio de Amherst n. 63 (coluna VII)[423] (em conformidade, *'ntbyt'l* na AP 22,125 pode ser "Anat de Betel"). Enquanto Anat foi, em geral, uma deusa em algumas regiões do Egito, inclusive de uma forma combinada com nomes de outras divindades em Elefantina, há pouca ou nenhuma evidência clara de que Anat fosse uma deusa em Israel.

Embora Anat dificilmente tenha sido uma deusa em Israel, sua batalha feroz no ciclo ugarítico de Baal (CTA 3.2 [KTU 1.3 II].3-30) com frequência tem sido comparada com várias passagens bíblicas. Para ilustrar a base de comparação entre Yahweh e Anat, oferece-se primeiramente uma tradução deste texto ugarítico[424]:

kl'at ṯǵrt bht 'nt	Os portais da casa de Anat estavam cerrados;
wtqry ǵlmm bšt ǵr	E ela se encontrou com os jovens no sopé da montanha.
whln 'nt tmtẖṣ b'mq	E vejam! Anat luta no vale,
tẖtṣb bn qrytm	Ela batalha entre as duas cidades.
tmẖṣ l'im ẖpy[m]	Ela golpeia os povos do Oes[te].
tṣmt 'adm ṣ'at š[p]š	Fulmina a população do Leste.
tḥth kkdrt r'i[š]	Sob ela, como bolas, cabeças,
'lh k'irbym kp	Acima dela, como gafanhotos, mão(s),

---

423. Cf. STEINER, R. C. The Aramaic Text in Demotic Scripture, p. 314.

424. Cf. CAQUOT, A.; SZNYCER, M.; HERDNER, A. *Textes ougaritiques*, p. 1.157-1.161; COOGAN, M. D. *Stories from Ancient Canaan*, p. 90-91; GIBSON, J. C. L. *Canaanite Myths and Legends*, p. 47-48; OLMO LETE, G. del. *Mitos y leyendas*, p. 181-182; cf. tb. as obras citadas na nota a seguir. Sobre *hln*, cf. BROWN, M. L. "Is It Not" or "Indeed!": *HL* in Northwest Semitic. *Maarav*, vol. 4/2, 1987, p. 205. Sobre *šbm*//*mdnt* como termos para inimigos, cf. HELD, M. Studies in Comparative Semitic Lexicography. *In: Studies in Honor of Benno Landsberger on His Seventy-Fifth Birthday*. Chicago: University of Chicago Press, 1965 (Assyriological Studies, 16), p. 404 n. 122; sobre *ksl qšth*, cf. HELD, M. Studies, p. 404. O verbo *tǵll* geralmente é traduzido como "atravessar a vau". Para a interpretação alternativa desse verbo como "colher", e para outros exemplos de imagens agrícolas usadas para descrições de guerra, cf.. GOOD, R. M. Metaphorical Gleanings from Ugarit. *JJS*, vol. 33, 1982 (= *Essays in Honor of Yigael Yadin*), p. 55-59. Para *ḥlqm* como "até o pescoço", cf. a comparação contextual com Ap 14,14-20 sugerida em PARDEE, D. The New Canaanite Myths and Legends. *BiOr*, vol. 37, 1980, p. 276; cf. o mehri e o harsusi *ḥelqemōt* e o jibbali *ḥalqūt*, significando "pomo de Adão" ou "lado da garganta" (RENDSBURG, G. A. Modern South Arabian as a Source for Ugaritic Etymologies. *JAOS*, vol. 107, 1987, p. 628). Devido à linguagem marcial semelhante em ambas as metades, a maioria dos intérpretes vê a segunda metade da passagem como uma continuação da luta. Essa segunda metade não é uma batalha propriamente dita, mas sim o banquetear-se da deusa, devorando seus cativos. Sobre o canibalismo após a batalha, cf. HARRIS, M. *The Sacred Cow and the Abominable Pig*: Riddles of Food and Culture. Nova York: Simon & Schuster, 1987, p. 216-222; cf. os comentários de Harris relacionando o declínio do canibalismo de guerra conforme o desenvolvimento do Estado.

k qṣm ġrmn kp mhr	Como gafanhotos, montes de mãos de guerreiro.
'tkt r'išt lbmth	Ela atou cabeças às suas costas.
šnst kpt bḥbšh	Amarrou mãos em torno de sua cintura.
brkm tġl[l] bdm ḏmr	Até os joelhos ela se atola no sangue de guerreiros.
ḥlqm bmm['] mhrm	Até o pescoço nas entranha[s] de soldados.
mṭm tgrš šbm	Com dardos ela espanta os cativos,
bksl qšth mdnt	Com a corda de seu arco, inimigos.
whln 'nt lbth tmġyn	E vejam! Anat vai para sua casa.
tštql 'ilt lhklh	A deusa reconduz-se a seu palácio,
wl šb't tmtḫṣh b'mq	Pois ela não se satisfaz com a luta no vale,
tḫtṣb bn qrtm	Com a batalha entre as duas cidades.
tm'r ks'at lmhr	Ela arranja assentos para os soldados,
ṯ'r ṯlḥnt lṣb'im	Arranja mesas para as hostes,
hdmm lġzrm	Escabelos para os heróis.
m'id tmtḫṣn wt'n	Bravamente ela luta e olha em redor,
tḫtṣb wtḥdy 'nt	À medida que luta, Anat olha em torno.
tġdd kbdh bṣḥq	Suas entranhas intumescem-se em gargalhadas.
yml'u lbh bšmḫt	Seu coração enche-se de alegria.
kbd 'nt tšyt	As entranhas de Anat estão triunfantes.
kbrkm tġll bdm ḏmr	Até os joelhos ela se atola no sangue de guerreiros,
ḥlqm bmm' mhrm	Até o pescoço no sangue coagulado de soldados,
'd tšb' tmtḫṣ bbt	Até que ela se satisfaça com a luta em sua casa,
tḫtṣb bn ṯlḥnm	Batalhando em meio às mesas.

Há muitos paralelos entre essa passagem ugarítica e uma variedade de textos bíblicos[425]. Primeiro, a batalha divina ocorre na montanha da

---

425. GRAY, J. The Wrath of God in Canaanite and Hebrew Literature. *Bulletin of the Manchester University Egyptian and Oriental Society*, vol. 25, 1947-1953, p. 9-19; POPE, M. H. *Song of Songs*, p. 606-612; HANSON, P. D. Zechariah 9 and the Recapitulation of an Ancient Ritual Pattern. *JBL*, vol. 92, 1973, p. 46-47 n. 25; GRAY, J. The Blood Bath of the Goddess Anat in the Ras Shamra

divindade, um motivo encontrado no Sl 2,1-2; 48,5-8; 110; Jl 4,9-14; Zc 12,3-4; 14,2; e em outros lugares. Na ambiência de Ugarit, tal motivo não se restringe a Anat. Baal também luta contra seus inimigos em sua montanha (KTU 1.6 VI 12-13; cf. 1.1 V 5,18). Segundo, a batalha é de alcance universal; "povos" são coletivamente os inimigos da divindade. Muitas das passagens bíblicas citadas também contêm esse motivo. Is 59,15-19 descreve o escopo universal da guerra de Yahweh:

wayyar' yhwh	O Senhor viu com desgosto
wayyēra' bě'ênāyw	que já não havia retidão.
kî-'ên mišpāṭ	
wayyar' kî-'ên 'îš	Ele viu que não havia homem algum,
wayyištômēm kî 'ên mapgîa'	viu com pasmo que não havia quem tomasse medidas;
wattôša' lô zěrō'ô	e então, seu próprio braço lhe deu a vitória,
wěṣidqātô hî' sěmākātěhû	sua própria justiça o sustentou.
wayyilbāš ṣědāqâ kašširyān	Vestiu a justiça como uma couraça
wěkôba' yěšû'â běrō'šô	e pôs na cabeça o capacete da salvação.
wayyilbāš bigdê nāqām tilbōšet	Pôs vestimentas de vingança como túnica e envolveu-se de zelo como de um manto.
wayya'aṭ kam'îl qin'â	
kě'al gěmūlôt kě'al yěšallēm	Paga de acordo com o que se fez:
ḥēmâ lěṣārāyw gěmûl lě 'ōyěbāyw	fúria aos adversários, represália aos inimigos...
wěyîrě'û mimma'ărāb 'et-šēm yhwh	Então no Ocidente temerão o nome do Senhor
ûmimmizraḥ-šemeš 'et-kěbôdô	e no Oriente, a sua glória;
kî-yābô' kannāhār ṣār	porque ele virá como um rio represado
rûaḥ yhwh nōsěsâ bô	impulsionado pelo sopro do Senhor.

Texts. *UF*, vol. 11, 1979, p. 315-324; PARDEE, D. The New Canaanite Myths and Legends, p. 276-277; KUBAC, vol. Blut im Gurtel und in Sandalen. *VT*, vol. 31, 1981, p. 225-226.

Como Anat em KTU 1.3 II, aqui Yahweh é descrito como enfurecido (*qin'â*), e os inimigos divinos são descritos de acordo com o "Oeste" (*ma'ărāb*) e o "Leste", literalmente "o alevante do Sol" (*mizraḥ-šemeš*).

Terceiro, a batalha produz pilhas de cadáveres (Is 34,2) ou caveiras (Dt 32,43; Sl 110,6). A imagem da colheita aparece na "colheita" de Anat e em algumas cenas bíblicas da guerra divina (Jl 3,13; Ap 14,14-20; cf. exemplos seculares em Jz 8,1-2; 20,44-46; Jr 6,9; cf. Jr 49,9; Ab 5). Quarto, como a segunda parte da passagem ugarítica anteriormente mencionada, as consequências da guerra são descritas como uma festa, uma característica atestada em Is 34,6-7; 49,26 e talvez pressuposta na linguagem sacrifical de Dt 32,43. Essa festa inclui alimentar-se da carne dos cativos (Dt 32,42), beber o sangue das vítimas (Is 49,26; LXX Zc 9,15; cf. Nm 23,24), chamados "cativos" em Dt 32,42 (como em KTU 1.3 II), e pisar sobre o sangue dos vencidos (Sl 58,11; 68,24). Is 49,26 altera o motivo de se alimentar dos cativos. Nesse versículo, os inimigos se canibalizarão: "Farei teus opressores comerem a própria carne, e eles se embriagarão com o próprio sangue como se fosse vinho novo". A imagem de caminhar no sangue pode estar relacionada ao tema da batalha como colheita sangrenta. Por causa de sua cor vermelho sangue, a imagem da colheita do vinho aparece nas descrições bíblicas da guerra divina (Dt 32,42-43; Is 49,26; 63,3; Ez 39,19; Jl 4,13; Lm 1,15; Ap 19,15). Finalmente, o deleite que Anat experimenta na destruição carnal que impõe tem correspondências bíblicas na linguagem tanto do riso divino (Sl 2,4; cf. Pr 2,26) quanto da embriaguez com a batalha (cf. Dt 32,43; Is 34,2; 63,3-6; cf. Jr 46,10).

Os muitos paralelos traçados entre o CTA 3.2 (KTU 1.3 II).3-30 e essas descrições bíblicas da guerra divina geraram teorias sobre a dependência da linguagem bíblica da tradição cananeia anterior representada pelo material ugarítico, na mesma medida que a linguagem da tempestade divina na Bíblia é comparável às imagens meteorológicas do deus ugarítico Baal. No caso das imagens de guerra associadas a Anat, há fatores adicionais envolvidos na avaliação da relação entre as evidências ugaríticas e bíblicas. Como Anat não é atestada na Bíblia, exceto em alguns nomes pessoais, a falta de contato entre seu culto e o de Yahweh impede qualquer teoria de dependência direta. A linguagem em comum entre Anat e

Yahweh poderia ter derivado de uma terceira fonte. Ou, possivelmente, nenhuma fonte foi envolvida, já que a linguagem da batalha infelizmente pertence à experiência humana geral. A partir de descrições antigas de batalha humana e carnificina nos registros egípcios do Novo Reino, na estela moabita (KAI 181,16-18), em 2Rs 10,10-27 e em outros textos, pode parecer que nenhuma relação literária precise ser atribuída à interpretação sangrenta de Yahweh.

As imagens sangrentas de Yahweh parecem ter refletido uma dependência complexa das imagens para Anat, no entanto. Há evidências indiretas para suspeitar dessa dependência. A monarquia aparentemente teve um papel na transmissão das imagens marciais sangrentas de Yahweh, e há algumas dicas que apontam para o papel real nas passagens bíblicas. Primeiro, alguns exemplos bíblicos incluem referências a Yahweh junto ao monarca humano (Sl 2,1-2; cf. KAI 181,16-18). Em segundo lugar, a divindade e o rei nos Sl 2 e 110 são lançados contra as nações. Terceiro, algumas das imagens da batalha divina aparecem em relatos seculares de batalhas, tanto régias quanto de outra sorte (p. ex., as cabeças decepadas, as imagens da colheita, o consumo de sangue). Como as imagens solares de Yahweh, a linguagem da batalha selvagem pode ter resultado da atribuição aos reis divinos das características de seus homólogos reais humanos de acordo com os modelos nativos. Os textos egípcios do período do Novo Reino usavam os nomes de Anat e Astarte para dramatizar as proezas faraônicas. Um texto descreve Anat e Astarte como um escudo para Ramsés III[426]. No período bíblico, as descrições selvagens e horríveis de batalhas dadas a Anat no fim da Idade do Bronze talvez tenham se tornado uma maneira de descrever Yahweh, o guerreiro divino.

Detalhes no registro bíblico fornecem algumas indicações de como a tradição israelita incorporou o tipo sangrento de representação marcial de Yahweh. Algumas passagens, como Dt 32,42-43 e Sl 68,24, combinam imagens marciais sangrentas com linguagem de tempestade. Esses exemplos de fusão podem sugerir a maneira pela qual o tipo de

---

426. Cf. PRITCHARD, J. B. *Palestinian Figurines*, p. 78-79; STADELMANN, R. *Syrisch-Palastinensische Gottheiten*, p. 91-96; *ANET*, p. 250.

linguagem guerreira divina para Anat na tradição cananeia foi mediada pela tradição israelita para Yahweh. Ambos os tipos de linguagem que descrevem o guerreiro divino – a linguagem da tempestade de Baal e as imagens sangrentas de Anat – aparecem de forma combinada na tradição israelita, do mesmo modo que vários tipos de imagens associadas a El e Baal nos textos cananeus são misturados na tradição bíblica primitiva[427].

---

427. Sobre a conflação entre as imagens de El e Baal na tradição bíblica, cf. capítulo 1, seção 4.

3
YAHWEH E ASHERAH

1 Distribuição no registro bíblico

Narrativas (Jz 3,7; 6,25-30), proibições legais (Ex 34,13; Dt 7,5; 12,3; 16,21) e críticas proféticas (Is 17,8; 27,9; Jr 17,2; Mq 5,13) indicam que a devoção ao símbolo de culto conhecido como a asherah, um poste de algum tipo de madeira, e aos artigos religiosos chamados coletivamente de asherim era observada já desde o período dos Juízes e o mais tardar até poucas décadas antes da queda do Reino do Sul (2Rs 23,4.6.7.15)[428].

428. Para uma análise completa das evidências bíblicas, cf. OLYAN, S. M. *Asherah and the Cult of Yahweh*, p. 1-22; FREVEL, C. *Aschera und der Ausschliesslichkeitsanspruch YHWHs*. Weinheim: Beltz Athenäum, 1995 (Bonner biblische Beiträge, 94); KEEL, O. *Goddesses and Trees, New Moon and Yahweh*: Ancient Near Eastern Art and the Hebrew Bible. Sheffield: Sheffield Academic Press, 1998 (JSOTSup, 261), p. 15-57; MERLO, P. *La dea Ašratum–Amiratu–Ašera*: Un contributo alla storia della religione semitica del Nord. Mursia: Pontificia Università Lateranense, 1998; HADLEY, J. M. *The Cult of Asherah in Ancient Israel and Judah*: Evidence for a Hebrew Goddess. Cambridge: Cambridge University Press, 2000 (University of Cambridge Oriental Publications, 57). Cf. tb. WYATT, N. Asherah. *DDD*, p. 99-105; DAY, J. *Yahweh and the Gods and Goddesses of Canaan*. Sheffield: Sheffield Academic Press, 2001 (JSOTSup, 265), p. 42-67; MILLER, P. D. *The Religion of Ancient Israel*. Londres: SPCK; Louisville: Westminster/John Knox, 2000, p. 29-40; ZEVIT, Z. *The Religions of Ancient Israel*: A Synthesis of Parallactic Approaches. Londres: Continuum, 2001, p. 472, 478, 537-538, 650-652, 677. Para discussões recentes dos problemas interpretativos atinentes à Asherah e a seu símbolo, a asherah, cf. tb. ODEN JR., R. A. *Studies*, p. 88-102; PERLMAN, A. L. Asherah and Astarte in the Old Testament and Ugaritic Literature (Tese de Doutorado, Graduate Theological Union, 1978); ANGERSTORFER, A. Asherah als – "consort of Jahwe" oder Aširtah? *BN*, vol. 17, 1982, p. 7-16; EMERTON, J. A. New Light on Israelite Religion, p. 1-20; WINTER, U. *Frau und Göttin*: Exegetische und ikonographische Studien zum weiblichen Gottesbild im Alten Testament und in dessen Umwelt. Friburgo: Universitätsverlag; Gotinga: Vandenhoeck & Ruprecht, 1983 (OBO, 53), p. 479-538, 551-560; DAY, J. Asherah in the Hebrew Bible and Northwest Semitic Literature. *JBL*, vol. 105, 1986, p. 385-408; TIGAY, J. H. *You Shall Have No Other Gods*, p. 26-30; SMITH, Mark S. God Male and Female, p. 333-340; HESTRIN, R. The Lachish Ewer and the Asherah. *IEJ*, vol. 37, 1987, p. 212-223. Para uma inspeção dos dados pertinentes à Asherah, inclusive as evidências sul-arábicas, cf. PRITCHARD, J. B. *Palestinian*

Conforme mostrou Olyan, a asherah era aceitável tanto no Reino do Norte quanto no Reino do Sul, quer fora (cf. 1Rs 14,23; 2Rs 17,10.16; Jr 17,2), quer dentro dos cultos régios da Samaria (1Rs 16,33; 2Rs 13,6) e de Jerusalém (2Rs 21,7; 23,6; 2Cr 24,18)[429]. Além de nesses dois locais, a devoção à asherah é atestada em Efra (Jz 6,25) e Betel (2Rs 23,15). A partir dessa informação, pareceria que o símbolo da asherah era uma característica geral da religião israelita.

Ademais, não há nenhuma indicação de que a devoção ao símbolo estivesse limitada a um grupo ou estrato social específico dentro de Israel. Olyan tem sustentado que a crítica à deusa Asherah e a seu símbolo, a asherah, estava restrita a um único grupo da sociedade israelita, a saber, a tradição deuteronomista[430]. Partindo-se dessa base limitada de oposição, pode-se deduzir que muitos outros grupos da sociedade israelita ou aceitavam a asherah ou pelo menos não se opunham a ela. Nem Jeú nem Oseias opuseram-se à asherah, embora sejam descritos como sinceros

---

Figurines, p. 59-65. Quanto a outros comentários sobre as evidências sul-arábicas, cf. HOFNER, M. *Sudarabien, Saba', Qataban und anderen*. Stuttgart: Ernst Klett, 1965 (Wörterbuch der Mythologie, 1/6), p. 497. Para a vocalização do ugarítico *'aṯrt* como **'aṯiratu*, mas possivelmente **'aṯirtu*, cf. HUEHNERGARD, J. *Ugaritic Vocabulary*, p. 111-112, 283. O nome da deusa no mito cananeu de Elkunirsa (*ANET*, 519) é dado ora como ᵈ*A-še-er-du-uš* (com finais declinativos hititas), ora como as formas acadianizadas ᵈ*A-še-er-tum* ou ŠA ᵈ*A-še-er-ti* (HOFFNER, H. A. The Elkunirsa Myth Reconsidered. *Revue Hittite et Asianique*, vol. 23, 1965, p. 6 n. 5).

429. OLYAN, S. M. *Asherah and the Cult of Yahweh*, p. 6-9, 29, 34. Ahlström (*Aspects of Syncretism*, p. 51) e Olyan (*Asherah and the Cult of Yahweh*, p. 7) observaram que 2Rs 13,6 indica que os cultos de Baal e da asherah eram separados na Samaria. D. N. Freedman sustenta que, por trás de 2Rs 13,6, está um quadro histórico diferente e que, depois que o culto de Baal foi removido da Samaria, a deusa Asherah já não formava um par com Baal, e sim com Yahweh (Yahweh of Samaria and His Asherah. *BA*, vol. 50, 1987, p. 248). A demonstração de Olyan de que Baal e Asherah não formavam um par na Idade do Bronze tardio enfraquece a opinião de Freedman a respeito de 2Rs 13,6 (*Asherah and the Cult of Yahweh*, p. 38-61). Freedman também defende que *'ašmat šōměrôn*, em Am 8,14, alude à deusa. Outras interpretações são possíveis. A palavra *'ašmat* poderia ser uma referência negativa ao "nome" (*šēm*) de Yahweh; se for o caso, *derek*, em Am 8,14, poderia ser um aspecto de Yahweh relacionado ao ugarítico *drkt*, "poder, domínio" (cf. RINGGREN, H. *Israelite Religion*, p. 264 n. 54; nota 563, adiante). Se assim for, *'ašmat*, como uma segunda forma da palavra *šēm*, é anômala, de modo geral para a BH e, especificamente, para Amós (cf. šm em Am 2,7; 5,8; 6,10; 9,6.12); apesar de tudo, isso é possível (cf. o aramaico *'šmbt'l* em AP 22,124). Para a opinião de que *'ašmat*, em Am 8,14, possa ser uma alusão, cf. a discussão em COGAN, M. Ashima. *DDD*, p. 105-106. Em todo caso, a proposta de Freedman para *'ašmat* não goza de mais certezas do que outras propostas. Os argumentos de Freedman para alusões à deusa Asherah em Am 2,17 e Ez 8,3 são argutos, embora não convincentes. A "Rainha do Céu" (Jr 44,15-30) pode não ser Asherah, conforme sugere Freedman. Ela jamais traz esse título nos textos existentes, diferentemente de Astarte e, em menor medida, Anat e Ishtar (OLYAN, S. M. Some Observations, p. 161-174).

430. OLYAN, S. M. *Asherah and the Cult of Yahweh*, p. 3-19.

em sua crítica a Baal. Em 1Rs 18,19 existe apenas uma referência aos profetas de Asherah no conflito, sobre o Monte Carmelo, entre Elias e os profetas de Baal, estes mesmos mencionados cinco vezes na história[431]. Alguns críticos veem a referência isolada como uma adição secundária planejada para lançar difamações sobre Asherah, conectando-a com o culto de Baal[432]. Olyan observa que nenhum profeta opôs-se à asherah até o século VIII e que as passagens proféticas que criticam a asherah parecem ser deuteronomistas ou derivadas de passagens deuteronomistas. Ainda que nem todas as passagens possam ser explicadas dessa forma, a oposição profética à asherah não aparece em nenhuma fonte existente antes do século VIII, e a análise das proibições legais é consistente com essa conclusão. As leis relacionadas à asherah derivam do Livro do Deuteronômio, com exceção de Ex 34,13, que alguns estudiosos, inclusive Olyan, interpretam como adição deuteronomista[433], não obstante outros comentadores considerarem-na uma crítica anterior à asherah[434]. A evidência bíblica ligada à asherah não apoia uma dicotomia histórica entre "javismo normativo" sobre e contra a "religião cananeia", ou uma "religião popular" maculada pela influência cananeia[435]. Em vez disso, os

---

431. OLYAN, S. M. *Asherah and the Cult of Yahweh*, p. 8.

432. A Hexapla de Orígenes assinala "os profetas de Asherah" com um asterisco, indicando que essas palavras são uma adição no texto da Septuaginta de Orígenes. Para a discussão, cf. MONTGO-MERY, J. A. *A Critical and Exegetical Commentary on the Books of Kings*. Edição de S. Gehman. Edimburgo: T. & T. Clark, 1951 (ICC), p. 310; EMERTON, J. A. New Light on Israelite Religion, p. 16; LIPIŃSKI, E. The Goddess 'Aṯirat in Ancient Arabia, in Babylon and in Ugarit. *OLP*, vol. 3, 1972, p. 114; OLYAN, S. M. *Asherah and the Cult of Yahweh*, p. 8. Contrariamente à opinião de D. N. Freedman (Yahweh of Samaria, p. 248), reconhecer que a referência à asherah nesse versículo é uma adição secundária não é algo que precise ser resolvido mediante emenda; a adição apenas reflete um estágio secundário no desenvolvimento do versículo.

433. NOTH, M. *Exodus*: A Commentary. Tradução de J. S. Bowden. Londres: SCM, 1962 (OTL), p. 262; CHILDS, B. S. *The Book of Exodus*, p. 608; GINSBERG, H. L. *The Israelian Heritage*, p. 64; OLYAN, S. M. *Asherah and the Cult of Yahweh*, p. 18. Para análise similar, cf. LANGLAMET, F. Israël et "l'inhabitant du pays"; Vocabulaires et formules d'Éx., xxxiv, 11-16. *RB*, vol. 76, 1969, p. 323-324.

434. Cf. LANGLAMET, F. "Israël", p. 324-325, 483-490.

435. Cf. OLYAN, S. M. *Asherah and the Cult of Yahweh*, p. 4-5. Para exemplos dessa dicotomia usados no debate em torno da asherah, cf. MOOR, J. C. de. " *'ªshērāh*". *In*: BOTTERWECK, G. J.; RINGGREN, H. (eds.). *Theological Dictionary of the Old Testament vol. 1*. Tradução de J. T. Willis. Grand Rapids: Eerdmans, 1977, p. 444; TIGAY, J. H. *You Shall Have No Other Gods*, p. 26. A propósito de outros usos e abusos do termo "religião cananeia", cf. tb. HILLERS, D. R. Analyzing the Abominable, p. 253-269. Exemplos adicionais dos tipos de obras que Hillers examina

estudiosos da Bíblia há muito tempo observaram que a crítica bíblica da asherah aponta para sua natureza de fenômeno israelita[436].

Há ainda a questão da distinção entre a *asherah* e os *asherim*. Além da diferença na morfologia, sendo a primeira palavra um substantivo feminino singular (com um plural feminino) e a última um substantivo masculino plural, as passagens bíblicas sugerem uma diferença funcional. A asherah é erigida perto do altar de um deus (Dt 16,21; Jz 6,25-26). Contudo, os asherim jamais aparecem perto de um altar, mas sim ao lado de ou sob uma árvore em lugares altos (Jr 17,2; 1Rs 14,23; 2Rs 17,10). Distinções adicionais são pouco mais do que eruditas conjecturas. J. R. Engle sugere que as estatuetas femininas encontradas abundantemente no Israel da Idade do Ferro são asherim, representando a deusa, como oposta ao poste de madeira da asherah[437]. R. Hestrin defende que estatuetas de pilares, que ela interpreta com símbolos de Asherah, eram objetos domésticos destinados a aumentar a fertilidade[438]. No entanto, há muito tempo os estudiosos têm especulado que tais estatuetas podem representar Astarte, e, devido às imagens maternais em fenício ligadas a ela, essa é uma identificação tão plausível quanto aquela com Asherah[439]. Ademais, tais estatuetas podem não representar nenhuma deidade[440].

---

incluem: OLDENBURG, U. *The Conflict*, p. 1; MENDENHALL, G. *The Tenth Generation*, p. 226; cf. MOOR, J. C. de. The Crisis of Polytheism in Late Bronze Ugarit, p. 1-20.

436. AHLSTRÖM, G. W. *Aspects of Syncretism*, p. 50-54.

437. ENGLE, J. R. Pillar Figurines of Iron Age and Asherah/Asherim (Tese de doutorado, University of Pittsburgh, 1979), p. 55, 62; cf. Hestrin, R. The Lachish Ewer, p. 221-222; AHLSTRÖM, G. W. An Archaeological Picture, p. 136; PRITCHARD, J. B. *Palestinian Figurines*, p. 86. Cf. tb. HOLLAND, T. A. A Survey of Palestinian Iron Age Baked Clay Figurines, with Special Reference to Jerusalem: Cave I. *Levant*, vol. 9, 1977, p. 121-151. Para reflexões em torno da opinião de Engle, com uma inspeção das evidências, cf. tb. HADLEY, J. M. *The Cult of Asherah in Ancient Israel and Judah*, p. 196-205. Para continuação do debate, cf. KLETTER, R. Between Archaeology and Theology: The Pillar Figurines from Judah and the Asherah. *In*: MAZAR, A.; MATHIAS, G. (eds.). *Studies in the Archaeology of the Iron Age in Israel and Jordan*. Sheffield: Sheffield Academic Press, 2001 (JSOTSup, 331), p. 179-216; LAROCCA-PITTS, E. C. *"Of Wood and Stone"*: The Significance of Israelite Cultic Items in the Bible and Its Early Interpreters. Winona Lake: Eisenbrauns, 2001 (HSM, 61), p. 161-204.

438. HESTRIN, R. Israelite and Persian Periods. *In*: *Highlights of Archaeology, The Israel Museum, Jerusalem*. Jerusalém: The Israel Museum, 1984, p. 172.

439. ALBRIGHT, W. F. Astarte Plaques and Figurines from Tell Beit Mirsim. *In*: *Mélanges syriens offerts à M. René Dussaud vol. 1*. Paris: Geuthner, 1939, p. 102-120.

440. PRITCHARD, J. B. *Palestinian Figurines*, p. 87.

2 O símbolo da Asherah

A asherah era um objeto de madeira que simbolizava uma árvore. Esse objeto era "feito" (*śh, 1Rs 14,15; 16,33; 2Rs 17,6; 21,3.7; Is 17,7), "construído" (*bnh, 1Rs 14,23), "erigido" (*nṣb, 2Rs 17,10; *'md no hifil, 2Cr 33,19; cf. Is 27,9) e "plantado" (*nṭ', Dt 16,21; cf. Gn 21,33)[441]. De acordo com o tratado mixnaico *'Abodah Zarah* 3,5, a asherah é proibida porque "as mãos humanas têm-se envolvido com" ela[442]. Em outras palavras, a asherah envolve manufatura humana. *'Abodah Zarah* 3,7 é mais detalhada:

> Devem-se distinguir três tipos de asherah: se uma árvore foi plantada desde o início para a idolatria, é proibida; se foi cortada e preparada para a idolatria e voltou a brotar, basta retirar o que brotou novamente; mas, se um pagão apenas colocou um ídolo sob ela e, depois, profanou-a, a árvore é permitida. O que é uma asherah? Qualquer árvore sob a qual encontra-se um ídolo. Rabi Simeão diz: qualquer árvore que é adorada[443].

Diferentemente dos dados bíblicos, esse texto mixnaico inclui tanto árvores mortas quanto árvores vivas em sua definição da asherah, talvez influenciado pelo fenômeno dos bosques sagrados da religião helenista. Até a produção deste texto não foi escavado nenhum exemplo convincente de uma asherah, o que é compreensível, visto que os relatos bíblicos indicam que ela é feita de madeira. Y. Aharoni lembrou, por exemplo, que o tronco de árvore queimada encontrado perto de uma pedra em pé em

---

441. A respeito da natureza da asherah, cf. REED, W. L. *The Asherah in the Old Testament*. Fort Worth: Texas Christian University, 1949; BARR, J. Seeing the Wood for the Trees? An Enigmatic Ancient Translation. *JSS*, vol. 13, 1968, p. 11-20; CARTER, J. B. The Masks of Ortheia. *American Journal of Archaeology*, vol. 91, 1987, p. 355-383; HESTRIN, R. The Lachish Ewer, p. 212-223; OLYAN, S. M. *Asherah and the Cult of Yahweh*, p. 1-3. Para ceticismo em relação às "associações dêndricas de Asherah", cf. WIGGINS, S. A. Of Asherahs and Trees: Some Methodological Questions. *Journal of Ancient Near Eastern Religions*, vol. 1/1, 2001, p. 158-186. E. Lipiński (The Goddess 'Aṯirat, p. 101-119), A. Perlman (Asherah and Astarte) e P. K. McCarter (Aspects of the Religion, p. 148-149) negam a relação entre a deusa Asherah e seu símbolo.

442. DANBY, H. *The Mishnah*. Londres: Oxford University Press, 1933, p. 441.

443. DANBY, H. *The Mishnah*, p. 441. Para outras discussões da asherah na Mixná e no Talmude, cf. HAYES, C. E. *Between the Babylonian and Palestinian Talmuds*: Accounting for Halakhic Difference in Selected Sugyot from Tractate Avodah Zarah. Nova York: Oxford University Press, 1997, p. 63-66, 102-104, 111-113, 115-116.

um nível israelita (estrato V-III), em Laquis, era, quiçá, uma asherah[444]. A combinação de pedra e árvore aparece em alguns textos bíblicos, a exemplo de Jr 2,27.

Diversos fragmentos de iconografia indicam que a árvore era o símbolo cananeu da deusa e representava sua presença. K. Galling comparou a asherah com uma árvore estilizada em um modelo de argila de uma cena cúltica de Chipre[445]. O. Negbi publicou desenhos de diversos pedaços de figuras femininas cananeias, frequentemente consideradas divinas, com árvores ou ramos entalhados entre seus umbigos e no triângulo púbico[446]. Esses fragmentos provêm de níveis da Idade do Bronze tardio em Tell el-'Ajjûl, Minet el-Beida e Ugarit. Outro pedaço de iconografia oriundo de Ugarit ilustra o desenvolvimento do poste como símbolo da deusa. Uma placa proveniente de Ugarit descreve uma figura feminina segurando um feixe de grãos em ambas as mãos, com animais alimentando-se de cada mão[447]. Se essa placa fosse a descrição da deusa Asherah, indicaria que a árvore encontrada na iconografia posterior comparável era um símbolo da deusa dando alimento aos animais que a ladeavam. Exemplos da árvore flanqueada pela alimentação de animais gêmeos aparecem no estande da Taanach, no vaso pertencente à cerâmica de Kuntillet Ajrud, conhecida como pito A, e na ânfora de Laquis[448]. A ânfora, encontrada em uma favissa, um esconderijo de objetos cúlticos, no Fosso do Templo, é, talvez, a mais pertinente. De

---

444. Cf. AHARONI, Y. Lachish. *EAEHL*, vol. 3, p. 749.

445. GALLING, K. *Biblisches Reallexikon*. Tubinga: J. C. B. Mohr (Paul Siebeck), 1937 (HAT, 1), p. 35-36; PRITCHARD, J. B. *Palestinian Figurines*, p. 84; MOOR, J. C. de. *ʾashērāh*, p. 443.

446. HESTRIN, R. The Lachish Ewer, p. 215-217. Cf. NEGBI, O. *Canaanite Gods in Metal*, n. 1661, 1664, 1680, 1685, 1688, 1691 (?), 1692.

447. CARTER, J. B. The Masks of Ortheia, p. 373-374. Para o debate e fotos do fragmento, cf. *Syria*, vol. 10, 1929, p. 292-293 e pl. 56; SCHAEFFER, C. F. A. *Ugaritica*. Paris: Librairie Orientaliste Paul Geuthner, 1939 (Mission de Ras Shamra, 3), p. 32-33, folha de rosto e pl. 11; *ANEP*, n. 464, 303; CAQUOT, A.; SZNYCER, M. *Ugaritic Religion*. Leiden: Brill, 1980, p. 22 e pls. 4, 5 (Iconography of Religions XV, 8); BARNETT, R. W. Ancient Ivories in the Middle East. *Qedem*, vol. 14, 1982, p. 30 e pl. 124b. Carter identifica no culto de Ortheia, em Esparta, uma inspiração pelos fenícios. Ela defende que Ortheia pode ser o nome grego para Asherah/Tannit e que o símbolo de seu culto, o objeto ereto de madeira, era a realização local da asherah.

448. BECK, P. The Drawings from Horvat Teiman (Kuntillet 'Ajrûd). *TA*, vol. 9, 1982, p. 3-86, esp. 13-16; HESTRIN, R. The Lachish Ewer, p. 212-223.

acordo com R. Hestrin[449], a ânfora une a árvore e a deusa, uma vez que a deusa mencionada na inscrição aparece diretamente acima da descrição da árvore[450]. A fim de explicar a importância religiosa da asherah, Hestrin compara duas cenas do Novo Reino do Egito[451]. Uma mostra a deusa Hator como uma árvore a oferecer alimento ao rei, e outra representa Ísis na forma de uma árvore que amamenta um nobre e sua esposa. Nessas descrições, a árvore representa a deusa fértil e alimentadora; a deusa, então, torna-se presente por meio do simbolismo da árvore. Esse modo de representar Asherah em Canaã prevaleceu na Idade do Bronze tardio. Nenhuma das descrições iconográficas da deusa deriva de um estrato israelita.

A asherah que Manassés fez em 2Rs 21,7 era, talvez, a mesma asherah que Josias arrastou para fora do Templo de Jerusalém em 2Rs 23,6-7; ambas estavam acomodadas no templo. A asherah do templo pode ter sido uma versão mais bem-elaborada do símbolo. Talvez seja por essa razão que 2Rs 21,7 chama-a *pesel hā'ăšērāh*, "a imagem gravada da asherah". A asherah de 2Rs 23,6-7 tem *bāttîm*, frequentemente compreendido como "roupas", baseando-se tanto no suporte das versões (da LXX *chettieim/n*, "tendas"; de Luciano de Antioquia, *stōlas*, "trajes"; e do Targum *mkwlyn*, "capas")[452] quanto no cognato árabe *batt*, "roupas tecidas"[453].

---

449. HESTRIN, R. The Lachish Ewer, p. 221-222; Cult Stand from Ta'anach, p. 68-71. A respeito da inscrição sobre a ânfora de Laquis, cf. capítulo 1, seção 1.

450. Cf. DEVER, W. Asherah, Consort of Yahweh? New Evidence from Kuntillet 'Ajrûd. *BASOR*, vol. 255, 1984, p. 26-28.

451. HESTRIN, R. Cult Stand from Ta'anach, p. 68-71, fig. 6; The Lachish Ewer, p. 219; cf. tb. KEEL, O. *The Symbolism of the Biblical World*, p. 186-187.

452. Para o debate, cf. STADE, B. *The Books of Kings*: Critical Edition of the Hebrew Text. Tradução de R. E. Brunnow e P. Haupt. Leipzig: J. C. Hinrichs'sche; Baltimore: Johns Hopkins University Press; Londres: David Nutt, 1904, p. 293; MONTGOMERY, J. A. *A Critical and Exegetical Commentary*, p. 534.

453. LANE, E. *Arabic-English Lexicon*: Book 1, part 1. Londres: Williams & Norgate, 1863, p. 159; da mesma forma, entre muitos estudiosos, LAGRANGE, M. J. Études sur les religions sémitiques. *RB*, vol. 10, 1901, p. 550 n. 2; GRAY, J. *I and II Kings*. Londres: SCM, 1970 (OTL), p. 734; LEMAIRE, A. Les inscriptions de Khirbet el-Qôm et l'ashérah de Yhwh. *RB*, vol. 84, 1977, p. 606; WEINFELD, M. Kuntillet 'Ajrûd Inscriptions and Their Significance. *SEL*, vol. 1, 1984, p. 129 n. 21-22; AHLSTRÖM, G. W. An Archaeological Picture, p. 135, 144 n. 108; McCARTER, P. K. Aspects of the Religion, p. 144; cf. GRESSMAN, H. Josia und das Deuteronomium. *ZAW*, vol. 1, 1924, p. 325-326. Cf. tb. MOOR, J. C. de. *ᵃšērāh*, p. 441. Weinfeld também compara roupas tecidas para Astarte e Palas Atena (The Kuntillet 'Ajrûd Inscriptions, p. 129 n. 22). Ahlström relaciona os tecidos descobertos em Kuntillet 'Ajrûd aos *bāttîm* da BH.

Alguns estudiosos têm comparado a asherah com o costume palestinense dos séculos XIX-XX de pendurar roupas em árvores sagradas[454], inclusive a *Spina christi lotus*, a árvore de espinhos de Cristo[455]. Pendurar roupas na asherah poderia ser comparado também a pendurar roupas nas estátuas de culto na Mesopotâmia e em Ugarit, atestadas no segundo e no primeiro milênios e ridicularizadas na Carta de Jeremias 6,33[456].

Embora não sejam especificamente identificadas como tais, algumas árvores em áreas sagradas eram, talvez, asherahs ou antecedentes delas. Por exemplo, Js 24,26-27 descreve a colocação de um altar perto de uma árvore (*'ēlāh*) nos recintos sagrados de Yahweh em Siquém (cf. Gn 35,4)[457]. Era uma árvore, *'ēlāh*, onde um anjo apareceu a Gedeão (Jz 6,11), posto que a narrativa presuma que a asherah era um objeto diferente (Jz 6,25). Is 1,29-30 condena o carvalho (*'êlîm*) sem oferecer nenhuma informação adicional e declara que as pessoas serão como um carvalho cuja folhagem seca-se. Is 61,3 pode transformar essa imagem ao chamar as pessoas de *'êlê haṣṣedeq*, "carvalhos de justiça". Os 4,13 condena uma variedade de árvores, inclusive *'ēlāh*, como lugares de sacrifício impróprio. As tradições presentes nas fontes clássicas igualmente apontam para a árvore como um símbolo cúltico na religião fenícia. Aquiles Tácio descreve a árvore que cresce em um recinto sagrado em Tiro[458]. Heródoto (*História* 2.56) menciona uma "mulher sagrada" fenícia que, antes de estabelecer o culto oracular de Dodona, em Epiro, fundou um templo

---

454. BAUDISSEN, W. F. *Studien zur semitischen Religionsgeschichte*. Leipzig: F. W. Grunnow, 1876-1870, p. 221-222; LAGRANGE, M. J. *Études sur les religions sémitiques*. Paris: V. Lecoffre, 1905, p. 175; SMITH, W. R. *Religion of the Semites*, p. 186.

455. ABU-RABIA, A. *Folk Medicine Among the Bedouin Tribes in the Negev*. Berseba: The Jacob Blaustein Institute for Desert Research; Ben-Gurion University of the Negev, 1983, p. 21; cf. CANAAN, T. *Mohammedan Saints and Sanctuaries in Palestine*. Jerusalém: Ariel, 1927, p. 36-37.

456. OPPENHEIM, L. The Golden Garments of the Gods. *JNES*, vol. 8, 1949, p. 172-193; WEISBERG, D. B. Wool and Linen Material in Texts from the Time of Nebuchadnezzar. *EI*, vol. 16, 1982 (= H. Orlinsky Festschrift), p. 224*-225*; TARRAGON, J. M. de. *Le Culte à Ugarit*, p. 110.

457. Cf. BOLING, R. G.; WRIGHT, G. E. *Joshua*. Garden City: Doubleday, 1982 (AB, 6), p. 540.

458. TÁCIO, A. *The Adventures of Leucippe and Clitophon* 2.14. Cf. GASELEE, S. *Achilles Tatius*. Londres: William Heinemann; Nova York: G. P. Putnam's Sons, 1917 (Loeb Classical Library), p. 81-85. Para mais debate, cf. DELCOR, M. The Selloi of the Oracle of Dodona and the Oracular Priests of the Semitic Religions. *In*: *Religion d'Israël et Proche Orient Ancien*: Des Phéniciens aux Esseniens. Leiden: Brill, 1976, p. 116-123.

para Zeus sob um carvalho[459]. Os testemunhos bíblicos e clássicos podem indicar uma tradição cananeia comum.

Era a árvore, originalmente, o símbolo da deusa, e o poste que tomou o lugar da árvore chegou a ser, secundariamente, o símbolo da asherah?[460] Nesse caso, o símbolo desenvolveu-se originalmente de um uso cúltico de uma árvore real. Essa interpretação subjaz a proposta de Albright de que *'ēlāh*, na BH, pode ser derivado do epíteto de Asherah, *'ilt*, "deusa"[461]. Tanto o hebraico *'ēlāh* quanto o ugarítico *'ilt* são gramaticalmente substantivos femininos singulares que correspondem às formas masculinas *'ēl*, em hebraico, e *'ilt*, em ugarítico (seja *'ēl*, da BH, seja *'ilt*, do ugarítico, são palavras genéricas para "deus" e designações para o deus "El"). Embora a opinião de Albright possa sugerir que a tradução usual da LXX de asherah por *alsos*, "bosque", o menos frequente *dendra*, "árvore" (LXX Is 17,8; 27,9) e as descrições mixnaicas da asherah como uma árvore viva (*'Orlah* 1,7.8; *Sukkah* 3,1-3; *'Abodah Zarah* 3,7.9.10; *Me'ilah*, 3,8) pudessem refletir uma autêntica recordação da variedade de formas que a asherah assumiu na religião israelita, parece mais provável que esses textos reflitam uma compreensão posterior da asherah, talvez influenciada pelo fenômeno dos bosques sagrados na religião helenista[462].

Os textos bíblicos oferecem algumas indicações para o contexto cultual da asherah. Consoante duas passagens, era um objeto de madeira erguido junto ao altar de um deus. Em Jz 6,25-26, Gedeão recebe a ordem de "derrubar o altar de Baal feito por teu pai e cortar a asherah que está ao lado". Dt 16,21 proíbe o "plantio" de "qualquer árvore – uma asherah – junto ao altar que levantares para o Senhor teu Deus"[463]. A asherah era um símbolo religioso dentro do culto javista tanto na capital nortista quanto na capital sulista. Está demonstrado em 2Rs 13,6 que a asherah pertencia

---

459. Heródoto, *História* 2.56 (GODLEY, A. D. *Herodotus vol. 1*, p. 344-345).

460. Cf. EMERTON, J. A. New Light on Israelite Religion, p. 15.

461. ALBRIGHT, W. F. *Yahweh and the Gods of Canaan*, p. 189; ODEN JR., R. A. *Studies*, p. 154. Cf. tb. MOOR, J. C. de. Diviners' Oak. *IDBSup*, p. 243-244; RINGGREN, H. *Israelite Religion*, p. 25; ANDERSEN, F. I.; FREEDMAN, D. N. *Hosea*, p. 158.

462. Cf. ROBINSON, J. A. *The Mishna on Idolatry*: 'Aboda Zara. Cambridge: At the University Press, 1911 (Texts and Studies, Contributions to Biblical and Patristic Literature, vol. 8, n. 2); reimpressão: Nendeln: Kraus, 1967, p. 60-61.

463. OLYAN, S. M. *Asherah and the Cult of Yahweh*, p. 9.

ao culto da Samaria. O Templo de Jerusalém foi purificado de objetos cúlticos considerados inaceitáveis de acordo com 2Rs 23. A lista inclui a asherah, mas não há nenhuma indicação de que ela estava relacionada a um culto de Baal. Ao contrário, conforme Olyan demonstrou, a asherah estava associada historicamente a Yahweh, e não a Baal[464].

A iconografia da asherah da Idade do Bronze tardia sugeriria que ela representava as dimensões maternal e nutricional da deidade[465]. Jr 2,27 pode apontar para o simbolismo maternal da asherah nos dias minguantes da monarquia[466]. O versículo refere-se à casa de Israel, com seus sacerdotes, profetas e reis, "que dizem à madeira: 'Tu és meu pai!' e à pedra: 'Tu me geraste!'" (*'ōmĕrîm lāʿēṣ 'ābî 'attāh wĕlā'eben 'att yĕlidtānî* [Qere: *yĕlidtānû*]). Muitos estudiosos sugerem que o versículo inverte polemicamente os papéis do simbolismo maternal da asherah com o simbolismo paternal da pedra[467].

Funções cúlticas adicionais da asherah podem ser pesquisadas, embora os dados sejam escassos. Moor sugere que a asherah talvez envolvesse adivinhação[468]. Hab 2,19 pode aludir à "revelação" ou ao "ensinamento" obtido mediante a adivinhação durante o culto à árvore (*ʿēṣ*) e à pedra (*'eben*). O versículo afirma:

> Ai daquele que diz à madeira (*ʿēṣ*): "Desperta!"
> e à pedra muda (*'eben*): "Acorda!"
> Será que isso pode dar revelação (*yôreh*)?
> Ele é revestido de ouro e prata,
> mas não há sopro de vida dentro dele.

---

464. OLYAN, S. M. *Asherah and the Cult of Yahweh*, p. 38-61; cf. DAY, J. Asherah in the Hebrew Bible, p. 391. Moor ('ashērāh, p. 441) sustenta que, no Israel da Idade do Ferro, Asherah era a consorte de Baal por causa da fusão da consorte de Baal, Anat, com Asherah.

465. Cf. HESTRIN, R. The Lachish Ewer, p. 212-223; Israelite and Persian Periods, p. 72; WEINFELD, M. Kuntillet 'Ajrûd Inscriptions, p. 121-22; MILLER, P. D. The Absence of the Goddess in Israelite Religion. *Hebrew Annual Review*, vol. 10, 1986, p. 239-248; *The Religion of Ancient Israel*, p. 29-40.

466. Cf. THOMPSON, J. A. *The Book of Jeremiah*. Grand Rapids: Eerdmans, 1980, p. 180; OLYAN, S. M. The Cultic Confessions of Jer 2,27a. *ZAW*, vol. 99, 1987, p. 254-259. Agradeço ao Professor Olyab por chamar-me a atenção para a referência bíblica.

467. Para mais debate em torno deste versículo, cf. a seção 4, adiante.

468. MOOR, J. C. de. Diviners' Oak, p. 243-244.

O emparelhamento de árvore e pedra pode lembrar a asherah, uma vez que a árvore é o símbolo da deusa[469]. Com efeito, esse emparelhamento ocorre em Dt 29,16 e em Jr 2,27 (cf. Ez 20,32). Essa seção de Hab 2,18-19, no entanto, pode envolver uma descrição da confecção de um ídolo de material de madeira e de pedra, e é possível também que se refira somente a funções que às deidades geralmente cabe exercer; portanto, talvez não seja uma referência específica à asherah. Os 4,12 pode também preservar um registro do papel da adivinhação mediante a asherah: "Meu povo consulta um pedaço de madeira (*ēṣ*), e seu bastão faz-lhe revelações". Embora o paralelismo tenha sugerido a comentadores que a madeira constitui algum tipo de bastão[470], esse versículo pode aludir à adivinhação por meio da asherah, e essa adivinhação pode explicar o agrupamento de asherim com adivinhos em Mq 5,11-13 (E 12-14). Ademais, essa abordagem de tais passagens também ofereceria uma explanação adicional para as críticas proféticas e deuteronomistas à asherah. Na religião popular dos lugares altos e, talvez, na religião régia das principais cidades, possivelmente a asherah fornecesse um acesso à informação divina que concorria com a investigação profética.

Outra possível função da asherah era curar. Tal como os ossos do profeta Eliseu (2Rs 13,21), a asherah talvez fosse usada para fins medicinais. Posto que nenhum texto bíblico acene para essa característica da asherah, uma passagem talmúdica, *Pesaḥim* 25a, menciona que qualquer remédio, exceto a madeira da asherah, é aceitável:

> Rabi Jacó disse em nome de Rabi Johanan: podemos curar-nos com todas as coisas, exceto com a madeira da *asherah*. O que isso quer dizer? Se dissermos que há perigo, até mesmo a madeira da *asherah* também [é permitida]; ao passo que, se não houver nenhum perigo, até mesmo todas [as outras] coisas proibidas da Torá não são também [permitidas]. Afinal, [significa]

---

469. OLYAN, S. M. Cultic Confessions of Jer 2,27a, p. 254-259; ANDERSEN, F. I.; FREEDMAN, D. N. *Hosea*, p. 366. Para debate adicional sobre Jr 2,27 e esse emparelhamento, cf. a seção 4, adiante.

470. Cf. ANDERSEN, F. I.; FREEDMAN, D. N. *Hosea*, p. 365-366. Para análise crítica de Os 4,12 como referência à asherah, cf. OLYAN, S. M. *Asherah and the Cult of Yahweh*, p. 19-20.

que há perigo, mas mesmo assim a madeira da *asherah* não [deve] ser usada[471].

A partir desse texto, pode-se deduzir que a cura era um aspecto antigo da asherah que as fontes bíblicas não mencionam. Não é possível confirmar, fora disso, os aspectos divinatórios e sanatórios da asherah, mas os aspectos cúlticos da asherah eram, talvez, mais abrangentes do que as fontes bíblicas e epigráficas indicam.

3 As evidências epigráficas

As evidências da asherah nas inscrições de Kuntillet Ajrud dizem respeito à questão de se Asherah era uma deusa no antigo Israel e se ela era consorte de Yahweh. As inscrições de Kuntillet Ajrud, no Sinai oriental, são datadas de cerca de 800, fundamentando-se na paleografia[472]. As duas citações seguintes tipificam as inscrições que contêm o elemento * *'šrth*[473]:

---

471. EPSTEIN, I. (ed.). *The Babylonian Talmud*: Seder Mo'ed. Londres: Soncino, 1938, p. 114; *Hebrew English Edition of the Babylonian Talmud, Pesahim*. Tradução de H. Freedman. Londres: Soncino, 1967, *ad loc*. Meus agradecimentos a W. Holladay, que trouxe à minha atenção a seguinte descrição do tempo de Astarte, situado na gruta do Rio Afqa, em Khirbet Afqa, na Síria, a cerca de quatro quilômetros a nordeste de Beirute, a meio-caminho entre Biblos e Baalbeq: "O Rio Adonis emerge de uma imensa gruta, do lado de uma íngreme rocha de quase duzentos metros de altura. [...] Sobre a rocha que fica em frente à gruta, há uma plataforma onde se podem ver os restos de um templo romano. [...] O caráter sagrado do lugar tem sido fortalecido pela tradição. Os habitantes colocam lâmpadas de óleo sob a abóbada, as quais eles acendem em honra da 'senhora' que assombra esta região. Aqui há uma curiosa mistura de cultos; tanto xiitas quanto cristãos vêm adorar a *Zahra*, que, no Líbano, foi a sucessora de Vênus. Os cristãos afirmam que as ruínas de Afqa são as de uma igreja dedicada à Virgem. Nas proximidades, há uma figueira na qual peças de roupas de pessoas enfermas estão penduradas, a fim de ocasionar o restabelecimento delas; isso tem a mesma função da árvore sagrada na Antiguidade" (*The Guidebook, The Middle East*: Lebanon, Syria, Jordan, Iraq, Iran. Paris: Hachette, 1966 [Hachette World Guides], p. 176; para mais detalhes a respeito do lugar, cf. POPE, M. H. *El in the Ugaritic Texts*, p. 75-78).

472. Para discussão da data, cf. OLYAN, S. M. *Asherah and the Cult of Yahweh*, p. 23.

473. MESHEL, Z. Kuntillet 'Ajrûd – An Israelite Site from the Monarchial Period on the Sinai Border. *Qadmoniot*, vol. 9, 1976, p. 118-124; Kuntillet 'Ajrûd – An Israelite Religious Center in Northern Sinai. *Expedition*, vol. 20, 1978, p. 50-54; Did Yahweh Have a Consort? *Biblical Archaeologist Review*, vol. 5/2, 1979, p. 24-34; NAVEH, J. Graffiti and Dedications. *BASOR*, vol. 235, 1979, p. 27-30; WEINFELD, M. Kuntillet 'Ajrûd Inscriptions, p. 121-30; LEMAIRE, A. Les inscriptions de Khirbet el-Qôm, p. 595-608; Date et origine des inscriptions paléo-hebraïques et phéniciennes de Kuntillet 'Ajrûd. *SEL*, vol. 1, 1984, p. 131-143; DEVER, W. G. Asherah, Consort of Yahweh?, p. 21-37. A lista bibliográfica contida na nota 428 também oferece discussões a respeito destas inscri-

'mr X 'mr wlyw 'śh w[l-Z]	X diz: Dize a Y e a Yau'aśah e [a Z]:
brkt 'tkm lyhwh šmrn wlšrth	Eu te abençoo a[474] Yahweh de Samaria e à sua/dela asherah.

[']mr 'mryw l'dny [X]	Amaryaw [di]z: Dize a meu senhor [X]:
brktk lyhwh [šmrn] wl'šrth	Eu te abençoo a Yahweh [de Samaria] e à sua/dela asherah.

Desde a publicação inicial dessas inscrições, os estudiosos têm observado que o sufixo pronominal em **'šrth* indica que a forma é um substantivo comum e não o nome pessoal da deusa Asherah[475]. Essa lógica não é incontestável. De fato, embora os nomes divinos não apareçam em hebraico com um sufixo pronominal (isto é, uma terminação significando "seu"/"dela"), encontram-se muitos nomes divinos em construções sintáticas "ligadas" semelhantes. Nomes divinos aparecem em formas "ligadas" quando estão em relação de genitivo (ou em "estado construto") com um substantivo ou com um sufixo pronominal (substantivos com um artigo definido pertencem a uma categoria intimamente relacionada)[476]. Por exemplo, Yahweh está em relação de construto com alguns nomes de lugares, uma fórmula atestada em "Yahweh de Teimã", nas inscrições de Kuntillet Ajrud; essa construção garante interpretar *šmrn* como um nome de lugar, Samaria, em vez de traduzir por "nosso guardião"[477]. Conforme

---

ções. As provas epigráficas estão resumidas em: MAIER III, W. A. *'Ašerah*: Extrabiblical Evidence. Atlanta: Scholars, 1986 (HSM, 37); OLYAN, S. M. *Asherah and the Cult of Yahweh*, p. 23-37.

474. Na primeira edição deste livro, segui a tradução padrão: "a". S. Parker (*Hebrew Studies*, vol. 33, 1992, p. 161) comenta: "A expressão significa 'abençoar alguém a uma deidade'. Dizer 'Eu te abençoo a Yahweh' é informar que na oração a Yahweh se diz 'abençoe Fulano'. Em outras palavras, é o equivalente a dizer 'Estou rezando por ti'".

475. Cf. EMERTON, J. A. New Light on Israelite Religion, p. 14-19; TIGAY, J. H. *You Shall Have No Other Gods*, p. 26-28; McCARTER, P. K. Aspects of the Religion, p. 143.

476. EMERTON, J. A. New Light on Israelite Religion, p. 14-19.

477. GILULA, M. To Yahweh Shomron and His Asherah. *Shnaton*, vol. 3-4, 1978-1979, p. 129-137 (Heb; sumário em inglês 15-16); EMERTON, J. A. New Light on Israelite Religion, p. 3, 12-13; WEINFELD, M. Kuntillet 'Ajrûd Inscriptions. p. 125; McCARTER, P. K. Aspects of the Religion, p. 139. "Sua" asherah se referiria a Yahweh, ao passo que a asherah "dela" se referiria à Samaria. A cerâmica descoberta em Kuntillet Ajrud inclui "artigos da Samaria" (cf. GUNNEWEG, J.; PERLMAN, I.; MESHEL, Z. The Origin of the Pottery of Kuntillet 'Ajrûd. *IEJ*, vol. 35, 1985, p. 270-283), aprimorando a interpretação de *yhwh šmrn* como referência à Samaria.

observa P. K. McCarter, tal tipo de construção pode ser elíptica para a deidade X, que habita no lugar Y, como na BH *yhwh běṣiyyôn*, "Yahweh de Sião" (Sl 99,2); em *dāgôn bě'ašdôd*, "Dagon em Azoto" (1Sm 5,5); no fenício *tnt blbnn*, "Tannit no Líbano" (KAI 81,1); e no ugarítico *mlk b'ttrt*, "Mlk em Ashtaroth" (KTU 1.100.41; cf. *mlk 'ttrt*, "Mlk de Ashtaroth" em RS 1986/2235.17)[478]. De modo similar, a forma * *'šrth* pode ser interpretada como o nome da deusa em uma relação genitiva (ou no estado construto) com um sufixo pronominal. A partir dessa evidência, pode-se, então, argumentar que * *'šrth*, nas inscrições, representa um nome divino. Não obstante não sejam atestados exemplos hebraicos para um nome divino com um sufixo pronominal, o ugarítico fornece alguns exemplos, incluindo *'aṯrty* (KTU 2.31.39) e *'nth* (KTU 1.43.13)[479]. As formas bíblicas ligadas *habba'al* ("o baal") e *ha'ăšērāh* ("a asherah") parecem, em alguns casos, referir-se a uma deidade específica, mas essas ocorrências podem obedecer a seu uso como referências genéricas a deidades, como em Jz 3,7 (cf. Jz 2,13; 10,16; 1Sm 7,4; 12,10; Jr 2,23; 9,14). Não obstante a possibilidade de que os exemplos ugaríticos pudessem reforçar assumir * *'šrth* como o nome da deusa, parece melhor seguir a regra gramatical de considerar formas ligadas ou construtas como substantivos comuns em

---

478. McCARTER, P. K. Aspects of the Religion, p. 140-141. A respeito de RS 1986/2235.17, cf. BORDREUIL, P. Découvertes épigraphiques récentes à Ras ibn Hani et à Ras Shamra. *CRAIBL*, 1987, p. 298.

479. Para a discussão, cf. DIETRICH, M. Die Parhedra in Pantheon von Emar: Miscellanea Emariana (I). *UF*, vol. 29, 1997, p. 115-122; TIGAY, J. H. *You Shall Have No Other Gods*, p. 27, 34; SMITH, Mark S. *The Origins of Biblical Monotheism*, p. 72-73; XELLA, A. P. Le dieu et "sa" déesse: l'utilisation des Suffixes pronominaux avec des théonymes d'Ebla à Ugarit et à la Kuntillet 'Ajrûd. *UF*, vol. 27, 1995, p. 599-610; ZEVIT, Z. *The Religions of Ancient Israel*, p. 403. *l'aṯrty* (KTU 2.31.39) ocorre em um contexto fragmentado. Em RS 16.394.60, *PRU II* (9-10) reconstrói *[l]'aṯr[ty]*; KTU 2.31.60 lê *l* *aṯr[t] x*. O ugarítico *'il'ib*, "deus, pai" ou pai divino ancestral, ocorre com sufixos pronominais (p. ex., KTU 1.17 I 27). A respeito dessa figura, cf. o capítulo 1, nota 260. CTA 33 (KTU 1.43).13 pode oferecer outro exemplo ugarítico de nome divino mais sufixo, *l'nth*, mas a leitura é incerta (cf. CTA 116 n. 8; DIETRICH, M.; LORETZ, O.; SANMARTIN, J. Die ugaritischen und hebräischen Gottesnamen. *UF*, vol. 7, 1975, p. 553). KTU lê *l'nth**, sem comentário adicional. Cf. AN.DA.MU-ia, usualmente lido como ᵈ*DA.MU-ia*, "meu Damu", em EA 84,33 e *hattammûz*, em Ez 8,14. Para uma compreensão alternativa da deidade em EA 84,33, cf. o trabalho de N. Na'aman (On Gods and Scribal Traditions in the Amarna Letters. *UF*, vol. 22, 1990, p. 248-250), que acredita que o AN.DA.MU-ia é um título da deusa conhecida como "A Senhora de Biblos" (cf. 132.53-55). Essa questão afetaria a importância de AN.DA.MU-ia para a categoria de nomes divinos com sufixos pronominais.

vez de deixar de lado a regra e interpretar * '*šrth* como a deusa Asherah[480]. Z. Zevit apresentou uma interpretação morfológica diferente de * '*šrth* como o nome da deusa[481]. Em vez de ver a terminação *h* como um sufixo pronominal, ele o considera um segundo indicador do gênero feminino. De acordo com Tigay, a maioria das analogias que Zevit manobra como apoio não contêm duas terminações indicando o gênero feminino. Tigay nega a importância da maioria desses exemplos porque muitos são nomes de lugares com terminação *h*, indicando direção ("hê-direcional")[482]. Seria possível argumentar que o objeto da combinação verbo-preposição, *brk l-*, "abençoar por X", denota uma deidade nas oferendas votivas do Oeste semítico. Como observou Tigay[483], essa opinião fica debilitada por certo número de inscrições fenícias que têm objetos cúlticos seguidos de preposição (KAI 12,3-4; 251; 256).

À parte o problema gramatical, há outras questões semânticas que afligem a interpretação do substantivo ou como o nome da divindade ou como o símbolo em sua capacidade de referir-se à deusa. Se *l 'šrth*, nas inscrições de Kuntillet Ajrud, referem-se à deusa ("e à sua Asherah"), então não está claro o que "sua Asherah" significa[484]. Somente assumindo-se uma elipse de "sua consorte, Asherah" ou algo semelhante é que essa interpretação faz razoável sentido. Se *l 'šrth* significa "sua asherah" referindo-se ao símbolo, então "sua asherah" denotaria algo que é "dele", e não dela. Em resumo, parece preferível considerar "sua asherah" como algo que é "dele", ou

---

480. GILULA, M. To Yahweh Shomron, p. 134-137; NAVEH, J. Graffiti and Dedications, p. 28; AHLSTRÖM, G. W. An Archaeological Picture, p. 20; *Royal Administration*, p. 43; DEVER, W. G. Asherah, Consort of Yahweh?, p. 21-37; HESTRIN, R. The Lachish Ewer, p. 212-223; OLYAN, S. M. *Asherah and the Cult of Yahweh*, p. 28. Cf. os comentários de Lambert (Trees, Snakes, and Gods, p. 439-440). Antes da descoberta das inscrições, A. T. Olmstead, Ahlström e outros estudiosos previram essa conclusão (cf. AHLSTRÖM, G. W. *Aspects of Syncretism*, p. 50-54; Some Remarks on Prophets and Cult. *In*: RYLAARSDAM, J. C. [ed.]. *Transitions in Biblical Scholarship*. Chicago: University of Chicago Press, 1968, p. 121). Em discussões anteriores, fiquei esperando por essa possibilidade (SMITH, Mark S. God Male and Female, p. 333-340; Divine Form and Size in Ugaritic and Pre-exilic Israelite Religion. *ZAW*, vol. 100, 1988, p. 426).

481. ZEVIT, Z. The Khirbet el-Qôm Inscription Mentioning a Goddess. *BASOR*, vol. 255, 1984, p. 39-47.

482. TIGAY, J. H. *You Shall Have No Other Gods*, p. 30; cf. tb. RAINEY, A. F. The Toponyms, p. 4.

483. TIGAY, J. H. *You Shall Have No Other Gods*, p. 28-29.

484. Conforme pergunta com razão Zevit (*The Religions of Ancient Israel*, p. 403 n. 110): "O que teria significado dizer que a deusa *pertencia a* ou estava *possuída por* Yahweh?" (sublinhados de Zevit).

seja, um símbolo que antigamente pode ter-se referido à deusa pelo mesmo nome, mas que nesse contexto funciona como parte do repertório simbólico de Yahweh, possivelmente com conotações mais antigas associadas à deusa. Algumas dessas conotações mais antigas são exploradas a seguir.

As tentativas de interpretar o nome com um alcance semântico diferente são minadas pelas falácias etimológicas de vários tipos. Por exemplo, interpretar o hebraico * *šrth* baseando-se no ugarítico *'āṯr*, no acádio *ašru* e no fenício *'šr*, "santuário"[485], fundamenta-se no fato de que tal significado não ocorre de outra maneira em hebraico. Dificuldade ainda maior liga-se a significados postulados sem nenhuma base etimológica em qualquer língua semítica do Noroeste. Esse problema está presente em propostas tais como "símbolo"[486], "consorte"[487], "deusa"[488] e "vestígio"[489]. A quarta tradução, apresentada por P. K. McCarter, oferece uma solução engenhosa para interpretar * *šrth*. McCarter interpreta o nome como uma hipóstase de Yahweh, e não uma deusa como tal; nessa conexão, compara outras deusas que trazem títulos que expressam relacionamento da hipóstase com deuses. Os dois exemplos principais são os títulos ugarítico e fenício para Astarte, que é chamada "o nome de Baal", *šm b'l* (KTU 1.16 VI 56 [cf. 1.2 IV 28]; KAI 14,18)[490],

---

485. LIPIŃSKI, E. The Goddess 'Aṯirat, p. 101-119; The Syro-Palestinian Iconography of Woman and Goddess (Review Article). *IEJ*, vol. 36, 1986, p. 87-96; cf. McCARTER, P. K. Aspects of the Religion, p. 145. Quanto a uma inscrição fenícia oriunda de Aco com *'šrt* como "santuário(s)", cf. DOTHAN, M. A Phoenician Inscription, p. 81-94. McCarter (Aspects of the Religion, p. 145) relaciona *'ăšērāh*, da BH, com *'šrt* em um texto fenício do séc. III de Ma'sub, que traz a dedicação "a Ashtart, na asherah de Baal-Hamon", *l'štrt b'šrt b'l ḥmn* (KAI 19,4). Peckham (Phoenicia and the Religion of Israel, p. 91 n. 24) compara inscrições fenícias de 'Umm el-'Amed e Pyrgi, onde uma asherah está reservada para Astarte. Nessas ocorrências a palavra fenícia significa "santuário" ou algo semelhante.

486. MESHEL, Z. Did Yahweh Have a Consort?, p. 31.

487. POPE, M. H. Response to Sasson on the Sublime Song. *Maarav*, vol. 2/2, 1980, p. 210-211; ENGLE, J. R. Pillar Figurines, p. 84-85.

488. Cf. as observações de Pardee (The New Canaanite Myths and Legends, p. 274) e de Cooper (Divine Names and Epithets in the Ugaritic Texts, p. 342).

489. McCARTER, P. K. Aspects of the Religion, p. 137-155. McCarter é seguido por J. S. Burnett (*A Reassessment of Biblical Elohim*. Atlanta: Society of Biblical Literature, 2001 [SBLDS, 183], p. 91 n. 36).

490. McBRIDE, S. D. The Deuteronomistic Name Theology (Tese de doutorado, Harvard University, 1969), p. 135-137; CROSS, F. M. *Canaanite Myth and Hebrew Epic*, p. 11, 30-31; METTINGER, T. N. D. *The Dethronement of Sabaoth*: Studies in the Shem and Kabod Theologies. Lund: Gleerup, 1982 (ConBOT, 18), p. 38-79, 123-130; LABERGE, L. Le lieu que YHWH a choisi pour mettre son

e um título do fenício Tannit, designado "a face de Baal", *pn b'l*, (KAI 78,2; 79,1.10-11; 85,1; 86,1; 137,1; 175,2; 176,2-3; cf. 87,1) e *p'n b'l* (KAI 94,1; 97,1; 102,1; 105,1; cf. 164,1; cf. *'npy-b'l* duas vezes em um encantamento oriundo de Wadi Hammamat, no Alto Egito, escrito em alfabeto demótico, mas em língua aramaica, e datado do século VI ou do século V a.C.; cf. *phanebalos* em moedas do período romano provenientes de Ascalão; na BH, *pĕnû'ēl* [Gn 32,32; Jz 8,8.9.17; 1Rs 12,25] ou *pĕnî'ēl* [Gn 32,31]; e o topônimo grego para um cabo ao norte de Biblos, *prosopon theou*, "face de Deus")[491]. Seguindo Albright, McCarter

---

Nom. *Estudios Bíblicos*, vol. 43, 1985, p. 209-236; McCARTER, P. K. Aspects of the Religion, p. 155 n. 62. Exemplos de **šim/*šum* nos nomes próprios no semítico do Noroeste incluem os fenícios *šm*, "Nome" (KAI 54,1), *šmzbl*, "Nome é príncipe" (KAI 34,4), *šm'dny*, "Nome é senhor" (cf. GIANTO, A. Some Notes on the Mulk Inscription from Nebi Yunis (RES 367). *Biblica*, vol. 68, 1987, p. 397-400), o elefantino *šmbyt'l*, "Nome de Bethel" (AP 22,124; ODEN JR., R. A. *Studies*, p. 126-127), e Shimil no Ahiqar armênio 1,4 (*OTPs*, vol. 2, p. 486 n. 50). Cf. CROSS, F. M. Old Canaanite and Early Phoenician Scripts, p. 3; BORDREUIL, P. *Mizzĕbul lô*: à propos de Psaume 49:15. *In*: ESLINGER, L.; TAYLOR, G. (eds.). *Ascribe to the Lord*: Biblical and Other Studies in Memory of Peter C. Craigie. Sheffield: JSOT, 1988 (JSOTSup, 67), p. 93-98. Além dos exemplos acádios citados por McBride, **šum* está também atestado em nomes eblaítas (POMPONIO, F. I nomi divini, p. 152, 156) e em um nome oriundo de Emar (Emar 52,2). A visão de longa data da teologia deuteronomista sobre *šēm* foi questionada por S. Richter (*The Deuteronomistic History and the Place of the Name*. Berlim: de Gruyter, 2002 [BZAW, 318]). Como consequência, será feita uma avaliação séria do alcance de *šēm* em passagens deuteronomistas. Passagens como 1Rs 8 provavelmente se sustentarão. Considerações adicionais de passagens não deuteronomistas com "o nome" (p. ex., Is 30,27; Sl 30,27; Sl 29,2[?]) precisam ser incluídas na discussão. Cf. mais adiante, p. 216s.

491. A respeito de *pānîm*, "face," como hipóstase divina, seja na religião fenícia, seja na religião israelita, cf. CROSS, F. M. *Canaanite Myth and Hebrew Epic*, p. 28. Quanto ao encantamento procedente do Egito, cf. STEINER, R. C. The Scorpion Spell from Wadi Ḥammamat: Another Aramaic Text in Demotic Script. *JNES*, vol. 60, 2001, p. 259-268. Uso mundano desse termo ocorre em Gn 33,10, Ex 10,28-29 (cf. 2Sm 17,11; Rashi a respeito de Ex 33,15) e nos antecedentes do Bronze tardio, citados no capítulo 4, seção 1. RS 25.318 oferece pano de fundo adicional. A inscrição, encontrada em um ríton de leão, chama o ríton de *pn 'arw*, "a face do leão" (cf. DIETRICH, M.; LORETZ, O. Die keilalphabetische Krugausschrift RS 25.318. *In*: SCHAEFFE, C. F. A. [ed.]. *Ugaritica VI*. Paris: P. Geuthner; Leiden: Brill, 1978 [Mission de Ras Shamra, 18], p. 147-148; ZEBULUN, U. A Canaanite Ram-Headed Cup. *IEJ*, vol. 37, 1987, p. 96-99); cf. o nome *pnsmlt*, "face de imagem" (KAI 57). Esses exemplos podem ilustrar, no âmbito secular, o que "Tannit, face de Ba'l", *tnt pn b'l* (p. ex., KAI 78,2; 79,1.10-11; 85.1; 86.1; 137.1; cf. 87.1) e *tnt p'n b'l* (p. ex., KAI 94,1; 97,1; 102,1; 105,1; cf. 164,1), atestados em vários sítios arqueológicos púnicos e neopúnicos da Tunísia e alhures, significavam no âmbito sagrado; em outras palavras, que Tannit era a representação de Baal. A respeito de *phanebalos*, "face de Baal", em moedas romanas provenientes de Ascalão, cf. ALBRIGHT, W. F. *Yahweh and the Gods of Canaan*, p. 129; CROSS, F. M. *Canaanite Myth and Hebrew Epic*, p. 28; para o topônimo grego para um cabo ao norte de Biblos, *prosopon theou*, "face de Deus", cf. HARDEN, D. *The Phoenicians*, p. 79. "A face de Deus" permanece como uma hipóstase para Deus nas Odes de Salomão 25,4 (*OTPs*, vol. 2, p. 758). Hipóstases divinas da face e do nome podem ser um dos vários modos israelitas de referir-se ao séquito militar divino de Yahweh. Dada a atestação de tais termos em ugarítico e fenício, as origens

também apela a uma interpretação hipostática incerta do nome Anat com o significado de "sinal" nos nomes divinos aramaicos 'ntyh (AP 44,3) e 'ntbt'l (AP 22,125)[492]. A debilidade dessa sugestão para *'šrth não está limitada à dificuldade etimológica identificada anteriormente, a saber, que a base ("raiz") *'tr não significa "vestígio" em nenhuma língua semítica do Noroeste[493]. Há o problema mais deslumbrante – o de que, nos casos de Astarte e de Tannit, o termo da hipóstase não é o nome da deusa, mas sim o seu título. Esses casos, portanto, não são verdadeiras analogias para as propostas de McCarter para Anat e Asherah, cujos nomes ele toma como expressões de aspectos de deuses. Ademais, a analogia com os nomes divinos 'ntyh, 'ntbt'l, ḥrmbt'l (AP 7,7) ou 'šmbt'l (AP 22,124) é incerta. Alguns desses nomes podem não ser

---

de seu uso antecedem o uso bíblico. Ao contrário dos usos no mundo semítico ocidental mais amplo, o uso bíblico não está associado a outras deidades. Outro jeito antigo para descrever a comitiva militar divina é nomear outras divindades como parte do cortejo (Hb 3,5). A respeito dessas formas de séquito divino, cf. SMITH, Mark S. *The Origins of Biblical Monotheism*, p. 47, 68, 74-76. Uma terceira forma de aludir à comitiva em sua função destrutiva é com *mašḥîtīm*, tal como em Gn 19,3 (cf. p. 98, anteriormente). Para *'ĕlōhîm* como uma possível quarta forma, cf. BURNETT, J. S. *A Reassessment of Biblical Elohim*, p. 79-119. Esta só concordaria com pluralidades divinas (p. ex., *b'lm* e *ršpm*) que parecem ser de caráter militar (SMITH, Mark S. *The Origins of Biblical Monotheism*, p. 67-68). *PE* 1.10.20, que se refere a *elohim* como os aliados de Elos, constituiria um bom paralelo para a proposta de Burnett.

492. Cf. o capítulo 2, seção 4.

493. As atestações semíticas do noroeste da raiz *'tr* sugere o significado básico de "ser/ir atrás/ até". O ugarítico *'atr*, o acádio *'ašru* e o fenício *'šr* significam "lugar" (cf. nota 485, anteriormente, para referências; cf. DIETRICH, M.; LORETZ, O. Ugaritisch *'tr, atr, atryt* und *atrt*. UF, vol. 16, 1984, p. 57-62). As formas ugaríticas e acádias do substantivo marcavam secundariamente orações subordinadas que denotavam lugar (cf. RAINEY, A. Observations on Ugaritic Grammar. *UF*, vol. 3, 1971, p. 162; PARDEE, D. A Further Note on *PRU V*, n. 60. *UF*, vol. 13, 1981, p. 152, 156); esse uso constituía a base para o desenvolvimento de *'ăšer* na BH e do moabita *'šr* como sinalizador de orações relativas (cf. GARR, W. R. *Dialect Geography*, p. 85, 87). A preposição ugarítica *'atr* significa "depois" (para atestações em textos mitológicos, cf. OLMO LETE, G. del. *Mitos y leyendas*, p. 519). Como o *'ăšer* tardio da BH, e o moabita *'šr*, a preposição aparentemente desenvolveu-se do acusativo de lugar. Na inscrição de Sefire (KAI 222 B 3), a preposição *b-* mais o substantivo *'šr* significa "no lugar de" e refere-se a um sucessor (cf. FITZMYER, J. A. *The Aramaic Inscriptions of Sefire*. Roma: Pontifical Biblical Institute, 1967 [Biblica et Orientalia, 19], p. 18-19; cf. BA *'ātar*, "lugar", em Dn 2,35; 6,3.5.7; Esd 5,15 e a preposição *'bā'tar*, "depois", em Dn 2,39; 7,6.7). Esse sentido da raiz aparentemente subjaz o substantivo ugarítico *'utryn*, "sucessor" (cf. HUEHNERGARD, J. *Ugaritic Vocabulary*, p. 112), referindo-se ao príncipe herdeiro (RAINEY, A. F. Observations, p. 169). Na BH, *'šr* (e talvez o ugarítico *'tr*) significa "ir, avançar" (*BDB*, p. 80). A interpretação de Albright (*Yahweh and the Gods of Canaan*, p. 105; *Archaeology and the Religion of Israel*. Garden City: Doubleday, 1965, p. 76) do nome de Asherah como uma oração verbal, ou seja, *'atrt ym*, "aquela que pisa o mar [ou no dragão marinho]", é mais sintaticamente consistente com as atestações semítico-noroestes da raiz no semítico (cf. ODEN JR., R. A. *Studies*, 72, 93). Contudo, nenhuma das explicações propostas para *'atrt ym* é satisfatória.

cadeias construtas, "aspecto X de deus Y", e sim dois nomes divinos, ou nome divino mais um topônimo[494]. A interpretação dessas formas não deveria obscurecer o fato de que desdobramentos diferentes podem estar por trás delas. Em todo caso, a etimologia "presença" ou "sinal", quer para o elemento *'nt nesses nomes, quer para a deusa ugarítica Anat, não é segura. Por fim, McCarter faz a problemática suposição de que Asherah está historicamente dissociada de *'šrth nas inscrições de Kuntillet Ajrud, de que a primeira era uma deusa cananeia e a última um desenvolvimento israelita interno. Dado que tanto Asherah quanto *'šrth são fenômenos religiosos criticados no antigo Israel durante o mesmo período, as suposições de McCarter constituem fundamentos duvidosos sobre os quais erguer outra reconstrução histórica.

Por fim, uma tentativa de ver tais atestações como não israelitas porque a escrita pode ser não israelita parece infundada[495]. McCarter e Olyan consideram os óstracos da Samaria como as inscrições escritas na grafia paleológica mais próxima[496]. Ahlström agrupa Kuntillet Ajrud com Arad e Berseba como centros administrativos distritais e fortalezas militares que tinham santuários ou lugares de culto[497]. De acordo com Ahlström, o caráter régio de Kuntillet Ajrud empresta credibilidade a uma visão segundo a qual as práticas religiosas ali representam a religião oficial judaíta. Ademais, boa parte da cerâmica que servia de intermédio para as inscrições e para a iconografia derivava de Judá[498]. As práticas religiosas de Kuntillet Ajrud provavelmente não constituem práticas periféricas à cultura judaíta. De fato, "Yahweh... e sua asherah" são atestados também em uma inscrição hebraica de Khirbert el-Qôm (cerca de 700) na área central de Judá[499]. Embora haja problemas na interpretação dessa inscri-

---

494. Para várias propostas, cf. capítulo 2, seção 4.

495. Cf. capítulo 2, seção 1.

496. McCARTER, P. K. Aspects of the Religion, p. 138; OLYAN, S. M. *Asherah and the Cult of Yahweh*, p. 32.

497. AHLSTRÖM, G. W. *Royal Administration*, p. 40-43. J. M. Hadley (Some Drawings and Inscriptions on Two Pithoi from Kuntillet 'Ajrûd. *VT*, vol. 37, 1987, p. 180-213) sustenta que Kuntillet Ajrud servia de hospedaria.

498. Cf. GUNNEWEG, J.; PERLMAN, I.; MESHEL, Z. The Origin, p. 270-283.

499. Cf. ZEVIT, Z. The Khirbet el-Qôm Inscription; TIGAY, J. H. *You Shall Have No Other Gods*, p. 29-30; HADLEY, J. M. The Khirbet el-Qôm Inscription. *VT*, vol. 37, 1987, p. 50-62; O'CON-

ção, ela apoia a opinião de que a asherah era um fenômeno israelita. Contudo, a importância precisa da informação atestada em Kuntillet Ajrud e em Khirbet el-Qôm não pode ser determinada sem o recurso à outra fonte textual que atesta a asherah: o registro bíblico, em si mesmo um assunto controverso.

4 Asherah – uma deusa israelita?

A questão da Asherah como uma deusa de Israel constitui um tema importante na compreensão da religião israelita. As evidências bíblicas e extrabíblicas confirmam a opinião de que Asherah era uma deusa no Israel pré-exílico e que era consorte de Yahweh? Ou, alternativamente, os dados apontam para a asherah como um símbolo dentro do culto de Yahweh sem significar uma deusa? A primeira posição constitui a visão majoritária, representada pelas obras mais antigas de H. Ringgren, G. Fohrer e G. W. Ahlström e os estudos, nos anos 1980, de W. G. Dever, D. N. Freedman, R. Hestrin, A. Lemaire e S. Olyan; e obras de J. M. Hadley, J. Day, M. Dijkstra, O. Keel e Z. Zevit[500]. A posição minoritária, sustentada primeiramente por B. Lang, P. D. Miller, J. H. Tigay, U. Winter e por C. Frevel e M. C. A. Korpel, persevera na parcimônia da evidência de que *'ăšērāh* nem se referia a uma deusa nem simbolizava a deusa em Israel[501].

NOR, M. The Poetic Inscription from Khirbet el-Qôm. *VT*, vol. 37, 1987, p. 224-230. A. Catastini (Note di epigrafia ebraica I-II. *Henoch*, vol. 6, 1984, p. 129-138) interpreta *'srt* como Qal, particípio passivo, significando "amaldiçoado", derivado de **'šr*, "abençoado", um improvável desenvolvimento semântico devido ao que é sabido a respeito da raiz (discutida anteriormente, nota 493). Sobre a tumba de bancada onde a inscrição foi encontrada, cf. DEVER, W. G. El-Qôm, Khirbet. *EAEHL*, vol. 4, p. 976-977.

500. Cf. a introdução, nota 133; DEVER, W. G. Asherah, Consort of Yahweh?, p. 21-37; LEMAIRE, A. Les inscriptions de Khirbet el-Qôm, p. 595-608; FREEDMAN, D. N. Yahweh of Samaria, p. 241-249; HESTRIN, R. The Lachish Ewer, p. 212-223; OLYAN, S. M. Cultic Confessions of Jer 2,27a, p. 255; *Asherah and the Cult of Yahweh*, p. xiv, 1-22, 33, 35, 74; HADLEY, J. M. *The Cult of Asherah in Ancient Israel and Judah*; DAY, J. *Yahweh and the Gods and Goddesses of Canaan*, p. 42-67; DIJKSTRA, M. "I Have Blessed You by YHWH of Samaria and His Asherah": Texts with Religious Elements from the Soil Archive of Ancient Israel. *In*: BECKING, B. *et al.* (eds.). *Only One God?*, p. 17-44; KEEL, O. *Goddesses and Trees*, p. 16-57; ZEVIT, Z. p. 472, 478, 537-538, 650-652, 677.

501. LANG, B. *Monotheism and the Prophetic Minority*: An Essay in Biblical History and Sociology. Sheffield: Almond, 1983 (The Social World of Biblical Antiquity Series, 1), p. 39-40; MILLER, P. D. Absence of the Goddess, p. 239-248; TIGAY, J. H. *You Shall Have No Other Gods*, p. 26-30; WINTER, U. *Frau und Göttin*, p. 551-560; FREVEL, C. *Aschera und der Ausschliesslichkeit-*

A evidência epigráfica aponta para um símbolo de culto, a asherah. Demonstrar se o símbolo representava uma deusa que era consorte de Yahweh exige um apelo às evidências bíblicas, visto que os dados epigráficos não resolvem a questão. A discussão de Gn 49,25, anteriormente mencionada, indicou que Asherah pode ter sido consorte de El, mas não de Yahweh, em algum ponto inicial da religião israelita[502]. O argumento de Olyan de que Asherah tornou-se consorte de Yahweh como resultado da identificação de Yahweh com El forneceu uma explicação viável para o desenvolvimento do culto de Yahweh e sua Asherah[503]. Sem dúvida, certo número de passagens bíblicas tem sido citado em defesa da reconstrução de Asherah como uma deusa em Israel. Esses textos – 1Rs 18,19, 2Rs 21,7, 2Rs 23,4, Jz 3,7 e Jr 2,27[504] –, por sua vez, são analisados para examinar a força da reconstrução de Asherah como consorte de Yahweh.

Conforme muitos estudiosos têm observado, a única passagem da Idade do Ferro II (cerca de 1000-587) que inequivocamente menciona a deusa Asherah é 1Rs 18,19. Os profetas de Asherah estão presentes no capítulo 18 como profetas da tirense Jezabel. Tal como os profetas de Baal, nesse capítulo, os profetas de Asherah são apresentados como funcionários tirenses. A dificuldade histórica com essa descrição é que Asherah não é atestada em nenhum texto de Tiro. Pareceria, então, que Asherah não era uma deusa tirense; de fato, Asherah não é atestada em nenhuma parte na Fenícia costeira durante a Idade do Ferro. A referência a "os profetas de Asherah" evidentemente não constitui um testemunho histórico plausível do culto a Asherah no antigo Israel. Sem dúvida, a fra-

---

sanspruch YHWHs; KORPEL, M. C. A. Asherah Outside Israel. *In*: BECKING, B. *et al. Only One God?*, p. 127-150.

502. Cf. capítulo 1, seção 4.

503. OLYAN, S. M. *Asherah and the Cult of Yahweh*, p. 38-61.

504. *BDB* (p. 81) lista as seguintes passagens como menções à deusa: 1Rs 15,3; 18,19; 2Rs 21,7; 23,4.7. Reed (Asherah, *IDB*, v. 1, p. 251) interpreta 2Rs 21,7 como a imagem da deusa e 2Rs 32,4 como uma alusão à deusa. Dever ("Asherah, Consort of Yahweh?" 31) cita Jz 3,7; 1Rs 18,19 e 2Rs 23,4 como referências à deusa. Ele toma 2Rs 21,7 como uma alusão à imagem ou à decoração para Asherah. Olyan afirma que 2Rs 21,7 e 23,4 são referências à deusa (*Asherah and the Cult of Yahweh*, p. 2 n. 7) e acrescenta Jr 2,27 à lista (Cultic Confessions of Jer 2,27a, p. 254-259). Moor (ᵃšhērāh, p. 441) apresenta um quadro bem diferente: "Quando se compara 2Rs 23,4-6 com 23,13s., o objeto de culto *'asherah* parece estar conectada tanto com o culto a Asherah (no v. 4, provavelmente um nome próprio; cf. 21,7) quanto com o culto a Astarte". Uma posição comparável é defendida adiante em relação a 1Rs 18,19 e Jz 3,7.

se "os profetas de Asherah" em 1Rs 18,19 tem sido vista como uma glosa secundária à história[505].

A questão é por que o nome de Asherah é usado aqui. Se a Astarte fenícia era a deusa por trás dessa referência a Asherah, a referência a "os profetas de Asherah" em 1Rs 18,19 pode ser explicada em termos da ameaça que Astarte pode ter representado. Como a principal deusa fenícia durante a Idade do Ferro, ela podia ter representado uma intrusão durante a monarquia. A polêmica contra Asherah em 1Rs 18,19 pode ter representado uma reação contra o culto de Astarte seja no Reino do Norte, durante o século IX, seja no culto de Jerusalém, no fim da Idade do Ferro. As referências "à asherah" em 2Rs 21 e 23 podem apontar para a monarquia judaíta tardia como o tempo para a substituição de Astarte por Asherah em 1Rs 18,19. Precisamente nesse período é que Astarte tinha um culto no antigo Israel. Não há nenhuma evidência para Astarte como uma deusa em Israel antes da segunda metade da monarquia. Ela não parece ser uma antiga herança cananeia de Israel, visto que o nome dela não aparece nas antigas inscrições cananeias do período da Idade do Bronze tardio ou do Ferro II. Ademais, a literatura bíblica não aponta para um testemunho histórico dela no período dos Juízes. Ela faz sua aparição inicial na Bíblia como uma deusa filisteia (1Sm 31,10) durante o reino de Saul e como a "deusa dos sidônios" (1Rs 11,5.33; 2Rs 23,13) no reino de Salomão. Não aparece como um fenômeno israelita explicitamente, exceto nas polêmicas de Jz 2,13; 10,6 e 1Sm 7,3.4; 12,10. Essas referências pertencem aos transmissores desses livros bíblicos, provavelmente provêm da segunda metade da monarquia[506] e podem refletir o culto judaíta a Astarte em Jerusalém. A "Rainha do Céu", no Livro de Jeremias, pode referir-se tanto a Astarte, a única deusa semítica oriental que carrega esse título durante a Idade do Ferro, quanto a Ishtar (ou possivelmente alguma combinação das duas)[507]. Jr 44 apresenta o culto da "Rainha do Céu" como algo

---

505. Cf. capítulo 1, seção 2, e capítulo 2, seção 1.

506. Cf. capítulo 1, seção 3.

507. Cf. OLYAN, S. M. Some Observations, p. 161-174; cf. tb. HELD, M. Studies in Biblical Lexicography in Light of Akkadian. *EI*, vol. 16, 1982, p. 76-85; SMITH, Morton. The Veracity of Ezekiel, the Sins of Manasseh, and Jeremiah 44:18. *ZAW*, vol. 87, 1975, p. 11-16; cf. KOCH, K. Ashera als Himmelskönigin in Jerusalem. *UF*, vol. 20, 1988, p. 97-120. A propósito de evidência iconográfica para Ishtar em Israel no séc. VII e VI, cf. ORNAN, T. Ištar as Depicted on Finds from

antigo em Israel. Incluía os atos cúlticos de queimar incenso e derramar libações no nome dela e de assar bolos em honra dela (Jr 7,18; 44,15-28). Pareceria duvidoso que tanto Asherah quanto Astarte fossem, como 1Rs 18,19 implica, uma ameaça no Reino do Norte. De preferência, essa alusão parece ser uma retroprojeção na história anterior do Reino do Norte, talvez inspirada pelo conhecido pano de fundo fenício de Baal. Este deus representava uma ameaça não somente no Norte, no século IX, mas também no Sul, no fim da monarquia judaíta. Em resumo, 1Rs 18,19 é uma referência historicamente plausível a Asherah. A glosa pode ser resultado de substituição e relatório histórico; pertence, talvez, ao século VII ou VI.

Duas outras passagens tomadas como referência à deusa Asherah, a saber, 2Rs 21,7 e 23,4, também constituem questionáveis testemunhos históricos da deusa. Ambos os textos pertencem à segunda metade da monarquia judaíta. O primeiro, 2Rs 21,7, refere-se "à imagem/ao ídolo da asherah" (*pesel hā'ăšērāh*). A palavra "imagem" (*pesel*) alhures é usada para imagens de deidades, e consequentemente esse versículo tem sido visto como uma referência à imagem da deusa Asherah. Não há dúvida de que a asherah em 2Rs 21,7 era considerada um objeto idolátrico pelo escritor, mas não se pode determinar se significava a imagem da deusa. O objeto chamado *pesel hā'ăšērāh* aqui pode não ter sido uma imagem da deusa, e sim uma forma mais elaborada da asherah no culto régio de Jerusalém.

Depois de 1Rs 18,19 e de Gn 49,25, a passagem mais fortemente sugestiva de que a Asherah era uma deusa é a segunda, 2Rs 23,4 (cf. vv. 6, 7, 15). Esse versículo menciona a asherah na frase "os objetos fabricados para Baal e Asherah e para todo o exército do céu" (*hakkēlîm hā'ăšûyim labba'al wĕlā'ăšērāh ūlkōl ṣĕbā' haššāmāyim*). Os termos "o baal" e "todo o exército do céu" são deidades, e a leitura mais natural de "a asherah", localizada entre esses dois termos, é provavelmente relacionada a uma deidade; sendo específico, Asherah. Essa leitura não é obrigatória

---

Israel. *In*: MAZAR, A.; MATHIAS, G. (eds.). *Studies in the Archaeology of the Iron Age in Israel and Jordan*. Sheffield: Sheffield Academic Press, 2001 (JSOTSup, 331), p. 235-252. Essa evidência reforça o pleito de Ishtar como "Rainha do Céu". Para o prosseguimento da discussão com evidência proveniente da cultura material e bibliografia adicional, cf. KING, P. J.; STAGER, L. E. *Life in Biblical Israel*. Louisville: Westminster/John Knox, 2001 (Library of Ancient Israel), p. 350.

por uma série de razões. Todos os três são receptores de parafernália cúltica, mas não há nenhuma razão para supor que a asherah, e não uma deusa, fosse o recipiente dos objetos cúlticos. Esse é precisamente o modo pelo qual a asherah do Templo de Jerusalém é representada no mesmo capítulo. De acordo com o versículo 7, a asherah recebia "roupas" (*bāttîm*). Ademais, ela foi tirada do Templo de Jerusalém, conforme o versículo 6. A fim de manter a interpretação de que a asherah no versículo 4 refere-se à deusa, é necessário separar a referência à asherah nesse versículo da asherah nos versículos 6-7. Contudo, pode dar-se o caso de que somente a árvore esteja envolvida em 2Rs 21 e 23. É também plausível que a mesma asherah esteja envolvida em 2Rs 21,7 e 2Rs 23,6. De acordo com a primeira passagem, a asherah estava erigida no Templo de Jerusalém; na segunda passagem, a asherah foi removida do templo.

A referência "às asherahs" em Jz 3,7 tem sido usada para estabelecer a presença de Asherah no antigo Israel. A dificuldade imediata com essa opinião é que, enquanto "as asherahs" representam deusas, não parecem referir-se a uma deusa específica. De fato, o termo envolvido não representa uma única figura, mas sim um grupo coletivo. O grupo é, provavelmente, deusas em geral, como "as asherahs" são emparelhadas com "os baals" como meio de aludir a deuses e deusas estrangeiros em geral. A variação entre "os baals e as asherahs" em Jz 3,7 e "os baals e as astartes" em Jz 2,13 e 1Sm 7,4; 12,10 refletem, ademais, o fato de que a expressão "as asherahs" em Jz 3,7 representa um uso genérico. A questão é como a expressão "as asherahs" chegou a ser usada desse modo. Uma possibilidade é que tais expressões refletem um intercâmbio entre Asherah e Astarte. Os nomes hebraicos de Asherah (*'ăšērāh*) e Astarte (*'aštōret*) são um tanto semelhantes. Além disso, Astarte mostra alguns dos traços e papéis atribuídos anteriormente a Asherah. Por exemplo, nos textos ugaríticos, *rbt* é um título padrão de Asherah (p. ex., KTU 1.3 V 40; 1.4 I 13, 21; 1.4 IV 31, 40; 1.6 I 44, 45, 47, 53; cf. 1.16 I 36, 38; 1.23.54), mas, em inscrições de Sídon, Tiro, Kition e Egito, esse epíteto pertence a Astarte (KAI 14,15; 17,1; 33,3; cf. 48,2; 277,1)[508]. De modo semelhante, Asherah

---

508. PRITCHARD, J. B. *Palestinian Figurines*, p. 71, 91; OLYAN, S. M. *Asherah and the Cult of Yahweh*, p. 57 n. 84.

é considerada a figura materna nos textos ugaríticos (KTU 1.4 II 25-26, IV 51, V 1; 1.6 I 39-41, 46), mas, nas inscrições fenícias, Astarte é que traz o título de "mãe", 'm (KAI 14,14)[509]. A figura de Asherah não continuou nominalmente no mundo fenício, e Astarte pode ter sido a portadora de algumas características anteriormente associadas a Asherah. Reconhecidamente, alguns estudiosos[510] têm sustentado que a deusa Tannit pode ter sido a descendente púnico-fenícia da Asherah cananeia ou englobava suas características, inclusive os títulos "senhora", rbt (p. ex., KAI 78,2; 79,1; 81,1; 85,1; 86,1) e "mãe" 'm (cf. KAI 83,1)[511]. À parte 1Rs 18,19, Asherah não era chamada em parte alguma pelo seu antigo nome cananeu no primeiro milênio, nem é atestada nem uma vez nas fontes fenícias. Os autores bíblicos, ao caracterizar o culto que jazia por trás do símbolo da asherah, talvez tenham condensado a deusa Asherah, do segundo milênio, e a deusa Astarte, do primeiro milênio, tal como Baal, o deus da tempestade, do segundo milênio, parte da antiga herança cananeia de Israel, foi unido ao deus da tempestade, Baal de Tiro, do primeiro milênio[512].

Jr 2,27 tem sido entendido como uma referência a Asherah como consorte de Yahweh. Conforme alguns estudiosos, Jr 2,27 inverte o papel do símbolo paternal da pedra com o papel maternal da árvore, símbolos que se referem a Asherah e a Baal[513]. Se assim for, esse versículo forneceria um testemunho histórico de Asherah como uma deusa e consorte de Baal. Ao contrário, Olyan argumenta que Jr 2,27 pode referir-se não a Asherah e a Baal, mas sim a Asherah e a Yahweh, visto que a linguagem paternal é raramente, se alguma vez, atribuída a Baal, enquanto Yahweh recebe

---

509. Cf. PRITCHARD, J. B. *Palestinian Figurines*, p. 91; OLYAN, S. M. *Asherah and the Cult of Yahweh*, p. 58.

510. A respeito de Tannit, cf. as referências na introdução, nota 60.

511. Cf. TOMBACK, R. S. *A Comparative Semitic Lexicon of the Phoenician and Punic Languages*. Missoula: Scholars, 1978 (SBLDS, 32), p. 23.

512. Cf. capítulo 2, seção 1.

513. Cf. OLYAN, S. M. Cultic Confessions of Jer 2,27a, p. 254-259. Se a interpretação de Olyan estiver correta, então Jr 2,23-28 incluiria uma polêmica, por um lado, contra o culto a Yahweh e a Asherah e, por outro, contra Baal (2,23 e LXX 2,28b). Para as evidências sobre LXX 2,28b, cf. HOLLADAY, W. L. *Jeremiah 1*: A Commentary on the Book of the Prophet Jeremiah, Chapters 1–25. Filadélfia: Fortress, 1986 (Hermeneia), p. 54; McKANE, W. *A Critical and Exegetical Commentary on Jeremiah vol. 1*: Introduction and Commentary on Jeremiah I–XXV. Edimburgo: T. & T. Clark, 1986 (ICC), p. 47.

linguagem paternal em algumas instâncias (p. ex., Dt 32,6; Is 63,16; 64,7 [E 8]; Jr 3,4.19; 31,9; Ml 1,6; 2,10; Sb 14,3; Eclo 23,1.4; cf. Ex 4,22; Os 11,1). De acordo com a opinião de Olyan, Jr 2,27 pode indicar que Asherah era uma deusa em Israel e consorte de Yahweh durante as décadas minguantes da monarquia judaíta[514]. Para todos esses estudiosos, a asherah era vista como o símbolo da deusa, não apenas por seus críticos mas também pelos adoradores israelitas. Tais opiniões, porém, são historicamente problemáticas. O mito em Jr 2,27 não é atribuído à deusa, como na religião cananeia, e sim a um símbolo no culto de Yahweh. Fica evidente que tal linguagem maternal fosse apropriada para Yahweh a partir de Dt 32,18, discutido na seção subsequente. É possível, portanto, que o símbolo nominado nesse versículo não se referisse a Asherah. Contudo, há uma dificuldade adicional para presumir que Asherah esteja descrita em Jr 2,27. O contexto mais amplo desse versículo, Jr 2,23-28, nomina Baal, portanto, como um objeto de opróbrio, e talvez Baal e Asherah é que sejam os objetos de ataque nesse versículo. Em outro lugar, na história deuteronomista, especialmente em 1Rs 18,19, a justaposição de Baal e Asherah pode refletir a substituição de Astarte por Asherah. A mesma substituição pode estar implicada em Jr 2,27, ou, talvez, esse versículo reflita uma conexão histórica feita secundariamente entre Baal e Asherah no próprio tempo de Jeremias. Como resultado dos complexos problemas que Jr 2,27 apresenta, é difícil estabelecer os referentes exatos dos símbolos da árvore e da pedra nesse versículo; sem dúvida, muitos estudiosos negam que haja referentes divinos[515].

Para resumir as evidências para Asherah como consorte de Yahweh, não há nenhuma referência clara à deusa na Bíblia, à parte 1Rs 18,19, possivelmente uma polêmica contra Astarte. Gn 49,25 pode confirmar Asherah como consorte de El, mas não fornece nenhum apoio para a opinião segundo a qual Asherah seria consorte de Yahweh. As demais referências bíblicas usadas para sustentar essa reconstrução são suscetíveis de outras interpretações que enfraqueceriam a opinião

---

514. OLYAN, S. M. Cultic Confessions of Jer 2,27a, p. 254-259.

515. Além dos estudiosos citados por Olyan (Cultic Confessions of Jer 2,27a, p. 255), cf. DAY, J. Asherah in the Hebrew Bible, p. 408; HOLLADAY, W. L. *Jeremiah 1*, p. 104.

de Asherah como deusa. Uma dificuldade complementar em colocar Asherah como uma deusa no Israel monárquico envolve não apenas as evidências bíblicas mas também as evidências fenícias. Ao que parece, ela não continuou como uma deusa na Fenícia e, portanto, não era um problema fenício como 1Rs 18,19 a apresenta. Há outra evidência negativa que poderia ratificar a reconstrução de que Asherah não era uma deusa em Israel; o tipo de evidência, no entanto, está baseado no argumento de silêncio, e só tem mérito em conjunção com a evidência positiva apresentada. Deve-se observar que condenações proféticas e legais jamais se referem à deusa, apenas ao símbolo. Não há nomes próprios de pessoas formados com o elemento teofórico do nome da deusa[516]. Além do mais, diferentemente de Yahweh, El, Baal ou até mesmo Anat, * '*šrh* não aparece como o elemento teofórico nos nomes próprios de pessoa israelitas. De acordo com Tigay, esse fato indica uma ausência de culto religioso devotado expressamente à deusa. O argumento, em si, não seria convincente, porque, conforme Emerton e Olyan observaram no caso do nome de Asherah[517], a onomástica nem sempre reflete acuradamente devoção religiosa. O culto dessa deusa é atestado em Ugarit, mas o nome dela não aparece como elemento teofórico em nomes ugaríticos. Entretanto, a evidência onomástica está de acordo com outras evidências da Idade do Ferro. Por fim, há o argumento questionável de que nem o hebraico bíblico nem o epigráfico tem uma palavra para "deusa" ('*ēlāh*, apesar de tudo). Em conclusão, a evidência para Asherah como uma deusa israelita durante a monarquia é mínima, na melhor das hipóteses. Tendo em vista as dificuldades levantadas a respeito dessa reconstrução histórica, a rejeição dessa posição por B. Lang, P. D. Miller, J. H. Tigay, U. Winter, C. Frevel e M. C. A. Korpel parece mais compatível com as evidências disponíveis[518].

Se o símbolo já não representava a deusa, há duas questões históricas. Primeira: qual foi o desenvolvimento histórico por trás dessa situação? Segunda: por que a tradição deuteronomista, ao opor-se tão fortemente

---

516. TIGAY, J. H. *You Shall Have No Other Gods*, p. 13-14.

517. EMERTON, J. A. New Light on Israelite Religion, p. 16 n. 10; OLYAN, S. M. *Asherah and the Cult of Yahweh*, p. 35-36.

518. Cf. as referências na nota 501, anteriormente.

ao símbolo, supôs que a deusa Asherah estava envolvida? Com outras palavras, se o símbolo já não representava a deusa, por que foi condenado?

A primeira questão é muito difícil. Tomando por base a associação bíblica entre Baal e Asherah, alguns estudiosos defendem que Baal substituiu El como marido de Asherah no período do Ferro I (1200-1000) e que essa é a razão por que as críticas bíblicas ligam Baal e Asherah[519]. Essa opinião sofre da debilidade fundamental de que a evidência para Baal substituir El em Canaã é escassa. Reconhecidamente, uma comparação de grande importância poderia estar baseada em várias evidências, inclusive na narrativa de Elkunirsa[520]. Apesar da sugestiva direção desse análogo, tal estado de coisas talvez jamais tenha sido alcançado no Israel da Idade do Ferro. Olyan sugeriu que, em decorrência da identificação de Yahweh-El e do emparelhamento de El e Asherah, esta era a consorte de Yahweh, e a asherah era o símbolo dela[521]. A certa altura, porém, talvez já no período dos Juízes, o símbolo da asherah, como o nome e as imagens de El, continuou no culto de Yahweh, mas não se referia a uma deidade separada. Conforme visto no capítulo 1, a evidência para Asherah como uma deusa em Israel durante o período dos Juízes é mínima. A mesma dificuldade aflige os dados para o período da monarquia. Em vez de corroborar a teoria de uma deusa como consorte de Yahweh, indicariam que o símbolo sobreviveu ao culto da deusa que lhe deu o nome e continuou a conservar um lugar no culto de Yahweh. Outros estudiosos, como Hadley, datariam esse desenvolvimento, de modo geral, do período pós-exílico. Contudo, ela também admite um desenvolvimento anterior: "Durante o tempo de Manassés é possível que a estátua de asherah tivesse perdido bastante de seu 'pano de fundo de deusa' e fosse considerada mais como

---

519. Cf. OLYAN, S. M. *Asherah and the Cult of Yahweh*, p. 38-61.

520. Cf. *ANET*, p. 519. Para uma crítica do uso deste material dessa maneira, cf. OLYAN, S. M. *Asherah and the Cult of Yahweh*, p. 43.

521. Cf. o capítulo 2, seção 2. Para as diferenças textuais nas fórmulas de "os baals e as asherahs/astartes", cf. ODEN JR., R. A. *Studies*, p. 97-98. Baal e Astarte são unidos também em *PE* 1.10.31: "Astarte, a maior, e Zeus, chamado tanto Demarous quanto Adodos, rei dos deuses, estavam reinando sobre o território com o consentimento de Cronos" (*Astartē de he megistē kai Zeus Dēmarous kai Adōdos basileus theōn ebasileuon tēs chorās Kronou gnōmē*) (ATTRIDGE, H. W.; ODEN JR., R. A. *Philo of Byblos*, p. 54-55). Para um funcionário do culto que era tanto um profeta de Baal quanto um profeta de Astarte no tempo de Aquenáton, cf. *ANET*, p. 250 n. 13.

um aspecto da fertilidade (de Yahweh?)"[522]. Dadas as referências problemáticas à deusa nos livros dos Reis, o desenvolvimento pode ser anterior. Em relação a isso, é pertinente observar o número de cenas de árvores da Idade do Ferro nas quais falta a figura feminina, conforme advertiu Keel[523]. É precisamente essa ausência, bem como a preponderância de referências bíblicas ao símbolo da asherah, comparadas com o número putativo de referências à deusa Asherah, que levam a pensar que o símbolo sobreviveu ao culto da deusa.

A segunda questão é ainda mais problemática. Se a asherah era um símbolo javista que já não representava uma deusa separada, por que, então, caiu sob tão pesada crítica bíblica? Qualquer resposta é especulativa, mas algumas das críticas bíblicas da asherah restritas à influência deuteronomista, observadas por Olyan, oferecem um ponto de partida. Associação secundária do nome da asherah com a deusa Astarte, talvez representada pela variação entre "os baals e as asherahs", em Jz 3,7, e "os baals e as astartes", em Jz 2,13 e 1Sam 7,4; 12,10, pode fornecer uma visão negativa da asherah. Outra razão para a condenação da asherah pode ter se dado com base em sua função. Talvez seu papel ao fornecer fertilidade ou cura fosse ofensivo a seus críticos. Sua função de adivinhação pode ter competido com a profecia, o que pode ter levado a condenações proféticas. Seja como for, sua denúncia pertence a uma rejeição mais abrangente de certas práticas cultuais[524]. A partir dessa inspeção das evidências bíblicas, pareceria que a asherah continuou com várias funções no culto de Yahweh sem conexão com a deusa que deu seu nome ao símbolo.

5 A assimilação das imagens de Asherah

A história da asherah israelita aparentemente terminou com o exílio judaíta (587/6), mas as passagens bíblicas que descrevem uma figura divina independente podem refletir, em algum nível da tradição, o contínuo impacto literário do mito associado à asherah. A figura feminina da Sa-

---

522. HADLEY, J. M. *The Cult of Asherah in Ancient Israel and Judah*, p. 80.

523. KEEL, O. *Goddesses and Trees*, p. 39-46.

524. Cf. capítulo 5.

bedoria em Pr 1–9 é uma candidata possível. G. Boström, H. Ringgren, W. F. Albright e outros compararam a figura da Sabedoria à deusa cananeia Asherah[525]. O estudo de C. Camp sobre a figura da Sabedoria, o qual, fora isso, minimiza a história da abordagem da religião, também reconhece tal influência[526]. Se o conteúdo simbólico da asherah era, em algum sentido, um modelo literário para a figura da Sabedoria (talvez como uma contrapropaganda ou *Kontrastbild* ['imagem de contraste'], nas palavras de Rad), pode ter sido devido ao pano de fundo do culto local de "Yahweh e sua asherah"[527]. A "árvore da vida", que lembra a asherah, aparece na tradição israelita como expressão metafórica para a Sabedoria (Pr 3,18; cf. Pr 11,30; 15,4; Gn 3,22; Ap 2,7)[528]. Como o sím-

---

525. Cf. BOSTRÖM, G. *Proverbiastudien*: Die Weisheit und das fremde Weib in Spr. 1–9. Lund: Gleerup, 1935, p. 12-14, 135f.; RINGGREN, H. *Word and Wisdom*: Studies in the Hypostatization of Divine Qualities and Functions in the Ancient Near East. Lund: Håkan Ohlssons Boktryckeri, 1947, p. 132-134; SNIDJERS, L. A. The Meaning of *zār* in the Old Testament: An Exegetical Study. *OTS*, vol. 10, 1954, p. 63; RAD, G. von. *Wisdom in Israel*. Tradução de J. D. Martin. Londres: SCM, 1970, p. 167; CLIFFORD, R. J. Proverbs IX: A Suggested Ugaritic Parallel. *VT*, vol. 25, 1975, p. 305; LANG, B. *Wisdom and the Book of Proverbs*: A Hebrew Goddess Redefined. Nova York: Pilgrim Press, 1986. Com relação a paralelos ugaríticos com Pr 9, cf. CLIFFORD, R. J. Proverbs IX, p. 298-306; cf. LICHTENSTEIN, M. The Banquet Motifs in Keret and in Proverbs 9. *JANES*, vol. 1/1, 1968, p. 19-31; GREENFIELD, J. C. The Seven Pillars of Wisdom (Prov. 9:1) – A Mistranslation. *JQR*, vol. 76, 1985 (= Moshe Held Memorial Volume), p. 18 n. 25. Para outras opiniões a respeito da história do pano de fundo religioso da figura da Sabedoria, cf. CONZELMANN, H. The Mother of Wisdom. In: ROBINSON, J. M. (ed.). *The Future of Our Religious Past*: Essays in Honor of Rudolf Bultmann. Tradução de C. Carlson e R. Scharlemann. Nova York: Harper & Row, 1971, p. 230-243; FOHRER, G. Sophia. In: FRIEDRICH, G. (ed.). *Theological Dictionary of the New Testament vol. 7*. Tradução de G. W. Bromiley. Grand Rapids: Eerdmans, 1971, p. 477-490; WINTER, U. *Frau und Göttin*, p. 508-529; CAMP, C. *Wisdom and the Feminine in the Book of Proverbs*. Sheffield: JSOT, 1985 (Bible and Literature Series, 11), p. 23-68. Cf., ademais, SCHROER, S. *Die Weisheit hat ihr Haus gebaut*: Studien der Sophia in den biblischen Schriften. Mainz: Matthias Grunewald Verlag, 1996.

526. CAMP, C. *Wisdom and the Feminine*, p. 95, 103, 106, 115, 133, 187-190, 276, 283.

527. COOGAN, M. D. Canaanite Origins and Lineage, p. 119-120; MILLER, P. D. Absence of the Goddess, p. 246; SMITH, Mark S. God Male and Female, p. 337; cf. ANDERSEN, F. I.; FREEDMAN, D. N. *Hosea*, p. 326. Coogan também associa as descrições de Sofia em Sb 7–8 ao culto de Yahweh e a asherah (cf. QUISPEL, G. Jewish Gnosis and Mandean Gnosticism. In: MENARD, J. E. [ed.]. *Nag Hammadi Studies VII*. Leiden: Brill, 1975, p. 93).

528. Cf. Pr 11,30; 15,4; Gn 3,22; Ap 2,7. As tradições por trás de "a árvore da vida" em Gn 3,22 são complexas. Além da tradição da árvore da deusa e da serpente, evidentes nessa história, estão presentes tradições complementares do santuário e da moradia divina (cf. Ez 28,12-19). Para detalhes, cf. STULZ, F. Die Bäume des Gottesgartens auf dem Libanon. *ZAW*, vol. 82, 1972, p. 141-156; LAMBERT, W. G. Trees, Snakes, and Gods, p. 435-451; WALLACE, H. N. *The Eden Narrative*. Atlanta: Scholars, 1985 (HSM, 32), p. 60-172. A respeito das águas divinas de Gn 2,10, cf. tb. o capítulo 1, seção 6. Para a iconografia mesopotâmica da árvore sagrada, especialmente no contexto de um santuário, cf. DHORME, E. L'arbre de verité et l'arbre de vie. *RB*, vol. 4, 1907, p. 271-274; BU-

bolo da asherah, a Sabedoria é uma figura feminina que fornece vida e nutrição. Pr 3,18 é particularmente pertinente: "É uma árvore de vida para quem nela se agarra: feliz é quem a ela se apega" (*'ēṣ-ḥayyîm hî' lammaḥăzîqîm bāh wĕtōmĕkêhā mĕ'uššrār*). Esse versículo fecha uma pequena unidade formada pelos versículos 13-18 e forma com o versículo 13 um quiasmo evidente (um tipo de estrutura poética que conecta quatro termos). O versículo 13 abre com "Feliz é quem descobre a sabedoria" (*'ašrê 'ādām māṣā' ḥokmāh*). A unidade começa e termina com a mesma raiz, ** 'šr*, "ser feliz", especificamente com *'ašrê*, "feliz", no versículo 13, e *mĕ'uššrār*, "tornado feliz", no versículo 18. Os termos internos do quiasmo são *ḥokmāh*, "sabedoria", e *'ēṣ-ḥayyîm*, "uma árvore da vida". Finalmente, os temos *'ašrê* e *mĕ'uššrār* talvez aludam à asherah, a árvore que simboliza a vida e o bem-estar[529]. Ben Sira (Ecclesiasticus) continua e amplia a personificação feminina da Sabedoria. Eclo 1,20 recorre à imagem da Sabedoria como árvore da vida: "A raiz da sabedoria é temer o Senhor; e seus ramos, uma vida longa"[530]. Eclo 24,12-17 igualmente descreve a Sabedoria como diferentes tipos de árvores[531]. Eclo 4,13[532] e Br 4,1, ecoando Pr 3,18, usam a imagem de adesão à Sabedoria.

REN, E. D. van. *Symbols of the Gods*, p. 3-4, 22-30. A serpente de Gn 2–3 não precisa ser associada a um inimigo cósmico de Baal (cf. WILLIAMS-FORTE, E. The Snake and the Tree, p. 18-43). Uma vez que a serpente aparece com a deusa (talvez Asherah) em *ANEP*, n. 470-474 (cf. n. 480), tais descrições oferecem um ponto de partida melhor para lidar com as tradições bíblicas. Cf. tb. a serpente em um modelo de santuário de Bete-Seã (*ANEP*, n. 590; ROWE, A. *The Four Canaanite Temples of Beth-shan*, fig. 10, n. 14; cf. *ANEP*, n. 585; STERN, E. *Excavations at Tel Mevorakh (1973-1976); Part Two*: The Bronze Age. Jerusalém: Magnes, 1984 [Qedem, 18], p. 22-23).

529. Gostaria de agradecer ao Professor Anthony Ceresko por indicar-me, em uma comunicação pessoal, a paronomásia que evoca a asherah no uso da raiz ** 'šr* nesta passagem. Para uma crítica dessa opinião, cf. DAY, J. *Yahweh and the Gods and Goddesses of Canaan*, p. 66-67. A discussão de Day ignora o argumento de que a Sabedoria personificada pode ser modelada segundo a Asherah ou suas conotações associadas à árvore como um contraste ou uma contrapropaganda.

530. Cf. SHEPPARD, G. T. *Wisdom as a Hermeneutical Construct*: A Study in the Sapientalizing of the Old Testament. Berlim: Walter de Gruyter, 1980 (BZAW, 151), p. 52-55. Para questões de crítica textual, cf. SKEHAN, P. W.; DI LELLA, A. A. *The Wisdom of Ben Sira*. Nova York: Doubleday, 1987 (AB, 39), p. 145.

531. SKEHAN, P. W.; DI LELLA, A. A. *The Wisdom of Ben Sira*, p. 334-335.

532. SKEHAN, P. W.; DI LELLA, A. A. *The Wisdom of Ben Sira*, p. 171. A personificação feminina medieval da Shekinah, a presença divina, tem sido ligada à personificação da Sabedoria (POPE, M. H. *Song of Songs*, p. 158-179).

Outros exemplos do impacto da asherah nas imagens bíblicas são menos convincentes. J. Day detecta uma ocorrência da imagem da asherah em Os 14,9 (E 8)[533]. Yahweh declara:

> Efraim! Que tenho ainda a ver com os ídolos?
> Sou eu quem lhe responde (*'ānîtî*) e quem olha por ele
> (*wa'ăšûrennû*).
> Eu sou um cipreste sempre verde,
> é de mim que procede teu fruto.

Seguindo J. Wellhausen[534], Day vê, na segunda metade do versículo, uma alusão a Anat e a Asherah. Ele também lê *lô*, "para ele" (isto é, Efraim), em lugar de *lî*, "para mim" (ou seja, Yahweh)[535]. Uma alusão é plausível para a asherah, mas não no caso de Anat, uma vez que ela só aparece em nomes próprios nas fontes israelitas[536]. Ademais, o uso da raiz *'ny*, "responder", lembra de preferência a mesma raiz em Os 2[537]. A leitura de *lô* por *lî* tem pouco suporte textual e pode interpretar mal a natureza do problema religioso sob condenação. A idolatria não é puramente uma questão do pecado de Efraim; ao contrário, a crítica profética pode aludir à inclusão da asherah com Yahweh. Por fim, Os 14,10 (E 9) pode estar relacionado com o tema do versículo precedente. Enquanto Os 14,10 é geralmente considerado uma adição secundária, separada da seção precedente ou do livro como um todo, G. Yee trata o versículo como parte da unidade mais ampla, que compreende Os 14,2-10 e pertence ao nível redacional final do livro[538]. Se o versículo deve ser entendido no contexto tanto do livro como um todo[539] quanto da unidade Os 14,2-10, então talvez o subtexto desse versículo inclua a idolatria geralmente

---

533. DAY, J. Asherah in the Hebrew Bible, p. 404-406. Cf. Pr 16,20; 29,18b. Para uma crítica completa a essa interpretação, cf. OLYAN, S. M. *Asherah and the Cult of Yahweh*, p. 20-21.

534. Cf. DAY, J. Asherah in the Hebrew Bible, p. 404-405. Cf. COOPER, A. Divine Names and Epithets in the Ugaritic Texts, p. 401.

535. DAY, J. Asherah in the Hebrew Bible, p. 404 n. 59.

536. Cf. anteriormente, capítulo 2, seção 4.

537. Cf. YEE, G. A. *Composition and Tradition*, p. 137, 139. Para o debate de Os 2, cf. anteriormente, capítulo 2, seção 2. Dado o possível aparecimento de asherah no Livro de Oseias, o uso que Oseias faz da linguagem do amor entre Yahweh e Israel pode representar uma transformação da linguagem divina do amor atestada em textos cananeus.

538. YEE, G. A. *Composition and Tradition*, p. 131-142, 317.

539. Cf. SHEPPARD, G. T. *Wisdom as a Hermeneutical Construct*, p. 129-136.

expressa por todo o livro e especificamente o objeto de opróbrio a que Os 14,9 alude, a asherah. Lido como parte da mesma unidade, Os 14,9-10 é recordativo das imagens em Pr 3,13-18. Como Pr 3,13-18, Os 14,9 recorre à imagem da árvore, talvez como uma transformação da asherah no símbolo javista da vida. Essa transformação, em ambos os casos, está revelada, quiçá, pelo uso da raiz * 'šr, não como uma referência explícita à asherah, mas sim como uma referência vaga e indireta por paronomásia. Como Pr 3,13-18, Os 14,10 lança esse motivo no molde da linguagem sapiencial. Conforme observa Yee[540], a imagem da árvore em Os 14,9 é única na descrição de Yahweh como a árvore. Nesse sentido, Os 14,2-10 difere de Pr 3,13-18 de modo significativo. Na última passagem, é a personificação feminina da Sabedoria que está sendo descrita metaforicamente como uma árvore; em Os 14,9, essa atribuição recai sobre Yahweh. Talvez a paronomásia com asherah esteja envolvida nesse versículo, embora a evidência para esse exemplo seja consideravelmente mais fraca do que os dados que sustentam Pr 3,13-18. Outro exemplo menos persuasivo das imagens associadas à asherah pode subjazer em Ct 4,1-5 e 7,1-9. Consoante M. H. Pope[541], a protagonista feminina de Ct 4 e 7 pode ter sido modelada parcialmente segundo um protótipo divino; se assim for, o modelo pode ter sido nativo[542].

A assimilação de linguagem originalmente associada à asherah pode ser exemplificada mediante uma comparação de Jr 2,27 com Dt 32,18, que diz: "Desprezaste o Rochedo que te gerou, esqueceste o Deus que te criou" (*ṣûr yĕlādĕkā tešî wattiškaḥ 'ēl mĕḥōlĕlekā*)[543]. Enquanto Jr 2,27 inverte o papel do símbolo paternal da pedra com o papel maternal da árvore, Dt 32,18 forja, a partir de vários temas cúlticos, uma imagem de Yahweh que transcende a sexualidade[544]. Tem-se sustentado que *mĕḥōlĕlekā* apresenta nessa passagem uma imagem feminina do dar à luz[545], embora esse uso da palavra careça de conotações especificamente femininas (Pr 26,10).

---

540. YEE, G. A. *Composition and Tradition*, p. 138.

541. POPE, M. H. *Song of Songs*, p. 465, 468; Sasson on the Sublime Song, p. 213.

542. SMITH, Mark S. Divine Form and Size, p. 424-427.

543. A conexão entre os dois textos foi observada também por W. L. Holladay (*Jeremiah 1*, p. 104).

544. Para a data de Dt 32, cf. capítulo 1, nota 194.

545. TRIBLE, P. *God and the Rhetoric of Sexuality*. Filadélfia: Fortress, 1978, p. 63.

Dt 32,18, por outro lado, atenua as conotações exclusivamente sexuais da pedra e da árvore, em primeiro lugar ao omitir a imagem explicitamente feminina da árvore, e em segundo lugar ao usar *ṣûr*, "rocha", em vez de *'eben*, "pedra". A rocha (*'eben*) em Jr 2,27 pode representar o símbolo do deus, e consequentemente o próprio deus (cf. Gn 49,23), mas, em Dt 32,18, a imagem da rocha (*ṣûr*) tem sentido bem diferente.

Em seu contexto atual em Dt 32, a imagem da rocha é um *leitmotiv* que pontua o poema (vv. 4, 13, 15, 18, 30, 31, 37). Há três outras funções que a séptupla repetição de *ṣûr*, "rocha", demonstra nesse poema. Primeira, os versículos 4 e 15 usam a imagem da rocha como uma expressão da força divina. Segunda, o versículo emprega a imagem da rocha para lembrar o cuidado divino no deserto, descrito em Ex 17,1-7 e Nm 20,2-13. Dessa forma, a atenção é desviada da rocha como uma imagem da divindade masculina, e, em vez disso, a rocha é associada ao incidente no deserto. Terceira, os versículos 18, 31 e 37 usam a imagem da rocha de maneira polêmica. O versículo 31a é diretíssimo: "Pois o rochedo deles não é como o nosso Rochedo" (*kî lō' kĕṣûrēnû ṣûrām*). Aqui, a palavra *ṣûr* refere-se tanto a Yahweh ("nosso deus") quanto a outros deuses, um contraste em questão também nos versículos 12, 16, 21, 37-38, 39. A imagem no poema, de um lado, priva a rocha de suas associações cúlticas em relação a Yahweh e situa-a no contexto das tradições do deserto de Israel; de outro, ataca as associações dessa imagem a outros deuses. A imagem da rocha é central para esse poema, expressando seja o cuidado paternal de Yahweh com Israel, seja a postura negativa de Yahweh em relação a outras deidades.

6 Excurso: linguagem de gênero para Yahweh

A linguagem específica de gênero na Bíblia que pode ser retrocedida até a asherah levanta a questão concernente ao pano de fundo e à importância da metáfora feminina ocasionalmente usada para descrever tanto Yahweh quanto a ação de Yahweh. Reagindo contra as ideias de P. Trible, J. W. Miller sustenta que, em Dt 32,18, Nm 11,12, Sl 22,9-10 e Is 46,3; 66,9.13, Yahweh não era considerado fêmea, nem em separado, nem em conjunção com linguagem masculina para Yahweh. Ao contrário,

Yahweh era tratado como deidade masculina à qual imagens femininas eram ocasionalmente atribuídas em nível metafórico[546]. Miller alega que, enquanto as imagens parentais são mais atestadas e diretamente atribuídas a Yahweh, a linguagem feminina para Yahweh é mais rara, usada indiretamente para enfatizar qualidades que Yahweh partilha com figuras femininas. Miller, portanto, é crítico perante as tentativas de Trible de maximizar as dimensões femininas de Yahweh[547]. Por fim, para o pano de fundo religioso da personagem de Yahweh, Miller apela ao antecedente semítico ocidental de El como pai, seguindo uma tradição acadêmica há muito tempo aceita, conforme indica o capítulo 1.

No argumento de Miller existem tanto forças quanto fraquezas. Em primeiro lugar, Miller observa corretamente que a linguagem parental é aplicada a Yahweh de modo direto, embora não seja muito frequente (Dt 32,6; Is 63,16; 64,7 [E 8]; Jr 3,4.19; 31,9; Ml 1,6; 2,10; Sb 14,3; Eclo 23,1.4; cf. Ex 4,22; Os 11,1). Outras imagens de rei, redentor, guerreiro e assim por diante são consideravelmente mais difusas na BH e em obras deuterocanônicas[548]. Em segundo lugar, em apoio ao argumento de Miller, a alegação de que algumas passagens, tais como Dt 32,18 e Sl 27,10 (cf. Esd 1,28), combinam imagens masculinas e femininas para Yahweh padece de considerações exegéticas. Dt 32,18 diz: "Desprezaste o Rochedo que te gerou, esqueceste o Deus que te criou" (*ṣûr yĕlādĕka tešî wattiškaḥ*

---

546. MILLER, J. W. Depatriarchalizing God in Biblical Interpretation: A Critique. *CBQ*, vol. 48, 1986, p. 609-616.

547. TRIBLE, P. Depatriarchalizing in Biblical Interpretation. *Journal of the American Academy of Religion*, vol. 41, 1973, p. 30-48; God, Nature of, in the OT. *IDBSup*, p. 368-369; *God and the Rhetoric of Sexuality*, p. 12-33. A respeito das passagens no Segundo e no Terceiro Isaías, cf. tb. GRUBER, M. The Motherhood of Second Isaiah. *RB*, vol. 90, 1983, p. 351-359; "Will a Woman Forget Her Infant?" Isaiah 49:14 Reconsidered. *Tarbiz*, vol. 51/3, 1982, p. 491-492; SCHMITT, J. J. The Motherhood of God and Zion as Mother. *RB*, vol. 92, 1985, p. 557-569. Para uma crítica contra a interpretação de Is 42,10-17 como imagens femininas para Yahweh, cf. DARR, K. P. Like Warrior, like Woman: Destruction and Deliverance in Isa. 42:10-17. *CBQ*, vol. 49, 1987, p. 560-571. De acordo com Darr, a força da atividade que mulheres exigem no parto jaz por trás da comparação em Is 42,10-17, não uma aplicação de imagens femininas a Yahweh. Semelhante argumentação poderia ser feita em relação às demais passagens que Miller discute. Para o pano de fundo de *rḥm*, cf. capítulo 1, seção 4. P. D. Miller (Absence of the Goddess, p. 246) tem debatido independentemente que a linguagem da deusa foi assimilada em Yahweh e está refletida em metáforas femininas aplicadas a Yahweh em várias passagens bíblicas.

548. Cf. METTINGER, T. *In Search of God*: The Meaning and Message of the Everlasting Names. Tradução de F. H. Cryer. Filadélfia: Fortress, 1988.

'ēl mĕḥōlĕlekā). As formas verbais em Dt 32,18 são ambas masculinas, implicando um sujeito masculino. Sl 27,10 declara: "Se meu pai e minha mãe me abandonarem, Yahweh me acolherá" (*kî-'ābî wĕ'immî 'ăzābûnî wayhwh ya'aspênî*). Esse versículo, na melhor das hipóteses, traça uma comparação indireta entre Yahweh e um pai ou uma mãe; sem dúvida, Yahweh coloca-se em contraste tanto com uma mãe quanto com um pai.

Em terceiro lugar, a comparação entre El e Yahweh é pertinente; contudo, ela cobre apenas parte do problema histórico. Miller não trata do impacto que a linguagem que tanto o deus Baal quanto as deusas Asherah e Anat podem ter tido em caracterizações de Yahweh. Se as imagens de El eram um componente constitutivo da natureza de Yahweh, igualmente pode ser possível identificar na natureza de Yahweh elementos do caráter de Asherah, especificamente seu caráter maternal e nutricional. O equilíbrio dos dados nesse capítulo favorece essa reconstrução. As evidências podem não ser tão difusas quanto a base para comparar Yahweh com El ou Baal, mas permanecem significativas. Enquanto, a partir da perspectiva do Antigo Oriente Próximo, Yahweh constituía um deus masculino, apesar de tudo, algumas características ou traços femininos, talvez detectáveis na assimilação da deusa Asherah, eram atribuídos a Ele. Em particular, Trible indica o uso da raiz *rḥm (Is 49,13; Jr 31,20; Os 2,21 [E 19]; 2,25 [E 23]) e a imagem da mãe para Yahweh em textos bíblicos[549], e é precisamente tais características que pertencem a Asherah na literatura canaanita e possivelmente subjazem em Gn 49,25. Contudo, a descrição da Sabedoria em Pr 3,13-18 ilustra outra sobrevivência de linguagem inicialmente associada com a asherah.

Por fim, em defesa do tratamento que Trible dá a metáforas femininas para Yahweh, se este era considerado essencialmente uma deidade masculina, então as passagens bíblicas com imagens femininas para Yahweh podem ter representado uma expansão da compreensão israelita a respeito dessa deidade. Tal inovação pode explicar da melhor forma a atestação de imagens femininas para o divino no Segundo Isaías (Is 42,14; 46,3; 49,15; cf. 45,10-11; 66,9.13). O caráter inovador dessas passagens corroboraria a opinião que Miller tenta

---

549. TRIBLE, P. *God and the Rhetoric of Sexuality*, p. 31-71.

desacreditar, a saber, que Yahweh tanto inclui as características e valores expressos por meio de metáforas de gênero quanto transcende as categorias da sexualidade (cf. Jó 38,28-29).

Tanto Trible quanto Miller, de forma significativa, confinam sua perspectiva ao material bíblico. O ambiente cultural mais amplo da literatura do Oriente Próximo oferece um contexto adicional para a compreensão de metáforas femininas aplicadas a Yahweh. A atribuição de papéis femininos a deuses não foi, de forma alguma, uma inovação israelita. Efetivamente, mesmo papéis específicos para deuses (e vice-versa) podem ser postulados com base em nomes próprios, tal como em ugarítico *'ttr 'um*, "Athtar é mãe" (cf. *'ttr 'ab*, "Athtar é pai"), e *'il 'nt*, "Anat é (um) deus"; e no acádio *ummi-šamaš*, "Shamash é minha mãe", e *a-da-nu-um-mu*, "senhor é mãe"[550]. Semelhantemente, a combinação de papéis masculinos e femininos para uma única deidade não é sem paralelo no Antigo Oriente Próximo. Tal como os deuses da tempestade Ningirsu e Marduk, Yahweh era representado tanto com a linguagem da tempestade quanto com a linguagem solar, seja em separado, seja em conjunto, como em Os 6,3, indicando ora o poder soberano, ora a transcendência dessas forças da natureza (cf. 1Rs 17–19)[551].

Yahweh era descrito em linguagem masculina e feminina, como deidades em orações do Antigo Oriente Próximo. Dois exemplos bastam. Em sua oração a Gatumdug, a deusa da cidade de Lagash, Gudea diz:

> Não tenho mãe – tu és minha mãe;
> não tenho pai – tu és meu pai.
> Tu implantaste no útero o germe de mim,
> deste à luz a mim pela vulva (também).
> Doce, ó Gatumdug, é teu santo nome![552]

---

550. GRÖNDAHL, F. *Die Personennamen*, p. 46, 83, 86, 90; ROBERTS, J. J. M. *The Earliest Semitic Pantheon*, p. 52. O estudo mais importante desse fenômeno é o de H. W. Jüngling ("Was anders ist Gott für den Menschen, wenn nicht sein Vater und seine Mutter?" Zu einer Doppelmetapher der reliogiösen Sprache. *In*: DIETRICH, W.; KLOPFENSTEIN M. A. (eds.). *Ein Gott allein?*, p. 365-386.

551. Cf. capítulo 2, seção 2 e capítulo 4, seção 1.

552. JACOBSEN, T. *The Harps That Once...*: Sumerian Poetry in Translation. New Haven: Yale University Press, 1987, p. 361.

O poema combina imagens parentais de mãe e de pai. O mesmo sentimento parece subjazer no Sl 27,10[553]. Por inferência, comparado à oração de Gudea, esse versículo bíblico deixa perceber que Yahweh assume o papel de pai e de mãe, confirmando, desse modo, o cuidado divino. Uma oração hitita do segundo milênio atribui similarmente ambos os papéis parentais a Istanu, o deus-sol: "Vós, Istanu, sois pai e mãe dos oprimidos, da pessoa solitária [e da] enlutada"[554]. Esses exemplos ilustram o pano de fundo mais amplo do Antigo Oriente Próximo para a combinação de papéis parentais para Yahweh e mostram que tal combinação já era antiga na literatura da região. Textos da mesma localidade indicam que metáforas femininas não implicam uma condição feminina para um deus. De preferência, de acordo com as categorias do Antigo Oriente Próximo, podiam-se atribuir imagens femininas a um deus sem que isso implicasse que ele era considerado masculino e feminino. O contrário é também verdadeiro: uma deusa podia receber metáforas masculinas sem que isso significasse que a deusa fosse considerada tanto masculina quanto feminina. Imagens femininas podem ter sido atribuídas a Yahweh sem nenhuma influência de alguma deusa. Onde se podem discernir sinais específicos de linguagem para a asherah (p. ex., Pr 3,13-18), porém, a influência da asherah pode ser reconhecida no culto de Yahweh e nas representações de Yahweh.

A relativa ausência de linguagem de gênero para Yahweh pode ser atribuída parcialmente à evitação de imagens antropomórficas para a deidade. Ao longo do decurso de sua história, a religião israelita reduziu as representações antropomórficas de Yahweh. Essa tendência é perceptível quer em usos linguísticos específicos, quer em características temáticas gerais. Em primeiro lugar, a exigência legal e profética que proibia imagens reflete essa tendência em um período relativamente cedo na história de Israel[555]. Em segundo lugar, algumas fontes bíblicas, tais como

---

553. HALLO, W. W. Individual Prayers in Sumerian: The Continuity of a Tradition. *JAOS*, vol. 88, 1968 (= HALLO, W. W. (ed.). *Essays in Memory of E. A. Speiser*. [American Oriental Series, 53]), p. 78; PAUL, S. M. Psalm XXVII 10 and the Babylonian Theodicy. *VT*, vol. 32, 1982, p. 490.

554. GÜTERBOCK, H. The Composition of Hittite Prayers to the Sun. *JAOS*, vol. 78, 1958, p. 240.

555. A propósito da tradição anicônica do antigo Israel, cf. capítulo 1, seção 6. P. Amiet (*Art of the Ancient Near East*. Tradução de J. Shepley e C. Choquet. Nova York: Harry N. Abrams, 1980, p. 173) afirma que a representação das altas deidades na Mesopotâmia diminui a partir do fim do

Sl 50,12-14, minimizam a noção de Yahweh consumindo sacrifícios, a despeito de indicações em contrário[556]. O sacrifício é chamado de "suave odor para Yahweh" (Lv 1,9.13.17; 2,2 etc.). Nm 28,2 expande essas imagens, chamando sacrifícios "minhas oferendas e o pão como sacrifícios pelo fogo, de suave odor para mim", e Sf 1,7 menciona o sacrifício para o qual Yahweh convoca "seus convidados" (cf. 1Sm 9,12-13; 16,3-5). A noção conexa de "pão de Deus" aparece em Lv 21,6.8.17; 22,25. O pano de fundo para essas expressões parece ter sido a visão de sacrifício como uma celebração comunitária na qual Yahweh e os israelitas comem, embora uma representação de participantes divinos e humanos comendo juntos não seja atestada (cf. Ex 24,9-11; Dt 12,18). A negação bíblica da noção de que Yahweh come oferendas no Sl 50,12-14 dá a entender, porém, que essa não era uma ideia incomum; a passagem oferece uma apresentação menos antropomórfica do papel divino nas celebrações sacrificais. Em terceiro lugar, A. Hurvitz demonstrou como o Livro de Ezequiel evitou antropomorfismos manifestos em passagens paralelas em Lv 26[557]. Em Lv 26,12, aplica-se a Yahweh o verbo *hithallaktî* (com *waw* consecutivo), "Eu caminharei", mas a passagem paralela em Ez 37,26-27 omite esse verbo. Da mesma forma, Lv 26,30 apresenta a proclamação de Yahweh de que "terei aversão de vós" (*wĕgā 'ălāh napšî 'etkem*). Mais uma vez, a passagem paralela de Ez 6,5 omite a oração gramatical.

Em quarto lugar, entidades que personificam aspectos divinos, tais como o "nome" (*šēm*), a "face" (*pānîm*) e a "glória" (*kābôd*), às vezes descrevem a presença divina em tradições sacerdotais e deuteronomistas, atestadas no Pentateuco como as tradições ou "fontes" sacerdotais (S) e deuteronomistas (D)[558]. Em Is 30,27, parte de um oráculo datado do século

---

segundo milênio. Se essa opinião fosse historicamente viável, então a exigência anicônica de Israel pertenceria a esse desenvolvimento mais amplo do Oriente Antigo. Cf. capítulo 1, seção 4.

556. RINGGREN, H. *Israelite Religion*, p. 169, 171; ANDERSON, G. A. *Sacrifices and Offerings*, p. 14-19.

557. HURVITZ, A. *A Linguistic Study of the Relationship Between the Priestly Source and the Book of Ezekiel*: A New Approach to an Old Problem. Paris: Gabalda, 1982 (CRB, 20), p. 102-107. Para argumento semelhante atinente à substituição do verbo **yrd*, "descer" (p. ex., Ex 19,11.18.20; 33,9; 34,5; Nm 11,17.25; 12,5), por **škn*, "habitar, estabelecer-se" (cf. Ex 24,16), para descrever a moção da presença divina, cf. METTINGER, T. N. D. *The Dethronement of Sabaoth*, p. 81-97.

558. Cf. a seção 3 anteriormente para a discussão dos semítico-noroestes *sem* e *pnm*. A respeito de šēm na literatura bíblica, cf. McBRIDE, S. D. Deuteronomistic Name Theology, p. 177-219;

VIII ou do século VII[559], o nome divino serve como instrumento divino de ira teofânica: "Vede, o nome de Yahweh vem de longe. Sua ira é ardente, esmagadora. Seus lábios estão cheios de furor, e sua língua é como um fogo destruidor". Nesse exemplo, o nome divino age como guerreiro (cf. 1Sm 6,2), uma descrição frequentemente aplicada a Yahweh em material mais antigo[560] e aplicado mais tarde ao *logos*, a "palavra" divina (Sb 18,15; Ap 19,11-16). A substituição de Yahweh pelo anjo e pelo nome é um problema em Ex 32–33[561]. Ex 32,34 e 33,2 declaram que um anjo irá à frente de Israel, e essa chefia toma o lugar da guia de Yahweh (Ex 33,16b). Por outro lado, Ex 33,14 declara que a "presença" (*pānîm*) escoltará o povo. Ex 23,20-21 apresenta uma terceira variação desse tema. A passagem afirma que o nome divino está no anjo que guia Israel (cf. Is 63,9). A "glória" (*kābôd*) divina reside no templo, de acordo com a teologia sacerdotal (Sl 26,8; Is 4,5; Ez 43,3-5), como o "nome" divino na tradição deuteronomista[562]. A "voz" (*qôl*) em Nm 7,89 poderia ser in-

---

cf. os comentários feitos anteriormente, na nota 490. A propósito do *pānîm* bíblico, cf. LEVENSON, J. D. The Jerusalem Temple in Devotional and Visionary Experience. *In*: GREEN, A. (ed.). *Jewish Spirituality:* From the Bible through the Middle Ages. Nova York: Crossroad, 1987 (World Spirituality: An Encyclopedic History of the Religious Quest 13), p. 43-44; SMITH, Mark S. "Seeing God" in the Psalms: The Background to the Beatific Vision in the Hebrew Bible. *CBQ*, vol. 50, 1988, p. 171-183. Quanto a *kābôd*, cf. CROSS, F. M. *Canaanite Myth and Hebrew Epic*, p. 165-167; MENDENHALL, G. *The Tenth Generation*, p. 32-66, esp. 59; METTINGER, T. N. D. *The Dethronement of Sabaoth*, p. 80-115, 116-122. Para o debate de como esses traços divinos relacionam-se com características humanas designadas por esses termos, cf., para rosto, DI VITO, R. A. Old Testament Anthropology and the Construction of Personal Identity. *CBQ*, vol. 61, 1999, p. 217-238; para nome, cf. anteriormente, p. 194, e SMITH, Mark S. *The Origins of Biblical Monotheism*, p. 74-76; para glória, cf. BRETTLER, M. *God Is King*, p. 56-57.

559. Cf. CLEMENTS, R. E. *Isaiah 1–39*, p. 252. O Nome, nesta passagem, é reminiscência da descrição de ardentes mensageiros divinos na tradição ugarítica, bíblica e da literatura intertestamentária, p. ex., KTU 1.2 I 33; Nm 16,22; 27,16; Sl 104,4; 1Enoque 14,11; as Canções do Sacrifício Sabático (4Q403, fragmento 1, col. 2, linha 9; e 4Q405, fragmentos 20-21-22, col. 2, linha 10); e Ap 4,5. Para discussão, cf. MILLER, P. D. Fire in the Mythology of Canaan and Israel. *CBQ*, vol. 27, 1965, p. 256-261; *Divine Warrior*, p. 31; HENDEL, R. "The Flaming of the Whirling Sword": A Note on Gen 3:24. *JBL*, vol. 104, 1985, p. 671-674; SMITH, Mark S. Biblical and Canaanite Notes to the Songs of the Sabbath Sacrifice from Qumran. *Revue de Qumran*, vol. 48, 1987, p. 585-587.

560. Cf. capítulo 2, seção 4.

561. CHILDS, B. S. *The Book of Exodus*, p. 584-597.

562. Cf. McBRIDE, S. D. The Deuteronomistic Name Theology, p. 203; CROSS, F. M. *Canaanite Myth and Hebrew Epic*, p. 30 n. 102. Ex 12,23 e 2Sm 24,16 usam *mašḥît* para um destruidor divino. A forma verbal (*mašḥît*) refere-se a uma matança na forma de uma praga em Ex 12,13 (CHILDS, B. S. *The Book of Exodus*, p. 183; cf. capítulo 1, seção 2). Cf. Gn 3,24 (cf. nota 559, anteriormente).

cluída nesse grupo de termos personificados (cf. Ex 25,22)[563]. Embora, doutra sorte, desprovido de características teofânicas, no fim das contas, esse uso talvez derive da antiga linguagem teofânica da tempestade (Sl 29,3-9). Tais qualidades do divino parecem ser uma maneira de referir-se à comitiva militar divina em sua proteção e seu auxílio aos devotos[564]. Alguns desses aspectos divinos podiam não ser experimentados diretamente, de acordo com algumas passagens bíblicas. Nem Yahweh, nem a "face" divina, *pānîm* (Ex 33–34), nem a "forma" divina, *těmûnāh* (Dt 4,15-16; cf. Nm 12,8; Sl 17,15; Sb 18,1)[565], deviam ser vistos, apesar de indicações em sentido contrário (Ex 24,9-11; Sl 11,7; 17,15; 27,4.13; 42,3; 63,3; Jó 33,26; 42,5; cf. Gn 16,13). Ao discutir aquelas passagens, R. S. Hendel comenta: "A crença de que ninguém pode ver a Deus e continuar a viver é entendida da melhor forma possível como um motivo do folclore israelita, enraizado em concepções populares a respeito da pureza e

---

563. Em Ex 33,13, *derek*, da BH, pode representar outra forma de manifestação divina. A versão da LXX, no códex Vaticanus, traz *seauton*, "você mesmo", nesse versículo, para traduzir *děrākekā*, não "caminho", como representado pela Vulgata *tuam viam* e pelo Targum *'wrḥ ṭwbk* (cf. WALDMAN, N. M. God's Ways – A Comparative Note. *JQR*, vol. 70, 1979-1980, p. 67-72). A interpretação dessa palavra como "poder" pode ser corroborada apelando-se ao ugarítico *drkt*, "dominação" (p. ex., KTU 1.2 IV 10, 13; 1.108.7; provavelmente 1.4 VII 44), uma conexão feita para *derek*, na BH, em outras passagens (ALBRIGHT, W. F. The North Canaanite Poems of Al'eyan Ba'al and the "Gracious Gods". *JPOS*, vol. 14, 1934, p. 130 n. 153; DAHOOD, M. Ugaritic *DRKT* and Biblical *DEREK*. *Theological Studies*, vol. 15, 1954, p. 627-631; CROSS, F. M. A Recently Published Phoenician Inscription, p. 43-44; cf. GINSBERG, H. L. *The Israelian Heritage*, p. 21 n. 25). A interpretação igualmente concorda com outros termos nesse diálogo, os quais refletem, todos, algum tipo de manifestação divina. Quero agradecer a John Strugnell por indicar-me essa interpretação.

564. Para o debate, cf. anteriormente, p. 194s., nota 491. Outros exemplos desse cortejo militar divino incluem *'ělōhîm* e *mašḥît(îm)*.

565. A respeito de *těmûnāh*, "forma", na BH, aplicado a Yahweh, cf. CHILDS, B. S. *The Book of Exodus*, p. 343. A negação de ver a forma de Deus em Dt 4,12 conflita com as condenações de imagens (visíveis) de Deus em Dt 4,23.25. O paralelismo entre *pāanêkā* e *těmûnātěkā* no Sl 17,15 tem sido comparado com os termos paralelos *pnth* e *tmnh* em KTU 1.2 IV 17, 26 (CROSS, F. M. *Canaanite Myth and Hebrew Epic*, p. 33 n. 121). O significado do ugarítico **pnt*, no entanto, não é "face". Em KTU 1.2 IV 17 e 26, *pnt* refere-se a partes do corpo de Yamm que "tremem" (*tngṣn*). Em KTU 1.3 III 34-35, os músculos (*ksl*) da *pnt* de Anat é que "tremem" (**nġṣ*). Evidentemente a face dela não está em discussão (cf. KTU 1.4 II 19). O acádio *panātu*, "lado frontal", está mais perto do significado envolvido (*AHw*, p. 818). Talvez os ugaríticos *pnm* e *pnt* subjazam no *pānîm* da BH; em todo caso, a comparação entre KTU 1.2 IV 17,26 e Sl 17,15 parece viável. Para discussão, cf. DIETRICH, M.; LORETZ, O. Ug. *tmn*, "Gestalt". *UF*, vol. 10, 1978, p. 432-433; MOOR, J. C. de. The Anatomy of the Back. *UF*, vol. 12, 1981, p. 425-426; cf. BALDACCI, M. A Lexical Question Concerning the Ugaritic Anath's Texts. *UF*, vol. 10, 1978, p. 417-418.

do perigo"[566]. Nessas passagens, alguns aspectos divinos não devem ser apresentados diretamente aos israelitas.

Em quinto lugar, a longa tradição que descreve os conselhos divinos apresenta cada vez menos uma descrição antropomórfica de Yahweh nas obras de Ezequiel e na "fonte" ou na tradição sacerdotal do Pentateuco[567]. Os textos dos primeiros tempos representam Yahweh como um monarca divino entronizado entre outros seres celestiais. A condição divina dos outros membros do conselho é enfatizada por termos tais como "filhos de deus", *běnê 'ēlîm* (Sl 29,1; 89,7), e "assembleia dos santos", *qěhal qědōšîm* (Sl 89,6; cf. Os 12,1; Zc 14,5). Semelhantemente, *'ělōhîm*, no Sl 82,1b, evidentemente significa "deuses", uma vez que está em paralelo com o "conselho divino" (*'ădat 'ēl*) no versículo 1a. Todos esses textos apresentam Yahweh como o membro supremo da assembleia divina. Em 1Rs 22,19, a deidade está rodeada por um exército ou "multidão" (*ṣěbā'*) celeste. A visão profética da assembleia divina de Is 6,1 apresenta Yahweh segundo o modelo de um rei humano entronizado. Ez 1,26 minimiza o antropomorfismo de Is 6,1, descrevendo a "semelhança" (*děmût*) de Deus, cuja aparência seria "como (*kě-*) a aparência humana". Essa visão mitiga o antropomorfismo do divino; entretanto, essencialmente ela apresenta Yahweh em conformidade com Is 6. Tal como Is 6 e Ex 1, Gn 1,26-28 utiliza a linguagem tradicional do conselho divino, conforme se evidencia, por exemplo, no uso da primeira pessoa comum do plural para o discurso divino em Gn 1,26, uma característica encontrada também em Gn 3,22; 11,7 e Is 6,8[568]. O uso de *děmût*, "semelhança", e de *ṣelem*, "imagem", em Gn 1,26-28 pressupõe a visão do deus antropomórfico, mas reduz radicalmente o antropomorfismo comparando-se a Ez 1,26. De fato, Gn 1 alcança o efeito oposto de Ez 1,26. Enquanto Ez 1,26 transmite

---

566. HENDEL, R. S. Aniconism and Anthropomorphism in Ancient Israel. *In*: TOORN, K. der. (ed.). *The Image and the Book*: Iconic Cults, Aniconism and the Rise of Book Religion in Israel and the Ancient Near East. Leuven: Uitgeverij Peeters, 1997 (Contributions to Biblical Exegesis and Theology, 21), p. 221. Cf., ademais, capítulo 4, seção 1, adiante.

567. A respeito do conselho divino, cf. capítulo 1, seção 2.

568. CROSS, F. M. *Canaanite Myth and Hebrew Epic*, p. 187. Quanto à "imagem" e à "semelhança" na inscrição de Tell Fakhariyeh e ao modo como ela se relaciona com Gn 1,26, cf. a matizada discussão de W. R. Garr ("Image" and "Likeness" in the Inscription from Tell Fakharijeh. *IEJ*, vol. 50, 2000, p. 227-234).

a visão do profeta de Yahweh à semelhança de uma pessoa humana, Gn 1 apresenta uma visão de uma pessoa humana à semelhança do divino. Em vez de reduzir Yahweh a termos humanos mediante um retrato antropomórfico, Gn 1,26-28 engrandece a pessoa humana em termos divinos. Dessa forma, Gn 1 recorre à tradição visionária mais antiga da deidade antropomórfica, mas, em última instância, transcende-a, na medida em que omite qualquer descrição do divino[569]. Em seu contexto atual em Gn 1,26, esse pano de fundo antropomórfico é silenciado[570].

A evitação de imagens antropomórficas não era, de forma alguma, uma característica da religião israelita depois do exílio. Enquanto a tendência a afastar-se do antropomorfismo assinala tradições sacerdotais e deuteronomistas pertencentes aos séculos VIII-V, obras posteriores pertencentes às tradições sacerdotais continuaram a transmitir imagens antropomórficas. Textos sacerdotais pós-exílicos, tais como Zc 3, atestam o

---

569. Cf. RINGGREN, H. *Israelite Religion*, p. 70, 124; ANGERSTORFER, A. Hebräisch *dmwt* und aramäisch *dmwt:* Ein Sprachproblem der Imago-Dei-Lehre. *BN*, vol. 24, 1984, p. 30-43; SMITH, Mark S. God Male and Female, p. 339. Parte do material em Gn 1,26-28 em debate pode anteceder a fonte ou a tradição à qual todo o capítulo é frequentemente atribuído. O tricólon poético do versículo 27, especialmente, parece anteceder seu contexto prosístico. Cf. CASSUTO, U. *A Commentary on the Book of Genesis*: Part I, From Adam to Noah, Genesis 1–VI 8. Tradução de I. Abrahams. Jerusalém: Magnes, 1978, p. 56. Para a datação de "P", cf. HURVITZ, A. *A Linguistic Study*; The Language of the Priestly Source and Its Historical Setting – The Case for an Early Date. *In*: *Proceedings of the Eighth World Congress of Jewish Studies*. Jerusalém: World Union of Jewish Studies, 1983, p. 83-94; Dating the Priestly Source in Light of the Historical Study of Biblical Hebrew a Century After Wellhausen. *ZAW*, vol. 100, 1988, p. 88-100; LEVINE, B. A. Late Language in the Priestly Source: Some Literary and Historical Observations. *In*: *Proceedings of the Eighth World Congress of Jewish Studies*, p. 69-82.

570. Em cenas ugaríticas do conselho divino, El proclama tais decretos. KTU 1.16 V pode ser o texto ugarítico mais importante para interpretar Gn 1,26-27 na medida em que descreve El dizendo ao conselho divino que ele criará (raiz causativa de **kwm*) um ser. Infelizmente, não há nenhum texto ugarítico que descreva a criação humana. Poderia ser deduzida do epíteto de El, *bny bnwt*, "Criador de criaturas", e do título de Athirat, *qnyt 'ilm*, que El e Athirat criaram a humanidade e as deidades em um tempo primordial, embora tais títulos não tenham relação com a criação do cosmo (para discussão e referências, cf. SMITH, Mark S. Interpreting the Baal Cycle. *UF*, vol. 18, 1987, p. 319-320). Em caso afirmativo, ofereceria um pano de fundo cananeu adicional, posto que distante, para a descrição da criação em Gn 1,26-27 (AHLSTRÖM, G. W. *Aspects of Syncretism*, p. 50; SMITH, Mark S. God Male and Female, p. 339). Além do mais, uma ocorrência do tópico do conselho divino tanto na literatura ugarítica quanto na literatura bíblica envolve um diálogo de El com Athirat (KTU 1.6 I), incluindo o uso da primeira pessoa plural para esse casal divino. Contudo, esse pano de fundo parece tão distante de Gn 1,26-27 que configura um paralelo improvável. Um exemplo adicional possível de antropomorfismo decrescido envolvendo o conselho divino pode subjazer no TM de Dt 32,8. O TM substitui *bny 'lhym*, "seres divinos", de Qumrã, por *bĕnê 'ādām*, "pessoas" (cf. capítulo 1, seção 2), que pode refletir mais do que uma variante de crítica textual; omite também uma descrição antropomórfica do conselho divino.

conselho divino. Zc 3,7 inclui o sumo sacerdote no *status* das cortes celestes (cf. Zc 12,8). Círculos apocalípticos pós-exílicos também deram continuidade a representações antropomórficas de Yahweh e do conselho divino (Dn 7; cf. Zc 14,4; 1Enoque 14)[571]. Essas e outras passagens bíblicas (tais como Is 27,1) refletem a continuação de material mítico antigo na tradição israelita pós-exílica[572]. Ademais, literatura judaica não bíblica do século IV-II, incluindo o Primeiro Livro de Enoque e o Livro dos Jubileus, representa uma fonte adicional de especulação[573]. A linguagem antropomórfica de Yahweh, outros seres divinos e seus reinos celestiais jamais desapareceram de Israel. A relativa ausência dessas imagens em textos bíblicos durante a segunda metade da monarquia reflete uma reação religiosa contra a antiga herança cananeia de Israel. Imagens míticas vêm à tona novamente em tradições sacerdotais pós--exílicas, embora sem os problemas religiosos que elas implicavam no período pré-exílico. No período pós-exílico, os antigos motivos associados a El, Baal e Asherah na tradição canaanita deixaram de referir--se aos cultos de deidades que não fossem Yahweh. Com a morte dos cultos das antigas deidades cananeias/israelitas, as imagens associadas a elas sobreviveram. Fora disso, o desenvolvimento do gênero apoca-

---

571. Para um debate em torno dos círculos que produziram o Livro de Daniel, cf. WILSON, R. R. From Prophecy to Apocalyptic: Reflections on the Shape of Israelite Religion. *In*: CULLEY, R. C.; OVERHOLT, T. W. (eds.). *Anthropological Perspectives on Old Testament Prophecy*. Chico: Scholars, 1982 (Semeia, 21), p. 79-95. A respeito de 1Enoque cf. MILIK, J. T. *The Books of Enoch*. Oxford: Clarendon, 1976; para a discussão de 1Enoque 14, cf. COLLINS, J. J. The Place of Apocalypticism in the Religion of Israel. *In*: MILLER JR., P. D.; HANSON, P. D.; McBRIDE, S. D. (eds.). *Ancient Israelite Religion*: Essays in Honor of Frank Moore Cross, p. 545.

572. Cf. CROSS, F. M. *Canaanite Myth and Hebrew Epic*, p. 135. Para uma diferente exposição bíblica de determinado material mítico, cf. CHILDS, B. S. *Myth and Reality in the Old Testament*. Londres: SCM, 1960 (Studies in Biblical Theology), p. 30-93. Embora Childs observe corretamente como o registro bíblico lida com material mítico de maneiras diferentes das de outros textos do Antigo Oriente Próximo, várias tradições do Oriente Próximo também refletem tratamentos diversos. Além disso, o material mítico evidente em outras tradições do Oriente Próximo, especialmente na literatura ugarítica, permeia textos bíblicos mais profundamente do que indica a discussão de Childs.

573. A respeito da literatura apocalíptica intertestamentária, cf. *OTPs*, p. 1. Para a discussão desses textos, cf. COLLINS, J. J. *The Apocalyptic Imagination*: An Introduction to the Jewish Matrix of Christianity. Nova York: Crossroad, 1984; ROWLANDS, C. *The Open Heaven*: A Study of Apocalyptic in Judaism and Early Christianity. Nova York: Crossroad, 1982; STONE, M. E. (ed.). *Jewish Writings of the Second Temple Period*. Filadélfia: Fortress, 1984 (Compendia rerum iudaicarum ad novum testamentum, 2/II).

líptico proveu fértil solo para material mítico[574]. Esse gênero, mais do que qualquer outro, expressava conteúdo mítico em forma dramática. Conforme M. Stone[575], difusa especulação em áreas como cosmologia, astronomia e o calendário representa um dos interesses centrais nos apocalipses judaicos (tais como 1Enoque) e um novo desenvolvimento na literatura religiosa judaica. O interesse pós-exílico pelo antigo conteúdo mítico da herança cananeia de Israel era compatível com o novo interesse por especulação cósmica.

Em resumo, o retrato de Yahweh, o deus masculino sem uma consorte, dominou o discurso religioso acerca do divino no Israel antigo a partir do período do Ferro II em diante, pelo menos até onde indicam as fontes, e pressupondo-se que tais fontes, a um grau razoável, correspondam à realidade histórica. Ao mesmo tempo, a linguagem masculina para Yahweh achava-se em tensão tanto com descrições menos antropomórficas para a deidade quanto com metáforas que, vez ou outra, incluíam imagens femininas ou combinavam-nas com imagens masculinas. Esse estado de coisas não se parecia nem com a noção filosófica grega de deidade como um ser não sexual, nem com algum tipo de bissexualidade divina. De preferência, a sociedade israelita entendia Yahweh primariamente como um deus, embora Yahweh também fosse visto como quem incorpora traços ou valores expressos por várias metáforas de gênero e como quem transcende tais representações particulares.

Assim como alguns traços de El e de Baal podem ser percebidos na natureza de Yahweh, é possível rastrear algumas imagens femininas para Yahweh até à deusa Asherah ou, pelo menos, até seu símbolo, a asherah. No Oriente Próximo, exemplos de invocação de vários deuses em linguagem feminina e masculina demonstram quão flexível podia ser a linguagem para um deus ou uma deusa, incorporando até mesmo a linguagem do sexo oposto. A linguagem feminina para Yahweh poderia ter-se originado da maleabilidade da linguagem divina. Nos casos em que o uso literário de imagens específicas para a asherah parece fun-

---

574. Cf. GRUENWALD, I. *Apocalyptic and Merkavah Mysticism*. Leiden: Brill, 1980; COLLINS, J. J. The Place of Apocalypticism, p. 539-558.

575. STONE, M. E. *Scriptures, Sects and Visions*: A Profile of Judaism from Ezra to the Jewish Revolts. Filadélfia: Fortress, 1980, p. 42-43.

cionar como o pano de fundo para a linguagem divina bíblica, como em Pr 3,13-18, a deusa, ou, pelo menos, seu símbolo, aparentemente causou um impacto, assim como os deuses El e Baal influenciaram a forma de alguns retratos masculinos de Yahweh. Sem dúvida, uma vez que o impacto das imagens da asherah pode ser detectado em algumas ocorrências, pode-se argumentar que seus efeitos eram mais difusos do que se pode perceber atualmente.

4
YAHWEH E O SOL

1 O registro bíblico

A quantidade de linguagem solar usada para Yahweh é bastante limitada na Bíblia. O clássico exemplo é o Sl 84,12: *kî šemeš ûmāgēn yhwh*, tradicionalmente traduzido por "Porque Yahweh é sol e escudo". Embora essa linguagem seja figurativa (conforme observado na seção 2, adiante), ela presume que o divino poderia ser descrito em termos solares. O Sl 84 também reflete o contexto mais amplo para o emprego que a Bíblia faz da linguagem solar para Yahweh. O Sl 84 revela o contexto da saudade que um peregrino sente da experiência de Deus no Templo de Jerusalém. O versículo 9b fala de Yahweh como sendo "visto em Sião". O salmo apresenta um cenário do templo que apela explicitamente para a linguagem solar para Deus, a fim de expressar o motivo de "ver a Deus", uma expressão para a presença divina nos salmos (Sl 11,7; 17,15; 27,4.13; 42,3; 63,3; cf. Jz 14,20.22; cf. 1Sm 1,22), posteriormente transformada em um motivo de ver a Deus ou a glória divina no futuro (Is 35,2; 52,8; 66,5.18)[576]. Tal como o Sl 84, os Sl 42–43 desvelam o ambiente da sau-

---

576. Para o motivo de "ver a Deus", cf. anteriormente, p. 218, e adiante, p. 231. Para exposições recentes sobre a linguagem solar aplicada a Yahweh, cf. STÄHLI, H. P. *Solare Elemente im Jahweglauben des Alten Testaments*. Friburgo: Universitätsverlag; Gotinga: Vandenhoeck & Ruprecht, 1985 (OBO, 66); SMITH, Mark S. "Seeing God" in the Psalms, p. 171-183; *Psalms*: The Divine Journey. Nova York: Paulist, 1987, p. 52-61; resenha de *Solare Elemente*, obra de H. P. Stähli (*JBL*, vol. 106, 1987, p. 513-515); TAYLOR, J. G. *Yahweh and the Sun*: Biblical and Archaeological Evidence for Sun Worship in Ancient Israel. Sheffield: JSOT Press, 1993 (JSOTSup, 111); LIPIŃSKI, E. Shemesh. *DDD*, p. 764-768; DAY, J. *Yahweh and the Gods and Goddesses of Canaan*, p. 151-163. Cf. tb. outras obras citadas na nota 589, adiante. Cf. igualmente o trabalho de S. A. Wiggins (Yahweh: The God of Sun? *JSOT*, vol. 71, 1996, p. 89-106), com uma réplica de J. G. Taylor (A Response

dade que um peregrino sente do Templo de Jerusalém. Assim como o Sl 84,9b, o Sl 42,3 fala de "ver a Deus". A linguagem solar no Sl 84,12 pareceria constituir uma expressão para a presença divina no Templo de Jerusalém. Efetivamente, o cenário do Sl 84 e a referência explícita à presença divina por meio da expressão "ver a Deus" no Sl 84,9b corroboram essa ideia. O fato de o Templo de Jerusalém estar voltado para o Oriente levou a teorias especulativas a respeito do caráter solarizado de Yahweh[577]. Salmos de vigília, tais como os Sl 17, 27 e 63[578], e Ez 8,16[579] igualmente sugerem que o Sol evocava pelo menos a dimensão luminescente da presença divina, talvez em conformidade com uma interpretação solar de Yahweh (cf. Sf 1,3; Eclo 49,7; Br 4,24). Pode-se argumentar que o símile para a aparência do sumo sacerdote em Eclo 50,7, "como o Sol que brilha no templo do Rei" (NAB), derivava da linguagem solar teofânica no contexto do templo. Outras passagens, tais como Js 10,12-13, dão a entender o Sol (e a Lua) como deidades em última instância subservientes a Yahweh[580].

Há outros exemplos de metáfora solar para Yahweh. Eles incluem descrever Yahweh com a raiz verbal *zrḥ, "levantar(-se)", em Dt 33,2,

---

to Steve A. Wiggins, "Yahweh: The God of Sun?" *JSOT*, vol. 71, 1996, p. 107-119), retorquida posteriormente por Wiggins (A Rejoinder to J. Glen Taylor. *JSOT*, vol. 73, 1997, p. 109-112). Ambos os escritores defendem exageradamente uma opinião extrema, a meu ver, embora a discussão de Taylor capte melhor o que pode ter sido uma "visão" popular de Yahweh como solar no período do Ferro II.

577. HOLLIS, F. J. The Sun-Cult and the Temple in Jerusalem. *In*: HOOKE, S. H. (ed.). *Myth and Ritual*. Oxford: Oxford University Press; Londres: Milford, 1933, p. 87-110; cf. MORGENSTERN, J. Biblical Theophanies. *ZA*, vol. 25, 1911, p. 139-193; *ZA*, vol. 28, 1914, p. 15-60; *The Fire upon the Altar*. Leiden: Brill, 1963; LACHMAN, E. The Seraphim of Isaiah 6. *JQR*, vol. 59, 1968-1969, p. 71-72. Para discussão adicional, cf. AHLSTRÖM, G. W. *Psalm 89*, p. 85-88; *Joel and the Temple Cult of Jerusalem*. Leiden: Brill, 1971 (VTSup, 21), p. 84 n. 2; LEVENSON, J. D. The Jerusalem Temple in Devotional and Visionary Experience, p. 43-44; SMITH, Mark S. "Seeing God" in the Psalms, 171-183, esp. 175-176.

578. McKAY, J. W. Psalms of Vigil. *ZAW*, vol. 91, 1979, p. 229-247; CERESKO, A. R. A Note on Psalm 63: A Psalm of Vigil. *ZAW*, vol. 92, 1980, p. 435-436. Cf. nota 588, adiante.

579. A respeito de Ez 8,16, cf. AHLSTRÖM, G. W. *Royal Administration*, p. 70; GREENBERG, M. *Ezekiel 1–20*. Garden City: Doubleday 1983 (AB, 22), p. 172; Stähli, *Solare Elemente,* 9, 46-47. Cf. tb. as referências na nota 583.

580. Cf. TAYLOR, J. G. *Yahweh and the Sun*, p. 114-118; KRUGER, H. A. J. Sun and Moon Grinding to a Halt: Exegetical Remarks on Joshua 10:9-14 and Related Texts in Judges. *Hervormde Teologiese Studies*, vol. 55, 1999, p. 1.077-1.197; e note-se a discussão de corpos astrais como divindades em SMITH, Mark S. *The Origins of Biblical Monotheism*, p. 61-66.

Is 60,1, Os 6,3 e uma vez nas inscrições de Kuntillet Ajrud[581]. Essa palavra é o verbo comum para se referir ao surgimento do Sol (Jz 9,33; 2Sm 23,4; Na 3,17; Jn 4,8; Jó 9,7; Sl 104,4; Ecl 1,5; cf. Jz 5,31). Nomes javistas bíblicos e extrabíblicos com os elementos *šḥr, "aurora", *zrḥ, "levantar(-se)", e *n(w)r, "luz", podem indicar um javismo solarizado[582].

Ez 8,16 e 2Rs 23,5.11 criticam a adoração solar no Templo de Jerusalém nas décadas finais da monarquia judaíta. Alguns estudiosos afirmam que essas passagens indicam adoração solar já como uma prática nativa, já como resultado de influência mesopotâmica e arameia[583]. Ez 8,16 pertence a uma seção que especifica certo número de práticas cultuais (incluindo-se a adoração de ídolos e mulheres que choram por Tamuz) realizadas nos recintos do templo:

> Depois me introduziu no pátio interno do templo do Senhor. Ali, à entrada da nave do templo do Senhor, entre o vestíbulo e o altar, estavam uns vinte e cinco homens, de costas para a nave do templo do Senhor e com as faces voltadas para o oriente. Eles se prostravam em direção ao oriente, diante do sol.

O versículo interpreta essa atividade cultual que acontece no templo como adoração ao Sol. É de interesse, além disso, que a localização

---

581. *BDB*, p. 280; MEYERS, C. L. *The Tabernacle Menorah*: A Synthetic Study of a Symbol from the Biblical Cult. Missoula: Scholars, 1976 (ASOR Dissertation Series, 2), p. 145. A respeito de *zrḥ, usado para Yahweh nas inscrições de Kuntillet Ajrud, cf. WEINFELD, M. Kuntillet 'Ajrûd Inscriptions, p. 126.

582. Cf. TIGAY, J. H. *You Shall Have No Other Gods*, p. 47, 58; AVIGAD, N. *Hebrew Bullae from the Time of Jeremiah*, p. 58 sobre *zrḥ; p. 38-41, 72, 78, 79 sobre *šḥr; e p. 26, 28, 35, 52, 83-87 sobre *nr. Nomes fenícios com o elemento *n(w)r são encontrados com b'l como o elemento teofórico: b'lnwr e b'lnr (cf. a resenha, feita por K. Jongeling, de *Vocabulario Fenicio*, de M. J. Fuentes Estañol. *BiOr*, vol. 42, 1985, p. 361).

583. EICHRODT, W. *Ezekiel*: A Commentary. Tradução de C. Quin. Filadélfia: SCM, 1970 (OTL), p. 127; SARNA, N. Psalm XIX and the Near Eastern Sun-god Literature. *Fourth World Congress of Jewish Studies*: Papers, vol. 1. Jerusalém: World Union of Jewish Studies, 1967, p. 171-175; COGAN, M. *Imperialism and Religion*: Assyria, Judah and Israel in the 8th and 7th Centuries B.C.E. Missoula: Scholars, 1974 (SBLDS 19), p. 84-87; GREENBERG, M. *Ezekiel 1–20*, p. 172; cf. ZIMMERLI, W. *Ezekiel 1*. Tradução de R. E. Clements. Filadélfia: Fortress, 1979 (Hermeneia), p. 244. Cf. McKAY, J. *Religion in Judah under the Assyrians*. Londres: SCM, 1973 (Studies in Biblical Theology, 2. sér., n. 26), p. 21, 32-35, 71, 99 n. 34. H. Schmidt e W. Eichrodt veem Ez 8,16 como uma descrição da devoção a Shamash (cf. EICHRODT, W. *Ezekiel*, p. 127). Greenberg (*Ezekiel 1–20*, p. 172) considera possível influência arameia. Zimmerli (*Ezekiel 1*, p. 244) classifica a prática em Ez 8,16 como "adoração solarizada a Yahweh", embora admita influência externa. Cf. mais adiante, nota 229.

da prática aponte para sacerdotes como os culpados, a menos que essa interpretação presuma, anacronicamente, que somente sacerdotes eram admitidos nessa parte do templo.

Em sua denúncia de várias práticas no templo, 2Rs 23,11 inclui "os carros do sol" (*markĕbôt haššemeš*)[584]. A imagem é, aparentemente, a de carros que levam o sol em seu curso, sendo puxados por cavalos. Achados arqueológicos podem somar-se a esse retrato. Estatuetas de cavalos com um disco solar acima de suas cabeças foram descobertas em níveis da Idade do Ferro em Laquis, Hazor e Jerusalém[585]. O registro mais elevado do estande de Taanach, do século X, traz igualmente um disco solar acima do corpo de um jovem touro[586]. Em Ramat Rahel, dois selos que datam do período persa (cerca de 587-333) descrevem touros com discos solares entre os chifres[587]. Por fim, as imagens de asas divinas, como nos Sl 17,18; 36,7; 57,1; 61,4 e 63,7, convidam a uma comparação com o disco solar alado representado em selos pré-exílicos (embora as imagens possam ter sido aglutinadas com a iconografia do querubim no templo judaíta). A partir de Ez 8,16 e 2Rs 23,11, pareceria que tanto a adoração solar quanto uma adoração de um Yahweh solarizado aconteciam no templo durante os anos de declínio da monarquia judaíta.

Jó 31,26-28 refere-se a um rito astral de algum tipo, embora seu contexto exato seja obscuro:

---

584. McKAY, J. W. Further Light on the Horses and Chariots of the Sun in the Jerusalem Temple (2 Kings 23:11). *PEQ*, vol. 105, 1973, p. 167-169; e referências na nota 99; WEINFELD, M. Queen of Heaven. *UF*, vol. 4, 1972, p. 150-152. Um texto bilíngue oriundo de Boghazköi menciona cavalos de Shamash (cf. COOPER, J. S. Bilinguals from Boghazköi. II. *ZA*, vol. 62, 1972, p. 71, 76; quero agradecer ao Professor Victor Hurowitz por essa referência).

585. Cf. HOLLAND, T. A. A Survey, p. 149-150; COGAN, M. *Imperialism and Religion*, p. 87-88. Citando 2Rs 23,11, K. Kenyon comenta: "É tentador chamar a isso de disco solar e pensar neles como miniaturas 'dos cavalos que os reis de Judá tinham dado ao sol', que Josias levou embora" (*Royal Cities of the Old Testament*. Nova York: Schocken Books, 1971, p. 120). Cf. nota 584. Cf. tb. MAZAR, E. Archaeological Evidence for the "Cows of Bashan Who Are in the Mountains of Samaria". In: *Festschrift Reüben R. Hecht*. Jerusalém: Koren, 1979, p. 151-152. Para evidências arqueológicas adicionais da devoção solar, cf. SMITH, Mark S. "Seeing God" in the Psalms, p. 178-179. Quanto à proveniência israelita ou cananeia do estande de Taanach, cf. capítulo 1, seção 4.

586. Para uma fotografia do estande com um sumário arqueológico, cf. GLOCK, A. E. Taanach. *EAEHL*, vol. 4, p. 1.142-1.143, 1.147.

587. Cf. a discussão em SMITH, Mark S. *Psalms*, p. 78 n. 65.

Olhei para a luz [isto é, o sol], quando resplandecia,
ou para a lua que caminha com esplendor, e meu
coração se deixou seduzir secretamente, e minha
mão lhes atirou beijos de minha boca?
Também isso seria um delito reservado ao meu juiz, pois
eu teria renegado o Deus que está no alto[588].

Tal como 2Rs 23,5, essa passagem liga a adoração solar à devoção lunar. Quer fossem um desenvolvimento nativo, quer fossem uma importação estrangeira, a dinastia judaíta às vezes permitia tais práticas dentro do culto de seu deus nacional.

Vários estudiosos situam a devoção solar ou astral em Judá, na Idade do Ferro II, dentro de um contexto mais amplo da "astralização" do deus principal em alguns panteões do Levante[589]. A crítica do culto solar na Bíblia pode ser abordada a partir de mais uma perspectiva religiosa. Seguindo tradição do Antigo Oriente Próximo, o cortejo da "glória" (*kābôd*) divina descrito em Ez 43,1-5 talvez combine linguagens de diferentes esferas da natureza. O retorno do deus-guerreiro Ningirsu ao seu templo é versado em linguagem tanto solar quanto de tempestade[590]. Uma telha esmaltada, oriunda do reino do monarca assírio Tuculti-Ninurta II, do século IX[591], também oferece um análogo para a

---

588. A respeito do apoio textual para *'ôr* como o Sol, cf. LXX *helion*, o *solem* da Vulgata, e o targúmico *'sthr* (DHORME, E. *A Commentary on the Book of Job*. Tradução de H. Knight. Nashville: Thomas Nelson, 1984, p. 461). O paralelismo com a Lua também sugere essa interpretação (cf. Jó 37,21). A propósito do motivo da mão e da boca como gesto de oração, cf. DHORME, E. *A Commentary*, p. 462; POPE, M. H. *Job*. Garden City: Doubleday, 1973 (AB, 15), p. 235; capítulo 2, nota 353.

589. Cf. NIEHR, H. The Rise of YHWH in Judahite and Israelite Religion. *In*: EDELMAN, D. V. (ed.). *The Triumph of Elohim*: From Yahwisms to Judaisms, p. 67-71; KEEL, O.; UEHLINGER, C. *Gods, Goddesses, and Images of God*. Tradução de T. Trapp. Mineápolis: Fortress, 1998, p. 283-372; KEEL, O. *Goddesses and Trees, New Moon and Yahweh*: Ancient Near Eastern Art and the Hebrew Bible. Sheffield: Sheffield Academic Press, 1998 (JSOTSup, 261), p. 102-104; DAY, J. *Yahweh and the Gods and Goddesses of Canaan*, p. 151-184. Para a questão da influência neoassíria, cf. adiante, nota 594.

590. Cilindro B de Gudea, V 109. Cf. Barton, G. A. *The Royal Inscriptions of Sumer and Akkad*. New Haven: Yale University Press; Londres: Humphrey Milford, Oxford University, 1929, p. 240-241; JACOBSEN, T. *The Harps That Once...*, p. 429. A respeito de Ningirsu na inscrição, cf. FALKENSTEIN, A. *Die Inschriften Gudeas von Lagaš, I. Einleitung*. Roma: Pontificium Institutum Biblicum, 1966 (AnOr, 30), p. 90-101.

591. Ou possivelmente Assur-bel-kala, de meados do séc. X. Cf. MENDENHALL, G. *The Tenth Generation*, p. 44-45. A respeito do deus Assur com o disco solar alado, cf. BUREN, E. D. van.

descrição do divino em Ez 43,1-5. A telha representa o deus Assur[592] a cavalgar o disco solar alado com o arco retesado visando os inimigos do rei. Em ambos os lados, há nuvens de tempestade com chuva a cair. Enuma Elish 1,101-2, 157 e 11,128-29 atribuem qualidades solares a Marduk, embora a linguagem de tempestade lhe seja mais característica[593]. A combinação de imagens solares e de tempestade com a iconografia em fontes mesopotâmicas e com os textos bíblicos levanta uma importante questão. Ao combinar dois tipos de fenômenos naturais, o Sl 50,1-3 e Ez 43,1-5 expressam indiretamente que a natureza divina está além da identificação com um único fenômeno natural. De fato, Yahweh é equiparado a fenômenos naturais, mas também tem poder sobre tais fenômenos naturais e transcende-os. Tal como Ningirsu e Marduk, Yahweh é "sobrenatural".

Essa perspectiva pode ajudar a explicar a crítica ao culto solar no templo em Ez 8,16. Conforme essa passagem, a representação solar de Yahweh reduzia o divino a uma forma de idolatria natural, talvez identificada com o culto a uma deidade estrangeira. Pode-se argumentar, porém, que a "idolatria" era uma forma nativa de culto javista. O Sl 84 e outras evidências para a linguagem solar afirmada a respeito de Yahweh afetam a interpretação solar no templo como não javista. Não há nenhuma evidência para um culto dedicado ao sol, e a explicação de influência estrangeira permanece uma questão de especulação. De fato, a noção de que governantes neoassírios impuseram suas práticas religiosas aos seus subjugados do Levante tem sido desacreditada[594]. A função teopolítica da linguagem solar javista pode ser adicionalmente

---

Symbols of the Gods, p. 89-90. Sobre o motivo das "muitas águas" em Ez 43,2, cf. MAY, H. G. Some Cosmic Connotations of *mayim rabbîm*, "Many Waters". *JBL*, vol. 74, 1955, p. 17.

592. Cf. MAYER-OPIFICIUS, R. Die geflügelte Sonne: Himmels und Regendarstellung im Alten Vorderasien. *UF*, vol. 16, 1984, p. 200, 233.

593. *ANET*, p. 62, 69-70.

594. Cf. McKAY, J. W. *Religion in Judah*; COGAN, M. *Imperialism and Religion*, p. 42-61; Judah Under Assyrian Hegemony: A Re-examination of Imperialism and Religion. *JBL*, vol. 112, 1993, p. 403-414. A opinião é representada por H. Spieckermann (*Juda unter Assur in der Sargonidenzeit*. Gotinga: Vandenhoeck & Ruprecht, 1982 [FRLANT, 129]). Cf., além disso, KEEL, O. *Goddesses and Trees*, p. 102-103; HOLLOWAY, S. W. The Case for Assyrian Religious Influence in Israel and Judah (Tese de Doutorado, University of Chicago, 1992); SMITH, Mark S. *The Origins of Biblical Monotheism*, p. 63.

compreendida no contexto da linguagem solar afirmada a respeito da monarquia, tanto em Judá quanto alhures.

2 O papel da monarquia

Embora as evidências sejam bastante circunstanciais, a aplicação da linguagem e das imagens solares a Yahweh pode ter ganhado velocidade sob o ímpeto da monarquia. O título de "o Sol (divino)" remonta às titularidades régias que têm início na segunda metade do terceiro milênio. Os governantes mesopotâmicos Ur-Nammu, Amar-Sin, Lipit-Ishtar, Hammurabi e Zimri-Lim são comparados ao deus-sol[595]. Na correspondência internacional da Idade do Bronze tardia (1600-1200), a linguagem solar para monarcas é comum. Nesse período, cartas de El Amarna e de Ugarit atestam o uso do título "o Sol" para os reis do Egito, de Hatti e de Ugarit[596]. Por exemplo, em KTU 2.16.6-10, Talmiyanu fala à sua mãe, Thariyelli, a respeito de sua audiência diante do rei ugarítico: "Minha mãe, você deve saber que eu entrei diante do Sol, e a face do Sol brilhou grandemente sobre mim" (*'umy td' ky 'rbt lpn špš wpn špš nr by m'id*)[597]. Esse texto também oferece pano de fundo não somente para a imagem do rei divino como o "Sol" e o brilho de sua face no Sl 84,12, mas também para a linguagem bíblica do brilho da face de Yahweh noutros lugares (p. ex., Sl 4,7; 31,17; 34,6; 67,2; 80,4.8.20; 89,16; 90,8; 119,25; Nm 6,24-26). De modo similar, CTA 64 (KTU 3.1).24-25 lê: "O tributo de Niqmaddu, rei de Ugarit, que foi trazido para o Sol, o grande rei, seu senhor" (*'argmn nqmd mlk 'ugrt*

---

595. LABAT, R. *Le caractère religieux de la royauté assyro-babylonienne*. Paris: Librairie d'Amerique et d'Orient, Adrien-Maissonneuve, 1939 (Études d'Assyriologie, 2), 231-233; cf. LAMBERT, W. G. Trees, Snakes, and Gods, p. 438-439 n. 25; DOSSIN, G.; FINET, A. *Correspondance Féminine*. Paris: Geuthner, 1978 (Archives royales de Mari, 10), p. 150-151, texto 99:5-6. Minha gratidão ao Senhor Gary Backman por trazer essas referências à minha atenção.

596. Cf. *ANET*, p. 483-490; McCARTER, P. K. *II Samuel*, p. 484; HESS, R. Divine Names, p. 158-159, 163.

597. A respeito desta carta, cf. PARDEE, D. Further Studies in Ugaritic Epistolography. *Archiv für Orientforschung*, vol. 31, 1984, p. 219-221; PARDEE, D.; WHITING, R. M. Aspects of Epistolary Verbal Usage in Ugaritic and Akkadian. *BSOAS*, vol. 50, 1987, p. 8.

dybl lšpš mlk rb b'lh)[598]. Por fim, EA 147,59-60 registra como o falante perguntou, por meio de um mensageiro, quando entraria na presença do faraó. "Eis que enviei (uma mensagem) ao Sol, o pai do rei, meu senhor (perguntando): 'Quando verei a face do rei, meu senhor?'" (*ma-ti-mi i-mur pa-ni šarri be-li-ya*)[599]. Essa pergunta tem uma impressionante semelhança com o fraseado do Sl 42,3c: "Quando entrarei para ver a face de Deus?"[600] As cartas de Ugarit e de Amarna dariam a entender que, durante a Idade do Bronze tardia, o Novo Reino do Egito era a fonte dessa teologia[601]. Espalhou-se pelo resto do Levante, deixando sua marca nas expressões bíblicas para a deidade e para o rei.

Na Idade do Ferro, o rei israelita era descrito, assim como Yahweh, em metáfora solar, às vezes em combinação com imagens da chuva. Tal como Os 6,3 e talvez Ez 43,2, que comparam Yahweh tanto ao Sol quanto

---

598. Estas passagens ugaríticas exemplificam o pano de fundo de outro título divino, a saber, "grande rei", *melek rāb*, no Sl 48,3, e *melek gādôl*, em 2Rs 18,18.29; Sl 47,3; Ecl 9,14; Is 36,4.13; Ml 1,14 (cf. ROBERTS, J. J. M. Zion in the Theology of the Davidic-Solomonic Empire. ISHIDA, T. [ed.]. *Studies in the Period of David and Solomon and Other Essays*. Winona Lake: Eisenbrauns, 1982, p. 94; MALAMAT, A. A Political Look at the Kingdom of David and Solomon and Its Relations with Egypt. *In: Studies in the Period*, p. 197). Quanto a CTA 64 (KTU 3.1) e seu paralelo em textos acádios descobertos em Ugarit, cf. DIETRICH, M.; LORETZ, O. Der Vertrag zwischen Šuppililuliuma und Niqmadu: Eine philologische und kulturhistorische Studie. *WO*, vol. 3/3, 1966, p. 206-245; McCARTHY, D. J. *Treaty and Covenant*: A Study in Form in the Ancient Near East and in the Old Testament. Roma: Pontifical Biblical Institute, 1981 (AnBib, 21A), p. 68-69 n. 63.

599. *ANET*, p. 484; MORAN, W. L. *Les Lettres d'El-Amarn*. Tradução de D. Collon e H. Cazelles. Paris: Les Éditions du Cerf, 1987 (LAPO, 13), p. 379. Cf. EA 266,12-15 e Nm 6,25.

600. A respeito da "face" de Deus, cf. SMITH, Mark S. "Seeing God" in the Psalms, p. 171-183. Quanto ao "ocultar-se da face divina", o oposto do "ver a face divina", cf. FRIEDMAN, R. E. The Biblical Expression *mastîr pānîm. Hebrew Annual Review*, vol. 1, 1977, p. 139-147; BALENTINE, S. E. *The Hidden God*: The Hiding of the Face of God in the Old Testament. Nova York: Oxford University Press, 1983.

601. EA 155,6.47 identifica o Sol com o faraó: *šarru ᵈšamaš dāritum*, "o rei é o Sol Eterno". A última frase tem equivalentes no ugarítico *špš 'lm*, atestado em KTU 2.42 e 2.43.7 (cf. KNAPP, A. B. An Alishiyan Merchant at Ugarit. *TA*, vol. 10, 1983, p. 39; PARDEE, D. Epigraphic and Philological Notes. *UF*, vol. 19, 1987, p. 204-209), e o fenício *šmš 'lm* em KAI 26 A III 19. A influência egípcia em KTU 2.42 e 2.43.9 é evidente também devido à presença do nome *nmry*, referindo-se a Nebmare Amenophis III (cf. KTU 2.23.21-24). Cf. COOPER, A. *MLK 'LM*: "Eternal King" or "King of Eternity"? *In*: MARKS, J. H.; GOOD, R. M. (eds.). *Love & Death in the Ancient Near East: Essays in Honor of Marvin H. Pope*. Guilford: Four Quarters, 1987, p. 3. A respeito de influência egípcia adicional na fraseologia da correspondência de Amarna, cf. ALBRIGHT, W. F. The Egyptian Correspondence of Abimilki, Prince of Tyre. *Journal of Egyptian Antiquities*, vol. 23, 1937, p. 190-203.

à chuva[602], 2Sm 23,3b-4 compara o rei ao Sol, quando surge, e à chuva, quando faz a relva crescer[603]:

Quem governa os homens com justiça,
quem governa com temor de Deus,
é como a luz da manhã, ao nascer do sol (*yizraḥ*),
em manhã sem nuvens,
que faz brotar da terra a relva
verdejante após a chuva.

Tal como 2Sm 23,3b-4, o Sl 72,5-6 invoca, em primeiro lugar, o Sol como uma imagem da durabilidade régia e, em seguida, usa as chuvas exuberantes como metáfora para o bem-estar proporcionado pela monarquia. O uso régio das imagens solares estendia-se até o disco solar alado sobre os selos régios (*lmlk*) de carimbo encontrados em alças de jarro[604]. A inscrição *nryhw bn hmlk*, "Neriyahu, filho do rei", pode ser mencionada nessa conexão. Aqui, a atribuição solar a Yahweh pode estar por trás do nome do filho do rei[605]. Em razão desses pedaços de evidência para o pano de fundo régio da linguagem solar divina, P. K. McCarter sugere vocalizar novamente *ûmagēn*, do TM, no Sl 84,12, como *ûmāgān*, compreendendo que a metade do versículo significa "pois um Sol e um

---

602. Sobre Os 6,3, cf. ANDERSEN, F. I.; FREEDMAN, D. N. *Hosea*, p. 423-424; MAYS, J. L. *Hosea*: A Commentary. Londres: SCM, 1969 (OTL), p. 95-96; McCARTER, P. K. *II Samuel*, p. 484. Em conexão com imagens da aurora e salmos de vigília, a paronomásia entre *yĕšaḥărūnĕnî*, "eles me procurarão" (Os 5,15), e *šahar*, "aurora" (Os 6,3), pode ser observada.

603. McCARTER, P. K. *II Samuel*, p. 484; STÄHLI, H. P. *Solare Elemente*, p. 27-28. Cf. tb. RICHARDSON, H. N. The Last Words of David: Some Notes on 2 Samuel 23:1-7. *JBL*, vol. 90, 1971, p. 259; FREEDMAN, D. N. II Samuel 23:4. *JBL*, vol. 90, 1971, p. 329-330; McCARTER, P. K. *II Samuel*, p. 476-486. Para uma datação do séc. X deste poema, cf. CROSS, F. M. *Canaanite Myth and Hebrew Epic*, p. 234-237; FREEDMAN, D. N. *Pottery, Poetry, and Prophecy*, p. 95-97, 118; RENDSBURG, G. The Northern Origin of 'the Last Words of David' (2 Sam. 23, 1-7). *Biblica*, vol. 69, 1988, p. 113-121.

604. Para exemplos, cf. *ANEP*, p. 349, 377 n. 809a-c; cf. McKAY, J. W. *Religion in Judah*, p. 52-53, 102 n. 55. A respeito do debate recente em torno dos selos *lmlk*, cf. NA'AMAN, N. Hezekiah's Fortified Cities and the *LMLK* Stamps. *BASOR*, vol. 261, 1986, p. 5-21; GARFINKEL, Y. The Distribution of Identical Seal Impressions and the Settlement Pattern in Judea Before Sennacherib's Campaign. *Cathedra*, vol. 32, 1984, p. 35-52; BARKAY, G.; VAUGHAN, A. G. LMLK and Official Seal Impressions from Tel Lachish. *TA*, vol. 23, 1996, p. 61-74; Palaeographic Dating of Judaean Seals and Its Significance for Biblical Research. *BASOR*, vol. 313, 1999, p. 43-64; *Theology, History, and Archaeology in the Chronicler's Account of Hezekiah*. Atlanta: Scholars, 1999 (Archaeology and Biblical Studies, 4), p. 81-167.

605. Cf. AVIGAD, N. Three Ancient Seals. *BA*, vol. 49, 1986, p. 51-53.

soberano é Yahweh"[606]. Ambos os títulos fazem de Yahweh um suserano divino. O contexto régio dessa passagem, exemplificado pela referência ao "ungido" de Yahweh, no versículo 10, corrobora essa interpretação.

O uso de imagens solares para o monarca prosseguiu até o período pós-exílico. Ml 3,20[607] utiliza imagens solares para pintar um quadro do futuro salvador de Israel e os efeitos que aquele salvador causará lá:

> Mas para vós, que temeis o meu nome, brilhará (*zārĕḥāh*) o Sol de justiça que traz a cura em seus raios.

De igual modo, Is 58,8 usa linguagem solar para descrever a "teofania do justo", com a glória divina a servir como retaguarda (cf. Jz 5,31):

Então tua luz (*'ôrekā*) romperá como a aurora (*kaššaḥar*),

e tua cura depressa germinará (*tiṣmāḥ*).

Diante de ti marchará a tua justiça,

e atrás de ti a glória de Yahweh.

Tal como 2Sm 23,3-4 e Sl 72,5-6, a primeira parte desse versículo emprega imagens solares[608], e a segunda evoca imagens do crescimento natural. Is 58,8 talvez aplique a teologia régia expressa em 2Sm 23,3-4[609] não a um grupo régio, mas sim a Israel como um todo[610]. O pano de fundo régio talvez esteja repercutido no verbo *tiṣmāḥ*, embora Is 58,8, seguindo 2Sm 23,4b, empregue esse verbo em seu sentido natural. Reis davídicos eram comparados a um "broto", *ṣemaḥ* (Jr 23,5; 33,15; Zc 3,8; cf. Zc 6,12; KAI 43,10-11; Is 11,1.4-5.10; cf. 4,2; Eclo 47,22; 51,12h)[611]. Tanto Ml 3,20 quanto Is 58,8 mencionam cura, uma

---

606. McCARTER, P. K. *II Samuel*, p. 484. Quanto a *mgn* para suserano, cf. O'CONNOR, M. Yahweh, the Donor. *Aula Orientalis*, vol. 6, 1988, p. 47-60.

607. Cf. SMITH, Morton. Helios in Palestine. *EI*, vol. 16, 1982 (= H. Orlinsky Festschrift), p. 205*; McCARTER, P. K. *II Samuel*, 484; STÄHLI, H. P. *Solare Elemente*, p. 39. Cf. VATTIONI, F. Mal. 3,20 e un mese del calendario fenício. *Biblica*, vol. 40, 1959, p. 1.012-1.115.

608. A respeito de *'ôr* como o Sol, cf. nota 588, anteriormente; cf. Gn 1,14-16. Em relação à imagem, cf. Sl 97,11, LXX e o Siríaco Peshitta.

609. Análise crítica, feita por Mark S. Smith, de STÄHLI, H. P. *Solare Elemente*, p. 514.

610. Cf. EISSFELDT, O. The Promises of Grace to David in Isaiah 55:1-5. *In*: ANDERSON, B. W.; HARRELSON, W. (eds.). *Israel's Prophetic Heritage*: Essays in Honor of James Muilenberg. Nova York: Harper & Brothers, 1962, p. 201-206; SMITH, Mark S. *Bĕrît 'ām/bĕrît 'ôlām*: A New Proposal for the Crux of Isa 42:6. *JBL*, vol. 100, 1981, p. 241-243.

611. Cf. FISHBANE, M. *Biblical Interpretation in Ancient Israel*. Oxford: Clarendon, 1985, p. 304-306, p. 471-472; MEYERS, C. L.; MEYERS, E. M. *Haggai, Zechariah 1–8*. Garden City: Doubleday, 1987 (AB, 25B), p. 202-203.

bênção evidentemente enraizada na antiga ideia régia de que o monarca proporciona bem-estar a seus súditos. Por fim, a iconografia régia do disco solar alado harmoniza-se bem com a descrição do broto régio em Ml 3,20.

Apesar de as evidências serem escassas, a linguagem solar para Yahweh desenvolveu-se aparentemente sob a influência da monarquia. Dito de outra forma, a aplicação da linguagem solar a Yahweh era uma consequência do *status* de Yahweh como deus nacional. Ademais, existem equivalências da Idade do Bronze tardio e da Idade do Ferro para tal desdobramento. Na Assíria, o disco solar, originalmente o símbolo do deus-sol, Shamash, era usado para o deus nacional, Assur[612]. Correspondentemente, "teólogos babilônicos" (para usar a expressão de W. G. Lambert) chamam seu deus nacional, Marduk, de "o deus-sol dos deuses" em Enuma Elish 1,102 e 6,127[613]. Uma pequena lista de deuses identifica várias deidades com funções específicas de Marduk[614]. Shamash é o "Marduk da justiça". Outro texto afirma que "Shamash é o Marduk do processo"[615]. Em uma estela oriunda de Ugarit, o disco solar alado faz parte de uma cena que descreve El entronizado[616]. O disco solar aparece com *b'l ḥmn* sobre uma pedra gravada conhecida como o

---

612. BUREN, E. D. van. *Symbols of the Gods*, p. 89-90; MENDENHALL, G. *The Tenth Generation*, p. 45; cf. tb. LAMBERT, W. G. Trees, Snakes, and Gods, p. 439; *ANEP*, p. 215, 328 n. 658.

613. *ANET*, p. 62, 69; BUREN, E. D. van. *Symbols of the Gods*, p. 87-89; LAMBERT, W. G. Trees, Snakes, and Gods, p. 439; SOMMERFELD, W. *Der Aufstieg Marduk*, p. 174-181.

614. LAMBERT, W. G. The Historical Development, p. 197-198; Trees, Snakes, and Gods, p. 439 n. 28; SOMMERFELD, W. *Die Aufstieg Marduks*, p. 10.

615. LAMBERT, W. G. Trees, Snakes, and Gods, p. 439 n. 28. Para evidência e discussão adicional, cf. FRANKFORT, H. Gods and Myths on Sargonid Seals. *Iraq*, vol. 1, 1934, p. 6, 21-29; SOMMERFELD, W. *Der Aufstieg Marduks*, p. 9-12.

616. Cf. *ANEP*, p. 168 n. 493; CAQUOT, A.; SZNYCER, M. *Ugaritic Religion*, p. 23 e pl. 7. Quanto à especulação sobre o significado da estela, cf. WYATT, N. The Stela of the Seated God from Ugarit. *UF*, vol. 15, 1983, p. 271-277. Cf. tb. NIEHR, H. Ein umstrittenes Detail der El-Stele aus Ugarit. *UF*, vol. 24, 1992, p. 293-300. Quanto a uma inspeção do disco solar na Síria e na Mesopotâmia, cf. MAYER-OPIFICIUS, R. Die geflügelte Sonne, p. 189-236. De acordo com *PE* 1.10.36 (ATTRIDGE, H. W.; ODEN JR., R. A. *Philo of Byblos*, p. 56-57), Cronos tinha asas. Para a identificação de El com Cronos na *História Fenícia*, de Filo de Biblos, cf. *PE* 1.10.16, 29; cf. 1.10.20 (ATTRIDGE, H. W.; ODEN JR., R. A. *Philo of Byblos*, p. 48-49, 50-51, 54-55).

ortostato de Kilamuwa[617]. Essas equivalências exemplificam a assimilação das imagens solares em uma deidade importante. As imagens solares para o deus patrono no contexto régio servia para expandir o poder da monarquia mediante a identificação com o poder do rei divino. Mais especificamente, as imagens solares, na medida em que eram aplicadas quer ao rei, quer ao deus, aumentavam a aura divina do rei humano.

Para resumir, a linguagem solar para Yahweh aparentemente desenvolveu-se em dois estágios. Em primeiro lugar, originou-se como parte da herança da linguagem divina canaanita e, de maneira mais geral, do Oriente Próximo, como expressão da luminosidade teofânica geral. Tal como Ningirsu, Assur e Marduk, Yahweh podia ser representado tanto em termos solares como em termos de tempestades, assim como em ambos. Em segundo lugar, talvez sob a influência da monarquia, no primeiro milênio, o Sol tornou-se um componente do repertório simbólico do deus principal em Israel, tal como aconteceu em Assur, Babilônia e Ugarit[618]. Em Israel, parece ter sido uma característica especial da monarquia sulista, visto que as evidências disponíveis estão restritas a Judá; não está atestada no reino nortista. Ademais, parece ter sido uma expressão especial da teologia régia judaíta, que expressava e reforçava dimensões quer da realeza divina, quer da realeza humana. Essa forma de javismo solarizado pode ter parecido aos autores de Ez 8 e 2Rs 23 como culto solar idolátrico, incompatível com a noção que eles tinham de Yahweh[619].

---

617. *ANEP*, n. 281. Cf. CROSS, F. M. *Canaanite Myth and Hebrew Epic*, p. 24, 26. Cf. YADIN, Y. Symbols of Deities at Zinjirli, Carthage and Hazor. *In*: SANDERS, J. A. (ed.). *Near Eastern Archaeology in the Twentieth Century*: Essays in Honor of Nelson Glueck. Garden City: Doubleday, 1970, p. 208-212.

618. De acordo com Hestrin (Cult Stand from Ta'anach, p. 75), o disco solar alado "simbolizava o deus supremo nos panteões mesopotâmico, hitita e cananeu". A análise dela inclui um estande de culto oriundo de Taanach (cf. nota 586, anteriormente); o registro superior do estande representa um disco solar acima de um animal com quatro patas que, conforme ela defende, significa Baal. J. G. Taylor identifica o animal como um equino e liga-o aos animais do sol de 2Rs 23,11 (Yahweh and Asherah at Tenth Century Taanach. *Newsletter for Ugaritic Studies*, vol. 37/38, 1987, p. 16-18; Two Earliest Representations of Yahweh, p. 561-564). Têm-se levantado questões a respeito da interpretação que Taylor faz do estande (p. ex., MILLER, P. D. *The Religion of Ancient Israel*, p. 43-45; ZEVIT, Z. *The Religions of Ancient Israel*, p. 321 n. 125, 323).

619. RINGGREN, H. *Israelite Religion*, p. 62, 97-98.

3 A assimilação das imagens solares

As descrições solares de Yahweh durante a monarquia talvez ofereçam o pano de fundo para descrições do Sol na cosmologia bíblica. Consoante N. Sarna, o Sl 19 usa linguagem solar como uma polêmica contra a adoração do Sol em Israel, conforme refletida em Ez 8,16 e 2Rs 23[620]. O tom do Sl 19, no entanto, não é polêmico. Além do mais, o Sol no Sl 19,4-6 desempenha um papel quiçá análogo ao da Torá nos versículos 7-10: ambos atestam a glória de Deus. Igualmente, a função do Sol de fornecer ordem no cosmo em Gn 1,14 e no Sl 104,19 tem sido relacionada a esse mesmo tema por H. P. Stähli[621]. Essas expressões religiosas não devem ser vistas somente como polêmicas, embora isso tenha sido proposto frequentemente no caso de Gn 1,14[622]. De preferência, o Sol serve de sinal positivo da ordem na criação de Yahweh. Reduzidas a um sinal da ordem divina, as imagens solares, nesses casos, representam exemplos de "um sol inócuo" (Sb 18,3; cf. Carta de Jeremias 6,60; Odes de Salomão 15,2)[623].

---

620. SARNA, N. Psalm XIX and the Near Eastern Sun-god Literature, p. 171-175.

621. STÄHLI, H. P. *Solare Elemente*, p. 17-23. Quanto à influência egípcia no Sl 104, cf. AUFRET, P. *Hymnes d'Egypte et d'Israël*: Études des structures littéraires. Friburgo: Éditions Universitaires; Gotinga: Vandenhoeck & Ruprecht, 1981 (OBO, 34), p. 279-302.

622. Cf. RAD, G. von. *Genesis*: A Commentary. Tradução de J. H. Marks. Londres: SCM, 1963 (OTL), p. 54; WESTERMANN, C. *Genesis I*. Neukirchen-Vluyn: Neukirchener Verlag des Erziehungsvereins GmbH, 1968 (BKAT, 1/1), p. 179; VAWTER, B. *On Genesis*: A New Reading. Garden City: Doubleday, 1977, p. 48; STÄHLI, H. P. *Solare Elemente*, p. 17-19. Tem-se alegado (p. ex., VAWTER, B. *On Genesis*, p. 48) que Gn 1,16 usa o título "grande luz" (*hammā'ôr haggādōl*) em vez de "o sol" (*haššemeš*), a fim de reduzir a conotação divina da deidade solar. Contudo, o título em Gn 1,16 ecoa títulos comuns para a deusa solar na literatura ugarítica, onde é chamada de "a grande luz", *nyr rbt* (KTU 1.16 I 37-38; 1.161.19), e "a luz dos deuses", *nrt 'ilm* (1.3 V 17; 1.4 VII 21; 1.6 I 8-9, 11, 13; 1.6 II 24).

623. Em relação ao uso pós-bíblico de imagens solares, cf. SMITH, Morton. Helios in Palestine, p. 199*-214*.

5
PRÁTICAS CULTUAIS JAVISTAS

1 Lugares e símbolos cultuais javistas

Conforme descreve o capítulo 3, o registro bíblico condena a deusa Asherah menos frequentemente do que a asherah. Inicialmente, o símbolo era uma característica aceitável do culto javista, mas posteriormente foi tratado como uma aberração não javista. Nos materiais legais, o símbolo da asherah não é o único objeto de opróbrio. Ex 34,13 condena não somente as asherim dos outros povos precedentes no país, mas também "seus altares" (*mizbĕḥōtām*) e "suas colunas" (*maṣṣēbōtām*). Colunas são denunciadas também em Dt 16,22, segundo a condenação da asherah no versículo anterior. A essa lista de abominações, Dt 7,5 e 12,3 acrescentam "imagens talhadas" (*pesîlêhem*). Condenações proféticas da asherah e dos asherim igualmente incluem outra parafernália cultual. Is 17,8 e 27,9 denunciam altares, asherim e altares de incenso (*ḥammānîm*) de outras deidades. Jr 17,2 inclui não somente altares e asherim em sua crítica mas também os "lugares altos" (*bāmôt*), onde se considerava que tais objetos tinham sido usados. O oráculo de Mq 5,10-15 é mais inclusivo; sortilégios, adivinhos, estátuas, colunas e asherim devem ser todos varridos por Yahweh[624].

---

624. A propósito do antigo pano de fundo javista destas práticas, cf. FOHRER, G. *History of Israelite Religion*, p. 57-58, 114; AHLSTRÖM, G. W. *Aspects of Syncretism*, p. 11, 50-51; OLYAN, S. M. *Asherah and the Cult of Yahweh*, p. 17-18, 21-22, 73; LAROCCA-PITTS, E. C. *"Of Wood and Stone"*: The Significance of Israelite Cultic Items in the Bible and Its Early Interpreters. Winona Lake: Eisenbrauns, 2001 (HSM, 61); ZEVIT, Z. *The Religions of Ancient Israel*, esp. p. 256-263, 460-467.

Algumas dessas práticas pertenciam ao culto javista anterior e subsequente aos períodos em que condenações legais e proféticas foram lançadas contra elas. Tal como a asherah, os "lugares altos" eram aceitáveis tanto no período dos Juízes quanto durante a monarquia[625]. Em 1Sm 9–10, descreve-se que Samuel dirige uma adoração em um lugar alto, e, em 1Rs 3,4-5, Salomão vai ao lugar alto de Gabaon, onde Yahweh aparece-lhe em um sonho. Em uma apologia deuteronomista para o uso do lugar alto por parte de Salomão (cf. Dt 12,1-14), diz o versículo 2: "O povo ainda oferecia sacrifícios nos santuários das alturas, porque naqueles dias ainda não fora construída uma casa para o nome do Yahweh". O versículo 3 relata como Salomão continuava a sacrificar e a queimar incenso nos lugares altos, indicando o apoio régio a tais práticas religiosas tradicionais. O texto de 2Rs 23,8 (cf. 2Cr 14,4) sugere que lugares altos funcionavam em Israel até o reino de Josias. Am 7,9 refere-se aos lugares altos no Reino do Norte. Assim como a religião régia dos santuários centrais (Am 7,13), os lugares altos eram providos de sacerdotes (1Rs 13,2.33; 23,20; 2Rs 23,8-9) que conduziam o sacrifício (2Rs 18,22; 23,15; Ez 18,6.15; 20,28; cf. 2Rs 17,11; Ez 6,3-4). A extensão geográfica dos lugares altos igualmente reflete o difuso apoio popular a esses lugares. Estavam presentes seja no ambiente rural (Ez 6,13; cf. Os 4,13), seja no ambiente urbano (1Rs 13,32;

---

625. A respeito de "lugares altos" (*bāmôt*), cf. adicionalmente as referências na nota precedente; RINGGREN, H. *Israelite Religion*, p. 157-158, 177; BARRICK, W. B. The Funerary Character of "High-Places" in Ancient Palestine: A Reassessment. *VT*, vol. 25, 1975, p. 565-595; HARAN, M. Temples and Cultic Open Areas as Reflected in the Bible. *In*: BIRAN, A. (ed.). *Temples and High Places in Biblical Times*: Proceedings of the Colloquium in Honor of the Centennial of Hebrew Union College – Jewish Institute of Religion, Jerusalem, 14-16 March 1977. Jerusalém: Nelson Glueck School of Biblical Archaeology of Hebrew Union College – Jewish Institute of Religion, 1981, p. 31-37; AHLSTRÖM, G. W. *Royal Administration*, p. 59-61; EMERTON, J. A. The Biblical High Place in the Light of Recent Study. *PEQ*, vol. 129, 1997, p. 116-123. Emerton questiona, com razão, se "lugar alto" é uma tradução acurada de *bāmāh*. A respeito de *bāmôt* e, especialmente, a instalação cultual em Tel Dã, cf. BIRAN, A. Tel Dan. *BA*, vol. 37, 1974, p. 40-41; "To the God Who Is in Dan". *In*: *Temples and High Places*, p. 142-151. G. Mendenhall (*The Tenth Generation*, p. 181) vê as proibições contra lugares altos como uma função do organismo político-religioso de Jerusalém; em suas próprias palavras, *bāmôt* "tornaram-se progressivamente incompatíveis com o antigo javismo, especialmente depois do organismo político do javismo sob a monarquia". Ao contrário, a monarquia reteve, conservadoramente, muitas características da religião israelita, inclusive lugares altos. A respeito do conservadorismo da monarquia, especialmente sob Manassés, cf. AHLSTRÖM, G. W. *Royal Administration*, p. 75-81.

2Rs 23,8)[626], provavelmente para uma religião clânica, em oposição a santuários e templos, o que contribuía para níveis mais elevados de complexidade social (tribos e nações), sob autoridades "mais elevadas" (linhas sacerdotais tradicionais em santuários, alguns empregados como funcionários monárquicos).

Tal como a asherah, os lugares altos não eram específicos da sociedade israelita, mas pertenciam a uma quadro cultural mais amplo. A estela de Mesha (KAI 181,3), Is 15,2; 16,12 e Jr 48,35 indicam que os lugares altos eram também uma característica da religião moabita. Talvez, de forma análoga à asherah e aos lugares altos, alguns dos outros itens mencionados em Mq 5,10-15 fossem inicialmente aceitáveis no culto javista, mas condenados posteriormente. Esse foi também o destino de algumas práticas concernentes aos mortos e ao sacrifício de crianças, conforme ilustram as seções subsequentes.

2 Práticas associadas aos mortos

Na Bíblia, as práticas atinentes aos mortos pertenciam à herança cananeia de Israel. Alimentar os mortos (KTU 1.20-22; 1.142), consultá-los (KTU 1.124; 1.161; cf. KAI 214) e lamentá-los (KTU 1.5 VI 11-22, 31–1.6 I 5) fazia parte da religião canaanita. O antigo Israel deu prosseguimento à maioria dessas práticas em justaposição ao culto javista. Um trabalho realizado por K. Spronk buscou minimizar a natureza cananeia/israelita dos costumes israelitas pertinentes aos mortos fazendo a distinção entre religião javista e religião popular[627].

---

626. Cf. BLOMQUIST, T. H. *Gates and Gods*: Cults in the City Gates of Iron Age Palestine; An Investigation of the Archaeological and Biblical Sources. Estocolmo: Almqvist & Wiksell International, 1999 (ConBOT, 46), p. 151-163. Para uma ilustração dramática de um *bāmâ*, cf. BIRAN, A. The High Places of Biblical Dan. *In*: MAZAR, A.; MATHIAS, G. (eds.). *Studies in the Archaeology of the Iron Age in Israel and Jordan*. Sheffield: Sheffield Academic Press, 2001 (JSOTSup, 331), p. 148-155.

627. SPRONK, K. *Beatific Afterlife in Ancient Israel and the Ancient Near East*. Kevelaer: Butzon & Bercker; Neukirchen-Vluyn: Neukirchener Verlag, 1986 (AOAT, 219); cf. LEWIS, T. J. *Cults of the Dead in Ancient Israel and Ugarit*. Atlanta: Scholars Press, 1989 (HSM, 39), p. 1-4. Para continuação do debate, cf. SMITH, Mark S.; BLOCH-SMITH, E. Death and Afterlife at Ugarit and Ancient Israel. *JAOS*, vol. 108, 1988, p. 277-284. Quanto a uma análise mais proveitosa das categorias entre religião "oficial" e religião "popular" nessa área, cf. ALBERTZ, R. *Persönliche Frömmigkeit und officielle Religion*: Religionsinterner Pluralismus in Israel und Babylon. Stuttgart: Calwer Verlag,

A primeira é identificada como javista e abstém-se de práticas associadas aos cananeus. A segunda é considerada não javista e abarca os costumes cananeus associados aos mortos. Spronk não define nem a constituição e o desenvolvimento da religião javista oficial, nem o modo como essa religião javista ou a "corrente principal da religião javista" funcionava com *status* oficial na nação, nem a forma como fez surgir a BH, considerada a expressão oficial da "religião javista oficial". Em resumo, a política religiosa oficial do Israel pré-exílico não se amolda aos portadores sociais da religião oficial definida por Spronk. A dar-se crédito a Isaías (28,7; 30,10) e a Jeremias (2,26-28; 6,13), todos os setores da sociedade israelita, inclusive sacerdotes, profetas e reis, participavam do que posteriormente foi condenado como religião não javista. Esse problema não está restrito, de forma alguma, a práticas relativas aos mortos, envolvendo também as deidades e seus símbolos cultuais. Consequentemente, ou a Lei e os profetas literários não representam a religião oficial de Israel, ou uma distinção clara entre religião oficial e religião popular não pode ser confirmada, pelo menos para algumas deidades e algumas práticas cultuais. Tal como para o símbolo da asherah, algumas práticas que envolviam os mortos, ini-

---

1979 (Calwer Theologische Monographien, Reihe A, vol. 9); resenha, feita por W. Brueggemann, de *Persönliche Frömmigkeit*, por Albertz, *CBQ*, vol. 42, 1980, p. 86-87; HALPERN, B. "Brisker Pipes Than Poetry", p. 83-84; HOLLADAY JR., J. S. Religion in Israel and Judah Under the Monarchy: An Explicitly Archaeological Approach. *In*: MILLER JR., P. D.; HANSON, P. D.; McBRIDE, S. D. (eds.). *Ancient Israelite Religion*: Essays in Honor of Frank Moore Cross. Filadélfia: Fortress, 1987, p. 249-299; MILLER, P. D. Israelite Religion, p. 215-218; TIGAY, J. H. *You Shall Have No Other Gods*, p. 20 n. 64. É certo que havia religião popular e religião oficial em Israel. Contudo, a religião oficial durante o período da monarquia não era mantida pelo monarca, pelo sacerdócio ou pelos profetas na forma sugerida por Spronk. Para a questão da religião e dos segmentos sociais, cf. ACKERMAN, S. *Under Every Green Tree*: Popular Religion in Sixth Century Judah. Atlanta: Scholars, 1992 (HSM, 46); BERLINERBLAU, J. The "Popular Religion" Paradigm in Old Testament Research: A Sociological Critique. *JSOT*, vol. 60, 1993, p. 3-26; Preliminary Remarks for the Sociological Study of Israelite "Official Religion". *In*: CHAZAN, R.; HALLO, W. W.; SCHIFFMAN, L. (eds.). *Ki Baruch Hu*: Ancient Near Eastern, Biblical, and Judaic Studies in Honor of Baruch A. Levine. Winona Lake: Eisenbrauns, 1995, p. 153-170; *The Vow and the "Popular Religious Groups" of Ancient Israel*: A Philological and Sociological Inquiry. Sheffield: Sheffield Academic Press, 1996 (JSOTSup, 210); TOORN, K. van der. *Family Religion in Babylonia, Syria and Israel*: Continuity and Change in the Forms of Religious Life. Leiden: Brill, 1996 (Studies in the History and Culture of the Ancient Near East, VII); ZEVIT, Z. *The Religions of Ancient Israel*, p. 643-648. Para algumas questões acerca da abordagem de Berlinerblau, cf. minha resenha de seu livro em *JSS*, vol. 43, 1998, p. 148-151.

cialmente realizadas sem a crítica legal ou profética, mais tarde foram vistas como não javistas[628].

A única prática associada aos mortos que era possivelmente proibida antes do século VII era a necromancia. A condenação da necromancia não está registrada em nenhum profeta antes de Isaías (8,19; cf. 19,3; 29,4; cf. 57,6) ou em nenhum código legal antes do Código de Santidade (Lv 19,26-28; 20,6-7; cf. Dt 18,10-11). A única passagem que talvez sugira que a necromancia era vista negativamente antes de 750 é 1Sm 28, a história da necromante Endor. O capítulo conta como, por meio de uma médium, Saul inquiriu a respeito do morto Samuel, cuja aparição no versículo 13 é chamada de *'ĕlōhîm*, "um ser divino". O versículo 3 narra: "Saul tinha expulsado do país os necromantes e os adivinhos" (*wĕšā'ûl hēsîr hā'ōbôt wĕ'et-hayyidĕ'ōnîm mēhā'āreṣ*). Esse versículo alega que Saul havia banido necromantes. Pode-se observar, de passagem, que 1Sm 28 não trata de outras práticas associadas aos mortos condenadas no material legal e profético posterior. O material em 1Sm 28,3, conforme observado por comentadores[629], pode ter sido um acréscimo editorial. O narrador, talvez deuteronomista, oferece informação sobre o pano de fundo; de fato, algumas fórmulas nesse versículo são reminiscências de Dt 18,10-11. Tal como em Dt 18,10-11, a questão em 1Sm 28,3 envolve a obtenção de informações sobrenaturais oriundas de uma fonte considerada inaceitável para o autor[630]. A preocupação não era simplesmente sobre o que era aceitável para a assim chamada religião javista normativa. Particularmente, o problema diz respeito à forma de inquirição que rivalizava com a profecia no antigo Israel. Assim como Is 8,16-20 e Dt 18,9-22, 1Sm 28,3 emoldura a questão da inquirição como uma forma de se apropriar de informações a partir de fontes que alguns profetas e deuteronomistas

---

628. RINGGREN, H. *Israelite Religion*, p. 219; LANG, B. Life After Death in the Prophetic Promise. *In*: EMERTON, J. (ed.). *Congress Volume*: Jerusalém 1986. Leiden: Brill, 1988 (VTSup, 40), p. 144-156.

629. Cf. LUST, J. On Wizards and Prophets. *In*: *Studies on Prophecy*: A Collection of Twelve Papers. Leiden: Brill, 1974 (VTSup, 26), p. 133. Cf. SMITH, H. R. *A Critical and Exegetical Commentary on the Books of Samuel*. Edimburgo: T. & T. Clark, 1899 (ICC), 240; McCARTER, P. K. *I Samuel*. Garden City: Doubleday, 1980 (AB, 14), p. 422.

630. Para outro aparente exemplo de necromancia em Israel, 2Sm 12,16, cf. NIEHR, H. Ein unerkannter Text zur Nekromantie in Israel: Bermerkungen zum religionsgeschichtlichen Hintergrund von 2 Sam 12, 16a. *UF*, vol. 23, 1991, p. 301-306.

pré-exílicos consideravam erradas. Sem dúvida, a necromancia competia com a profecia (Is 8,19-20; 29,4; cf. Lv 19,26). A tradição subsequente compreendeu a necromancia descrita em 1Sm 28 como uma ocasião de profecia (Eclo 46,20). O que está refletido em 1Sm 28,3 é ou uma crença tardia de que Saul havia banido a necromancia ou, menos provavelmente, uma genuína atitude pré-750 em relação à necromancia[631].

Exatamente como 1Sm 28,3, Sl 106,28 e Nm 25,2 têm sido tomados como críticas iniciais a práticas culturais atinentes aos mortos. O Sl 106,28 diz: "Aderiram depois ao Baal-Peor e comeram dos sacrifícios a deuses mortos" (*zibḥê mētîm*). Esse versículo é dependente de Nm 25,2[632], que não condena as práticas associadas aos mortos; na verdade, proíbe os "sacrifícios de seus deuses" (*zibḥê 'ĕlōhêhen*). O Sl 106,28 condena os sacrifícios destinados aos mortos. Alhures, os mortos são chamados *'ĕlōhêhîm*, "deuses", como em 1Sm 28,3 e Is 8,19. KTU 1.6 VI 45-49 exemplifica esse uso. Nessas quatro linhas, *rp'im*, "refaim", forma um paralelo com *'ilnym*, "divindades", e *'ilm*, "deuses", forma um paralelo com *mtm*, "os mortos". O segundo e o terceiro termos estão etimologicamente relacionados ao hebraico *'ĕlōhîm*, "deuses". De igual modo, para se referir aos mortos, o acádio *ilu* e o fenício *'ln* são usados. Nm 25,2 não lida com a questão de sacrifícios para os mortos; somente o Sl 106,28 o faz. O Sl 106,40-47 refere-se ao exílio, indicando que era um salmo exílico ou posterior[633]. Na verdade, seria possível argumentar que o versículo 28 é anterior ao exílio; apesar de tudo, é improvável que esse

---

631. Cf. LUST, J. On Wizards and Prophets, p. 140-142; BEUKEN, W. A. M. I Sam 28: The Prophet as "Hammer of Witches". *JSOT*, vol. 6, 1978, p. 15.

632. NOTH, M. *Numbers*. Tradução de J. D. Martin. Londres: SCM, 1968 (OTL), p. 195-197; CROSS, F. M. *Canaanite Myth and Hebrew Epic*, p. 202, 316. Cf. tb. SPRONK, K. *Beatific Afterlife*, p. 231-232. Diferentemente do Sl 106,28, Nm 25,2 não descreve explicitamente a devoção aos mortos, embora pudesse tê-la pressuposto.

633. Cf. FENSHAM, F. C. Neh. 9 and Pss. 105, 106, 135 and 136: Post-Exilic Historical Traditions in Poetic Form. *Journal of Northwest Semitic Languages*, vol. 9, 1981, p. 35-51, esp. 35 n. 6. A. Weiser sugere a possibilidade de que os versículos 40-47 refiram-se à queda do Reino do Norte (*The Psalms*. Londres: SCM, 1962 [OTL], p. 680, 682). Nesse caso, o Sl 106,28 forneceria informação sobre "sacrifícios dos mortos" tal como eram vistos em meados do séc. VIII ou mais tarde. O Sl 16,3 pode também referir-se aos mortos homenageados, literalmente "os santos", *qĕdôšîm* (POPE, M. H. *In*: COOPER, A. Divine Names and Epithets, p. 457; SPRONK, K. *Beatific Afterlife*, p. 249, 334-338); o poema é frequentemente datado do séc. VI ou posteriormente (cf. BRIGGS, C. A.; BRIGGS, E. G. *A Critical and Exegetical Commentary on the Book of Psalms vol. 1*, p. 117-118; WEISER, A. *The Psalms*, p. 172-173). As práticas a que o versículo 3 possivelmente alude, a

versículo seja historicamente pertinente para o exame de práticas relativas aos mortos antes do século VII.

Antes do ano 750, aproximadamente, os israelitas envolviam-se não somente em necromancia mas provavelmente também em outras práticas ligadas aos mortos. É verossímil pensar que a veneração primitiva aos mortos incluía sua lamentação, sua alimentação e sua invocação como fonte de informação divina e, talvez, auxílio. A crítica negativa ou as representações negativas de costumes concernentes aos mortos apareceram pela primeira vez por volta de meados do século VIII, quiçá como uma resposta à competição que a necromancia fazia com a profecia. Durante a Idade do Ferro, outras práticas associadas aos mortos eram realizadas sem colidir com o culto de Yahweh; nem sequer críticas posteriores registradas na Bíblia dão a entender algo diferente.

Objeções explícitas à alimentação dos mortos com o dízimo de Yahweh aparecem no século VII (Dt 26,14; cf. Sl 16 e o Sl 22,30 do TM, que se refere aos mortos)[634]. No rastro de uma crítica à necromancia do fim do século VII em Is 8,16-20a[635], Is 8,20b-21 possivelmente descreve os mortos que vagueiam famintos pelo país:

> Certamente, para essa palavra que eles falam não haverá aurora! Ele atravessará a terra, aflito e faminto; quando tiver fome, ficará irritado e amaldiçoará seu rei e seu deus, olhando para cima. E eles olharão para a terra, mas eis angústia, trevas, escuridão angustiante; e eles serão empurrados para a densa escuridão.

Essa passagem explora o momento do dia em que acontece a necromancia, isto é, à noite (1Sm 28,8; cf. Is 65,4). A "palavra" não terá bom êxito; ela não tem "aurora". O sujeito dos verbos é obscuro. O TM e 1QIsa[a]

---

saber, o derramamento de libações para os mortos e a nomeação dos mortos, remontam à Idade do Bronze tardio tanto em Ugarit quanto em Canaã (cf. SPRONK, K. *Beatific Afterlife*, p. 334-338).

634. Cf. SMITH, Mark S.; BLOCH-SMITH, E. Death and Afterlife, p. 283.

635. Cf. SPRONK, K. *Beatific Afterlife*, p. 40, 163, 252, 253, 255-256; LEWIS, T. J. *Cults of the Dead*, p. 128-132. Nenhuma das obras trata dos versículos 20b-23. A exegese seguinte segue amplamente as linhas traçadas por J. G. Taylor, citado em HEIDER, G. C. *The Cult of Molek*: A Reassessment. Sheffield: JSOT, 1985 (JSOTSup, 43), p. 329. A propósito da necromancia alhures condenada em Isaías, cf. TOORN, K. van der. Echoes of Judaean Necromancy in Isaiah 28, 7-22. *ZAW*, vol. 100, 1988, p. 199-217.

trazem os verbos no singular, começando no versículo 21 com *'ābar*; a LXX traduz os verbos no plural. Aquele cuja palavra não conhece aurora não tem nenhum antecedente imediato; o antecedente mais próximo é *hammētîm*, "os mortos", no versículo 19b, embora essa seção seja amiúde considerada um acréscimo secundário, visto que parece desconectada do material precedente[636]. Os antecedentes frequentemente propostos para esses verbos são Jerusalém ou o país[637]. Contudo, na literatura bíblica, não há nenhuma descrição comparável nem de Jerusalém, nem do país. Os verbos talvez caracterizem os mortos, conforme encontrado em outras partes. A interpretação de * *'br* para os mortos tem sido conservada para Ez 39,11.14[638]. Essa interpretação esclareceria as imagens no fim de Is 8,21b-22, segundo as quais os mortos voltarão seus rostos para cima, para a terra, e serão lançados na escuridão do mundo subterrâneo. Os vocábulos "rei" e "deus" são mais difíceis de entender, mas, noutra parte, esses termos referem-se aos mortos. Os paralelos bíblicos e extrabíblicos para o uso de "deus" para os mortos foram observados anteriormente. A palavra rei (*mlk*) pode referir-se ao líder dos mortos, como o ugarítico *mlk* em KTU 1.108.1, e talvez tenha sobrevivido em algumas passagens bíblicas, tais como Is 57,9, uma passagem que também lida com necromancia (cf. Am 5,26; Sf 1,5.8; cf. adiante). Em KTU 1.108.1, *rp'u* é chamado o "rei eterno" (*mlk 'lm*), provavelmente designando sua liderança dos mortos, descritos nas linhas subsequentes, como "companheiros" ou "seres divinos" (*ḥbrm*)[639]. Em Is 8,21b, os mortos amaldiçoam sua liderança, seu

---

636. CLEMENTS, R. E. *Isaiah 1–39*, p. 102.

637. Cf. KAISER, O. *Isaiah 1–12*: A Commentary. Tradução de J. Bowden. Filadélfia: Westminster, 1983 (OTL), p. 200-202; CLEMENTS, R. E. *Isaiah 1–39*, p. 102. Kaiser defende uma data do período persa para esses versículos.

638. A respeito de * *'br* para os mortos, cf. RATOSH, J. "On "*'ebr*" in Scripture or the Land of *h'brym*. *Beth Mikra*, vol. 47, 1971, p. 549-568; HALEVI, B. Additional Notes on Ancestor Worship. *Beth Mikra*, vol. 64, 1975, p. 101-117; POPE, M. H. Notes on the Rephaim Texts, p. 173; SPRONK, K. *Beatific Afterlife*, p. 229-230.

639. Para sugestões de que o *ḥbrm* em KTU 1.108.5 são os Refaim e *rp'u* em 1.108.1, seu líder, cf. SMITH, Mark S. The Magic of Kothar, the Ugaritic Craftsman God, in KTU 1.6 VI 49-50. *RB*, vol. 91, 1984, p. 377-380; Kothar wa-Hasis, the Ugaritic Craftsman God (Tese de Doutorado, Yale University, 1985), p. 444. Quanto a *mlk* e *rp'u* como termos para os mortos em ugarítico, cf. adiante, seção 3. Para uma discussão das identificações para *rp'u*, cf. POPE, M. H. Notes on the Rephaim Texts, p. 170; POPE, M. H. *In*: COOPER, A. Divine Names and Epithets, p. 446; HEIDER, G. C. *The Cult of Molek*, p. 90-91, p. 115-133; PARDEE, D. A New Datum for the Meaning of the Divine Name Milkashtart. *In*: ESLINGER, L.; TAYLOR, G. (eds.). *Ascribe to the Lord*: Biblical and Other

"rei" e "deus", e olham para cima, em direção à terra dos vivos, pedindo ajuda. Em todo caso, Is 8,20b-22, posto que secundário em natureza, pode continuar a crítica de Is 8,16-20a contra a necromancia. A necromancia aparece em condenações proféticas que datam dos séculos VII e VI (Jr 27,9; Ez 13,17-23).

A legislação proíbe os costumes específicos de luto de cortar o cabelo ou a pele em favor dos mortos (Lv 19,26-28; 21,5; Dt 14,1). Esses textos parecem pertencer também à segunda metade da monarquia, embora o material do Código de Santidade seja difícil de datar[640]. Tais costumes funerários passaram sem críticas por parte dos profetas do século VIII (Is 7,20; 15,3; 22,12; Os 7,14; Am 8,10; Mq 1,16; cf. Is 19,3) e do século VI (Jr 7,29; 41,5). Somente a necromancia pode ter sido vista negativamente antes de 750, se 1Sm 28,3 refletir historicamente informação confiável. Em 2Rs 21,6, narra-se que Manassés permitia a necromancia, e 2Rs 23,24 atribui a Josias a eliminação (bī'ēr) de necromantes e médiuns. Até esse período tardio na monarquia, e talvez além, a necromancia florescia.

Portanto, pareceria que, antes do século VII, alimentar os mortos e praticar atos funerários de luto e de veneração pelos mortos floresceram em vários extratos e camadas sociais da sociedade israelita. As ações rituais que envolvem os mortos talvez constituíssem uma característica central da vida familiar ao longo da história de Israel. A. Malamat fez a

---

Studies in Memory of Peter C. Craigie. Sheffield: JSOT, 1988 (JSOTSup, 67), p. 55-67. Se *rp'u* deva ser identificado com outra deidade qualquer, as evidências disponíveis corroborariam melhor uma identificação com o ugarítico *mlk*, que mora em Ashtaroth (*'ttrt*), embora tanto *mlk* quanto *rp'u* pudessem ser epítetos para uma ou outra divindade. O título de $^d NE.IRI_{11}.GAL$ *be-el id-ri*, "Nergal, senhor de Idri", atestado em Emar (Emar 158,6), pode ser importante. Esse epíteto é encontrado em um texto que descreve um pedaço de terra ligado por um *ḫuḫinu* (um tipo de estrada ou trilha) de "Nergal, senhor de Idri". Se se verificar que Idri é um topônimo equivalente ao ugarítico *hdr'y* e ao bíblico Edrei, a identificação que Cooper faz de *rp'u* com Nergal/Resheph ganha força. Quero agradecer ao Senhor Douglas Green por trazer esse epíteto à minha atenção. Contudo, é possível ler o nome mais comum de Nergal soletrado silabicamente: *be-el ma-ḫī-ri*, "senhor do comércio". Meus agradecimentos a Daniel Fleming por indicar-me essa possibilidade. Cf. seção 2, adiante, para as evidências ugaríticas.

640. Sobre as opiniões de como datar o Código de Santidade, cf. RAD, G. von. Form-Criticism of the Holiness Code. *In: Studies in Deuteronomy*. Tradução de D. Stalker. Chicago: H. Regnery, 1953 (Studies in Biblical Theology, 119), p. 25-36; HARAN, M. Holiness Code. *EncJud*, vol. 8, p. 820-825; KNOHL, I. The Priestly Torah Versus the Holiness School: Sabbath and the Festivals. *Hebrew Union College Annual*, vol. 58, 1987, p. 65-117; PATRICK, D. *Old Testament Law*. Atlanta: John Knox, 1985, p. 146-151. Cf. HURVITZ, A. *A Linguistic Study*, p. 102-107.

interessante sugestão de que a festa mencionada em 1Sm 20,6 representava uma celebração funerária familiar[641]. Durante os reinados de alguns monarcas, várias práticas funerárias medraram sob os auspícios régios. Túmulos régios eram presumivelmente bem-planejados e realizados com cuidado (Is 22,15-17; Ez 32,11-32; cf. Is 28,16-20), embora não diferissem quanto ao tipo das tumbas da não realeza (cf. Jd 16,23)[642]. A realeza israelita participava do costume comum semítico ocidental de erigir estelas funerárias. De acordo com 2Sm 18,18, Absalão erigiu um monólito funerário em sua própria memória, "pois pensava: 'Não tenho filho que possa manter a lembrança de meu nome" (*ba'ăbûr hazkîr šĕmî*) (cf. Is 56,5; 66,3)[643]. Uma inscrição do período persa, originária de Kition, registra uma inscrição funerária similar: "uma estela para entre os vivos [...] no meu lugar de eterno descanso e para minha esposa" (*mṣbt lmbḥy* [...] *'l mškb nḥty l'lm wl'šty*) (KAI 35,1-3). Uma inscrição fenícia do período helenista procedente dos arredores de Atenas (KAI 53) atesta de igual modo a prática de erguer uma estela (*mṣbt*) como um "memorial", *skr*, um termo aparentemente cognato com **zkr*. Uma inscrição fenícia do século III, de Lapta (KAI 43,6), registra uma celebração de um filho para um pai (cf. KAI 34,1; CIS 44,1; 46,1-2; 57,1-2; 58,1; 59,1; 60,1; 61,1; RES 1208). Essa prática funerária fenícia é também mencionada por Filo de Biblos (*PE* 1.10.10): "Ele diz que, quando estes homens morreram, aqueles que sobreviveram lhes dedicaram versos. Eles adoraram as estelas e realizavam festas anuais para eles"[644].

---

641. Cf. MALAMAT, A. King Lists of the Old Babylonian Period and Biblical Genealogies. *JAOS*, vol. 88, 1968, p. 173 n. 29.

642. Cf. MAZAR, A. Iron Age Burial Caves North of Damascus Gate Jerusalem. *IEJ*, vol. 26, 1976, p. 1-8; BARKAY, G.; KLONER, A. Jerusalem Tombs from the Days of the First Temple. *Biblical Archaeology Review*, vol. 12, 1986, p. 22-39; BLOCH-SMITH, E. M. The Cult of the Dead in Judah: Interpreting the Material Remains. *JBL*, vol. 111, 1992, p. 213-224, esp. 217. Para o significado de "cama" em Is 28,16-20 como uma referência a uma tumba de bancada em uma caverna, cf. HALPERN, B. The Excremental Vision, p. 117.

643. RINGGREN, H. *Israelite Religion*, p. 157.

644. Sobre o texto e a tradução de *PE* 1.10.10, cf. ATTRIDGE, H. W.; ODEN JR., R. A. *Philo of Byblos*, p. 42-43.

A prática de levantar estelas comemorativas é também testemunhada nos textos ugaríticos (KTU 1.17 I 28; 6.13; 6.14)[645].

Interagir com ancestrais falecidos era uma prática que acontecia entre as realezas arameia e israelita. KAI 214,16.21 registra como o rei arameu Panammu solicita que seus filhos invoquem o nome (*yzkr šm*) do deus Hadad e seu próprio nome após sua morte[646]. Em 2Cr 16,12 está registrada uma tradição de que Asa buscou ajuda médica de "doutores" (*rōpĕ'îm*) para seus pés doentes. Uma dificuldade contextual sugere que a leitura correta pode não ser *rōpĕ'îm*, mas sim **rĕpā'îm*, os ancestrais falecidos. De acordo com o versículo, os pés de Asa contraíram uma doença não especificada. O versículo continua: "Mas também na enfermidade [Asa] não recorreu a Yahweh, mas sim aos médicos (*rōpĕ'îm*)". O contraste traçado entre o auxílio de Yahweh e a ajuda dos médicos parece forçado, visto que buscar a ajuda de doutores não está em contradição com buscar a ajuda de Yahweh. Contudo, se a leitura da palavra não fosse *rōpĕ'îm*, "médicos", e sim *rĕpā'îm*, "os mortos", a objeção seria clara[647]. Ademais, o verbo **drš*, traduzido nesse contexto como "buscar ajuda", é uma palavra regular para adivinhação. Buscar ajuda de ancestrais mortos divinizados contraria as proibições em Dt 18,10-11, em Is 8,19-20 e a narrativa de 1Sm 28,3. Embora assegurar o beneplácito de ancestrais mortos fosse criticado no século VIII e posteriormente em Israel, isso fazia parte da herança cananeia israelita, que encontra paralelo na literatura ugarítica (KTU 1.161).

---

645. Para a evidência acádia, cf. *šuma zakāru* (*CAD* E, 400a; Z, 18); LEWIS, T. J. *Cults of the Dead*, p. 119. Em CTA 17 (KTU 1.17 I 27-28.), o filho soleniza seu pai falecido. A estela que o filho erige é aparentemente em honra de "seu deus ancestral", *'il'ibh*. Estelas funerárias são atestadas em KTU 6.13 e 6.14. Cf. HUEHNERGARD, J. The Vicinity of Emar, p. 13, 15 (texto 1,8), 17, 19 (texto 2,11-12), 27-28.

646. CHILDS, B. S. *Memory and Tradition in Israel*. Naperville: Allenson, 1962 (Studies in Biblical Theology, 37), p. 13; McBRIDE, S. D. The Deuteronomistic Name Theology, p. 101; GREENFIELD, J. C. Un rite religieux araméen et ses parallèles. *RB*, vol. 80, 1973, p. 46-52. Cf. tb. TAWIL, H. Some Literary Elements in the Opening Sections of the Hadad, Zakir, and the Nerab Inscriptions in Light of East and West Semitic Royal Inscriptions. *Orientalia*, vol. 43, 1974, p. 41 n. 3. Cf. tb. KTU 1.161 (para estudos desse texto, cf. PITARD, W. T. RS 34.126: Notes on the Text. *Maarav*, vol. 4/1, 1987, p. 75-86; PARDEE, D. Epigraphic and Philological Notes. *UF*, vol. 19, 1987, p. 211-216.

647. JASTROW, M. *Rō'ēh* and Ḥôzeh in the Old Testament. *JBL*, vol. 28, 1909, p. 49-50 n. 23; CURTIS, E. L.; MADSEN, A. A. *A Critical and Exegetical Commentary on the Books of Chronicles*, p. 391.

Em 2Rs 9,34-37 está aparentemente refletida a preocupação especial com o sepultamento apropriado dos mortos régios. T. J. Lewis propôs que a descrição da disposição do cadáver de Jezabel nessa passagem refere-se ao costume funerário tradicional. A ordem de Jeú para ocupar-se do cadáver de Jezabel, *piqdû-nā'*, não significa simplesmente "cuidar de" ou "prover a" em sentido geral. Em vez disso, essa raiz tem um sentido cultual, ligado a ritual funerário. Significa "agir como um *pāqidu* em favor dela ao realizar os ritos funerários costumeiros, incluindo-se os serviços essenciais do culto aos mortos"[648]. A ordem é motivada pela linhagem régia de Jezabel, "pois, afinal, é filha de rei" (*kî bat-melek hî'*). Se a interpretação dessa passagem estiver correta, ela sugeriria que Jeú aderia a práticas funerárias tradicionais. Com respeito a práticas que envolviam os mortos, a religião régia e a popular pertenciam ao mesmo tecido.

O apoio para práticas tradicionais ligadas aos mortos estendia-se para além das vidas do povo comum e da realeza. Pelo menos alguns sacerdotes toleravam tradições funerárias régias (Ez 43,7-9). Nos períodos iniciais, os profetas não se opunham à necromancia. Aqui, é ilustrativo comparar as críticas de Am 6,1-7 e Jr 16,5-9 contra o marzeah ['banquete', 'orgia'] realizado pelas famílias abastadas[649]. Amós, profeta mais antigo, deplora o marzeah não em razão de alguma associação a ritos funerários, como o faz Jeremias posteriormente, mas sim em razão da exploração dos pobres, simbolizada pelos luxos abundantes desfrutados no banquete. A história dos ossos de Eliseu, em 2Rs 13,20-21, também mostra que cír-

---

648. LEWIS, T. G. *Cults of the Dead*, p. 120-122. Cf. FINKELSTEIN, J. J. Genealogy of the Hammurapi Dynasty, p. 114-115.

649. A respeito de marzeah em textos semítico-noroestes, inclusive Am 6 e Jr 16, cf. POPE, M. H. A Divine Banquet at Ugarit. *In*: EFIRD, J. M.; STINESPRING FESTSCHRIFT, W. F. (eds.). *The Use of the Old Testament in the New and Other Essays*. Durham: Duke University Press, 1972, 170-203; The Cult of the Dead at Ugarit. *In*: YOUNG, G. D. (ed.). *Ugarit in Retrospect*: Fifty Years of Ugarit and Ugaritic. Winona Lake: Eisenbrauns, 1981, p. 176-179; AVIGAD, N.; GREENFIELD, J. C. A Bronze *phialē* with a Phoenician Dedicatory Inscription. *IEJ*, vol. 32, 1982, p. 118-128; HALPERN, B. A Landlord-Tenant Dispute at Ugarit? *Maarav*, vol. 2/1, 1979-1980, p. 121-140; FRIEDMAN, R. E. The *MRZḤ* Tablet from Ugarit. *Maarav*, vol. 2/2, 1979-1980, p. 187-206; SPRONK, K. *Beatific Afterlife*, p. 169-170, 196-202, 232, 248; MAIER, C.; DÖRRFUSS, E. M. "Um mit ihnen zu sitzen, zu essen und zu trinken" Am 6; 7; Jer 16,5 und die Bedeutung von marze^{a}ḥ. *ZAW*, vol. 111, 1999, p. 45-57; McLAUGHLIN, J. L. *The marzeaḥ in the Prophetic Literature*: References and Allusions in the Light of the Extra-Biblical Evidence. Leiden: Brill, 2001 (VTSup, 86); ZEVIT, Z. *The Religions of Ancient Israel*, p. 547-549, 576-577.

culos proféticos no Reino do Norte, antes de sua queda, podiam tratar o poder dos mortos de maneira positiva (cf. Eclo 48,13).

A crença na vida dos mortos continuou durante séculos. No período pós-exílico, persistiram práticas associadas aos mortos. Is 57,6-7 zomba do costume de alimentar os mortos: "Com os mortos da correnteza está tua porção, eles, eles são tua herança. Até mesmo para eles derramaste libações, ofereceste oblação"[650]. O versículo 9 zomba da necromancia: "Tu te dirigiste ao rei (*mlk*) com azeite e com variados perfumes; enviaste para longe os teus mensageiros, até as profundezas da morada dos mortos". A alimentação dos mortos continuou nos períodos helenista e romano. Enquanto Ben Sira permite luto apropriado e sepultado para os mortos (Eclo 38,16-17), assume visão negativa em relação a alimentá-los: "Boa comida perante uma boca fechada é como oferenda de alimentos colocada sobre um túmulo" (Eclo 30,18)[651]. Tb 4,17 refere-se positivamente tanto à alimentação dos mortos quanto aos enlutados vivos em favor deles: "Reparte com largueza teus pães sobre o túmulo dos justos, mas não os dês aos pecadores".

A necromancia e a oração pelos mortos pedindo-lhes auxílio continuaram durante muito tempo na sociedade judaica. A necromancia é condenada em Is 59,9. A comunicação com os mortos é também discutida em algumas passagens talmúdicas e na literatura intertestamentária. De acordo com Shabbat 152a-b, os mortos ouvem o que é dito na presença deles até que comece a decomposição; depois desse ponto, os justos mortos não podem ser alcançados mediante a necromancia. De acordo com *Berakot* 18b, um homem que visitava um cemitério recebeu uma mensagem de uma mulher morta: "Diga à minha mãe para enviar-me meu pente e meu tubo de tinta para os olhos por fulano de tal que está vindo aqui amanhã"[652]. A mesma passagem conta como um homem ouviu dois espíritos a

---

650. Cf. IRWIN, W. H. "The Smooth Stones of the Wadi"? Isaiah 57,6. *CBQ*, vol. 29, 1967, p. 31-40; LEWIS, T. J. Death Cult Imagery in Isaiah 57. *Hebrew Annual Review*, vol. 11, 1987, p. 267-284.

651. SKEHAN, P. W.; DI LELLA, A. A. *The Wisdom of Ben Sira*, p. 379.

652. LIEBERMAN, S. Afterlife in Early Rabbinic Literature. *In*: *Seper Ha-Yovel li-Kbod Tsevi Volfson* (Harry A. Wolfson Jubilee Volume). Vol. 2. Nova York: American Academy for Jewish Research, 1965, p. 511; FELDMAN, E. *Biblical and Post-Biblical Defilement and Mourning*: Law as Theology. Nova York: Yeshiva University/KTAV, 1977, p. 19.

conversar. A oração pelos mortos é mencionada em 2 Baruc 85,12[653] e em Pseudo-Filo 33,5[654]. Consoante *Sotah* 34b, Caleb foi a Hebron, ao túmulo dos patriarcas, e rezou: "Meus pais, peçam misericórdia para mim".

A literatura judaica posterior aponta para a comunicação com os mortos e a crença em seu poder. No começo do século X d.C., o estudioso caraíta Sahl ben Mazli'ah lamentava-se[655]:

> Como posso permanecer em silêncio quando alguns judeus se comportam como idólatras? Eles se sentam nos túmulos, às vezes dormem ali à noite e apelam aos mortos: "Oh, Rabi Yose ha-Gelh! Cura-me! Concede-me filhos!" Acendem velas ali e oferecem incenso...

A preocupação com os mortos e a crença no poder deles derivam da herança primitiva cananeia de Israel, conforme refletidas nos textos ugaríticos[656].

3 O sacrifício *mlk*

Os receptores divinos do sacrifício *mlk* variam dentro das mesmas culturas. Em Israel, *mlk* em Jr 9,5 e 32,35 (cf. 2Rs 17,16-17) é um termo para um sacrifício supostamente intencionado para Baal[657]. O Sl 106,34-38 atribui sacrifício de crianças a Baal-Peor. De acordo com 2Rs 17,31, os sefarditas dedicavam o sacrifício de crianças a dois deuses, Adramelec e

---

653. *OTPs*, vol. 1, p. 651.

654. *OTPs*, vol. 2, p. 348.

655. POSNER, R. Holy Places. *EncJud*, vol. 8, p. 922.

656. A propósito de crenças palestino-cristãs e islâmicas na alimentação dos mortos no começo do séc. XX, cf. CANAAN, T. *Mohammedan Saints*, p. 188-193. A cura também acontece em túmulos (CANAAN, T. *Mohammedan Saints*, p. 114-115).

657. Cf. MOSCA, P. G. Child Sacrifice in Canaanite and Israelite Religion, A Study in *Mulk* and מלך" (Tese de Doutorado, Harvard University, 1975). A obra de G. Heider, *The Cult of Molek*, apresenta uma sólida coleção de material pertinente; cf. EDELMAN, D. Biblical Molek Reassessed. *JAOS*, vol. 107, 1987, p. 730; LEVENSON, J. D. *The Death and Resurrection of the Beloved Son*: The Transformation of Child Sacrifice in Judaism and Christianity. New Haven: Yale University Press, 1993, p. 3-52; KOCH, K. Molek astral. *In*: LANGE, A.; LICHTENBERGER, H.; RÖMHELD, D. (eds.). *Mythos im Alten Testament und seiner Umwelt, Festschrift für Hans-Peter Müller zum 65. Geburstag*. Berlim: de Gruyter, 1999 (BZAW, 278), p. 29-50; ZEVIT, Z. *The Religions of Ancient Israel*, p. 469, 473, 476, 520-21, 530, 643, 653.

Anamelec[658]. Jr 7,31; 19,5 e 32,35 negam que o sacrifício *mlk* fosse ofe-recido no nome de Yahweh; e essas negações podem dar a entender, jus-tamente, que acontecia a oferenda desse sacrifício em nome de Yahweh (cf. Lv 18,21; 20,3; Gn 22). Ez 20,25-26 oferece um argumento teológico para que a deidade provocasse o sacrifício de crianças:

> Eu, por minha vez, dei-lhes leis funestas e preceitos pelos quais não podiam viver. Tornei-os impuros por seus dons quando fa-ziam passar pelo fogo todo primeiro filho nascido; era para hor-rorizá-los, a fim de que soubessem que eu sou o Senhor.

Essas passagens indicam que, no século VII, o sacrifício de crianças era uma prática judaíta realizada em nome de Yahweh[659]. Is 30,27-33 aparece como a melhor evidência da prática primitiva de sacrifício de crianças em Israel. De acordo com P. Mosca, a imagem de sacrifício de crianças nessa passagem do século VIII ou VII serve como uma maneira de descrever a destruição vindoura de Israel por parte de Yahweh[660]. Nesse texto, não há ofensa sentida em relação ao tophet, o recinto do sacrifício de crianças. Pareceria que o culto hierosolimitano incluía o sacrifício de crianças sob a patronagem de Yahweh; é isso que Lv 20,2-5 deplora. Ez 16,20.21.36 e 23,39 pressupõem que o sacrifício de crianças era programado para uma multiplicidade de deidades. As condenações legais contra o sacrifício de crianças no Código de Santidade (Lv 18,21; 20,2-5) e em Dt 12,31 e 18,10 são obscuras a respeito dos receptores divinos. Lv 20,2-5 sugere que esse sacrifício não deve acontecer no templo de Yahweh, talvez para evitar a realização do ato em seu nome.

Textos fenícios e púnicos designam mais de um receptor do sacrifício *mlk*. Uma oferenda desse tipo está atestada uma vez, quiçá, para Eshmun no único texto *mlk* do continente fenício[661]. Também foram relatadas evi-

---

658. OLYAN, S. M. *Asherah and the Cult of Yahweh*, p. 68.

659. GREENBERG, M. *Ezekiel 1–20*, p. 281, 369; MOSCA, P. G. Child Sacrifice, p. 216-220, 238-240; HEIDER, G. C. *The Cult of Molek*, p. 223-408; A Further Turn on Ezekiel's Baroque Twist in Ezek 20,25-26. *JBL*, vol. 107, 1988, p. 721-724.

660. MOSCA, P. G. Child Sacrifice, p. 195-223; HEIDER, G. C. *The Cult of Molek*, p. 319-326. Clements (*Isaiah 1–39*, p. 252) segue H. Barth na atribuição dessa passagem a uma redação josiâ-nica do séc. VII dos oráculos de Isaías.

661. Cf. DELAVAULT, B.; LEMAIRE, A. Une stele "molk" de Palestine dediée à Eshmoun? RES 367 reconsidéré. *RB*, vol. 83, 1976, p. 569-683; Les inscriptions phéniciennes de Palestine. *RSF*,

dências de um sacrifício *mlk* de crianças de uma estela de basalto fenícia não publicada, descoberta em 1993 no vilarejo de Injirli, no sudeste da Turquia[662]. Datada do fim do século VIII, a inscrição narra duas batalhas. Zuckerman e Kaufman comentam: "De particular importância [...] é a discussão detalhada do uso de sacrifícios *mulk* de carneiros, cavalos e – se lemos corretamente – primogênitos humanos no processo de guerra, e a reação dos deuses a tais sacrifícios". Zuckerman e Kaufman relacionam essa descoberta ao sacrifício *mlk*, conhecido dos arredores do Mediterrâneo. O sacrifício *mlk* no Mediterrâneo ocidental era oferecido a *b'l ḥmn* e a *tnt*[663]. Conforme a *Biblioteca de História* XX, 14,4-7, de Diodoro Sículo, Cronos era o receptor dos sacrifícios de crianças em Cartago[664]. Uma tradição de alguma versão de sacrifício de infantes introduzida pelos fenícios em Creta no começo da Idade do Ferro pode jazer por trás de vários relatos em fontes clássicas[665]. Os cretenses enviavam seus primogênitos a Delphi para serem sacrificados (Plutarco, *Teseu* 16, citando Aristóteles, *Constituição de botiaios*)[666]. De acordo com *PE* 4.16.7 (citando Porfírio), os cretenses costumavam sacrificar seus filhos a Cronos. Clemente de Alexandria (*Protreptikos pros Hellenas* III 42.5 [Exortação aos gregos])

---

vol. 7, 1979, p. 24-26; GIANTO, A. Some Notes on the Mulk Inscription from Nebi Yunis (RES 367). *Biblica*, vol. 68, 1987, p. 397-400.

662. Por enquanto, cf. o relatório de E. Carter (The Injirli Stela, A Preliminary Report on the Injirli Stela. Disponível em: http://www.humnet.ucla.edu/humnet/nelc/stelasite/stelainfo.html) e as considerações de B. Zuckerman e S. Kaufman (Recording the Stela, First Step on the Road to Decipherment. Disponível em: http://www.humnet.ucla.edu/humnet/nelc/stelasite/stelainfo.html).

663. P. ex. , um sacrifício *mlk* é dedicado a *b'l ḥmn* e a *tnt* em Susa (Hadrumetum) em KAI 98,1-2 (cf. 99,1-2); a *b'l ḥmn* em Constantina em 103,1-2; 107,1-4; 109,1-2; 110,1; a *b'lmn* em Guelma (Algéria) em 167,1-2, e a *b'l ḥmn* em Malta em 61A,3-4. Para uma análise completa das evidências do Mediterrâneo ocidental, cf. BROWN, S. *Late Carthaginian Child Sacrifice and Sacrificial Monuments in Their Mediterranean Context*. Sheffield: Sheffield Academic Press, 1991 (JSOT/ASOR Monograph Series, 3). Cf. tb. LIPIŃSKI, E. *Dieux et déesses de l'univers phénicien et punique*. Leuven, Uitgeverij Peeters & Departement Oosterse Studies, 1995 (Orientalia Lovaniensia Analecta, 64; Studia Phoenicia, XIV), p. 481-483.

664. GEER, R. M. *Diodorus of Sicily vol. 10*: Books 14.66-100 and 20. Cambridge: Harvard University Press; Londres, William Heinemann, 1957 (Loeb Classical Library), p. 178-179. Cf. MOSCA, P. G. Child Sacrifice, p. 4, 214; STAGER, L. E. Carthage, A View from the Tophet. *In*: NIEMEYER, H. G. (ed.). *Phönizier im Westen. Madrider Beiträge*, vol. 8, 1982, p. 158.

665. Sarah Morris, comunicação privada. Quero agradecer ao Professor Morris por fornecer-me as subsequentes referências clássicas.

666. *Plutarch's Lives vol. 1*. Tradução de B. Perrin. Cambridge: Harvard University Press; Londres, William Heinemann, 1967 (Loeb Classical Library, 46), p. 30-31.

cita Anticleides de Atenas, a respeito dos habitantes de Lictos, em Creta, que sacrificavam homens a Zeus[667]. A história do Minotauro pode compartilhar da mesma tradição. Um semideus com a cabeça de um touro à moda do Oriente Próximo, o Minotauro exige que os atenienses enviem-lhe sete rapazes e sete moças, todo ano, antes de Teseu o matar e pôr fim ao tributo[668].

Fontes púnicas oferecem alguns dados a respeito do lugar e do modo de apresentação do sacrifício de crianças. Os recintos sagrados para o sacrifício de crianças são conhecidos na África do Norte, na Sicília, na Sardenha, Espanha, e, possivelmente, em Tiro[669]. O lugar em Cartago era um recinto fechado, rodeado por um muro[670]. O tamanho do local era, de acordo com o escavador L. E. Stager, pelo menos 5.000-6.000m² durante os séculos IV e III. O número de urnas funerárias estimado para os séculos IV e III foi estabelecido em cerca de 20.000. Tanto o tamanho do local quanto o número de urnas funerárias indicam que o uso do recinto não era esporádico. Stager demonstra, baseando-se nas urnas funerárias escavadas, que a porcentagem de sepultamento de crianças não diminuiu ao longo do tempo; ao contrário, cresceu. Na amostra de oitenta urnas funerárias dos séculos VII e VI, enterros unicamente de seres humanos constituíam 62,5% de todos os sepultamentos (cinquenta); humanos com animais, 7,5% (seis); e apenas

---

667. ALESSANDRINO, C. *Protreptikos ai Greci*. Turim: Societa Editrici Internazionale, 1940 (Corona Patrum Salesiana, Series Graeca, 3), p. 86-87.

668. A respeito de Teseu e do Minotauro, cf. Apolodoro (*The Epitome of the Library of Apollodorus* 1,7-9) (FRAZER, J. G. *Apollodorus vol. 2*: The Library. Londres: William Heinemann; Nova York: G. P. Putnam's Sons, 1921 [Loeb Classical Library], p. 134-137). Para outras fontes literárias, cf. LIPIŃSKI, E. *Dieux et déesses*, p. 480-483.

669. HARDEN, D. *The Phoenicians*, p. 86-91; MOSCATI, S. New Light on Punic Art. *In*: WARD, W. W. (ed.). *The Role of the Phoenicians in the Interaction of Mediterranean Civilizations*: Papers Presented to the Archaeological Symposium at the American University of Beirut, March 1967. Beirut: American University of Beirut, 1968, p. 68-71; Découvertes phéniciennes à Tharros. *CRAIBL*, 1987, p. 483-503; LIPIŃSKI, E. *Dieux et déesses*, p. 476-483. Quanto a um possível tophet em Tiro, cf. a discussão em LIPIŃSKI, E. *Dieux et déesses*, p. 439-440, com a pertinente bibliografia na p. 440 n. 127.

670. STAGER, L. E. Carthage, A View from the Tophet, p. 155-166; STAGER, L. E.; WOLFF, H. W. Child Sacrifice at Carthage – Religious Rite or Population Control? *Biblical Archaeology Review*, vol. 10/1, 1984, p. 30-51, esp. 36-38; BENICHOU-SAFAR, H. Sur l'incineration des enfants aux tophets de Carthage et de Sousse. *Revue de l'Histoire des Religions*, vol. 205, 1988, p. 57-67. A propósito de uma história das descobertas em Cartago, cf. BROWN, M. L. *Late Carthaginian Child Sacrifice*, p. 37-57.

animais, 30% (vinte e quatro). Na amostra de cinquenta urnas funerárias do século IV, o sepultamento só de humanos cresceu até 88% (quarenta e quatro), o de animais diminuiu para 10% (cinco), e o de humanos com animais diminuiu para 2% (um). Outros estudiosos, tais como M. Fantar e G. Picard, têm argumentado contra a interpretação que Stager faz dos dados[671]. H. Benichou-Safar sugeriu, ademais, que os antigos testemunhos dos sacrifícios de crianças cartagineses representam propaganda anticartaginesa. Ela também observou irregularidades na taxa de sepultamento de crianças em Cartago e propôs que, de fato, o sacrifício de crianças era raro, uma opinião que estaria em harmonia com as evidências literárias citadas a seguir, particularmente Filo de Biblos (*PE* 1.10.44 = 4.6.11). Não obstante os diversos problemas levantados e as objeções acadêmicas[672], evidentemente algum nível de sacrifício de crianças aconteceu em Cartago. Isso não significa eliminar o desenvolvimento de compreensões culturais adicionais, tais como o "sacrifício" de crianças como um ritual religioso para enfrentar a mortalidade de bebês e de crianças.

Possível informação a respeito do modo de apresentação do sacrifício de crianças provém de uma torre descoberta sob uma necrópole púnica de meados do século V aos começos do século IV em Pozo Moro, um lugar perto da costa mediterrânea, aproximadamente a 125km a sudoeste de Valência[673]. Partes de alguns painéis da torre sobreviveram. Reproduz-se a imagem de uma pessoa pequena ou de uma criança em uma tigela a uma deidade ou um monstro dicéfalo, sentado em um trono. Com a mão esquerda, o monstro segura a tigela contendo a criança cujos pés e cabeça são visíveis. Com a mão direita, a deidade ou o monstro segura a perna traseira esquerda de um porco que jaz de costas sobre uma mesa diante do trono do monstro. Por trás da mesa, está uma figura humana de pé, usando

---

671. Essa discussão é tirada de Brown (*Late Carthaginian Child Sacrifice*, p. 49-56, esp. 54-55).

672. Cf. LIPIŃSKI, E. *Dieux et déesses*, p. 483.

673. Cf. ALMAGRO-GORBEA, M. Los relieves mitológicos orientalizantes de Pozo Moro. *Trabajos de Prehistoria*, vol. 35, 1978, p. 251-278, 8 tábuas; Les reliefs orientalisants de Pozo Moro (Albacete, Espagne). *In*: *Mythes et Personnification, Travaux et Memoires*: Actes du Colloque du Grand Palais (Paris) 7-8 Mai 1977. Paris: Société d'Édition "Les Belles Lettres", 1980, p. 123-136, 7 tábuas; Pozo Moro y el influjo fenicio en el periodo orientalizante de la península Ibérica. *RSF*, vol. 10/2, 1982, p. 231-272. Minha gratidão ao Professor C. Kennedy por essas referências. Para mais debates, cf. BROWN, S. *Late Carthaginian Child Sacrifice*, p. 70-72, com um desenho da gravura na p. 288, fig. 46a.

uma longa túnica ou um manto de franjas. Ela ergue uma pequena tigela em um gesto de oferenda. Outra figura diante da deidade ou do monstro parece estar de pé, com a mão direita levantada, segurando uma espada de lâmina curva, tendo a cabeça em forma de animal, talvez um cavalo ou um touro. A figura humana vestida com uma túnica ou um manto pode ser um sacerdote, a reminiscência de um sacerdote que leva a criança para o sacrifício representado em uma estela escavada do recinto para o sacrifício de crianças em Cartago[674]. A segunda figura humana talvez efetue o corte da criança. A cabeça em forma de animal pode representar uma máscara ritualística, um objeto conhecido de Cartago, de outros sítios púnicos e do continente fenício[675].

Aparentemente, a função de algumas máscaras era cultual. Máscaras cultuais foram descobertas em níveis da Idade do Bronze tardia nas antigas Emar e Hadidi, na Síria, e em Dã, Hazor e Gezer, em Israel[676]. A máscara em Dã aparece na face de um musicista cultual, ilustrando outro uso cultual de máscaras nesse período. No Levante da Idade do Ferro, máscaras são mais comuns. Foram encontradas em Tel Qasile (dos sécs. XII-X), em Tel Shera (séc. X) e em Hazor (séc. VIII). Do século IX em diante, são atestadas máscaras ao longo do litoral fenício[677].

---

674. Cf. *Viva Archaeologia*, vol. 1/2, 1968-1969, p. 114, 123 fig. 119.

675. PICARD, C. G. Sacra Punica, Étude sur les masques et rasoires de Carthage. *Karthago*, vol. 13, 1967, p. 49-115; MOSCATI, S. New Light on Punic Art, p. 72; *The World of the Phoenicians*. Tradução de A. Hamilton. Londres: Praeger, 1968, p. 163-165; STERN, E. Phoenician Masks and Pendants. *PEQ*, vol. 108, 1976, p. 109-118; CULLICAN, W. Some Phoenician Masks and Their Terracottas. *Berytus*, vol. 24, 1975-1976, p. 47-87; HESTRIN, R.; DAYYAGI-MENDELS, M. Two Phoenician Pottery Masks. *Israel Museum News*, vol. 16, 1980, p. 83-88; CARTER, J. B. The Masks of Ortheia, p. 355-374; BIRAN, A. Tel Dan, 1981. *IEJ*, vol. 32, 1982, p. 138, pl. 16:B.

676. YADIN, Y. *et al. Hazor II*. Jerusalém: Magnes, 1960, pls. 182-183; Symbols of Deities, p. 223; CIASCA, A. Masks and Protomes. *In*: MOSCATI, S. (ed.). *The Phoenicians*. Milan: Bompiani, 1988, p. 354-369. A propósito da máscara pintada em um dançarino com um instrumento musical em uma placa de argila da Idade do Bronze tardia, originária de Tel Dã, cf. BIRAN, A. The Dancer from Dan, the Empty Tomb and the Altar Room. *IEJ*, vol. 36, 1986, p. 168-173. Sobre as máscaras na religião israelita, cf. as especulações de Fohrer (*History of Israelite Religion*, p. 114). Observe também a máscara diante do deus entronizado, possivelmente Yahweh, retratada em uma moeda do período persa (cf. capítulo 1, seção 1).

677. Cf. CHILDS, B. S. *The Book of Exodus*, p. 609-610; HARAN, M. The Shining of Moses' Face, A Case Study in Biblical and Ancient Near Eastern Iconography. *In*: BARRICK, W. B.; SPENSER, J. R. (eds.). *The Shelter of Elyon, Essays in Honor of G. W. Ahlström*. Sheffield, JSOT, 1984 (JSOT-Sup, 31), p. 159-173; PROPP, W. L. The Skin of Moses' Face – Transfigured or Disfigured? *CBQ*, vol. 49, 1987, p. 375-386.

Tendo em vista tais descobertas, L. E. Stager[678] sugeriu, seguindo H. Gressman, que *masweh*, da BH, em Ex 34,33-35, costumeiramente considerado um "véu", é uma máscara cultual; essa sugestão merece consideração. Na forma atual do texto, o *masweh* não funciona como uma máscara cultual, visto que Moisés afasta-o quando conversa com Yahweh. Sem dúvida, a força do texto é mostrar a experiência de Moisés na presença de Yahweh, uma vez que *masweh* "com chifres" (*qāran*) é uma expressão teofânica como "chifres", *qarnayim*, em Hab 3,4[679]. Contudo, a passagem demonstra algumas tensões internas[680], que podem apontar para um estágio anterior da tradição, representando uma visão diferente do *masweh* comparado à forma atual do texto. Duas possibilidades podem ser sugeridas: ou o verbo *qāran* referia-se originalmente aos chifres de uma máscara de animal, embora tenham sido compreendidos na tradição posterior como linguagem teofânica, ou a descrição do *masweh* recorreu às imagens da máscara cultual para compor sua descrição teofânica do impacto da presença divina sobre Moisés.

Filo de Biblos (*PE* 1.10.44 = 4.6.11) descreve o ambiente régio do sacrifício de crianças: "Entre pessoas anciãs, em situações criticamente perigosas, era costume que os governantes de uma cidade ou uma nação, em vez de perder todo o mundo, oferecessem as crianças mais queridas como sacrifício propiciatório para as deidades vingadoras. As crianças assim entregues eram imoladas de acordo com um ritual secreto". Essa descrição é seguida pelo ato de sacrifício de criança de Cronos[681]. Antes de sacrificar seu "filho único", Cronos prepara-o "com trajes régios" (*tēn chōran basilikō*), talvez um eco do termo sacrifical *mlk*[682]. O motivo do "filho único" a ser sacrificado aparece também em Gn 22,2 e talvez *yāḥîd*, "único", em Zc 12,10b, devesse ser compreendido contra esse pano de

---

678. L. E. Stager, comunicação privada.

679. CHILDS, B. S. *The Book of Exodus*, p. 618-619.

680. CHILDS, B. S. *The Book of Exodus*, p. 604; cf. Rashi a respeito de Ex 34,29 em *Pentateuch with Targum Onkelos, Haphtaroth, and Rashi's Commentary*: Exodus. Tradução de M. Rosenbaum e A. M. Silbermann. Jerusalém: The Silbermann Family, 1930, p. 196.

681. Para o texto e tradução, cf. ATTRIDGE, H. W.; ODEN JR., R. A. *Philo of Byblos*, p. 60-63. Em relação à identificação entre Cronos e El na *História Fenícia* de Filo de Biblos, cf. o capítulo 4, n. 41.

682. POPE, M. H. Moloch. POPE, M. H.; RÖLLIG, W. *Syrien*, p. 300.

fundo. A expressão de "filho único" não é literal, mas transmite o alto valor colocado na criança. Baseando-se em um duplo enterro em urnas funerárias de ossos de bebês em Cartago, Sager sugeriu que um "filho único" não era literalmente o caso[683]. *PE* 1.10.33 também relata: "Por ocasião de uma praga fatal, Cronos imolou seu filho único a seu pai Urano"[684]. Cronos tinha muitos outros filhos, conforme Filo de Biblos (*PE* 1.10.21, 24, 26).

Alguns relevos de guerra datados do Novo Reino do Egito confirmam as circunstâncias do sacrifício de crianças no Levante[685]. Cenas que representam o cerco egípcio a cidades canaanitas incluem o sacrifício de crianças com a presença de diversos encarregados cultuais. A representação de Ascalão sob o cerco do exército de Merneptá é talvez a mais dramática. Quatro homens estendem suas mãos para o céu, enquanto três mulheres ajoelham-se sob eles. O chefe está de pé diante deles com um braseiro ardente, e diante dele está um homem com uma criança pequena. Os braços e as pernas da criança estão flácidos, indicando que está morta. A mesma oferenda aparece no lado esquerdo da cena.

Um relevo da batalha de Ramsés II em Medinet Habu igualmente retrata a descida de corpos flácidos de duas crianças sobre o muro. Aqui, dois braseiros estão acesos enquanto pessoas erguem as mãos. A batalha de Ramsés II contra os inimigos asiáticos na cidade de Dapur, reproduzida em Abu Simbel, inclui uma criança retratada em uma cidadela, perto de uma mulher. À direita deles, o chefe está de pé, segurando um braseiro, dessa vez sem chamas. A criança não está morta, talvez eternizando-se uma parte preambular do ritual, antes da morte da criança.

O templo de Beit el-Wali, na Núbia, contém outra descrição de um sacrifício de crianças em meio à batalha travada por Ramsés II. Novamente mostra um chefe com um braseiro erguido. Dessa vez, porém, uma mulher desce uma criança cujos membros não estão flexionados como

---

683. STAGER, L. E. Carthage, p. 160-162. T. Canaã registra que, quando rezavam aos santos pedindo ajuda para seu filho doente, os pais chamavam a criança de *wāḥid*, "único" (*Mohammedan Saints*, p. 106 n. 2).

684. ATTRIDGE, H. W.; ODEN JR., R. A. *Philo of Byblos*, p. 56-57.

685. SPALINGER, A. A Caananite Ritual Found in Egyptian Reliefs. *Journal of the Society for the Study of Egyptian Antiquities*, vol. 8, 1978, p. 47-60.

na cena de Medinet Habu, talvez a indicar que a criança não está morta. Essa cena inclui uma inscrição que elogia Baal, provavelmente como o receptor do sacrifício. Tais cenas ilustram o caráter cananeu nativo do rito e seu contexto específico na batalha.

Resíduos de Amã, da Idade do Bronze tardio, incluíam ossos queimados de criancinhas, evidência do culto do sacrifício de crianças na Transjordânia[686]. Está indicado em 2Rs 3,27; 16,3 (//2Cr 28,3), 21,6 (//2Cr 33,6) e *PE* 1.10.44 (= 4.6.11) que em Moab, em Judá e na Fenícia, o sacrifício de crianças era uma forma de sacrifício *mlk*, realizado primariamente em tempos de crise nacional[687]. Os sacrifícios *mlk* não estavam confinados à realeza de Cartago, embora se possa objetar que *mlk b'l* (p. ex., KAI 61A,1-2) representa o sacrifício *mlk* por nobres ou famílias latifundiárias em oposição ao *mlk 'dm* (p. ex., KAI 61B,1-2; 106,1-2; 109,1-2; 110,1), o sacrifício *mlk* de um plebeu[688]. Se se devesse seguir a etimologia de *mlk*, seria possível supor que o *mlk* talvez se tenha originado tanto como um sacrifício de criança cananeu régio, dedicado ao deus principal da localidade, quanto como um sacrifício dedicado à deidade considerada, na localidade, o rei do panteão[689]. O *mlk 'dm* pode indicar que qualquer hipotético pano de fundo régio perdeu-se no tempo em que os cartagineses praticavam o sacrifício de crianças.

Como apoio para ligar o sacrifício de crianças a um deus *mlk*, M. H. Pope e G. C. Heider invocam atestações ugaríticas de *mlk* residindo em Astarot (*'ttrt*)[690]. Conforme Pope, Heider e Pardee argumentaram, o ugarítico *mlk* era o nome de um deus ou um epíteto de um deus, talvez a

---

686. HENNESSEY, J. B. Thirteenth Century B.C. Temple of Human Sacrifice. *In*: *Phoenicia and Its Neighbors*: Proceedings of the Colloquium Held 9-10 December 1983 at the Vrije Universiteit Brussels, in cooperation with the Centrum voor Myceense en archaische-Grieke Cultuur. Leuven: Uitgeverij Peeters, 1985 (Studia Phoenicia, 3), p. 85-104.

687. AHLSTRÖM, G. W. *Royal Administration*, p. 76 n. 2.

688. MOSCA, P. G. Child Sacrifice, p. 100. Cf. *mlk* e *'dm* em KAI 26 A III 12-13. Para uma opinião diferente cf. LIPIŃSKI, E. *Dieux et déesses*, p. 428-429. Para mais debate, cf. BROWN, S. *Late Carthaginian Child Sacrifice*, p. 29-35.

689. Cf. o ugarítico *dbḥ mlk*, "sacrifício régio," como in KTU 1.91.2. A propósito desse texto, cf. XELLA, A. P. KTU 1.91, p. 833-838.

690. KTU 1.100.41; 1.107.17; e RS 1986/2235.17 (BORDREUIL, P. Découvertes épigraphiques, p. 298). Cf. ademais NIEHR, H. Herkunft, Geschichte und Wirkungsgeschichte eines Unterweltgottes in Ugarit, Phönizien und Israel. *UF*, vol. 30, 1998, p. 569-585, esp. 570-574.

ser identificado com *rp'u mlk 'lm* em KTU 1.108.1 (cf. ^dmilku em Emar 472,62'; 473,15')[691]. Tanto *mlk* quanto *rp'u* residem em Astarot, pressupondo-se que *'ttrt* e *hdr'y* nas linhas subsequentes são topônimos e não epítetos[692]. A palavra *mlk* nessas passagens refere-se a um deus ou pelo menos a um epíteto divino. Mesmo assim, tal deidade pode não fazer parte do culto dos mortos em Ugarit. Com efeito, o ugarítico *mlk* parece não estar relacionado nem a sacrifício de crianças nem ao termo sacrifal fenício *mlk*[693]. Embora o fenício *mlk'štrt* possa estar relacionado com o

691. Cf. nota 16.

692. Entre os intérpretes que veem estas duas palavras como nomes divinos incluem-se: VIROLLEAUD. *Ug V*, p. 553; ATTRIDGE, H. W.; ODEN JR., R. A. *Philo of Byblos*, p. 91 n. 127; CAQUOT, A. La tablette RS 24.252 et la question des Rephaim ougaritiques. *Syria*, vol. 53, 1976, p. 299; CROSS, F. M. *Canaanite Myth and Hebrew Epic*, p. 31; FERRERA, A. J.; PARKER, S. B. Seating Arrangements at Divine Banquets. *UF*, vol. 4, 1972, p. 38; GÖRG, M. Noch einmal, Edrei in Ugarit? *UF*, vol. 6, 1974, p. 474-475; GRAY, J. *In: Ugaritica VII*. Paris, Paul Geuthner; Leiden, Brill, 1978 (Mission de Ras Shamra, 17), p. 86; HORWITZ, W. J. The Significance of the Rephaim *rm. aby. btk rp'im*. *Journal of Northwest Semitic Languages*, vol. 7, 1979, p. 40 n. 12; L'HEUREUX, C. E. *Rank Among the Canaanite Gods*: El, Ba'al, and the Repha'im. Missoula: Scholars, 1979 (HSM, 21), p. 172; MOOR, J. C. de. Studies in the New Alphabetic Texts from Ras Shamra. *UF*, vol. 1, 1969, p. 175; PARKER, S. B. The Feast of Rapi'*u*. *UF*, vol. 2, 1970, p. 243. Número cada vez maior de estudiosos é a favor de interpretar *'ttrt* e *hdr'y* como topônimos, como originalmente sugerido por B. Margalit (A Ugaritic Psalm [RS 24.252]. *JBL*, vol. 89, 1970, p. 292-304). Cf. DIETRICH, M.; LORETZ, O. Baal *rpu* in KTU 1.108; 1.113 und nach 1.17 VI 25-33. *UF*, vol. 12, 1980, p. 174, 176 (invertendo a opinião anterior deles a respeito das duas palavras como nomes divinos em seu artigo: Der "Neujahrspsalm" RS 24.252 Ug. 5, S. 551-557 Nr. 2. *UF*, vol. 7, 1975, p. 115, 117); HEIDER, G. C. *Cult of Molek*, p. 118-123; PARDEE, D. The Preposition in Ugaritic. *UF*, vol. 7, 1975, p. 352 e *UF*, vol. 8, 1976, p. 245; POPE, M. H. Notes on the Rephaim Texts, p. 170; POPE, M. H.; TIGAY, J. A Description of Baal. *UF*, vol. 3, 1971, p. 120; SMITH, Mark S. Kothar waHasis, p. 385-388, 429-434; SPRONK, K. *Beatific Afterlife*, p. 178; OLYAN, S. M. *Asherah and the Cult of Yahweh*, p. 49; PARDEE, D. *Les textes para-mythologiques de la 24^e campagne (1961)*. Paris: Editions Recherche sur les Civilisations, 1988 (Ras Shamra-Ougarit, IX), p. 94-96; NIEHR, H. Herkunft, Geschichte und Wirkungsgeschichte, p. 570-574. A discussão do complexo subterrâneo descoberto em Edrei (Deraa) aparece tanto na exposição de Pardee quanto na exposição de Niehr. Interpretar *'ttrt* e *hdr'y* em KTU 1.108 como topônimos é preferível a vê-los como títulos divinos pelas seguintes razões gramaticais: primeira, o ugarítico *ytb b-* significa "sentar-se, residir em" um lugar particular, e não "sentar-se com" alguém (PARDEE, D. The Preposition in Ugaritic. *UF*, vol. 8, 1976, p. 245; More on the Preposition in Ugaritic. *UF*, vol. 11, 1979, p. 686); segunda, o ugarítico *hd* ocorre raramente, se é que ocorre, como uma palavra adverbial; terceira, *'il*, em KTU 1.108.1, não precisa referir-se a El, mas pode significar "o deus", referindo-se a uma figura separada, *rp'u*, nominada na linha seguinte. Além disso, os topônimos bíblicos Astarot e Edrei são conhecidos em Js 12,4; 13,12.31 (cf. Nm 21,33; Dt 1,4; 3,1) como o lar dos últimos Refains, assim como *'ttrt* e *hdr'y* são o lar de *rp'u*, primeiramente observado por B. Margalit (A Ugaritic Psalm [RS 24.252], p. 193). Pode-se observar ainda que o topônimo Edrei pertence a um estrato pré-israelita do hebraico, na medida em que o **d* subjacente a *d* nesse topônimo, em geral, tornou-se /z/ em hebraico, mas *d* em ugarítico e em aramaico (cf. RAINEY, A. F. The Toponyms, p. 4).

693. Cf. LIPIŃSKI, E. *Dieux et déesses*, p. 477.

nome divino ou epíteto ugarítico *mlk*, mais o topônimo Astarot (*'ttrt*)[694], nem o fenício *mlk'štrt* nem o ugarítico *mlk* aparecem no contexto do sacrifício *mlk* ou em um sacrifício de crianças descrito em alguma outra forma. Ademais, o ugarítico não atesta quer sacrifício de crianças, quer o termo sacrifical *mlk*. Por essas razões, a conexão que Heider faz do ugarítico *mlk*, o nome ou epíteto divino, com o fenício *mlk*, o termo sacrifical, é hipotética.

Apesar de tudo, as referências ugaríticas a *mlk* afetam as evidências bíblicas atinentes a *mlk* como um título para o líder dos mortos. Esse nome ou epíteto evidentemente sobrevive em uma mancheia de passagens bíblicas. D. Edelman[695] cita Is 8,21; 57,9; Sf 1,5.8; Am 5,26 como possíveis exemplos. Pope observa as atestações em At 7,43 (citando Am 5,26 segundo a LXX) e Qur'an 43,77[696]. Assim como At 7,43, o Testamento de Salomão 26,6 (no manuscrito P) refere-se a Moloc em conexão com Refan, provavelmente a ser remontado ao ugarítico *rp'u* (KTU 1.108.1)[697]. A conexão entre o ugarítico *mlk* e o *mlk* da BH como epíteto é possível, mas nenhum dos dois parece relacionado a sacrifício de crianças, a julgar pelas evidências existentes. Sem dúvida, a confusão acadêmica entre um deus "Moloc" e o nome do sacrifício parece ter raízes bíblicas. Em 1Rs 11,7, o deus dos amonitas é chamado "Moloc" em vez de Milcom[698].

O *mlk* da BH, qualquer quer seja seu pano de fundo exato, parece ter sido uma prática aceitável, pelo menos durante a segunda metade da

---

694. RIBICHINI, S.; XELLA, A. P. Milk'aštart, *mlk(m)* e la tradizione siropalestinese sui Refaim. *RSF*, vol. 7, 1979, p. 145-158. Cf. tb. RIBICHINI, S. In'ipotesi per Milk'aštart. *Rivista di Studi Orientalisti*, vol. 50, 1976, p. 43-55; CAQUOT, A. Le dieu Milk'ashtart et les inscriptions de Umm el 'Amed. *Semitica*, vol. 15, 1965, p. 29-33. Gibson (*Textbook of Syrian Semitic Inscriptions vol. 3*, p. 39) considera *mlk'štrt* uma combinação dos nomes El e Astarte. A interpretação de Gibson baseia-se no argumento de que a *mlk'štrt* é dado o título de *b'l ḥmn* em outra inscrição de Umm el-'Amed (n. 13,1; cf. CROSS, F. M. *Canaanite Myth and Hebrew Epic*, p. 24 n. 60; GIBSON, J. C. L. *Textbook of Syrian Semitic Inscriptions vol. 3*, p. 121), mas Gibson interpreta *b'l ḥmn* em outras inscrições como um título de El (assim também LANDSBERGER, B. *Sam'al*. Ancara: Druckerei der Türkischen historischen Gesellschaft, 1948, p. 47 n. 117; CROSS, F. M. *Canaanite Myth and Hebrew Epic*, p. 24-28; OLYAN, S. M. *Asherah and the Cult of Yahweh*, p. 52-54).

695. EDELMAN, D. V. Biblical Molek Reassessed, p. 730.

696. POPE, M. H. Notes on the Rephaim Texts, p. 170, 172.

697. *OTPs*, vol. 1, p. 987.

698. *BDB*, p. 574; MOSCA, P. G. Child Sacrifice, p. 121-22; PUECH, E. Milkom, le dieu ammonite, en Amos I 15. *VT*, vol. 27, 1977, p. 117-125; HEIDER, G. C. *Cult of Molek*, p. 302-304.

monarquia. Como os lugares altos, o sacrifício era conhecido já em Israel, já em Moab, e se Jr 7,30-32 e 32,35 são alguma indicação, o sacrifício de crianças era praticado nos lugares altos. O sacrifício de crianças e a veneração dos mortos aparecem juntos em duas polêmicas, Sl 106,34-38 e Is 57,3-13[699], estimulando a questão de um possível relacionamento histórico entre as duas práticas[700]. O sacrifício de crianças ou a veneração aos mortos eram realizados regularmente nos lugares altos durante o período da monarquia? Em apoio a tal conexão histórica, Albright compreendeu etimologicamente lugares altos como "túmulos pagãos" ou amontoados de pedras sobre túmulos[701]. Embora a parte filológica dessa interpretação não tenha encontrado aceitação[702], Albright chamou a atenção para o relacionamento entre lugares altos e a veneração aos mortos, baseado em Ez 43,7 e Jó 27,15 (cf. 2Sm 18,17-18; Is 15,2).

O sacrifício de crianças aparece, portanto, em condenações contra os lugares altos. Esse sacrifício era um elemento na religião dos lugares altos? Os lugares altos aparecem ao longo do período dos Juízes e da monarquia como lugares cultuais, prestando serviço não apenas à família e ao clã mas também à monarquia. O culto régio, pelo menos em Jerusalém, como em Ugarit e provavelmente na Fenícia, mantinha alguma veneração cultual pelos mortos, e a maior parte do registro atribui o sacrifício de crianças a praticantes régios. A religião do clã incluía igualmente a veneração dos mortos, e pelo menos algumas das práticas religiosas envolvendo os mortos eram celebradas nos lugares altos nativos. O sacrifício de crianças também pertencia à religião tradicional dos lugares altos, presumindo-se a veracidade histórica das polêmicas bíblicas. Não há, no entanto, nenhuma evidência histórica, exceto a polêmica bíblica, de sacrifício de crianças nos lugares altos. De fato, descrições de sacrifí-

---

699. A respeito de Is 57,3-13, cf. IRWIN, W. H. The Smooth Stones, p. 31-40. Quanto ao Sl 106,34-38, cf. HACKETT, J. A. Religious Traditions, p. 133. A propósito de ambas as passagens, cf. SPRONK, K. *Beatific Afterlife*, p. 231-233.

700. SPRONK, K. *Beatific Afterlife*, p. 231-233.

701. ALBRIGHT, W. F. The High Place in Ancient Palestine. *In*: *Volume de Congrès, Strasbourg 1956*. Leiden: Brill, 1957 (VTSup, 4), p. 242-258; BARRICK, W. B. The Funerary Character, p. 565-595. Cf. tb. RINGGREN, H. *Israelite Religion*, p. 157; FOHRER, G. *History of Israelite Religion*, p. 198.

702. SPRONK, K. *Beatific Afterlife*, p. 44-48.

cio de crianças em Canaã e em Israel especificam seu caráter largamente régio, na medida em que era realizado em momentos de crise. Uma cidade sitiada parece ser o cenário mais característico; o sacrifício de crianças foi projetado para assegurar a ajuda de um deus para afastar um exército ameaçador. Se isso realmente representa o cenário costumeiro para o sacrifício de crianças, então fazia parte da religião urbana, régia; estava reservado para ocasiões especiais, e não era parte de oferendas cultuais regulares. Devido às fontes disponíveis, a conexão entre o sacrifício de crianças e os lugares altos não pareceria ser uma característica geral da religião israelita.

Para concluir a breve análise de práticas cultuais javistas deste capítulo, o sacrifício de crianças pode não ter sido uma prática religiosa comum; os registros bíblicos e epigráficos não indicam o quanto a prática seria difusa. A religião de lugares altos geralmente era javista no nome e na prática, permitindo uma variedade de atividade cultual mais ampla do que sua crítica na segunda metade da monarquia. As práticas religiosas dos lugares altos eram fundamentalmente conservadoras, preservando a antiga herança religiosa de Israel. Talvez por essa razão, muitas dessas práticas fizessem parte também do culto régio de Jerusalém. Contudo, quiçá em razão de algumas dessas práticas serem mantidas por vizinhos de Israel, condenações legais e proféticas rejeitavam essas práticas tradicionais israelitas. Em nome da deidade para a qual a religião dos lugares altos era dedicada, sua crítica legal e profética condenava essa parte do antigo legado religioso de Israel.

6
AS ORIGENS E O DESENVOLVIMENTO DO MONOTEÍSMO ISRAELITA

Ao reconstruir a história da religião israelita, é importante nem enfatizar demais a importância das deidades diferentes de Yahweh, nem diminuir o valor delas[703]. De um lado, pareceria que cada estágio da religião israelita conheceu relativamente poucas deidades. As atestadas em Israel parecem limitadas quando comparadas aos panteões de Ugarit, da Mesopotâmia e do Egito. As cidades-estados fenícias e as nações-estados de Moab, Amon e Edom talvez reflitam uma ausência de deidades relativamente comparável ao Israel primitivo[704]. No período dos Juízes, as divindades israelitas podem ter incluído Yahweh, El, Baal e talvez Asherah, bem como o Sol, a Lua e as estrelas; todos eram considerados deidades em Israel[705]. Outros candidatos a deidades israelitas são equiparados por alguns estudiosos a tais deidades; elas são amplamente atestadas mais tarde na monarquia judaíta. A Rainha do Céu (Jr 7,18; 44,18-19.25) era o título de uma deusa, talvez Astarte, Ishtar (ou uma Astarte-Ishtar sincretizada) ou, menos provavelmente, Anat[706]. Tamuz (Ez 8,14; cf. Is 17,10-11; Dn 11,37) e Hadad-Rimon (Zc 12,11) às vezes são considerados manifes-

---

703. Sobre algumas dificuldades na avaliação das evidências históricas, cf. MACHINIST, P. The Question of Distinctiveness in Ancient Israel. *In*: COGAN, M.; EPH'AL, I. (eds.). *Ah, Assyria...*: Studies in Assyrian History and Ancient Near Eastern Historiography Presented to Hayim Tadmor. Jerusalém: Magnes, 1991 (Scripta Hierosolymitana, 33), p. 196-212.

704. A propósito das deidades dos estados circunvizinhos de Israel, cf. capítulo 1, seção 4.

705. Quanto a divindades menores no Israel da Idade do Ferro, cf. TIGAY, J. H. *You Shall Have No Other Gods*.

706. Cf. capítulo 3, seção 4.

tações de Baal[707]. No caso de algumas outras deidades identificadas nas fontes bíblicas, a devoção parece estar restrita a uma área ou um período particulares. Deidades nessa categoria incluiriam Betel (Jr 48,13), talvez Quemós (1Rs 11,7; 2Rs 23,17) e *mlk*, o nome de um sacrifício, exceto em Is 8,21 e 57,9 (cf. Am 5,26; Sf 1,5.8)[708]. Pode-se argumentar que algumas deidades, se não todas, apareceram na religião israelita durante o último século da monarquia judaíta. Em alguns casos, elas podem ter sido emprestadas de outra cultura. Quemós pertence a essa categoria. A aparição tardia de Astarte e Betel podem refletir influência fenícia. Na religião tirense, Betel, como um aspecto de El, talvez se tenha desenvolvido em um deus. Tal deidade está atestada no tratado de Assaradão com Baal de Tiro, em nomes duplos (AP 7,7; 22,124.125) e nomes próprios (AP 2,6-10; 12,9; 18,4.5; 22,6; 42,8; 55,7) no papiro aramaico judeu de Elefantina, na versão aramaica do Sl 20 escrito em demótico e em Jr 48,13[709]. A partir dessas porções de evidências, Betel, como Astarte, pode ter sido uma importação especificamente fenícia para a religião judaíta, uma influência refletida quer em Jr 48,13, quer nas evidências judaicas egípcias[710].

Por outro lado, as evidências israelitas não deveriam ser nem minimizadas, nem ignoradas. Os dados indicam uma significativa extensão da prática religiosa dentro do antigo Israel. Como indica a identificação entre

---

707. Em relação às evidências bíblicas para Tamuz, cf. YAMAUCHI, E. M. Tammuz and the Bible. *JBL*, vol. 84, 1965, p. 283-290; McKAY, J. W. *Religion in Judah*, p. 68-69. Com respeito a Dumuzi na religião mesopotâmica, cf. tb. JACOBSEN, T. Toward the Image of Tammuz. *History of Religions*, vol. 1, 1961, p. 189-213 = MORAN, W. L. (ed.). *Toward the Image of Tammuz and Other Essays on Mesopotamian History and Culture*. Cambridge: Harvard University Press, 1970 (HSS, 21), p. 73-103; Religious Drama in Ancient Mesopotamia, p. 65-72; LIVINGSTONE, A. *Mystical and Mythological Explanatory Works*, p. 161-164. Quanto às evidências medievais para o culto de Ta'uz (= Tamuz) entre os sabeus de Harã, cf. LIVINGSTONE, A. *Mystical and Mythological Explanatory Works*, p. 162. Sobre Hadad Rimmon, cf. GREENFIELD, J. C. The Aramaean God *Rammān/Rimmōn. IEJ*, vol. 26, 1976, p. 197-198; GRAY, J. Baal. *IDB*, vol. 1, p. 329. Cf. o debate recente dessas personalidades por T. N. D. Mettinger (*The Riddle of Resurrection*: "Dying and Rising Gods" in the Ancient Near East. Estocolmo: Almqvist & Wiksell International, 2001 [ConBOT, 50], esp. p. 185-215). Cf. tb. nota 275, adiante.

708. MOSCA, P. G. Child Sacrifice, p. 117-272; TIGAY, J. H. *You Shall Have No Other Gods*, esp. p. 11-12, 65-73. Quanto a "Molek", cf. capítulo 5, seção 3.

709. Cf. SMITH, Mark S. *Palestinian Parties and Politics*, p. 19.

710. Cf. HYATT, J. P. The Deity Bethel, p. 81-98; CROSS, F. M. *Canaanite Myth and Hebrew Epic*, p. 46-47 n. 14. Com respeito à atestação de El-Betel na versão aramaica do Sl 20, escrito em demótico, cf. NIMS, D. F.; STEINER, R. C. A Paganized Version, p. 264.

El e Yahweh, o culto de Yahweh podia ser monoteísta e "sincretista", para usar o polêmico termo habitualmente destinado à adoração a Baal. Não havia nenhuma oposição a "sincretismo" com El. Conforme testifica a interação entre a adoração a Baal e o culto javista, o javismo podia variar da coexistência ou da identificação com outras deidades à rejeição delas. Nesse caso, é indicado um javismo politeísta. A assimilação de El e do símbolo da asherah ao culto de Yahweh aponta para a herança cananeia do javismo. Em algum ponto inicial, Israel talvez tenha conhecido um estágio de diteísmo, além de sua devoção a Yahweh (possivelmente refletida em Gn 49,25). Que o diteísmo e o politeísmo javistas tenham sido posteriormente condenados por javistas monoteístas não demonstra que o javismo não monoteísta necessariamente constituía um "sincretismo cananeu" ou uma "religião popular", contaminada por práticas cananitas e, portanto, de caráter não javista. De preferência, as variadas formas do culto javista refletiam o pano de fundo cananeu de Israel. Similarmente, a asherah, os lugares altos, a necromancia e outras práticas ligadas aos mortos faziam parte da herança cananeia de Israel, gozavam de sanção javista em Israel, mas foram posteriormente condenadas como não javistas.

O desenvolvimento do monoteísmo israelita envolveu características complexas em vários períodos. Convergência e diferenciação ocorreram em conjunção com diversos fatores sociais que lhes conferiram a forma. Alguns desses fatores podem ser isolados e situados dentro do contexto de quatro períodos gerais: o período dos Juízes (1200-1000), a primeira metade da monarquia (1000-800), a segunda metade da monarquia (800-587) e o exílio babilônico (587-538). Devido à abrangência dos fatores em análise, é difícil especificar sua influência durante períodos de tempo mais delimitados.

1 O período dos Juízes

A fase de convergência pode ser datada em linhas muito amplas, mas parece ter pertencido aos estágios mais primitivos da literatura israelita. Esse processo de convergência continuou pela monarquia afora até que os poderes e as imagens de Baal fossem completamente assimilados por Yahweh, antecipando o desenvolvimento posterior da monolatria. A incorporação de atributos divinos em Yahweh sublinha a centralidade de Yahweh na mais antiga literatura de Israel testificada. Como guerreiro que luta em favor de Israel, Yahweh exerce poder em Jz 5 contra povos e deidades poderosos. Nesse poema, Yahweh controla os corpos cósmicos (Jz 5,20), que combatem em prol de Israel. Jz 5 também afirma uma distinção entre Yahweh e "novos deuses" (5,8). A emergência de Israel como um povo coincide com a aparição de Yahweh como sua divindade central[711]. De fato, Yahweh era "o deus de Israel" (Jz 5,3.5) que findou por identificar-se com El. É difícil acrescentar algo mais a esse quadro da hegemonia de Yahweh nessa fase inicial, mas é possível fazer inferências baseadas em elementos do período da monarquia. Por exemplo, formas pactuais mais antigas tornaram-se proeminentes sob a monarquia[712]. Dado que a monarquia tendia a ser conservadora em suas modificações das formas religiosas tradicionais, a aliança régia davídica provavelmente recorreu a um conceito israelita mais antigo do relacionamento pactual que unia Israel a Yahweh como sua deidade principal.

2 A primeira metade da monarquia

A monarquia era uma instituição política e igualmente religiosa, e, sob a influência régia, a religião combinava poderosas expressões da ideologia religiosa e do Estado. Quando aumentava o prestígio da deidade nacional, a fama da dinastia, por sua vez, crescia. O relacionamento especial entre Yahweh e a dinastia davídica assumiu a forma de um relacionamento formal de aliança, chamado em 2Sm 23,5 de "aliança eterna" (*běrît 'ôlām*)[713]. A ligação da deidade e do rei em relacionamento formal

---

711. NICHOLSON, E. W. *God and His People*: Covenant and Theology in the Old Testament. Oxford: Clarendon, 1986, p. 202.

712. Cf. McCARTHY, D. J. *Treaty and Covenant*, p. 155-298; resenha, feita por J. D. Levenson, de *God and His People*, por E. W. Nicholson, *CBQ*, vol. 50, 1988, p. 307. Ahlström (Travels of the Ark, p. 148 n. 34) observa que o culto de *'ēl běrît/ba'al běrît* em Jz 6–7 indicaria a aliança como uma característica cananeia. Quanto aos problemas que essa pressuposição apresenta, cf. CLEMENTS, R. E. Baal-Berith of Shechem. *JSS*, vol. 13, 1968, p. 21-32. A propósito de Jz 6–7, cf. capítulo 1, seção 3. Para uma apreciação otimista do papel da aliança no Israel primitivo, cf. SPERLING, D. Israel's Religion in the Ancient Near East, p. 21-27.

713. CROSS, F. M. *Canaanite Myth and Hebrew Epic*, p. 241-265; SMITH, Mark S. *Běrît 'ām/ běrît 'ôlām*, p. 241-243; NICHOLSON, E. W. *God and His People*, p. 44-45.

assegurava bem-estar divino para o rei e para o povo, bem como a devoção humana à divindade. Mais especificamente, Yahweh garantia bem-estar nacional, justiça e fertilidade (Sl 2; 72; 89; 110), enquanto o rei, por sua vez, garantia o culto nacional a Yahweh (1Rs 8; 2Rs 12)[714]. O relacionamento de aliança envolvia diretamente a terra e o povo de Yahweh. Por meio do rei, o povo recebia as bênçãos oferecidas pela deidade. O povo era, portanto, parceiro na aliança davídica. A parceria entre Yahweh, o rei e povo está descrita em 2Rs 11,17: "Em seguida Joiadá concluiu uma aliança entre Yahweh, o rei e o povo, assumindo o compromisso de serem o povo de Yahweh; fez também aliança entre o rei e o povo"[715]. A conceitualização político-religiosa da aliança alcançou sua plena expressão na teologia dinástica davídica. A nacionalização da forma pactual exaltava Yahweh como a deidade nacional da monarquia unida. A hegemonia nacional de Yahweh foi, assim, estabelecida para o Israel antigo. O contínuo desenvolvimento da linguagem de aliança em formas literárias pactícias pode também ser visto como elemento essencial da influência régia. Nascidas da experiência política, as formas e as expressões de tratado chegaram a comunicar o relacionamento entre Yahweh e Israel na lei (Ex 20,3; 22,19; 24,1-11)[716].

A inovadora centralização do culto nacional foi, portanto, parte do processo que levou ao javismo monoteísta, na medida em que encorajou uma única deidade nacional e desvalorizou manifestações locais de deidade. A unificação régia da vida nacional – tanto política quanto

---

714. Além dos tratamentos da realeza observados na introdução, nota 143, cf. KAPELRUD, A. S. King and Fertility. *Norsk teologisk tidsskrift*, vol. 56, 1955, p. 113-122; STECK, O. H. *Friedensvorstellungen in alten Jerusalem*. Zurique: Theologischer Verlag, 1972 (Theologische Studien, 3), p. 19-35.

715. McCARTHY, D. J. *Treaty and Covenant*, 215, 259-260, 284-285; Ebla, ὅρχαι τεμνειν, *ṭb*, *šlm*, Addenda to *Treaty and Covenant*². *Biblica*, vol. 60, 1979, p. 250-251. Cf. tb. ROBERTS, K. L. God, Prophet, and King, Eating and Drinking on the Mountain in First Kings 18,41. *CBQ*, vol. 62, 2000, p. 632-644.

716. A propósito da datação de Ex 24,1-11 e da relação entre as unidades, versículos 1-2, 3-8, 9-11, cf. CHILDS, B. S. *The Book of Exodus*, p. 499-507, esp. 501; NICHOLSON, E. W. *God and His People*, p. 122-133; resenha, feita por Levenson, do trabalho de Nicholson intitulado *God and His People*, p. 307; ROBERTS, K. L. God, Prophet, and King, p. 638-640. Sobre "E", cf. GNUSE, R. K. Redefining the Elohist. *JBL*, vol. 119, 2000, p. 201-220. A atribuição geral dos versículos 3-8 à fonte ou à tradição "eloísta" situaria essa unidade na primeira metade da monarquia, conforme a datação tradicional das fontes ou tradições do Pentateuco.

religiosa – ajudou a alcançar a centralização política e cultual mediante a concentração e a exibição de poder por meio da capital e de um relacionamento com a deidade nacional que residia naquela cidade. Esse desenvolvimento era concomitante com o desenvolvimento da própria monarquia. Começou com o estabelecimento da capital sob Davi, prosseguiu na importância religiosa que Jerusalém adquiriu sob Salomão e culminou nos programas religiosos de Ezequias e de Josias. Como P. K. McCarter comenta a respeito desses dois reis davídicos, "suas políticas, ao unificar o culto de Yahweh, tiveram como consequência a unificação da maneira pela qual ele era concebido por seus adoradores, eliminando, assim, a teologia anterior das manifestações locais"[717]. A função religiosa era apenas uma dimensão nas consequências da centralização cultual. Essa política religiosa mantinha benefícios tanto políticos quanto econômicos[718]. O papel da monarquia era inovador e conservador, reagindo às necessidades do Estado em desenvolvimento. Conforme ilustrado pelos exemplos descritos nos capítulos anteriores, tal como a monarquia israelita, a monolatria desenvolveu-se a partir tanto da aderência a tradições religiosas passadas quanto do afastamento delas; seja do conservadorismo, seja da inovação.

Como deidade patrona da monarquia, Yahweh apoiava Israel nos conflitos internacionais. O poder divino tornou-se de alcance internacional, promovendo, desse modo, uma forma primitiva de fé monolátrica. De vários modos, os círculos de Elias-Eliseu comunicam o alcance

---

717. McCARTER, P. K. Aspects of the Religion, p. 143. Cf. tb. os comentários de Y. Aharoni (Israelite Temples in the Period of the Monarchy. *In*: PELI, P. (ed.). *Proceedings of the Fifth World Congress of Jewish Studies 1*. Jerusalém: World Union of Jewish Studies, 1969, p. 73) e Z. Herzog (The Date of the Temple at Arad, Reassessment of the Stratigraphy and the Implications for the History of Religion in Judah. *In*: MAZAR, A.; MATHIAS, G. (eds.). *Studies in the Archaeology of the Iron Age in Israel and Jordan*. Sheffield: Sheffield Academic Press, 2001 [JSOTSup, 331], p. 156-178). As evidências de Arad sugerem atividade cultual até o fim do séc. VII (cf. CROSS, F. M. Two Offering Dishes with Phoenician Inscriptions from the Sanctuary of 'Arad. *BASOR*, vol. 235, 1979, p. 77; USSISHKIN, D. The Date of the Judaean Shrine at Arad. *IEJ*, vol. 37-38, 1987-1988, p. 142-157). Os coreítas são conhecidos a partir das inscrições de Arad e do Templo de Jerusalém, de acordo com 1Cr 6,22; 9,19; dos cabeçalhos sálmicos que trazem o nome deles (cf. Sl 42; 44-49; 84-85; 87-88); e da genealogia de Coré (1Cr 2,43; cf. MILLER, J. M. The Korahites of Southern Judah. *CBQ*, vol. 32, 1970, p. 58-68). A respeito dos coreítas no Primeiro Livro das Crônicas, cf. tb. PETERSEN, D. L. *Late Israelite Prophecy*: Studies in Deutero-Prophetic Literature and in Chronicles. Missoula: Scholars, 1977 (SBLMS, 23), p. 55-87.

718. SMITH, Mark S. *Palestinian Parties and Politics*, p. 51.

do poder de Yahweh contra outras divindades, mesmo fora de Israel. Por meio de seus profetas Elias e Eliseu, Yahweh age além das fronteiras de Israel (1Rs 17,14; 19,15; 2Rs 5,1; 8,13)[719]. A história de Naamã, em 2Rs 5, estabelece o cenário para uma manifestação de que a ação e o plano de Yahweh estendem-se para além dos limites nacionais de Israel. Naamã sai vitorioso graças a Yahweh e, ao reconhecer esse fato, declara: "Agora eu sei que em toda a terra não há Deus, a não ser em Israel" (2Rs 5,15). Conflito político e religioso com outros estados durante o período pré-exílico ofereceu o contexto político para expressar a soberania de Yahweh sobre os inimigos de Israel e, portanto, "sobre toda a terra" (Sl 47,2; cf. Sl 8,1; 24,1; 48,2; 95,4; 97,5; Is 6,3)[720]. Essa noção do poder de Yahweh sobre as nações continuou até os profetas do século VIII e chegou a pleno florescimento com a emergência do monoteísmo israelita no exílio.

Outro fator histórico para a centralização durante o período da monarquia, importante para o desenvolvimento da monolatria em Israel, é o papel da escrita na sociedade israelita. J. Goody demonstra que o surgimento da escrita ajudou a criar a monolatria israelita[721]. Embora Goody projete esse desenvolvimento para o período mosaico, suas ideias a respeito da influência da escrita merecem, no entanto, consideração. Ele sugere que o processo da escrita confere aos costumes da lei oral uma aplicação mais geral e um *status* mais autorizado em uma sociedade. Como consequência, as normas sociais em forma escrita tornam-se autorizadas para um público mais amplo. Em Israel, tais normas incluíam

---

719. COGAN, M.; TADMOR, H. *II Kings*. Garden City: Doubleday, 1988 (AB, II), p. 67.

720. Cf. ROBERTS, J. J. M. The Religio-Political Setting of Psalm 47. *BASOR*, vol. 221, 1976, p. 129-132; cf. GERSTENBERGER, E. S. *Psalms*: Part 1, With an Introduction to Cultic Poetry. Grand Rapids: Eerdmans, 1988 (The Forms of the Old Testament Literature, 14), p. 198.

721. GOODY, J. *The Logic of Writing and the Organization of Society*. Cambridge: Cambridge University Press, 1986, p. 39-41; cf. PATRICK, D. *Old Testament Law*, p. 189-218. A respeito da escrita em Israel, cf. CRENSHAW, J. L. Education in Ancient Israel. *JBL*, vol. 104, 1985, p. 601-615; *Education in Ancient Israel*: Across the Deadening Silence. Nova York: Doubleday, 1998 (Anchor Bible Reference Library). LEMAIRE, A. *Les écoles et la formation de la Bible dans l'ancien Israël*. Friburgo: Éditions Universitaires; Gotinga, Vandenhoeck & Ruprecht, 1981 (OBO, 39); Sagesses et Écoles. *VT*, vol. 34, 1984, p. 270-281. Notem-se também as importantes advertências feitas por S. Niditch (*Oral World and Written Word*: Ancient Israelite Literature. Louisville: Westminster/John Knox, 1996) e R. F. Person Jr. (The Ancient Israelite Scribe as Performer. *JBL*, vol. 117, 1998, p. 601-609). Cf. ademais, p. 25-28, anteriormente.

a noção de monolatria, a qual emergiu nos primeiros materiais legais e proféticos. O papel da escrita no desenvolvimento de tradições legais é evidente no período da monarquia (Jr 8,7-8; 2Rs 22,3; 23,24; cf. Os 8,12; 1Cr 17,7-9; 24,6) e aparece explicitamente no período pós-exílico (Esd 7,6.11; Ne 8,1). À semelhança dos monarcas de outros reinos do Antigo Oriente Próximo, os reis israelitas mantinham registros escritos de seus reinos. Várias passagens bíblicas aludem a crônicas escritas, tais como "os Anais dos Reis de Judá" (1Rs 14,29; 15,7.23; 22,46), "os Anais dos Reis de Israel-Efraim" (1Rs 14,19; 15,31; 16,5.14 etc.) e "os Anais dos Reis de Judá e Israel" (2Cr 16,11; 25,26; 27,7; 28,26 etc.). Havia também "a história de David" (1Cr 29,29), "o Livro dos Anais de Salomão" (1Rs 11,41; 2Cr 9,29), "as atividades de Roboão, desde as primeiras até as últimas, estão registradas nas Crônicas do Profeta Semeías e do vidente Ado" (2Cr 12,15; cf. 13,22) e uma obra de Jeú, filho de Hanani, que narrava a história do reino de Josafá e foi incorporada no "Livro dos Reis de Israel" (2Cr 22,34). A coleção escrita chamada "o livro das Guerras de Yahweh" (Nm 21,14) e "o livro do Justo" (Js 10,12; 2Sm 1,17) incluíam material atribuído ao período pré-monárquico e apontam para a transmissão desse material durante a monarquia. As tradições do Pentateuco atestam a importância da escrita para guardar material legal, um papel atribuído a Moisés (Ex 24,4.7.12; Dt 30,10; 31,24-26) e ao sacerdócio (Nm 5,23-24). Escribas eram usados para preservar registros pela monarquia (2Sm 8,16; 1Rs 4,3; Pr 25,1; cf. Sl 45,1), pelo exército (2Rs 25,19; Jr 52,25; cf. Js 18,9; Jz 8,13-17) e pela administração judicial (Jr 32,11-14). De modo semelhante, o sacerdócio tinha escribas especializados no armazenamento de material legal mediante a escrita (Jr 8,7-8; cf. KTU 1.6 VI 54-56; KAI 37 A 15).

A promoção da linguagem de Baal, a asherah e outros componentes serviam, além disso, a funções políticas e ideológicas canalizadas e expressas pela atividade escribal régia (p. ex., nos registros de reis e, presumivelmente, em seus monumentos públicos – posto que nenhum destes últimos exista agora). A inclusão de tão ampla série de expressões religiosas durante a monarquia pode refletir funções de integração social e política. Quando Davi usava a linguagem de Baal para Yahweh, ela pode ter tido a função de estender o domínio divino a fim de confirmar o poder real. Quando Acab e sua linhagem buscaram promover Baal, foi, talvez, para criar compatibilidade religiosa e para fortalecer laços políticos com seus parentes régios em Tiro. A inclusão da asherah no Templo de Jerusalém talvez não passasse de uma preservação cultural conservadora de antigas tradições de Israel; a crítica a isso era, mais provavelmente, a inovação. Assim como a arca[722], a asherah, no culto nacional do templo, ligava o culto às antigas raízes de Israel. Necromancia e profecia rivalizavam-se como formas de obter informação do reino divino, como sugere o contraste dos dois fenômenos em Dt 18 e Is 8. A condenação dos lugares altos estava atrelada à questão da centralização do culto durante a monarquia.

A monarquia desempenhou significativo papel no encorajamento das imagens religiosas de outras deidades dentro do culto a Yahweh. Os exemplos da asherah, da linguagem solar, da necromancia e da alimentação dos mortos lembrariam que a monarquia aceitava tais práticas religiosas tradicionais, e, durante o período de tolerância e de apadrinhamento régios de tais práticas, alguns profetas talvez tenham aceitado inicialmente algumas delas. Ademais, a monarquia era tradicional em sua preservação da asherah, em sua apropriação de Baal e da linguagem solar para Yahweh e, possivelmente, até mesmo em sua tolerância quanto à adoração de Baal. A questão, pois, não é por que a monarquia aceitava tais práticas contra as condenações das críticas proféticas, mas sim por que alguns dos profetas secundariamente chegaram a condenar tais práticas. Para os profetas e para os códigos legais, a ameaça de Baal no século IX produziu o precedente inicial que levou à posterior condenação de algumas outras particularidades religiosas de Israel. Nessa luta, entendia-se que o *status* de Yahweh estava seriamente ameaçado. Por essa razão, as críticas proféticas e os códigos legais opunham-se à monarquia nesses assuntos e tomaram medidas inovadoras de atacar a devoção tradicional à asherah e o uso tradicional de Baal e da linguagem solar para Yahweh. Esse conflito assinalou um ponto de virada no desenvolvimento da religião israelita em criar um precedente para a eliminação do culto de Yahweh de traços

---

722. A respeito da função política da arca, cf. AHLSTRÖM, G. W. The Travels of the Ark, p. 141-148.

associados a Baal e a outras deidades. Esse processo de diferenciação alcançou plena força no próximo período.

3 A segunda metade da monarquia

Algumas características da era precedente continuaram de maneira ainda mais forte durante a segunda metade da monarquia. A meta internacional do poder de Yahweh expresso nos círculos de Elias-Eliseu apareceu também nos oráculos proféticos contra as nações. A condenação das nações estrangeiras em Am 1–2 e Is 13–22 baseava-se na capacidade e na escolha de Yahweh em exercer poder sobre os vizinhos de Israel[723]. A diferenciação de algumas características religiosas do culto de Yahweh, tal como a devoção ao culto de Baal e práticas específicas associadas aos mortos, significou uma mudança especial em relação ao período anterior. A polêmica de Oseias contra a devoção israelita a Baal reflete um forte testemunho para a diferenciação de Yahweh das práticas anteriormente vistas como compatíveis com o javismo ou pelo menos toleradas pelos israelitas. A sátira de Jeremias contra a confecção de ídolos (Jr 10) contrasta a falsidade de outras deidades com Yahweh, o "verdadeiro Deus", "o Deus vivo, o Rei eterno" (v. 10), e antecipa as sátiras contra os ídolos pelo Segundo Isaías durante o exílio. Ademais, a evitação sacerdotal e deuteronomista de descrições antropomórficas de Yahweh contribuíram para a unicidade da deidade israelita.

O surgimento de algumas divindades na religião judaíta tardia pode explicar um elemento adicional no desenvolvimento da monolatria. Algumas deidades, tais como Quemós, refletem claramente influência estrangeira. Outras deidades, tais como Betel (Jr 48,13) e Astarte, parecem refletir influência fenícia posterior. Esse desenvolvimento tardio pode estar na base da polêmica subsequente contra outras divindades, tais como Baal, que pertencia autenticamente à herança cananeia de

---

723. Muitos comentadores veem os oráculos contra as nações em Am 1,3–2,16 como secundários e tardios; no entanto, alguns desses oráculos podem datar de um transmissor do séc. VIII. Quanto às várias opiniões, cf. WOLFF, H. W. *Joel and Amos*. Tradução de W. Jansen, S. D. McBride Jr. e C. A. Muenchow. Filadélfia: Fortress, 1977 (Hermeneia), p. 112, 139-142, 151-152; COOTE, R. B. *Amos Among the Prophets*. Filadélfia: Fortress, 1981, p. 66-70.

Israel (ao contrário do baal fenício de Jezabel). Quemós, Betel e Astarte eram conhecidos como importações religiosas, e Baal pode ter sido compreendido em linhas semelhantes. É precisamente dessa forma que 1Rs 17–19 apresenta Baal.

A aliança adquiria grande importância como expressão do relacionamento exclusivo de Israel com Yahweh. Por volta da segunda metade da monarquia, a Lei (Ex 32–34) e os profetas (Os 6,7; 8,1) comunicavam as obrigações e as bênçãos integrais exercidas por Israel e sua divindade com fórmulas encontradas também em tratados entre reis de *status* diferentes[724]. O desenvolvimento da escrita talvez se tenha dado de mãos dadas com a evolução do uso de formas de aliança para expressar o relacionamento humano-divino no antigo Israel. A escrita tornou-se mais importante para as tradições legais e para a profecia israelitas durante a segunda metade da monarquia. O material legal foi modelado por sua emergência em formas escritas, alcançando *status* de maior peso em Israel por dirigir-se a um público mais amplo. As duas formas dos Dez Mandamentos em Ex 20 e Dt 5 e a modelação de Dt 12–26 segundo a ordem e temas dos Dez Mandamentos[725] indicam tanto a forma geral quanto o *status* confiável que eles detinham nos círculos que os produziram e, quiçá, mais amplamente na sociedade israelita. A narrativa deuteronomista a respeito da criação dos Dez Mandamentos apresenta-os precisamente como produto escrito redigido por Yahweh, o divino escriba (Dt 9,10; 10,2.4). Dt 12–26 ilustra como os Dez Mandamentos, embora em forma geral, tornaram-se importantes para as circunstâncias em transformação da sociedade israelita e como a própria escrita desempenhou um papel no crescimento dos parâmetros da aliança. Indubitavelmente, aliança e monolatria receberam elaboração e definição em formas escritas.

Por fim, a escrita tornou-se o principal modo de armazenar os círculos proféticos que envolviam Elias, Eliseu e seus discípulos, e essa tendência

---

724. Cf. NICHOLSON, E. W. *God and His People*, p. 134-150, 179-188; cf. a resenha feita por Levenson da obra de Nicholson, *God and His People*, p. 307. A respeito da datação de Os 6,7 e 8,1, cf. tb. YEE, G. A. *Composition and Tradition*, p. 279-281, 288-289.

725. KAUFMAN, S. The Structure of Deuteronomic Law. *Maarav*, vol. 1/2, 1979, p. 105-158. Cf. MILLER, P. D. Israelite Religion, p. 211-212; e o importante livro de B. M. Levinson, *Deuteronomy and the Hermeneutics of Legal Innovation* (Nova York: Oxford University Press, 1997).

está refletida em profetas dos séculos VIII e VI (Is 8,19-20; Jr 36; Hab 2,2). Embora a transmissão oral fosse o jeito mais antigo de proclamação da mensagem profética (2Rs 3,15), a forma oral (Ez 33,2) e a escrita de proclamação profética coexistiram na segunda metade da monarquia. Sem dúvida, na última metade da monarquia, a forma escrita pode ter-se tornado o modo mais comum de comunicação da palavra profética (Is 29,11-12; cf. 30,11; Jr 25,13)[726]. O surgimento da escrita tanto para a proclamação quanto para a preservação legal e profética evidentemente participou de um desenvolvimento social mais abrangente (cf. Is 10,19). Igualmente, embora a escrita, na burocracia, tenha permanecido o domínio de escribas profissionalmente treinados, outros burocratas sabiam ler (KAI 193,9-12). Textos sapienciais também se referem à escrita (Jó 31,35-37). É difícil avaliar plenamente o efeito que a criação e a preservação de textos legais e proféticos mediante a escrita tiveram na sociedade israelita. Em tempos posteriores, a escrita foi decisiva nos esforços dos transmissores legais e proféticos para passar adiante, atualizar e proclamar as palavras que recebiam. Por conseguinte, as críticas legais e proféticas do culto monolátrico e a proclamação da hegemonia de Yahweh exerceram influência adicional, em parte, graças à escrita.

4 O exílio

Textos que datam do exílio ou de pouco tempo antes são os primeiros a atestar as inequívocas expressões do monoteísmo israelita. O Segundo Isaías (Is 45,5-7) deu voz ao ideal monoteísta de que Yahweh era a única divindade no cosmo. As demais deidades são não apenas impotentes, elas são inexistentes[727]. Assim como Jr 10, o Segundo Isaías (Is 40,18-20; 41,6-7; 44,9-20; 46,1-13; 48,3-8) enfatiza a unicidade de Yahweh em acentuado contraste com os ídolos sem vida, vazios, que representam

---

726. Cf. os ensaios em BEM-ZVI, E.; FLOYD, M. H. (eds.). *Writings and Speech in Israelite and Ancient Near Eastern Prophecy*. Atlanta: Society of Biblical Literature, 2000 (SBL Symposium, 10).

727. BARR, J. The Problem of Israelite Monotheism. *Transactions of the Glasgow University Oriental Society*, vol. 17, 1957-1958, p. 52-62.

deidades sem vida, inexistentes[728]. O culto israelita aparentemente chegou a lutar contra a devoção prestada a outras deidades pelos israelitas. Até o cativeiro babilônico, a religião israelita tolerava alguns cultos dentro da moldura mais ampla do culto nacional a Yahweh. Não obstante algumas práticas ilícitas terem permanecido até o período persa (Is 65,3; 66,17)[729], esses fenômenos religiosos não parecem ter sido tolerados no culto central de Yahweh.

Tal como nos períodos anteriores, durante o cativeiro babilônico, a escrita continuou a desempenhar um papel formativo no desenvolvimento do javismo. Por volta do fim da monarquia, ela se tornou o modo dominante de produção de textos proféticos. Ezequiel talvez tenha sido criado como uma obra escrita[730]. Há algumas indicações da composição escrita de Ezequiel. Em primeiro lugar, sua extensão deixa transparecer uma escrita à mão. A narrativa da vocação de Ezequiel nos capítulos 1–3 abrange sessenta e cinco versículos, enquanto a vocação de Isaías, no capítulo 6, é constituída de treze breves e sucintos versículos. De forma semelhante, os oráculos isolados de Ezequiel são bastante longos. Ez 16 tem sessenta e três versículos, e Ez 20 e 23 têm quarenta e nove versículos. Em segundo lugar, o caráter escrito do livro é insinuado em 2,9-10, onde Ezequiel recebe a ordem de comer o rolo que contém a palavra divina; "cantos fúnebres, lamentações e ais" constituem o restante

---

728. CLIFFORD, R. J. The Function of Idol Passages in Second Isaiah. *CBQ*, vol. 42, 1980, 450-464; SMITH, Mark S. *The Origins of Biblical Monotheism*, p. 179-194.

729. Cf. os ensaios em BECKING, B.; KORPEL, M. C. A. (eds.). *The Crisis of Israelite Religion*: Transformation of Religious Tradition in Exilic and Post-Exilic Times. Leiden: Brill, 1999 (OTS, XLII). Os jardins mencionados em Is 17,10-11; 65,3 e 66,17 podem estar relacionados ao culto de Adonis. A prática de comer porco em Is 65 e 66 poderia ser indício do culto de Osíris (Jonas Greenfield, comunicação privada). Para uma discussão geral, cf. VAUX, R. de. *The Bible and the Ancient Near East*, p. 210-237.

730. Cf. GUNKEL, H. The Prophets as Writers and Poets. *In*: PETERSEN, D. L. (ed.). *Prophecy in Israel*: Search for an Identity. Tradução de J. L. Schaaf. Filadélfia: Fortress; Londres: SPCK, 1987 (Issues in Religion and Theology, 10), p. 25, 28; LOISY, A. *The Religion of Israel*. Tradução de A. Galton. Nova York: G. P. Putnam's Sons, 1910, p. 196; BOADT, L. Rhetorical Strategies in Ezekiel's Oracles of Judgement. *In*: LUST, J. (ed.). *Ezekiel and His Book*: Textual and Literary Criticism and Their Interrelation. Lovaina: University Press/Uitgeverij Peeters, 1986 (Bibliotheca Ephemeridum Theologicarum, 74), p. 187; WILSON, R. R. Ezekiel. *In*: MAYS, J. L. (ed.). *Harper's Bible Commentary*. São Francisco: Harper & Row, 1988, p. 657-658; cf. LANG, B. *Monotheism and the Prophetic Minority*: An Essay in Biblical History and Sociology. Sheffield: Almond, 1983 (The Social World of Biblical Antiquity), p. 138-156.

do livro (cf. 9,11). Em terceiro lugar, como indicação do caráter escrito de Ezequiel, R. R. Wilson observa que o livro não apresenta o profeta transmitindo oralmente suas palavras[731]. Em quarto lugar, embora o estilo prosaico geralmente encontrado em Ezequiel não comprove que foi uma obra escrita desde o início, são comuns algumas características que não aparecem regularmente no discurso oral[732]. O surgimento de tais particularidades dariam ainda a entender que, na maior parte, Ezequiel originalmente constituía uma obra escrita. Em quinto lugar, o Livro de Ezequiel desenvolveu novas formas, em parte devido ao modo de produção de profecia escrita. Por exemplo, Wilson assinala a narrativa em primeira pessoa que se estende por todo o livro, uma forma que tem continuidade com os profetas do século VIII. Outras formas, incluindo-se a visão da carruagem divina no capítulo 1[733], o passeio dado por uma figura divina nos capítulos 8 e 40–48[734] e o plano detalhado nos capítulos 40–48, não aparecem na tradição profética anterior. Wilson atribui o surgimento da profecia escrita refletida em Ezequiel às distância geográficas entre as comunidades judaicas do século VI. Entre comunidades separadas por grandes distâncias, a profecia podia ser comunicada mais eficientemente em forma escrita.

---

731. WILSON, R. R. Ezekiel, p. 657-658. Posto que o Livro de Ezequiel pressuponha em seu público a noção de que algumas das profecias foram transmitidas oralmente (p. ex., 3,11; 6,2; 12,10.23; 13,7; 14,4), o retrato do profeta silente em Ez 3,26-27; 24,27 e 33,22 (GREENBERG, M. *Ezekiel 1–20*, p. 120-121) conviria melhor a um público leitor do que a um público ouvinte. Os retratos estendidos de Ezequiel e de Jeremias, em contraste com as descrições de Isaías, Oseias ou Amós, indicariam uma obra escrita, embora a observação desse contraste não tenha a intenção de sugerir que as histórias dos profetas do séc. VIII não fossem possivelmente de caráter escrito.

732. J. MacDonald identifica algumas características gramaticais comuns seja ao discurso oral, seja à poesia; ambos são notavelmente menos acentuados do que a prosa (Some Distinctive Features of Israelite Spoken Hebrew. *BiOr*, vol. 33, 1975, p. 162-175). Ademais, a ordem invertida das palavras acontece proporcionalmente com maior frequência na prosa do discurso direto e da poesia do que na prosa narrativa. Cf. tb. BLAU, J. Marginalia Semitica III. *IOS*, vol. 7, 1977, p. 23-27. Quanto aos problemas implicados na distinção entre prosa e poesia, cf. COOPER, A. On Reading Biblical Poetry. *Maarav*, vol. 4/2, 1987, p. 221-241.

733. GREENBERG, M. *Ezekiel 1–20*, p. 205-206.

734. Cf. HIMMELFARB, M. From Prophecy to Apocalypse: *The Book of the Watchers* and Tours of Heaven. *In*: GREEN, A. (ed.). *Jewish Spirituality*: From the Bible Through the Middle Ages. Nova York: Crossroad, 1987 (World Spirituality, An Encyclopedic History of the Religious Quest, 13), p. 155.

Pode-se argumentar da mesma maneira que o Segundo Isaías (Is 40–55) seja originalmente uma obra escrita[735] que imita o estilo poético do profeta que dá nome ao livro. Que esse seja o propósito da obra pode ser deduzido do fato de que o(s) autor(es) do Segundo Isaías permanece(m) anônimo(s); a autoridade do Segundo Isaías foi sublimada na identidade do profeta original. As formas verbais, conhecidas como "*waw* consecutivas", ou seja, a conjunção *waw* mais a duplicação da consoante inicial e o imperfeito, ou a conjunção *waw* mais o perfeito, aparecem menos frequentemente no discurso direto do que na narrativa[736], dando a entender que sua frequência no Segundo Isaías pode indicar uma composição escrita[737]. As obras escritas de Ezequiel e do Segundo Isaías permitiram uma reflexão constante sobre a história de Israel e sobre a natureza da deidade israelita. Do processo de reflexão e de escrita, surgiram claramente expressões do monoteísmo israelita.

Novas reflexões desenvolveram-se a partir das novas circunstâncias sociais de Israel, bem como de sua nova situação política no palco internacional do século VII em diante. A perda de patrimônios da família devido ao estresse econômico e incursões estrangeiras contribuem para o desaparecimento do modelo da família para a compreensão da divindade. Com a ascensão do indivíduo juntamente com a família como unidades significativas da identidade social (Dt 24,16; Jr 31,29-30; Ez 18; cf. 33,12-20),

---

735. EISSFELDT, O. *The Old Testament*: An Introduction. Tradução de P. R. Ackroyd. Nova York: Harper & Row, 1965, p. 340. Cf. tb. RAD, G. von. *Old Testament Theology vol. 2*: The Theology of Israel's Prophetic Traditions. Tradução de D. M. G. Stalker. Nova York: Harper & Row, 1965, p. 242; WILSON, R. R. The Community of the Second Isaiah. *In*: SEITZ, C. R. (ed.). *Reading and Preaching the Book of Isaiah*. Filadélfia: Fortress, 1988, p. 60. Cf. os fortes argumentos literários em prol dessa opinião apresentados por B. D. Sommer (*A Prophet Reads Scripture*: Allusion in Isaiah 40–66, Controversions. Jews and Other Differences. Stanford: Stanford University Press, 1998). Embora formas de *waw* consecutivo encontrem-se em discursos citados, elas são consideravelmente mais raras em discursos citados do que na narrativa (MACDONALD, J. Some Distinctive Features, p. 162-163, 175).

736. BLAKE, F. Forms of Verbs After Waw in Hebrew. *JBL*, vol. 65, 1946, p. 57.

737. Para casos de *waw* consecutivo no Segundo Isaías, cf. Is 40,4.5.14.22.24; 41,7.9.11; 42,15.16.25; 43,12.14.28; 44,4.12.13.14.15; 45,3.4.22; 46,4.13; 47,6.7.10; 48,5.15.18.19; 49,2.3.6.7.14.21.22.23.26; 50,6; 51,2.3.13.15.16.23; 52,10; 53,2.9; 54,12; 55,10.11.13 (cf. 42,6). No TM, *wĕ'āmar* em Is 40,6 é problemático. 1QIsaᵃ lê *w'wmrh*, que tem sido entendido ou como a forma da primeira pessoa com o fim "coortativo" *-ah* (CROSS, F. M. *Canaanite Myth and Hebrew Epic*, p. 188) ou como um particípio feminino singular (PETERSEN, D. L. *Late Israelite Prophecy*, p. 20-21, 46-47 n. 15). As evidências favorecem a primeira opinião (cf. BARTHÉLEMY, D. *Critique Textuelle de l'Ancien Testament*: Isaïe, Jérémie, Lamentations, p. 278-279).

veio a noção correspondente no nível divino, a saber, a de um único deus responsável pelo cosmo. A reduzida situação de Judá na cena mundial também exigia nova reflexão sobre a divindade. Assim como Marduk, Yahweh tornou-se um "deus-império", o deus de todas as nações, mas de um jeito que já não ligava intimamente os destinos políticos de Judá ao *status* desse deus. Com a inversão da antiga ordem de um rei divino e sua representação humana, régia na terra, Yahweh fica sozinho no reino divino, com todos os demais deuses como nada. Em resumo, o antigo deus-chefe do Israel monárquico tornou-se a divindade do universo[738].

5 O monoteísmo israelita em perspectiva histórica

A reconstrução histórica da religião de Israel que observa os variegados papéis do Estado e da religião popular, a mistura de traços religiosos autóctones e importados, além das complexas particularidades de convergência e diferenciação, solapa as principais opiniões acadêmicas acerca da religião israelita em geral e do monoteísmo israelita em particular. Alguns estudiosos propugnam por um monoteísmo israelita primitivo[739]. Albright fala de uma era mosaica de monoteísmo derivada da experiência do Sinai. H. Gottlieb, M. Smith, B. Lang e P. K. McCarter apontam o papel da monarquia no desenvolvimento do monoteísmo[740]. Morton Smith,

---

738. Quanto a estes tópicos, com ulterior discussão, cf. SMITH, Mark S. *The Origins of Biblical Monotheism*, esp. p. 77-79, 163-166.

739. Cf. estudiosos que falam de monoteísmo na "era mosaica": ALBRIGHT, W. F. *From the Stone Age to Christianity*: Monotheism and the Historical Process. Baltimore: Johns Hopkins University Press, 1957, p. 257-272; KAUFMANN, Y. *The Religion of Israel*, p. 229-231; MILGROM, J. "Magic, Monotheism, and the Sin of Moses. *In*: HUFFMON, H. B.; SPINA, F. A.; GREEN, A. R. W. (eds.). *The Quest for the Kingdom of God*: Studies in Honor of George E. Mendenhall. Winona Lake: Eisenbrauns, 1983, p. 251-265, esp. 263; ZEITLIN, I. M. *Ancient Judaism*: Biblical Criticism from Max Weber to the Present. Cambridge: Polity Press, 1984. Quanto a críticas a essa posição, cf. MEEK, T. J. Monotheism and the Religion of Israel. *JBL*, vol. 61, 1942, p. 21-43; BARR, J. Problem of Israelite Monotheism, p. 52-62; ROWLEY, H. H. Moses and Monotheism. *In*: *From Moses to Qumran, Studies in the Old Testament*. Londres: Lutterworth, 1963, p. 35-63; HALPERN, B. "Brisker Pipes Than Poetry", p. 80-82; resenha, feita por C. Schafer-Lichtenberger, de *Ancient Judaism*, de I. Zeitlin, *JAOS*, vol. 108, 1988, p. 160-162.

740. GOTTLIEB, H. El und Krt, p. 159-167; SMITH, Mark S. *Palestinian Parties and Politics*, p. 23; LANG, B. *Monotheism and the Prophetic Minority*, p. 13-59; McCARTER, P. K. Aspects of the Religion, p. 143. Cf. tb. HARTMANN, B. Es gibt keinen Gott ausser Jahwe. Zur generellen Verneinung im Hebräischen. *ZDMG*, vol. 110, 1960, p. 229-235.

seguido por Lang, enfatiza a importância do desenvolvimento do "partido Yahweh-somente" no século IX e posteriormente. Lang acentua especialmente a "minoria profética" que ofereceu o apoio inicial a essa postura religiosa no Reino do Norte, antes de sua queda, e mais tarde, no Reino do Sul. Muitos comentaristas atribuem grande importância ao exílio[741] como o período formativo para a emergência do monoteísmo israelita[742]. A posição de Israel em uma terra estrangeira ameaçava a validade de sua herança religiosa e a centralidade de Yahweh; o exílio mudou as circunstâncias da vida nacional e, portanto, alterou essa definição de centralidade. As circunstâncias radicais do exílio resultaram em uma redefinição radical da deidade.

Todas essas opiniões exigem, pelo menos, pequenas modificações tendo em vista as evidências apresentadas nos capítulos anteriores. Dificilmente o monoteísmo era uma característica da história mais primitiva de Israel. Na mesma linha, a convergência foi um desenvolvimento primevo que antecipa a posterior emergência da monolatria e do monoteísmo. A monarquia foi uma das muitas influências formativas no desenvolvimento da monolatria. Ademais, a convergência apareceu durante o período da monarquia e continuou também monarquia adentro. O "partido Yahweh-somente" representava uma modificação do culto da deidade nacional e um passo importante do desenvolvimento da monolatria. Segundo o mesmo padrão, outros fatores deram definição e ímpeto a essa posição religiosa. A diferenciação modelou a forma que a religião

---

741. EICHRODT, W. *Theology of the Old Testament vol. 1*. Tradução de J. A. Bakker. Londres: SCM, 1961 (OTL), p. 220-227, 363-364; RAD, G. von. *Old Testament Theology vol. 1*: The Theology of Israel's Historical Traditions. Tradução de D. M. G. Stalker. Nova York:, Harper & Row, 1962, p. 210-212; FOHRER, G. *History of Israelite Religion*, p. 172; WILDBERGER, H. Der Monotheismus Deuterojesajas. *In*: DONNER, H.; HANHART, R.; SMEND, R. (eds.). *Beiträge zur alttestamentlichen Theologie*: Festschrift für Walther Zimmerli zum 70. Geburtstag. Gotinga: Vandenhoeck & Ruprecht, 1977, p. 506-530; AHLSTRÖM, G. W. *Royal Administration*, p. 69; KLEIN, H. Der Beweis der Einzigkeit Jahwes bei Deuterojesaja. *VT*, vol. 35, 1985, p. 267-273; LANG, B. Yahwé seul! Origine et figure du monothéisme biblique. *Concilium*, vol. 97, 1985, p. 55-64. Para outras análises do desenvolvimento do monoteísmo em Israel, cf. MÜLLER, H. P. Gott und die Götter in den Anfängen der biblischer Religion: Zur Vorgeschichte des Monotheismus. *In*: *Monotheismus im Alten Testament und seiner Umwelt*. Friburgo: Verlag Schweizerisches Katholisches Bibelwerk, 1980, p. 99-142; STOLZ, F. Monotheismus in Israel. *In*: *Monotheismus im Alten Testament*, p. 143-189; HALPERN, B. Brisker Pipes Than Poetry, p. 77-115; PETERSEN, D. L. Israel and Monotheism, p. 92-107.

742. Cf. a introdução.

do "partido Yahweh-somente" assumiu na segunda metade da monarquia. Além disso, não está claro que esse "partido Yahweh-somente" se tenha originado como "uma minoria profética", parafraseando as palavras de B. Lang. De preferência, embora obras proféticas ofereçam o melhor testemunho da posição do "Yahweh-somente", a profecia israelita era largamente dependente de outras camadas da sociedade. Em outras palavras, o "partido Yahweh-somente" pode não ter se desenvolvido como uma posição puramente profética (cf. Ex 20,3; 22,19; 2Sm 22 [Sl 18],32)[743]. Por fim, a expressão literária do monoteísmo em um ponto relativamente tardio na história de Israel, tanto no fim da monarquia quanto no exílio, "sobrescreve" e obscurece o longo desenvolvimento que envolveu o fenômeno mais antigo da monolatria, bem como os importantes papéis da convergência e da diferenciação.

Alguns estudiosos têm enfatizado a religião primitiva de Israel como o período quintessencial do javismo puro. Seguindo as pegadas de Albright, G. Mendenhall e J. Bright postulam um javismo primitivo puro que foi contaminado secundariamente no país pelo culto de Baal e de outra idolatria[744]. Em seus esquemas, a monarquia era uma influência amplamente negativa. Há três problemas fundamentais com essa caracterização da religião israelita. Primeiro, algumas das características que Mendenhall e Bright viram como idolatria secundária pertenciam à herança cananeia. O culto de Baal, o símbolo da asherah, os lugares altos e as práticas culturais que envolviam os mortos faziam parte do passado antigo de Israel, seu passado cananeu. Segundo, a "forma mais pura de javismo" não pertenceu a um estágio primevo da história de Israel, mas sim à monarquia tardia. A diferenciação do culto de Yahweh não começou senão no século IX e floresceu plenamente apenas no século VIII e mais tarde. Mesmo essa era de reforma foi marcada por outros desenvolvimentos religiosos considerados idólatras por gerações posteriores; os cultos da

---

743. WILSON, R. R. *Prophecy and Society in Ancient Israel*. Filadélfia: Fortress, 1980, p. 192-212.

744. MENDENHALL, G. The Monarchy. *Interpretation*, vol. 29, 1975, p. 155-170; *The Tenth Generation*, p. 21-31, 114, 181, 196; cf. BRIGHT, J. *A History of Israel*. Filadélfia: Westminster, 1972, p. 141, 221-224, 281-282. Quanto a críticas dessas visões negativas da monarquia e uma avaliação positiva da monarquia, cf. ROBERTS, J. J. M. In Defense of the Monarchy: The Contribution of Israelite Kingship to Biblical Theology. *In*: MILLER JR., P. D.; HANSON, P. D.; McBRIDE, S. D. (eds.). *Ancient Israelite Religion*: Essays in Honor of Frank Moore Cross, p. 377-396.

"Rainha do Céu" e de "o Tamuz" minam qualquer idealização da monarquia tardia. Os programas religiosos de Ezequias e de Josias têm sido alegados como momentos de pureza religiosa em Judá, embora até mesmo tais condutas tivessem suas razões políticas[745]. A forma pura de javismo que Mendenhall e Bright imaginam era, talvez, um ideal raramente alcançado, ou nunca, antes do exílio – se é que o foi mesmo assim. Terceiro, a monarquia não era a vilã da religião israelita que Mendenhall e Bright fazem dela. Sem dúvida, a monarquia fez diversas contribuições decisivas para o desenvolvimento da monolatria. Em resumo, Mendenhall e Bright interpretam mal grande parte do desenvolvimento religioso de Israel.

Na análise apresentada nos capítulos precedentes, o clássico problema do monoteísmo é recuado no tempo. O problema não é o de identificar as instâncias mais primitivas da monolatria; antes, a antiga questão de explicar o monoteísmo torna-se um novo problema de como explicar o fenômeno da convergência, um estágio no desenvolvimento da religião israelita mais antigo do que o surgimento da monolatria. Três níveis de desenvolvimento no Israel primitivo apoiam-se em convergência. O primeiro reflete a herança canaanita de Israel; os componentes nessa categoria incluem El, Baal, Asherah e suas imagens e título, bem como as práticas cultuais da asherah, dos lugares altos e a devoção aos mortos. O segundo nível envolve particularidades que Israel partilhava com seus vizinhos do primeiro milênio: o surgimento da nova deidade nacional, a presença de uma deusa consorte e um pequeno número de deidades atestadas, quando comparado com o das culturas semíticas ocidentais do segundo milênio. Terceiro, há características específicas da cultura israelita, tais como o novo deus, Yahweh, as tradições de origens separadas e o santuário do Sul, a exigência anicônica e o decrescente antropomorfismo. Qualquer uma das particulares nessa terceira categoria pode ser invocada para ajudar a explicar a convergência. A tradição bíblica concernente ao desenvolvimento religioso de Israel separadamente inclui aspectos dos três itens na terceira categoria; ela enfatiza especialmente as origens de Israel fora do país, a entrega da Lei (Torá) e a criação do relacionamento

---

745. L. K. Handy (Hezekiah's Unlikely Reform. *ZAW*, vol. 100, 1988, p. 111-115) debate os motivos religiosos ligados à reforma de Ezequias em 2Cr 31 e atribui as mudanças de Ezequias em estratégias religiosas às vicissitudes políticas dos avanços de Senaqueribe em Judá.

de aliança no Monte Sinai. Os traços que pertencem à terceira categoria são as "explicações" mais promissoras.

No entanto, apelar para eles seria estabelecer como premissa a pressuposição de que esses elementos religiosos foram causas, enquanto a convergência e o monoteísmo foram os efeitos. O relacionamento histórico que jaz por trás desses itens (ou de outros que possam ser mencionados) é desconhecido, e a explicação da emergência de qualquer um desses itens é historicamente problemática para o período do Ferro I. Continuidades e descontinuidades culturais significativas de Israel com seu passado cananeu e com seus vizinhos da Idade do Ferro são identificáveis, mas causas históricas não podem ser adicionalmente esclarecidas nessa etapa da investigação. O desenvolvimento subjacente por trás do monoteísmo israelita torna-se impossível de rastrear retroativamente ao ponto do surgimento do antigo Israel histórico, por volta do ano 1200.

Embora as razões para a "convergência" israelita não sejam claras, as complexas sendas da convergência para a monolatria e para o monoteísmo podem ser seguidas. O desenvolvimento da monolatria e do monoteísmo israelita envolveu tanto uma "evolução" quanto uma "revolução" na conceituação religiosa, para usar categorias de D. L. Petersen[746]. Foi uma "evolução" em dois aspectos. A monolatria surgiu de um politeísmo israelita primitivo, limitado, que não era estritamente descontínuo em relação ao de seus vizinhos da Idade do Ferro. Além do mais, a aderência a uma deidade era uma realidade mutável dentro do período dos Juízes e da monarquia em Israel. Embora evolucionária no caráter, a monolatria israelita era também "revolucionária" em alguns aspectos. Esse processo de diferenciação e a consequente eliminação de Baal do culto nacional de Israel distinguiram a religião israelita da religião de seus vizinhos. Além disso, conforme P. Machinist observou[747], uma característica que distinguia claramente Israel de seus vizinhos era sua reivindicação apologética

---

746. PETERSEN, D. L. Israel and Monotheism, p. 92-107. Mendenhall (*The Tenth Generation*, p. 21, 194) e Moor (Crisis of Polytheism, p. 1-20) defendem um esquema revolucionário.

747. MACHINIST, P. The Question of Distinctiveness in Ancient Israel: An Essay. Cf. tb. GREENSTEIN, E. L. The God of Israel and the Gods of Canaan: How Different Were They? *In*: MARGOLIN, R. (ed.). *Proceedings of the World Congress of Jewish Studies, Jerusalem, July 29-August 5, 1997, Division A, The Bible and Its World*. Jerusalém: World Union of Jewish Studies, 1999, p. 47-58; GELLER, S. A. The God of the Covenant. *In*: PORTER, B. N. (ed.). *One God or Many?*

de diferença religiosa. A insistência israelita em uma única divindade, no fim de contas, distinguiu Israel das culturas circunjacentes, tanto quanto o indicam os dados textuais.

Concepts of Divinity in the Ancient World. Bethesda: CDL Press, 2000, p. 273-319; ZEVIT, Z. *The Religions of Ancient Israel*, p. 687-690.

7
POST-SCRIPTUM
RETRATOS DE YAHWEH

1 Processos que levaram a retratos divinos em Israel

O desenvolvimento em direção ao monoteísmo em Israel envolveu complexos processos de convergência e de diferenciação de deidades. A convergência de outras divindades ou, pelo menos, suas características para Yahweh não envolveu um único padrão. A polêmica, por exemplo, era direcionada contra Baal e, em menor escala, à asherah e ao Sol. A polêmica não apenas era um fator negativo nesses casos, mas também envolvia um processo positivo em ação, nomeadamente, a atribuição de características positivas de outras deidades a Yahweh. Em algumas instâncias, a polêmica envolvia crítica direta a outras deidades, tais como Baal, ou a objetos de culto, tais como a asherah (2Rs 21,7; 23,4), os asherim (2Rs 23,14), "os cavalos [...] dedicados ao Sol" e "os carros do Sol" (2Rs 23,11). Às vezes a polêmica assumia a forma de representação negativa, como na descrição dos sacerdotes que se prostravam diante do Sol em Ez 8,16. A identificação de Yahweh com outra deidade ocasionalmente fugia à polêmica. Uma vez que El já não era uma ameaça religiosa no primeiro milênio, a identificação positiva de Yahweh-El foi feita sem acusações posteriores de idolatria.

Essa discussão tem enfatizado o processo de adição de outras deidades ou de seus traços a Yahweh. Yahweh recebe os títulos de *'ēl* ou *ba'al*, ou é chamado "o Sol", ou são-lhe atribuídas as características deles. A palavra "adição" pode também ser aplicada à incorporação de atributos distintamente diferentes dentro de Yahweh. Tanto a linguagem solar quanto a de tempestade são atribuídas a Yahweh em diferentes passagens e até mesmo dentro das mesmas unidades. De modo semelhante, Yahweh incorpora ora o masculino, ora o feminino; quer El, quer Asherah. Não é infrequente que a adição seja acompanhada pela particularidade do paradoxo. Por exemplo, 1Rs 17–19 dramatizam como Yahweh, mesmo controlando o poder natural associado a Baal, transcende-o igualmente. Yahweh é conhecido seja no sol, seja na tempestade, mas ao mesmo tempo transcende tais manifestações. Onde está envolvida a crítica explícita a outra deidade, como nesse caso, o paradoxo funciona como uma forma de polêmica. Outro uso do paradoxo novamente envolve a aplicação de gênero. Posto que Yahweh incorpore as características da mãe e do pai, por exemplo, na experiência parental que eles transmitem, Yahweh também transcende a finitude humana inerente em ambos (Sl 27,10). O paradoxo da manifestação natural é representada, portanto, pela linguagem bíblica do "ver a Deus", uma experiência que foi negada às vezes (Ex 33,20.23) e afirmada em outras ocasiões (Nm 12,8; Is 6,1; Jó 42,5; cf. Dt 34,11; Sl 11,7; 17,15; 27,4.13; 42,3; 63,3).

Um processo adicional que subjaz o desenvolvimento da convergência e da diferenciação foi a criação de novos contextos para expressões metafóricas que funcionavam originalmente em contextos politeístas. Yahweh é chamado um "Sol" (Sl 84,12) e descrito como "levantando-se" como o Sol (Dt 33,2). Embora se tenha pensado que essa atribuição solar foi tomada demasiado literalmente (pelo menos de acordo com Ez 8,16), a linguagem solar funcionava para comunicar aspectos de Yahweh sem reduzir Yahweh ao Sol. Em Gn 1,14, a absorção da linguagem solar trabalha em outra direção. Nessa passagem, o sol não é uma deidade, mas funciona como uma grande luz que Deus (*'ĕlōhîm*) criou e colocou no firmamento. Alguns motivos originalmente politeístas foram mudados em formas consideradas compatíveis com o javismo monoteísta. Um exemplo dramático dessa alteração é a figura feminina da Sabedoria em Pr 1–9. Adicionalmente a seus demais componentes, ela talvez incluísse alguns traços de Asherah. A representação da presença divina como "glória" (*kābôd*) ou "nome" (*šēm*) constituía estratégias alternativas para expressar a presença divina[748]. O pano de fundo do "nome" divino e da "face" de Deus deve ser encontrado precisamente no ambiente canaanita das outras deidades. Apesar de tais termos, tanto no contexto canaanita-fenício quanto no contexto israelita, expressarem qualidades divinas, em Israel mitigavam o antropomorfismo que caracterizava descrições mais antigas da deidade mais em continuidade com a herança cananeia de Israel.

Por fim, o registro bíblico envolve um deslocamento na perspectiva temporal atinente a Yahweh e a outras deidades. Não obstante características de El e de Baal tenham sido convincentemente reconhecidas em Yahweh, algumas passagens bíblicas consideram as outras deidades como originalmente alheias a Israel e a Yahweh (Ex 34,11-16; Dt 32,12.39; Ez 28). Ez 20,25-26 oferece um tipo diferente de explicação para a prática, aliás, proibida do sacrifício de crianças. Nessa passagem, Yahweh descreve o sacrifício de crianças como punição divina: "Eu, por minha vez, dei-lhes leis funestas e preceitos pelos quais não podiam viver. Tornei-os impuros por seus dons quando faziam passar pelo fogo todo primeiro filho nascido; era para horrorizá-los, a fim de que soubessem que eu sou Yahweh". Analogamente, Jr 7,21-22 dissolve a autoridade divina para o sacrifício de crianças ao negar que Yahweh alguma vez o tenha ordenado. Para o registro bíblico, a ordem da história não é teologicamente equivalente à ordem da realidade. Consequentemente, compreender Yahweh envolve uma interpretação teológica da história que, de acordo com a perspectiva bíblica, permite que a natureza de Yahweh seja revelada mais plenamente. Embora recorrendo a uma tradição mais antiga e alegando fundamento na história mais primeva de Israel, os materiais profético e legais refletem uma contínua reflexão a respeito de Yahweh, suplementando e corrigindo representações mais antigas incompletas do divino.

Esses processos representam vários aspectos da convergência e da diferenciação. Ambas influenciaram as representações do divino encontradas na BH. A inclusão da linguagem solar para Yahweh, a aceitação do símbolo da asherah e dos locais de culto dos lugares altos e de numerosas práticas pertinentes ou relativas aos mortos durante muito tempo escaparam à crítica sacerdotal, deuteronomista e profética. O antigo corpo de

---

748. Cf. capítulo 3, seção 5.

literatura israelita destina a linguagem solar a Yahweh. Como mostra a reconstrução oferecida no capítulo 3, o símbolo da asherah foi assimilado no culto javista. A convergência aparentemente explica as numerosas descrições de Yahweh com imagens associadas a El, Baal e a outras deidades na tradição canaanita. A diferenciação de Yahweh em relação a algumas descrições tradicionais para tais deidades é também evidente. Algumas características religiosas tradicionais foram finalmente condenadas como não javistas e, em última instância, desapareceram gradualmente do culto nacional de Yahweh. Alguns aspectos, inclusive a identificação Yahweh--El e a atribuição de características de Baal a Yahweh, continuaram a ser aceitos. Dentro do javismo monoteísta, a figura de Yahweh absorveu algumas particularidades de outras deidades sem a aceitação da realidade delas isoladamente.

2 A ausência de alguns papéis canaanitas divinos no registro bíblico

Os traços de deidades cananeias são atestados na tradição bíblica em graus amplamente variados. Alguns papéis eram aplicados frequentemente a Yahweh, outros menos, e alguns de forma alguma[749]. Certas descrições de El e de Baal são altamente flagrantes em algumas representações bíblicas de Yahweh. Outras particularidades que descrevem o divino desempenham um papel inferior. Por exemplo, o conselho divino nos textos bíblicos exibe poucos sinais do magnífico banquete do panteão ugarítico, embora traços de banquete divino sobrevivam no registro bíblico (Ex 24,11)[750]. Descrições do templo celestial simplesmente se materializam na tradição bíblica (Ex 24,10; Ez 1,26), embora 1Enoque 14 e as Canções do Sacrifício Sabático de Qumrã indiquem a disponibilidade

---

749. Cf. a importante compilação de M. C. A. Korpel (*A Rift in the Clouds*: Ugaritic and Hebrew Descriptions of the Divine. Münster: Ugarit-Verlag, 1990). Cf. tb. o estimulante estudo de J. D. Fowler (*Theophoric Personal Names in Ancient Hebrew*: A Comparative Study. Sheffield: JSOT Press, 1988 [JSOTSup, 49]).

750. A propósito do banquetear-se divino em ugarítico, cf. especialmente KTU 1.3 I; 1.4 VI; 1.15 III; 1.20-22. A sequência de banquete e relações sexuais subjaz em 1.4 IV 27-39 e 1.23.37-52. Quanto a essa seção de 1.23, cf. OLMO LETE, G. del. *Mitos y leyendas*, p. 434-435, 444-445; GOOD, R. M. Hebrew and Ugaritic *nḫt*. *UF*, vol. 19, 1987, p. 155-156.

desse material na tradição israelita[751]. Com efeito, apocalipses intertestamentários e o Livro do Apocalipse atestam fortemente a persistência de material mítico. Vários livros bíblicos, especialmente Ezequiel, oferecem vislumbres desse material e indicam conhecimento de tais tradições.

Outros papéis divinos, conhecidos a partir da literatura ugarítica, estão notavelmente ausentes tanto do registro bíblico quanto da literatura judaica extrabíblica. Yahweh não aparece como El, o beberrão embriagado (KTU 1.114) e parceiro sexual das deusas (KTU 1.23.30-51; cf. 1.4 V 38-39), ou Baal, o deus moribundo (KTU 1.5 V–1.6 V) e parceiro sexual voraz de animais (KTU 1.5 V 18-22) e talvez de sua irmã, Anat (KTU 1.11.1-5). Yahweh é diferente de Anat, que se banqueteia com a carne de suas vítimas militares (KTU 1.3 II), ou a deusa solar em seu papel no mundo inferior (KTU 1.6 I 10-18, VI 42-53; cf. 1.161.8-9.)[752]. Dessas imagens, somente a linguagem de banquetear-se com os inimigos é atestada na literatura bíblica, e mesmo ela aparece indiretamente em relação a Yahweh. Ademais, o traço do banquetear-se divino na tradição bíblica dificilmente transmite o caráter rico e vívido das imagens divinas expressas nas narrativas ugaríticas. As descrições canaanitas traduzem o comportamento divino em termos humanos ou naturais, diferindo das representações bíblicas de Yahweh em duas áreas, principalmente: sexo e morte. El, Baal e talvez Anat participam de atividade sexual, e Baal, Anat e a deidade solar estão intimamente envolvidos no processo da morte e do retorno à vida. Nos textos ugaríticos, as relações sexuais fazem parte da vida divina. A morte, seja em sua manifestação na figura de Mot, seja nas descrições de seus efeitos, faz parte do reino natural e divino, no mesmo nível que Baal, a fonte da vida e do bem-estar do cosmo. Posto que parte

---

751. Em relação ao tema do templo celestial em ugarítico, na literatura bíblica e intertestamentária, cf. HIMMELFARB, M. From Prophecy to Apocalypse, p. 145-165; SMITH, Mark S. Biblical and Canaanite Notes, p. 585-587.

752. A respeito de KTU 1.114, cf. SPRONK, K. Beatific Afterlife, p. 198-201. Sobre os abusos sexuais de El em KTU 1.23, cf. POPE, M. H. El in the Ugaritic Texts, p. 37-41; Ups and Downs in El's Amours. UF, vol. 11, 1979 (= Festschrift für C. F. A. Schaeffer), p. 701-708; cf. CROSS, F. M. Canaanite Myth and Hebrew Epic, 22-24; OLYAN, S. M. Asherah and the Cult of Yahweh, p. 42 n. 13. Em relação a KTU 1.5 V e ao lugar do acasalamento de Baal, cf. SMITH, Mark S. Baal in the Land of Death. UF, vol. 17, 1986, p. 311-314. A literatura bíblica geralmente traduz o poder da morte como demoníaco e não como uma deidade plena (cf. capítulo 2, seção 2, e SMITH, Mark S. The Origins of Biblical Monotheism, p. 130-131).

desse material mítico apareça na tradição bíblica em vários contextos e de forma fragmentária, a linguagem de morte aplicada a Yahweh é rara e largamente metafórica. Yahweh não morre, nem mesmo figurativamente; não tem uma consorte, de acordo com todas as fontes bíblicas; tampouco se envolve em sexo divino.

É excepcionalmente difícil estabelecer as razões para a seleção e a distribuição de papéis divinos nos textos bíblicos[753]. Podem-se oferecer algumas sugestões, mas somente de modo altamente provisório; tal exploração traz o caráter do possível, mas não do verificável. Em primeiro lugar, várias críticas ao culto israelita da metade tardia da monarquia, incluindo-se as fontes sacerdotais e deuteronomistas, rejeitavam as práticas religiosas dos vizinhos de Israel, as quais tanto Israel quanto seus vizinhos partilhavam como resultado de sua herança canaanita comum. Os lugares altos constituem um exemplo especialmente pertinente, visto que as críticas a povos estrangeiros às vezes incluem o escárnio dessa prática religiosa.

Em segundo lugar, conforme observado no capítulo 3, a representação de Yahweh tornou-se decrescentemente antropomórfica em certa medida, especialmente nas tradições sacerdotais e deuteronomistas[754].

---

753. Um problema na comparação de concepções de deidade nas literaturas ugarítica e israelita é a maneira como os estudiosos usam gêneros diferentes para servir como a base da comparação. P. ex., representações de deidades no ciclo do Baal ugarítico, Aqhat ou Keret, são comumente comparadas com descrições de Yahweh nos Salmos. Embora exista certamente material comum entre esses dois grupos, o antropomorfismo relativo pode ser mais bem calculado comparando-se descrições de deidade nos Salmos com orações ugaríticas (p. ex., KTU 1.119.26-38). A propósito desses problemas cf. CASSUTO, U. *Biblical and Oriental Studies vol. 2*: Bible and Ancient Oriental Texts, p. 69-109; CONROY, C. Hebrew Epic: Historical Notes and Critical Reflections. *Biblica*, vol. 61, 1980, p. 1-30; CROSS, F. M. *Canaanite Myth and Hebrew Epic*, esp. p. viii-ix; GREENFIELD, J. C. Hebrew Bible and Canaanite Literature, p. 545-560; HALLO, W. W. Individual Prayers, p. 71-75; PARKER, S. Some Methodological Principles in Ugaritic Philology. *Maarav*, vol. 2/1, 1979, p. 7-41; TALMON, S. Did There Exist a Biblical National Epic? *In: Proceedings of the Seventh World Congress of Jewish Studies*: Studies in the Bible and the Ancient Near East. Jerusalém: World Union of Jewish Studies, 1981, p. 41-61. Pode-se argumentar que a carência de material mítico de Israel, comparando-se com seus vizinhos cananeus, é um sinal a mais de seu caráter religioso distintivo. Contudo, o forte caráter mítico em algum material apocalíptico indica que Israel continuou a empregar significativamente descrições antropomórficas de Yahweh (cf. capítulo 3, seção 5, para discussão). Para o debate de alguns desses problemas em moldura teológica, cf. CHILDS, B. S. *Myth and Reality*, p. 94-105. Concernente à questão do material mítico na história deuteronomista, cf. *The First Historians*, p. 266-271.

754. Os rótulos "sacerdotal" e "deuteronomista" não pretendem implicar que proponentes da teologia deuteronomista não participaram do sacerdócio de Israel. Alguns membros pertenciam ao

Essas mesmas tradições dominaram a produção e a transmissão de textos bíblicos do fim do século VIII ao século VI. A fase de diferenciação na segunda metade da monarquia e no exílio coincidiu com o período da maior produção literária, quando as tradições sacerdotais e deuteronomistas deixaram tão fortemente sua marca. Por outro lado, material textual que data do período do Ferro I é escasso, e toda a série de fenômenos religiosos desse período está ausente do registro existente[755]. Indubitavelmente, a tradição bíblica alude, de passagem, a fontes textuais agora perdidas do período do Ferro I (Nm 21,14; 21,27; Js 10,12; 2Sm 1,17). Pareceria que as tradições sacerdotais e deuteronomistas influenciaram fortemente os papéis divinos expostos na Bíblia, pelo menos para aqueles papéis que sobreviveram na literatura judaica pós-exílica, incluindo o conselho divino (Zc 3; Dn 7) e o templo celestial (1Enoque 14; os Cânticos do Sacrifício Sabático).

Em terceiro lugar, um processo adicional parece subjazer a omissão de alguns papéis. A linguagem divina do sexo e da morte não sobreviveu de forma alguma, embora o politeísmo tenha persistido esporadicamente em um contexto javista. Essas omissões podem ser explicadas apelando-se para a influência das tradições sacerdotais e deuteronomistas. Devido à insistência sacerdotal na impureza da morte e das relações sexuais, é difícil resistir à sugestão de que a apresentação de Yahweh geralmente

---

sacerdócio levítico no Reino do Norte até o tempo de sua queda e provavelmente depois, dadas as indicações bíblicas de atividade religiosa posterior (2Rs 23,19; cf. 2Cr 30,1-12; 31,1; 34,9; 35,18; Jr 41,5) (sem dúvida, a reforma do culto de Betel depois da queda do Reino do Norte mencionada em 2Rs 23,15 não indica influência sulista no Norte de modo geral, visto que Betel pertencia à tribo de Benjamim. Em razão de sua proximidade geográfica em relação ao Sul, Benjamim tornou-se uma parte virtual do Reino do Sul, conforme o ilustra Jr 16,26. Quanto à fronteira norte de Judá, cf. CROSS, F. M. *Canaanite Myth and Hebrew Epic*, p. 109 n. 57). Alguns membros do sacerdócio levítico nortista foram para Jerusalém na véspera da queda do Norte. Naquele período, visões deuteronomistas tornaram-se influentes na capital sulista (cf. WILSON, R. R. *Prophecy and Society in Ancient Israel*, p. 156-157, 298-306). O pano de fundo levítico da teologia deuteronomista ilustra o quanto o Pentateuco e os livros históricos e proféticos foram modelados por membros do sacerdócio de Israel. Sem dúvida, o desenvolvimento da BH é amplamente devido à história do conflito e do compromisso entre várias linhas sacerdotais de Israel. Para uma análise da história da religião israelita juntamente com essas linhas, cf. HANSON, P. D. *The People Called*: The Growth of Community in the Bible. São Francisco: Harper & Row, 1986; cf. McBRIDE JR., S. D. Biblical Literature in Its Historical Context: The Old Testament. *In*: MAYS, J. L. (ed.). *Harper's Bible Commentary*. São Francisco: Harper & Row, 1988, p. 14-26.

755. SMITH, Mark S. *Palestinian Parties and Politics*, p. 19.

assexuada e sem referência à morte foi produzida precisamente por um sacerdócio cujas noções centrais de santidade envolviam a separação dos reinos da impureza, especificamente das relações sexuais e da morte. Para o sacerdócio, havia vários níveis de pureza cultual, e a deidade representava o epítome dessa hierarquia. Sacerdotes são restritos em sua seleção de esposas e também no contato com os mortos (Lv 21,7), em comparação com os não sacerdotes (Nm 11–19; 31,19).

O sumo sacerdote é ainda mais restrito do que o sacerdócio em geral (Lv 21,11-13). Diferentemente de outros sacerdotes, o sumo sacerdote está associado à santidade do santuário divino. Mais santa do que o santo dos santos, a deidade constituía a plena manifestação da santidade, alguém totalmente tirado dos reinos da sexualidade e da morte. Dado o desenvolvimento desse conceito dentro dos círculos sacerdotais, pode-se compreendê-lo como um desenvolvimento intraisraelita, e não necessariamente uma particularidade original de Yahweh. Essa representação da deidade pode ter sido direcionada não somente contra outras visões de Yahweh ou contra outras deidades no antigo Israel às quais eram atribuídas relações sexuais e morte, mas também, talvez especificamente, contra práticas religiosas e da vida em família que incluíam contato com os ancestrais mortos e a crença em uma religião doméstica chefiada por um casal divino (conforme modelada em sua própria vida familiar)[756].

A ausência de sexo e morte divinos no registro bíblico pode fazer parte de uma reação que antecede a produção sacerdotal e deuteronomista de textos bíblicos. Dada a viabilidade histórica da linguagem de Baal até o século IX e a virulenta oposição a Baal a partir do século IX e em seguida, os papéis divinos que envolviam sexo, morte e politeísmo talvez tenham cessado cedo em algumas fontes sacerdotais e deuteronomistas. Quiçá nas áreas do sexo e da morte divinos, o antropomorfismo reduzido constituiu um fator significativo. Antropomorfismo reduzido aparentemente pertenceu a um período anterior da religião israelita e continuou pelo exílio. Portanto, pode ajudar a explicar a redução geral da deusa na religião israelita e a omissão dos papéis do sexo e da morte para Yahweh.

---

756. Para estes pontos, cf. SMITH, Mark S. Yahweh and Other Deities in Ancient Israel. *In*: DIETRICH, W.; KLOPFENSTEIN, M. (eds.). *Ein Gott allein?*, p. 222-223.

Seja como for, graças à evidência que Gn 49 oferece, pode-se pressupor que o politeísmo fazia parte da religião de Israel antes do século X e, no caso da "Rainha do Céu" e talvez de outras deidades menores, igualmente depois desse período. Analogamente, os papéis divinos no sexo e na morte podem ter feito parte do repertório de descrições de Yahweh ou de outras deidades adoradas pelos israelitas antes do século X e possivelmente depois, embora nenhuma evidência conhecida atualmente dê suporte a essa reconstrução.

Em conclusão, os cultos das deidades mais importantes desenvolveram-se diferentemente em Israel e em seus vizinhos. Os desenvolvimentos religiosos específicos de Israel desempenharam um papel no processo, sublinhando a seleção e modelando os principais papéis divinos e as imagens para Yahweh a partir da herança próximo-oriental de Israel, especialmente manifesta em textos e tradições canaanitas e mesopotâmicas[757]. À semelhança de outras deidades do Oriente Próximo, Yahweh oferecia fertilidade no cosmo, agia como governador do mundo e mostrava o cuidado de um parente divino. Contudo, à diferença de outras deidades que combinavam essas funções (tal como Marduk), Yahweh exercia uma variedade de papéis, até mesmo às vezes conflituosos, em detrimento dos cultos de outras divindades. Às vezes incorporava capacidades aparentemente contraditórias; era visto como manifesto na natureza e além da natureza; ocasionalmente era antropomórfico e, no entanto, ultrapassava a humanidade. Representado na pessoa humana (Gn 1,26-28), mas apenas parcialmente imaginável (Is 55,8-9), Yahweh era uma deidade suficientemente poderosa tanto para proteger (Sl 48; Is 31,4) quanto punir Israel (Jr 9,8-9). Yahweh era igualmente uma deidade pessoal (Dt 4,7), cuja dor assemelhava-se à de Israel (TM, Jr 9,9 [E 10]; cf. 12,7-13). Yahweh consolava Israel (Is 40,2), respondia a ele (Ex 3,7; Sl 99,8; Os 2,23-25 [E 21-23]) e amava-o (Os 2,16 [E 14]; Jó 37,13). As qualidades de Yahweh eram amiúde expressas em termos amplamente modelados pelas características de outras deidades pertencentes à antiga herança de Israel, a qual o próprio Israel rejeitou no decurso do tempo.

---

757. JACOBSEN, T. *The Treasures of Darkness*: A History of Mesopotamian Religion. New Haven: Yale University Press, 1976, esp. p. 164; PETERSEN, D. L. Israel and Monotheism, p. 92-107.

ÍNDICE DE TEXTOS

Citações bíblicas

Gênesis
1 219-220
1,1–2,3 29
1,14 236, 285
1,14-16 233
1,16 236
1,26 219-220
1,26-28 219, 220, 292
2–3 208
2,10 122, 207
3,22 207, 219
3,24 217
11,7 219
14,18 118
14,19 101
16,13 218
17,1 122
19,3 195
19,13 99
20,17 99
21,33 182
22 251
22,2 256
27,28 111
28,3 122
32,21 82
32,31 194
32,32 149
33,10 194
34 102
35,4 185
35,11 122
36,35-36 124
36,38 124
36,38-39 107
36,39 124
38,21-22 83
43,14 122
46,1 81
48,3 122
49,8 109-115, 117, 292
49,18 91, 114
49,24 151, 211
49,24-25 91, 109-115
49,25 89, 122, 139,
   198, 200, 203, 213
49,25-26 117, 119, 120

Êxodo
3,7 292
4,22 99, 203, 212
6,2-3 94
6,15 86
6,23 132
10,25 81
10,28-29 194
12,13 98, 217
14,2 141
14,9 141
15 159
15,4 84
15,11 57
15,13 157
15,17 157
15,18 159
17,1-7 211
18,12 81
19,11 216
19,18 216
19,20 216
20 273
20,3 120, 267, 280
22,19 267, 280
23,16 167
23,20-21 217
23,23-24 57
24,1-11 267
24,4 270
24,7 270
24,9-11 216, 218
24,10 287
24,11 287
24,12 270
24,16 216
25,22 218
26–40 100
32–34 273
32–33 217
32,18 144
32,34 217
33–34 218
33,2 217
33,7-11 100
33,9 216
33,13 (LXX Vat.) 218
33,14 217
33,15 194
33,16 217
33,20 285
33,23 285

34,5 216
34,6 99
34,11-16 57, 286
34,13 178, 180, 237
34,22 167
34,29 256
34,33-35 256

Levítico
1 81
1,9 216
1,13 216
1,17 216
2,1-16 81
2,2 216
3 81
4–5 82
6,15-16 81
16 82
17,11 82
18,21 251
19,26 242
19,26-28 241, 245
20,2-5 251
20,3 251
20,6-7 241
21,5 245
21,6 216
21,7 291
21,8 216
21,10 82
21,11-13 291
21,17 216
22,25 216
26 216
26,12 216
26,30 216

Números
3,9 82
3,36 100
4,31 100
5,23-24 270
6,24-26 230
6,25 231
7,89 217

8,19 82
10,29-30 86
11–19 291
11,12 211
11,17 216
11,25 216
12,5 100, 216
12,8 218
12,10 100
12,13 99
16,22 217
20,2-13 211
21,14 270, 290
21,27 290
21,33 259
22–24 121
23,24 175
24,4 118, 121
24,8 151
24,16 121
25,1-5 86
25,2 242
25,5 145
26,30 132
27,16 217
28,2 216
30 81
31,19 291
32,38 145
33,7 141
35,25-28 82

Deuteronômio
1,4 259
3,1 259
3,9 145
4,3 145
4,7 292
4,12 218
4,15-16 218
4,23 218
5 273
5,7 120
7,5 178, 237
7,13 113, 144
9,10 273

10,2 273
10,4 273
12–26 273
12 81
12,1-14 238
12,2 238
12,3 178, 237, 238
12,18 218
12,31 251
13,17 81
14,1 245
16,21 178, 181, 186
16,22 237
18 271
18,9-22 241
18,10 251
18,10-11 241, 247
23,18 (E 17) 82
24,16 277
26,14 243
28,4 113, 144
28,18 113, 144
28,51 113, 144
29,16 188
30,10 270
31,14 100
31,15 100
31,24-26 270
32 90-91, 119, 211
32,4 211
32,6 99, 203, 212
32,6-7 101
32,8 90, 92, 118, 220
32,8-9 92-93
32,12 90, 211, 286
32,13 211
32,15 211
32,16 211
32,16-17 95
32,17 90
32,18 203, 210, 211
32,21 211
32,24 143, 144
32,30 211
32,31 211
32,34 147

32,37 211
32,37-38 211
32,39 120, 211, 286
32,42 175
32,42-43 175, 176
32,43 175
33 117
33,2 83, 146, 147,
  225, 285
33,10 81
33,13 111, 122, 139
33,26 147
33,26-27 114, 117-119
34,11 285

Josué
3,10 86
5,13-15 98
6,25 86
9,1 86
9,15 86
10,12 270, 290
10,12-13 225
11,3 86
11,17 145
12,4 259
12,7 145
12,8 86
13,5 145
13,12 259
13,31 259
14,13-14 86
15,59 171
16,10 136
17,7 (LXX Vat.) 170
17,12-13 136
18,9 270
19,38 170
20,6 82
21,12 86
21,18 170
22,22 94
24,25-26 102
24,26-27 185

Juízes
1,16 86
1,27 116
1,27-35 136
2–3 105
2 104
2,11-13 103
2,13 113, 143, 191,
  199, 201, 206
3 104
3,1-7 57
3,3 145
3,7 39, 103, 178, 191,
  198, 201, 206
4–5 146
4,7 98
4,11 86
5 39, 65, 87, 159, 266
5,3 266
5,3-5 159
5,4 83, 147
5,4-5 108
5,5 83, 147, 266
5,6 89
5,8 120, 266
5,20 147, 266
5,31 226, 233
6–7 105, 108, 266
6 103, 105
6,11 185
6,25 179, 185
6,25-26 89, 181, 186
6,25-30 178
6,25-32 103-104
6,32 89, 106
7,1 106
8,1-2 175
8,8 194
8,9 194
8,13-17 270
8,17 194
8,33 89, 102
8,35 89
9,4 102
9,33 226
9,46 89, 102

10,6 113, 143, 199
10,16 191
11,30 81
11,39 81
14,20 224
14,22 224
18,30 104
20,33 145
20,44-46 175
21,25 104

1 Samuel
1,21 81
1,22 224
2,2 120
2,10 149
2,19 81
4,21 132
5,5 191
6,2 217
7,3 199
7,3-4 103
7,4 143, 191, 199,
  201, 206
7,9 81
7,10 159
8,7 159
9–10 238
9,12-13 216
12,10 103, 143, 191,
  199, 201, 206
12,11 106
12,18 146, 159
13,17 98
14,15 98
16,3-5 216
17,55 98
20,6 81, 246
27,10 86
28 241, 242
28,3 71, 241, 242,
  245, 247
28,8 243
28,13 241
30,29 86
31,10 125, 199

2 Samuel
1,17 270, 290
2–4 107
5,20 145, 160
7,6 83
8,16 270
11,21 106, 107
12,16 241
12,30 123
13,23 145
16,7 97
17,11 194
18,17-18 261
18,18 246
21 86
22 63, 114, 118-119, 122, 147, 148, 149, 154, 159, 167
22,32 280
23,1 149
23,1-7 63
23,3-4 232
23,4 226, 233
23,5 266
23,27 270
23,31 155
24,16 217

1 Reis
1,19 98
2,26 170
3,4-5 238
4,3 270
4,12 116
8 194, 267
11,4 129
11,5 66, 123, 126, 199
11,7 124, 260, 264
11,7-8 66
11,14-21 124
11,33 123, 126, 199
11,41 270
12,25 194
12,28-30 68
12,28-31 149
13,2 238

13,32 238
13,33 238
14,15 182
14,19 71, 270
14,23 179, 181
14,25 31
14,29 71, 270
15 38
15,3 98
15,7 71, 270
15,13 37-38
15,23 71, 270
15,31 71, 270
16,5 270
16,14 71, 270
16,20 71
16,30-33 137
16,31 130, 131
16,32 130
16,33 179, 182
17–19 66, 68, 130, 131, 133, 137, 145, 214, 273, 285
17,1-17 131
17,14 269
18 38, 131, 133, 141
18,3 71, 131
18,4-5 131
18,19 39, 131, 134, 180, 198, 200, 202, 203
18,22 134, 137
18,25 134
18,26 134
18,27 133
18,40 134
18,41-46 131
19 131, 147
19,1 131
19,10 131
19,11 131
19,15 131
19,18 151
20,2-4 98
20,13-15 137
20,22 137

20,23 159
20,28 137
21,5-6 131
21,20 137
21,25-26 137
21,27-29 137
22,19 97, 219
22,40 137
22,45 71
22,46 270
23,11 227
23,20 238

2 Reis
1,17 137
1,18 71
2,11 149
3,2 141
3,15 274
3,27 258
4,42 145
5 269
5,1 269
5,15 269
6,17 149
8,13 269
8,25 137
9,7 131
9,14-15 71
9,34-37 248
10 138
10,10-27 176
10,19 81, 82
10,21-27 130
10,24 81
10,34 71
11 138
11,17 267
11,18 141
12 267
12,11 82
12,19 71
13,5-6 71
13,6 130, 179, 186
13,8 71
13,12 71

13,20-21 248
13,21 188
14,15 71
14,24 82
14,28 71
15,6 71
15,11 71
15,12 71, 82
15,15 71
15,21 71
15,26 71
15,31 71
15,36 71
16,3 258
16,19 71
17,6 182
17,7-23 71
17,10 179, 181, 182
17,11 238
17,16 179
17,16-17 250
17,31 250
18,18 231
18,22 238
18,26 79
18,28 79
18,29 231
19,23 145
20,5 99
20,8 99
20,20 71
21 38, 199, 201
21,3 141, 182
21,6 245, 258
21,7 38, 179, 182,
184, 198, 200, 284
21,17 71
22,3 270
22,4 82
22,8 82
22,47 82
23 37-39, 187, 199,
201, 235
23,4 39-40, 141, 178,
198, 200, 284
23,4-6 198

23,5 226, 228
23,6 38, 178, 179, 201
23,6-7 184
23,7 82, 178, 200
23,8 238, 239
23,8-9 238
23,11 148, 227, 235,
284
23,13 126, 199
23,14 284
23,15 178, 179, 200,
238, 290
23,17 264
23,19 290
23,24 245, 270
23,28 71
25,19 270

1 Crônicas
2,43 268
4,33 145
5,5 107
5,8 145
5,23 145
6,10 155
6,22 268
7,8 170
8–9 107
8,24 170
8,30 107
8,33 89
8,34 170
8,45 82
9,2 268
9,19 107
9,36 89
9,39 89
9,40 89
11,28 170
12,3 170
12,6 107
14,11 145
17,7-9 270
20,2 123
21,15 98
24,6 270

26,7 99
27,1 99
27,2 170
27,25 155
27,28 107
28,1 99
29,29 270

2 Crônicas
9,29 270
12,15 270
13 150
13,8 150
13,10 150
13,12 150
13,22 270
14,4 238
15,16 39
16,11 270
16,12 247
17,19 99
22,8 99
22,34 270
24,18 179
25,26 270
27,7 270
28,2 141
28,3 258
28,26 270
30,1-12 290
31 281
31,1 290
32,18 79
33,3 141
33,6 258
33,19 182
34,9 82, 290
35,18 290

Esdras
2,23 170
2,43 82
2,58 82
2,70 82
3,12 78
5,15 195

7,6 270
7,7 82
7,11 270
7,12 94
8,17 82
8,20 82

Neemias
3,1 82
3,20 82
3,26 82
3,31 82
7,27 170
7,46 82
7,60 82
7,72 82
8,1 270
10,29 82
11,3 82
11,21 82
11,32 170
13,24 79
13,28 82

Tobias
1,5 (LXX Vat., Alex.)
   152
4,17 249
13,6 97
13,10 97

Judite
16,23 246

Ester
1,10 99
2,2 99

Jó
1–2 99
3,8 153
5,7 143, 144
7,12 153
9,7 226
26,7-8 157
26,11 152

26,11-13 152, 153
26,13 152, 153
27,15 261
28 122
28,11 122
28,14 122
28,22 122
29,3 78
31,26-28 151, 227
31,35-37 274
33,26 218
36,14 80
36,26 97
37,13 292
37,21 228
38,8 153
38,10 153
38,11 152
38,16-17 122
38,25-27 146
38,28-29 214
38,34-38 146
40,25 (E 41,1) 153
42,5 218, 285

Salmos
2 160, 176, 267
2,1-2 174, 176
2,4 175
2,12 151
4,7 230
8,1 269
10,12 94
10,16 159
11,7 218, 224, 285
15,1 100
16 243
16,3 242
16,6 157
17 225
17,15 218, 224, 285
17,18 227
18 63, 159, 280
18,4-18 154
18,5-6 154
18,6-19 147

18,8-17 154
18,8-19 159-160
18,11 148
18,14 149
18,14-16 (E 13-15)
   114, 118, 119
18,16 122
18,17-18 167
18,29-45 159-160
19 236
19,4-6 236
19,7-10 236
20 60, 135, 156, 264
20,3 156
21,8 119
22,9-10 211
22,30 (TM) 243
24,1 217
26,8 217
27 119
27,4 119, 157, 218,
   224
27,5 119, 157
27,6 100, 119
27,10 212, 215, 285
27,13 218, 224, 285
29 63, 108, 146, 167
29,1 219
29,1-2 29, 97
29,2 194
29,3-9 218
29,5-6 145
31,17 230
34,6 230
36,7 227
42–43 224
42 268
42,3 218, 224, 231, 285
44–49 268
44,21 120
44,24 133
45,1 270
46,5 119, 157
47,2 269
47,3 231
47,5 100

47,9 159
48 158, 292
48,2 157, 269
48,2-3 158
48,3 156, 231
48,5-8 174
50,1 94
50,1-3 146, 229
50,12-14 216
50,14 119
51,21 81
57,1 227
57,3 119
58,11 175
61,4 227
63 225
63,3 218, 224, 285
63,7 227
65 167
65,6-9 (E 5-8) 168
65,8 (E 7) 152
65,9 (E 8) 168
65,12 (E 11) 148
67,2 230
68 63, 119
68,5 147
68,6 149
68,7-10 147
68,9 147
68,24 175, 176
68,30 149
68,35 149
72 267
72,5-6 232, 233
72,8 160
73,11 119
74,13 153
74,13-14 153
76,3 143, 144
77,11 119
77,19 148
78,17 119
78,35 119
78,48 144
78,56 119
78,65 133

79,1 157
80,4 230
80,8 230
80,20 230
82,1 97, 219
82,6 119
83,19 119
84–85 268
84 224, 224, 229
84,9 225
84,10 233
84,12 224, 225, 230, 232, 285
86,9-19 147
86,15 99
87–88 268
87 100
87,1 157
87,4 154, 167
89 160, 169, 267
89,5-8 160
89,5-18 160
89,6 97, 219
89,7 219
89,9-10 160
89,10 (E 9) 152, 154
89,11 (E 10) 152
89,16 230
89,19-37 160
89,25 160
89,38-51 160
90,8 230
90,10 97
91,1 119
91,9 119
91,10 100
92,2 119
93 119, 167
93,1 159
93,5 157
95,4 269
96–99 167
96,10 159
97,1 159
97,1-6 146
97,5 269

97,11 (LXX) 233
98,1-2 146
99,1 159
99,2 191
99,8 292
102,28 97
103,21 99
104 236
104,1-4 146
104,3 147
104,4 99, 217, 226
104,9 153
104,19 236
104,26 153
106,28 145, 242-243
106,34-38 145, 250, 261
106,37 95
106,40-47 242
107,11 119
107,20 99
110 174, 176, 267
110,6 175
119,25 230
132,2 111, 151
132,3 100
132,4 151
132,5 119
146,10 159

Provérbios
1–9 69, 207, 285
2,26 175
3,13-18 210, 213, 215, 223
3,18 207, 208
8,29 153
11,30 207
13,4 78
15,4 207
16,20 209
25,1 270
26,10 210
29,18 209

Eclesiastes
1,2 94
1,5 226
9,14 231

Cântico dos Cânticos
1,1 94
4 210
4,1-5 210
7 210
7,1-9 210
8,6 143, 144
8,11 145

Sabedoria de Salomão
7–8 207
14,3 203, 212
18,1 218
18,3 236
18,15 217

Eclesiástico
1,20 69, 208
4,13 69, 208
17,17 92
18,30 97
23,1 203, 212
23,4 203, 212
24,12-17 69, 208
30,18 249
38,16-17 249
46,20 242
47,22 233
48,13 249
49,7 225
50,7 225
51,12 233

Isaías
1,4 111
1,29-30 185
2,8 120
4,2 233
4,5 217
6 219, 275

6,1 219, 285
6,1-8 97
6,3 269
6,8 219
7,20 245
8 271
8,5-8
8,16-20 241, 243, 274
8,19 241, 242
8,19-20 242, 247, 274
8,20-21 243
8,20-22 245
8,20-23 243
8,21 244, 260, 264
8,21-22 244
10,10 120
10,19 274
10,30 170
11,1 233
11,4-5 233
11,10 233
11,15 153
13–22 272
14,13 97, 156
15,2 239, 261
15,3 245
16,12 239
17,7 182
17,8 178, 237
17,8 (LXX) 186
17,10-11 263, 275
17,12-14 154
19,3 241, 245
19,18 79
22,12 245
22,15-17 246
25,8 154
27 159
27,1 152, 154, 221
27,9 178, 182, 237
27,9 (LXX) 186
28,7 240
28,15 154
28,16-20 246
28,18 154
29,4 241, 242

29,11-12 274
30,7 154, 167
30,10 240
30,11 274
30,19 158
30,22 120
30,27 194, 216
30,27-33 251
31,4 157, 292
31,7 120
33,20-22 100, 122
34,2 175
34,6-7 175
35,2 224
36,4 231
36,11 79
36,13 231
40–55 277
40,2 292
40,4 277
40,5 277
40,6 277
40,14 277
40,18-20 274
40,19 120
40,22 277
40,24 277
40,28 97
41,6-7 274
41,7 277
41,9 277
41,11 277
42,6 277
42,10-15 146
42,10-17 212
42,14 213
42,15 277
42,16 277
42,19 120
42,25 277
43,12 277
43,14 277
43,28 277
44,4 277
44,9-20 274
44,12 277

44,13 277
44,14 277
44,15 277
45,3 277
45,4 277
45,5-7 274
45,10-11 213
45,22 277
46,1-13 274
46,3 211, 213
46,4 277
46,13 277
47,6 277
47,7 277
47,10 277
48,3-8 274
48,5 277
48,15 277
49,3 277
49,6 277
49,7 277
49,13 213
49,14 277
49,15 213
49,21 277
49,22 277
49,23 277
49,26 277
50,6 277
51,2 277
51,3 277
51,9 152, 153
51,9-11 154
51,10 153
51,13 277
51,15 277
51,16 277
51,23 277
52,8 224
52,10 277
53,2 277
53,9 277
54,12 277
54,16 98
55,8-9 292
55,10 277

55,11 277
55,13 277
56,5 246
57,3-13 261
57,6 241
57,6-7 249
57,9 244, 260, 264
57,15 97
58,8 233
59,9 249
59,10 144
59,15-19 174
60,1 226
60,16 111
61,3 185
63,3 175
63,3-6 175
63,9 217
63,16 99, 203, 212
64,7 (E 8) 99, 203, 212
65 275
65,3 275
65,4 243
66 275
66,3 246
66,5 224
66,9 211, 213
66,13 211, 213
66,17 275
66,18 224
66,18-21 157

Jeremias
1,1 143, 170
1,16 120
2,8 141, 142
2,11 57
2,23 142, 191
2,23-28 202, 203
2,26-28 240
2,27 183, 187, 188, 198, 202, 203, 210, 211
2,28 142
2,28 (LXX) 202
3,3 158

3,4 99, 203, 212
3,19 99, 203, 212
3,24 106
5,22 153
5,24 158
6,9 175
6,13 240
7,9 141, 142
7,18 69, 200, 263
7,21-22 286
7,29 245
7,30-32 261
7,31 251
8,7-8 270
8,19 120
9,8-9 292
9,9 (E 10) 292
9,13 141
9,14 142, 191
9,20 154, 155
10 272, 274
10,10 272
10,11-16 146
10,13 158
11,13 106, 142
11,17 147
11,21 170
11,23 170
12,7 157
12,7-13 292
12,16 141
14,4 158
14,22 146
16 248
16,5-9 248
16,26 290
17,2 178, 179, 181, 237
19,5 251
22,7 98
23,5 233
23,13 141, 142
23,18 97
23,22 97
23,27 141
25,13 274
27,9 245

29,27 170
31,9 99, 203, 212
31,20 213
31,29-30 277
32,7-9 170
32,11-14 270
32,29 142
32,35 251, 261
33,15 233
36 274
41,5 245, 290
44 199
44,15-28 200
44,15-30 179
44,17-25 69
44,18-19 263
44,25 263
46,10 175
48,13 124, 171, 264, 272
48,35 239
49,1 123
49,3 123
49,9 175
51,16 158
51,34 154
52,25 270

Lamentações
1,15 175

Baruc
4,1 69, 208
4,24 225

Ezequiel
1–3 275
1 148
1,26 219, 287
2,9-10 275
3,11 276
3,26-27 276
6,2 276
6,3-4 238
6,5 216
6,13 238

8 235, 276
8,3 179
8,14 191, 263
8,16 225, 226, 227, 229, 236, 284, 285
9,11 276
10 148
10,3 78
10,5 122
12,10 276
12,23 276
13,7 276
13,17-23 245
14,4 276
16 275
16,20 251
16,21 251
16,36 251
18 277
18,6 238
18,15 238
20 275
20,25-26 251, 286
20,28 238
20,32 188
23 275
23,39 276
24,27 276
25,9 145
25,13 83, 147
28 93, 127, 286
28,12-19 207
32,2 153
32,11-32 216
33,2 274
33,12-20 277
33,22 276
37,26-27 216
38–39 157
39,11 244
39,14 244
39,19 175
40–48 276
42,14 78
43,1-5 228, 229
43,2 229, 231

43,3-5 217
43,7 261
43,7-9 248
47,1-12 100

Daniel
2,35 195
2,37 94
2,39 195
3,25 97
3,26 149
3,32 149
4,10 99
4,14 99, 149
4,20 149
4,21 149
4,22 149
4,29 149
4,31 149
5,18 149
5,21 149
6,3 195
6,5 195
6,7 195
7 221, 290
7,3 154
7,6 195
7,7 195
7,9-14 97
7,18 97
7,22 97
7,25 149
9 29
11,37 263

Oseias
2
2,10 (E 8) 138
2,15 (E 13) 138
2,16 (E 14) 138, 292
2,18 (E 16) 138
2,18-19 (E 16-17) 142
2,19 (E 17) 138
2,20 140
2,21 (E 19) 213
2,21-23 139

2,23-24 (E 21-22) 139, 140
2,23-25 (E 21-23) 292
2,25 (E 23) 213
3,4 81
4,12 188
4,13 185, 238
4,14 83
5,15 232
6,3 214, 226, 231, 232
6,6 81
6,7 273
7,14 245
7,16 138
8,1 273
8,5 151
8,12 270
9,4 81
9,10 106, 145
10,5 151
11,1 99, 203, 212
11,2 138
12,1 97, 219
13,1 138
13,2 151, 152
13,12 157
13,14 154
13,14-15 156
14,2-10 209
14,9 (E 8) 140, 209, 210
14,9-10 210-210
14,10 (E 9) 209

Joel
2,1-11
3,9-17 157
3,13 175
3,16 158
3,19-21 157
4 (E 3) 158
4,9-14 174
4,9-15 (E 3,9-15) 158
4,11-13 (E 3,11-13) 158
4,13 175

4,16 (E 3,16) 139, 158
4,17 (E 3,17) 158
4,18 (E 3,18) 100, 122, 158

Amós
1–2 272
1,2 139, 258
1,3–2,16 272
1,12 83, 147
2,7 179
2,17 179
4,7 146, 158
5,8 146, 79
5,25 81
5,26 244, 260, 264
6 248
6,1-7 248
6,10 179
7,9 238
7,13 238
8,10 245
8,14 151, 179
9,6 146, 179
9,12 179

Abdias
5 175

Jonas
1,4 134
4,8 226

Miqueias
1,16 245
1,7 120
5,10-15 237, 239
5,11-13 (E 12-14) 188
5,13 178

Naum
1,14 120
3,17 226

Habacuc
2,2 274

2,5 154
2,18-19 187
2,19 187
3,3 83, 147
3,3-15 159
3,4 256
3,5 143, 144, 147
3,6 97
3,8 148
3,10 139
3,15 148

Sofonias
1,3 225
1,4 141
1,5 123, 244, 260, 264
1,7 216
1,8 244, 260, 264

Ageu
1,1 82
1,7-11 158
1,12 82
1,14 82
2,2 82
2,4 82

Zacarias
3 97, 99, 220, 233, 290
3,1 82
3,7 221
3,8 82, 233
6,11 82
6,12 233
9,15 (LXX) 175
10,1 158
12,3-4 174
12,8 221
12,10 256
12,11 263
14,2 174
14,4 157, 221
14,5 97, 219
14,8 100, 122
14,16-17 167-168

Malaquias
1,6 99, 203, 212
1,14 231
2,10 99, 203, 212
3,10 158
3,20 233-234

Mateus
12,27 132
15,22 79

Marcos
3,22 132
7,26 79

Lucas
11,18 78

Atos
7,43 260

Apocalipse
2,7 207
4,5 217
7 97
12,3 154
13,1 153, 154
14,14-20 172, 175
17,3 154
19,11-16 217
19,15 175
21,1 152
21,1-4 158
21,4 154

14,11 217
26 122

2 Esdras
1,28 212
2,42-48 97
4,7-8 122
5,25-26 122
6,49 153
8,20 97
13,1-4 147
13,35 157

Carta de Jeremias
6,33 185
6,60 236

Odes de Salomão
15,2 236
15,9 154-155
22,5 154
25,4 194
29,4 155

Pseudo-Filo
33,5 250

Testamento de Moisés
10,6 152

Testamento de Salomão
26,6 260

4Q405, fragmentos
20-21-22, col. 2,
linha 10 217
Cânticos do Sacrifício Sabático 217, 287, 290

Mixná
'Abodah Zarah 3,5 182
'Abodah Zarah 3,7 182, 186
'Abodah Zarah 3,9 186
'Abodah Zarah 3,10 186
Baba Batra 3,1 144
Me'ilah 3,8 186
'Orlah 1,7 186
'Orlah 1,8 186
Sebi'it 2,9 144
Sukkah 3,1-3 186
Terumot 10,11 144

Talmud
Baba Batra 75b 159
Berakot 18b 249
Pesahim 25a 188
Qiddushin 29b 154
Shabbat 152a-b 249
Sotah 34b 250
Leviticus Rabbah 22,10 159
Midrash Tehillim 18 159

Textos intertestamentários

Referências judaicas pós--bíblicas

Textos de Ugarit

2 Baruc
29,4-8 159
85,12 250

1 Enoque
14 221, 287, 290

Rolos do Mar Morto
1QIsaᵃ 144, 243, 277
4Q403 fragmento 1,
col. 2, linha 9 217

CTA
1.4 88
2.4 147, 153
3.2 88, 172, 175
3.3.15-28 139
3.3(D).35-39 153

3.5.45 88
4.1.8 88
4.4 88
5.1 153
6.1 88
14.4.198 88
14.4.202 88
15.3 88
17 247
29 142
29.12 143
33 191
64 230, 231
116 n. 8 191

KTU
1.1-2 160, 168
1.1-6 158
1.1 IV 14 88
1.1 V 5 96, 156, 174
1.1 V 18 156, 174
1.2 I 96
1.2 I 17-19 97
1.2 I 19 98
1.2 I 33 217
1.2 I 33-35 97
1.2 I 36 97
1.2 I 37-38 97
1.2 III 4 100
1.2 III 5 100
1.2 IV 147, 152, 153,
  160, 163, 169
1.2 IV 3-4 152
1.2 IV 8 147
1.2 IV 10 96, 218
1.2 IV 13 218
1.2 IV 17 218
1.2 IV 26 218
1.2 IV 27 152
1.2 IV 27-34 152
1.2 IV 28 193
1.3 I 287
1.3 II 175, 288
1.3 II 3-30 172, 175
1.3 II 18 88

1.3 III 13-31 139, 157,
  168, 169
1.3 III 18-31 139
1.3 III 29-31 158
1.3 III 34-35 218
1.3 III 38-39 152
1.3 III 38-42 153
1.3 III 43 152
1.3 III 46 152
1.3 III 46-47 98
1.3 IV 7-20 139, 157,
  168, 169
1.3 V 96
1.3 V 6 100
1.3 V 8 100
1.3 V 14 119
1.3 V 17 236
1.3 V 31 96
1.3 V 35-36 101
1.3 V 37 88
1.3 V 40 201
1.3-4 168
1.4 I 4-5 101
1.4 I 7 88
1.4 I 13 201
1.4 I 21 201
1.4 II 19 218
1.4 II 25-26 202
1.4 III 14 96
1.4 IV 20-22 100
1.4 IV 20-26 83
1.4 IV 21-22 119
1.4 IV 24 100
1.4 IV 27-39 287
1.4 IV 31 201
1.4 IV 40 201
1.4 IV 42 96
1.4 IV 49 88
1.4 IV 51 202
1.4 IV-V 96
1.4 V 96
1.4 V 1 202
1.4 V 3-4 96
1.4 V 6-9 146, 169
1.4 V 38-39 288
1.4 V-VII 139, 155, 158

1.4 VI 287
1.4 VII 8-9 160
1.4 VII 21 236
1.4 VII 25-31 169
1.4 VII 29 139
1.4 VII 29-35 146
1.4 VII 38-39 160
1.4 VII 42 119
1.4 VII 44 218
1.4 VIII–1.6 154, 155
1.5-6 155, 168
1.5 I 1 153
1.5 I 1-5 146
1.5 I 3 153
1.5 II 12 97
1.5 III 2-11 168
1.5 IV 4-5 132
1.5 V 288
1.5 V 6-9 147, 165
1.5 V 6-11 148
1.5 V 7-9 143
1.5 V 18-22 288
1.5 V–1.6 V 288
1.5 VI 1* 119
1.5 VI 11-22 239
1.5 VI 23-25 169
1.5 VI 31–1.6 I 5 239
1.6 I 200
1.6 I 6-8 169
1.6 I 8-9 236
1.6 I 10-18 288
1.6 I 11 236
1.6 I 13 236
1.6 I 34 119
1.6 I 39-41 202
1.6 I 44 201
1.6 I 45 201
1.6 I 46 202
1.6 I 47 201
1.6 I 53 201
1.6 II 24 236
1.6 II 27 112
1.6 III 169
1.6 III 6-7 146
1.6 III 12-13 174
1.6 VI 12 156

305

1.6 VI 12-13 174
1.6 VI 42-53 288
1.6 VI 45-49 242
1.6 VI 54-56 270
1.6 VI 55-56 83
1.10 III 6 96
1.11.1-5 288
1.14 I 19-20 152
1.14 IV 35 88
1.14 IV 39 88
1.15 II 99
1.15 II 6 112
1.15 III 287
1.15 III 2-4 166
1.15 III 13-15 88
1.15 III 26 151
1.15 IV 6 151
1.15 IV 8 151
1.15 IV 17 151
1.15 IV 19 152
1.16 I 36 201
1.16 I 37-38 236
1.16 I 38 201
1.16 III 6 149
1.16 III 8 149
1.16 V 220
1.16 V-VI 99
1.16 VI 56 193
1.17 I-II 99
1.17 I 16 98
1.17 I 27 191
1.17 I 27-28 247
1.17 I 28 247
1.17 I 31-32 96
1.17 V 47-48 100
1.17 V 49 100
1.17 VI 48 119
1.18 IV 27 112
1.19 I 42-46 146
1.19 IV 53 112
1.20-22 239, 287
1.22 I 10 96
1.23 112, 287
1.23.13 112
1.23.16 112
1.23.23-24 112

1.23.28 112
1.23.30-51 288
1.23.37-52 287
1.23.54 201
1.23-61 112
1.28.14-15 102
1.40 82
1.43.13 191
1.46.1 82
1.47 162
1.47.6-11 142
1.61.40 88
1.82.1-3 147
1.91.2 258
1.91.11 143
1.100.2-3 119
1.100.41 191, 258
1.101.1-4 146
1.105.9 81
1.105.15 81
1.106.2 81
1.107.17 258
1.108 259
1.108.1 96, 244, 259,
  260
1.108.1-2 143
1.108.5 244
1.108.7 218
1.109 81
1.112.18-20 143
1.112.21 82
1.114 119, 288
1.114.18-19 96
1.115.10 81
1.116.1 81
1.118 162
1.118.5-10 142
1.118.11 143
1.119.26-29 146
1.119.26-38 289
1.119.30 81
1.119.34-36 146
1.124 239
1.124.4 166
1.127 81, 155
1.127.2 81

1.142 239
1.148 81
1.148.3-4 142
1.148.11-12 142
1.161 239, 247
1.161.8-9 288
1.161.10 166
1.161.19 236
1.168.9 82
2.10 154
2.15.3 98
2.16.6-10 230
2.23.21-24 231
2.31.39 191
2.31.60 191
2.42 231
2.43.7 231
2.43.9 231
3.1 230
3.1.24-25 97, 230
3.1.26 98
4.29.1 82
4.29.3 82
4.36 82
4.38.1 82
4.38.2 82
4.68.72 82
4.68.73 82
4.91.1 97
4.93.1 82
4.360.3 152
6.13 247
6.14 247

RS
16.144.9 146, 164
16.144.12-13 164
16.394.60 191
17.33 obv. 4' 163
18.22.4' 149
20.24 142, 162
20.24.20 170
25.318 194
1929.17 162
1986/2235.17 191

Outras inscrições do Oriente Próximo

AP
2,6-10 264
7,7 195, 264
12,9 264
18,4 264
18,5 264
22,6 264
22,108 171
22,124 179, 194, 195, 264
22,125 171, 172, 195, 264
42,8 264
44,3 171, 195
55,7 264

Ahiqar armênio
1,4 194

Estela de Betsaida
14, 150

Estela de Beth-Shean
170

CIS
14,5 81
44,1 246
46,1-2 246
57,1-2 246
58,1 246
59,1 246
60,1 246
61,1 246
108 156

Inscrições de Deir 'Alla 60, 94, 95, 121

Inscrição de Delos n. 1719 125

EA
68,4 125
73,3-4 125
74,2-30 125
84,33 191
147,13-15 88, 146, 160
147,59-60 231
155,6 231
155,47 231
249-250 89
256 89
258 89
266,12-15 231

Papiro de Elefantina
170-171, 264

Ponta de flecha de El-Khadr 88

Narrativa de Elkunirsa 100, 205

Emar
32,35 155
52,2 194
99,15 155
109,46 155
158,6 245
279,25 155
282,16 93
319,8 155
373,88' 101
373,92' 163
379,5' 101
381,15 101
382,16 101
472,58' 156
472,62' 259
473,9' 156
473,15' 259
474,21' 156

Enuma Elish
1,101-2 279
1,102 234

1,157 229
4,39-40 165
4,46-47 148
6,127 234
7,119 166
11,128-129 229

Cilindro B de Gudea
V 109 228

Inscrição de Injirli
14, 252

Medalhão de Ishtar
14

KAI
4,3 125, 134
4,4-5 96, 127
4,5 97
4,7 97, 127
5,1 125
6,2 125
7,3 125
9 B 5 125
10,2 125
10,3 125
10,7 125
10,9-10 98
10,15 125
12,3-4 192
12,4 125
13,1 126
14–16 126
14,9 96, 97, 127
14,14 202
14,15 201
14,18 193
14,22 96, 97, 127
15 126
15,2 143
17,1 127, 157, 201
18 127
18,1 81, 134
18,7 134
19,4 193

26 A II,19–III,2 81
26 A III 12-13 258
26 A III 18 132, 134
26 A III 19 96, 127, 231
26 C IV,2-5 81
27,12 96, 97
33,3 201
34,1 246
34,4 132, 194
35,1-3 246
37 A 15 270
43,6 246
43,10-11 233
44,2 132
45,1 81
47,1 132
48,2 201
50 141
51 obv. 5-6 81
53 246
54,1 194
57 194
61A,1-2 258
61A,3-4 252
61B,1-2 258
64,1 134
67,1-2 132
69 141
69,3 81
69,5 81
69,7 81
69,12 81
69,14 81
74,5 81
74,10 81
78,2 134, 194, 202
78,5 157
79,1 194, 202
79,10-11 194
81,1 191, 202
83,1 202
85,1 194, 202
86,1 194, 202
87,1 194
94,1 194
97,1 194

98,1-2 252
99,1-2 252
102,1 194
103,1-2 252
105,1 194
106,1-2 258
107,1-4 252
109,1-2 252, 258
110,1 252, 258
120,2 81
137,1 194
145,12-13 81
155,1 81
156 81
159,8 81
164,1 194
167,1-2 252
175,2 194
176,2-3 194
181,3 124
181,5 124
181,9 124
181,12 124
181,13 124
181,14 124
181,16-18 176
181,17 112, 124
181,18 124
181,19 124
181,30 124
181,32 124
181,33 124
193,9-12 274
213,14 142
213,16 142
214 239
214,11 143
214,16 247
214,21 247
222 B 3 195
251 192
256 192
277,1 201

Inscrições de Khirbet el-Qôm 60, 68, 109, 196-197

Ortostato de Kilamuwa 235

Inscrições de Kuntillet Ajrud 41, 60, 68, 83, 109, 138, 147, 189-190, 192, 196, 226

Jarra de Laquis 88

Cartas de Laquis 3, 4, 5, 6 28

Textos de Mari 60, 100, 162-167, 169

Estela de Merneptá 61, 84, 85

Estela de Mesha 112, 239

Estela moabita 176

Papiro Egípcio de Amherst n. 63
coluna V 151
coluna VII 172
coluna XI 150
coluna XI, linhas 11-19 135
coluna XV 151

Inscrição protossinaítica 347 125

Inscrição de Qubur el-Walaydah 88

RES
289,2 143
290,3 143
302 B:5 143
367 194
1519b 134
1208 246

Óstracos da Samaria
129-130, 196
1,7 130
2,4 130
2,7 130
12,2-3 130
37,3 130
41,1 150

Inscrição de Sefire
195

Carta de Taanach 88

Placas de Tel Dã 14,
130
placa B 150

**Inscrição de Tel
Fakhariyeh** 219

**Inscrições de Tell
Miqneh (Ecrom)**
14, 36, 42, 68

Clássicos

**Aquiles Tácio,
*The Adventures
of Leucippe and
Clitophon***
2.14 185
3.6 156

**Apolodoro, *A
Biblioteca***
1.6.3 157
1.7-9 253

**Clemente de
Alexandria,
*Protreptikos pros
Hellenas*
[Exortação aos
gregos]**
III 42.5 252

De Dea Syria
par. 4 126
par. 6 112

**Diodoro Sículo,
*Biblioteca de
História***
XX, 14,4-7 252

Heródoto, *História*
1.105 125
2.56 185
3.5 157

Josefo, *Antiguidades*
7.174 156
8.144-49 134
8.146 126, 132
15.253 124

**Josefo, *Contra
Apionem***
1.118 126
1.123 126
1.157 126
2.112-2.114 134
2.157 134

Lido, *De mensibus*
4.53 55

Macróbio, *Saturnalia*
1.17 134

1.17.66-67 136
1.21.1 134
1.23.10 136
1.23.19 136

Filo de Biblos (*PE*)
1.10.7 134
1.10.10 246
1.10.15 118
1.10.16 234
1.10.20 195, 234
1.10.21 257
1.10.24 257
1.10.26 257
1.10.27 133
1.10.29 234
1.10.31 99, 205
1.10.32 125, 126
1.10.33 257
1.10.36 234
1.10.44 254, 256, 258
4.6.11 254, 256
4.16.7 252

Pistis Sophia
66 154

**Plutarco, *De Iside et
Osiride***
par., 15, 3 125

Plutarco, *Teseu*
16 252

Pseudo-Filo
33,5 250

Estrabão, *Geografia*
16.2.7 157

ÍNDICE DE AUTORES

Abu-Rabia, A. 185n. 455
Ackerman, S. 36, 37, 83n. 173, 240n. 627
Adler, A. 129n. 287
Aharoni, Y. 182, 268n. 717
Ahituv, S. 132n. 298
Ahlström, G. W. 24n. 61, 44, 46, 57, 58, 63n. 139, 65n. 148, 77n. 156, 80n. 166, 80n. 166, 84n. 178, 102n. 225, 103n. 225, 105n. 230, 138n. 316, 143n. 329, 149n. 345, 150n. 348, 159n. 383, 170n. 418, 179n. 429, 184n. 453, 192n., 480, 196, 197, 220n. 570, 225n. 577, 238n. 625, 266n. 712, 279n. 741
Ahn, G. 18n. 30
Albertz, R. 16, 22, 240n. 627
Albright, W. F. 29n. 82, 45, 55, 57, 60, 68, 79n. 162, 106, 125n. 281, 130n. 289, 143n. 329, 144n. 330, 149, 170n. 419, 186, 194, 195n. 493, 207, 261, 278, 280
Alessandrino, C. 253n. 667
Alexander, R. L. 157n. 377
Almagro-Gorbea, M. 254n. 673
Alpert Nakhai, B. Cf. Nakhai, B. A.
Alt, A. 131n. 293
Alter, R. 56n. 130
Altmann, A. 153n. 362
Amiet, P. 19n. 32, 215n. 555
Andersen, F. I. 138n. 320, 139n. 322, 143 n. 329, 186n. 461, 188n. 469, 207n. 527, 236n. 602
Anderson, B. W. 98n. 212, 233n. 610

Anderson, G. A. 23, 158n. 381, 216n. 556
Angerstorfer, A. 178n. 428, 220n. 569
Ap-Thomas, D. R. 131n., 293
Archi, A. 59n. 136
Arfa, M. 129n. 287
Arnaud, D. 16
Assman, J. 18n. 30, 66n. 145
Astour, M. C. 78n. 102, 84n. 178, 156n. 372, 170n. 419
Attridge, H. W. 55n. 128, 101n. 220, 118n. 261, 125n. 281, 126n. 284, 134n. 304, 141n. 324, 144n. 329, 205n. 521, 234n. 616, 246n. 644, 256n. 681, 257n. 684, 259n. 692
Auffret, P. 236n. 621
Aufrecht, W. E. 95n. 205, 123n. 272, 124n. 275
Augustin, M. 138n. 316
Auld, A. G. 170n. 419
Avigad, N. 19n. 32, 79n. 163, 107n. 235, 123n. 273, 135n. 309, 149n. 346, 226n. 582, 232n. 605, 248n. 649
Avishur, Y. 166n. 411
Avi-Yonah, M. 134n. 306, 135n. 311, 136n. 312

Baines, J. 66n. 145
Baldacci, M. 218n. 565
Balentine, S. E. 231n. 600
Barkay, G. 232n. 604, 246n. 642
Barnett, R. W. 183n. 447

Barr, J. 182n. 441, 274n. 727, 278n. 739

Barré, M. L. 127, 132n. 297, n. 298, 134n. 304, 143n. 329, 158n. 380

Barrick, W. B. 238n. 625, 255n. 677, 261n. 701

Barth, H. 251n. 660

Barthélemy, D. 79n. 163, 104n. 229, 149n. 344, 277n. 737

Barton, D. 90n. 194

Barton, G. A. 228n. 590

Barton, J. 30n. 85

Batto, B. 133n. 301, 139n. 322

Baudissen, W. F. 185n. 454

Beck, M. 131n. 293

Beck, P. 19, 115n. 254, 124n. 279, 183n. 448

Becking, B. 15n. 11, 17n. 23, 92n. 200, 113n. 250, 197n. 500, 198n. 501, 275n. 729

Beckman, G. 46

Beek, G. van 80n. 166

Beek, O. van 80n. 92

Beit-Arieh, I. 124n. 278

Bell, C. 23

Benichou-Safar, H. 253n. 670, 254

Bennett, C. M. 124n. 278

Ben-Tor, A. 31

Ben-Zvi, E. 29n. 80

Berlinerblau, J. 24, 70n. 149, 240n. 627

Bernett, M. 150n. 350

Berthier, A. 132n. 296

Betlyon, J. W. 125n. 281, 126n. 283, 134n. 305

Beuken, W. A. M. 242n. 631

Biezais, H. 120n. 265

Biggs, I. D. G. 16n. 15

Binger 37

Biran, A. 150n. 350, 238n. 625, 239n. 626, 255n. 676

Bird, P. A. 83n. 173

Bittel, K. 157n. 377

Blake, F. 277n. 736

Blau, J. 166n. 411, 276n. 732

Bloch-Smith, E. M. 20, 23n. 59, 26n. 68, 63n. 139, 72n. 152, 77n. 156, 79n. 164, 81n. 167, 85n. 181, 239n. 627, 243n. 634, 246n. 642

Blomquist, T. H. 25, 239n. 626

Blum, E. 18n. 30, 27

Boadt, L. 275n. 730

Böhl, F. M. Th. 166n. 409, n. 410

Boling, R. G. 102n. 225, 104n. 228, 145n. 331, 185n. 457

Bonnet, C. 125n. 281, 126n. 283, 131n. 293, n. 294, 132n. 297, n. 299, 133n. 300

Bordreuil, P. 60n. 138, 112n. 247, 132n. 299, 134n. 304, 162n. 396, 191n. 478, 194n. 490, 258n. 690

Borger, R. 143n. 329

Bornecque, H. 136n. 313

Boström, G. 207

Bottéro, J. 66n. 144, 166n. 409

Botterweck, G. J. 180n. 435

Bowden, J. S. 180n. 433

Brandfon, F. 21

Brett, M. 23n. 60

Brettler, M. 32, 33n. 92, n. 93, 47, 70n. 150, 98, 99, 105n. 230, 217n. 558

Briggs, C. A. 151n. 353, 242n. 633

Briggs, E. G. 151n. 353, 242n. 633

Bright, J. 280-281

Bron, F. 16

Brooke, G. J. 17n. 23

Brown, M. L. 172n. 424, 253n. 670

Brown, S. 252n. 663, 254n. 673, 258n. 688

Brueggemann, W. 240n. 627

Brunnow, R. E. 184n. 452

Bunimovitz, S. 80n. 164

Buren, E. D. van 101n. 220, 228n. 591, 234n. 612, n. 613

Burnett, J. S. 94n. 203, 144n. 229, 171n. 420, 193n. 489, 195n. 491

Burroughs, W. J. 26n. 68

Callaway, J. 78n. 158, 80n. 166

Callaway, R. 59n. 136

312

Callendar Jr., D. E. 93n. 202
Camp, C. 207
Campbell Jr., E. F. 79n. 162
Canaan, T. 185n. 455, 250n. 656
Caquot, A. 56n. 130, 66n. 145, 172n. 424, 183n. 447, 234n. 616, 259n. 692, 260n. 694
Carr, D. M. 27n. 70
Carroll, R. P. 30n. 85
Carruthers, M. 28
Carter, E. 252n. 662
Carter, J. B. 182n. 441, 183n. 447, 255n. 675
Cassuto, U. 155, 160n. 388, 163n. 400, 220n. 569, 289n. 753
Catastini, A. 197n. 499
Ceresko, A. R. 208n. 529, 225n. 578
Chakraborty, R. 59n. 136
Charlier, R. 132n. 296
Charpin, D. 164n. 403
Chazan, R. 24n. 62, 240n. 627
Childs, B. S. 33n. 93, 84n. 177, n. 178, 94n. 205, 104n. 229, 120n. 265, 180n. 433, 217n. 561, n. 562, 218n. 565, 221n. 572, 247n. 646, 255n. 677, 256n. 679, n. 680, 267n. 716, 289n. 753
Choquet, C. 215n. 555
Ciasca, A. 255n. 676
Civil, M. 166n. 411
Clements, D. M. 82n. 171
Clements, R. E. 79n. 163, 217n. 559, 226n. 583, 244n. 636, n. 637, 266n. 712
Clifford, R. J. 100n. 220, 142n. 326, 156n. 372, n. 374, 158n. 380, 160n. 388, 207n. 525, 275n. 728
Cogan, M. 151n. 356, 179n. 429, 226n. 583, 227n. 585, 229n. 594, 263n. 703, 269n. 719
Cohen, M. E. 34n. 97
Collins, J. J. 18, 221n. 571, n. 573, 222n. 574
Conroy, C. 289n. 753
Conzelmann, H. 207 n. 525

Coogan, M. D. 20n. 40, 28, 56n. 130, 83n. 175, 172n. 424, 207n. 527
Cook, G. A. 88n. 187
Cooper, A. 56n. 130, 93n. 202, 97n. 210, 106n. 232, 129n. 287, 143n. 329, 144n. 330, 148n. 341, 149n. 344, 150n. 347, 151n. 352, 153n. 364, 154n. 365, 155n. 369, 170n. 418, 193n. 488, 209n. 534, 227n. 584, 231n. 601, 242n. 633, 244n. 630, 245n. 639, 276n. 372
Coote, R. B. 272n. 723
Cornelius, I. 19, 146n. 335
Cornell, S. 26n. 68
Craigie, P. C. 102n. 223, 171n. 419
Crenshaw, J. L. 28, 269n. 721
Cresson, B. 124n. 278
Cross, F. M. 17n. 22, 37, 37n. 111, 48, 57n. 131, 60n. 138, 63n. 139, n. 140, n. 142, 65n. 143, 84n. 178, 88n. 185, n. 186, n. 187, n. 188, 89n. 192, 90n. 194, 92n. 198, 93n. 201, n. 202, 94n. 205, 96n. 207, n. 208, n. 209, 99n. 218, 100n. 220, 102n. 223, n. 225, 105n. 203, 110n. 242, 111n. 243, n. 244, 117, 118n. 260, n. 261, 119n. 263, 123n. 271, 125n. 281, 126n. 282, 131n. 293, n. 295, 135n. 311, 138n. 319, 141n. 324, 146, 147n. 337, n. 340, 149n. 344, n. 347, 154n. 365, 159n. 385, 160n. 387, 163n. 397, 193n. 490, 194n. 490, n. 491, 217n. 558, n. 562, 218n. 563, n. 565, 219n. 568, 221n. 572, 232n. 603, 235n. 617, 242n. 632, 259n. 692, 260n. 694, 264n. 710, 266n. 713, 268n. 717, 277n. 737, 288n. 752, 289n. 753, 290n. 754
Cryer, F. H. 212n. 548
Culley, R. C. 221n. 571
Cullican, W. 255n. 675
Cunchillos, J.-L. 16n. 15, 56n. 130, 155n. 370
Curtis, A. H. W. 17n. 23
Curtis, E. L. 170n. 419, 247n. 647

313

Dahood, M. 47, 56n. 130, 149n. 344, 160n. 388, 218n. 563
Danby, H. 182n. 442, n. 443
Darr, K. P. 212n. 547
Davies, P. V. 31, 134n. 306, 136n. 313
Davis, N. Z. 24n. 64
Day, J. 15, 37, 39n. 116, n. 119, 44, 55n. 129, 75n. 155, 99n. 217, 108n. 237, 147n. 338, 148n. 341, n. 342, 154, 157n. 375, n. 376, 167, 168, 170n. 418, 178n. 428, 187n. 464, 197, 203n. 515, 208n. 529, 209, 224n. 576, 228n. 589
Day, P. L. 23, 99n. 216, 170n. 418
Dayyagi-Mendels, M. 255n. 675
Delavault, B. 251n. 661
Delcor, M. 66n. 145, 170n. 418, 185n. 458
Dever, W. G. 18, 21, 22, 23n. 59, 31, 37, 80n. 164, n. 166, 184n. 450, 189n. 473, 192n. 480, 197, 198n. 504
Dhorme, E. 207n. 528, 228n. 588
Dietrich, M. 17n. 23, 18n. 30, 34n. 96, 41n. 122, 56n. 130, 92n. 200, 126n. 283, 191n. 479, 194n. 491, 195n. 493, 218n. 565, 231n. 598, 259n. 692
Dietrich, W. 17n. 23, 39n. 120, 132n. 298, 214n. 550, 291n. 756
Diewart, D. A. 153n. 364
Dijkstra, M. 16n. 15, 37, 92n. 200, 113n. 250, 157n. 377, 197
Di Lella, A. A. 208n. 530, n. 531, n. 532, 249n. 651
Di Vito, R. A. 217n. 558
Donner, H. 138n. 316, 143n. 329, 279n. 741
Dörrfuss, E. M. 248n. 649
Dossin, G. 144n. 330, 164n. 403, 230
Dothan, M. 60n. 138, 193n. 485
Dothan, T. 42n. 126, 170n. 419
Draffkorn Kilmer, A. E. 143n. 329

Duncan, J. A. 92n. 198
Durand, J. M. 162n. 396, 163n. 399
Durkheim, É. 22
Dyke, B. 59n. 136

Edelman, D. V. 17n. 23, n. 24, 18n. 30, 37, 38n. 113, 44, 85n. 180, 97n. 211, 121n. 266, 228n. 589, 250n. 657, 260
Efird, J. M. 248n. 649
Eichrodt, W. 226n. 583, 279n. 741
Eissfeldt, O. 93n. 201, 131n. 293, 132n. 298, 135n. 310, 136, 233n. 610, 277n. 735
Emberling, G. 63n. 139
Emerton, J. A. 20n. 37, 28n. 74, 36n. 101, 37, 59n. 137, 64n. 142, 93n. 201, 106n. 231, 107n. 235, 120n. 265, 178n. 428, 180n. 432, 186n. 460, 190n. 475, n. 476, n. 477, 204, 238n. 625, 241n. 628
Engelkern, K. 17n. 24
Engle, J. R. 181, 193n. 487
Eph'al, I. 263n. 703
Epstein, I. 189n. 471
Eslinger, L. 115n. 254, 155n. 369, 194n. 490, 244n. 639
Esse, D. 87n. 184
Exum, J. C. 20n. 40

Falkenstein, A. 228n. 590
Fantar, M. 254
Faust, A. 25, 72n. 151, n. 152, 80n. 164
Fauth, W. 156n. 372
Feldman, E. 249n. 652
Fensham, F. C. 97n. 212, 131n. 293, n. 294, 242n. 633
Ferrera, A. J. 259n. 692
Finet, A. 230n. 595
Finkelstein, I. 21, 23n. 59, 31, 80n. 164, n. 165, 84n. 178, 87n. 184, 103n. 225, 115n. 154, 150n. 349
Finkelstein, J. J. 166n. 411, 248n. 648
Fischer, D. H. 72n. 153

314

Fishbane, M. 28, 233n. 611
Fisher, L. 33n. 94, 156n. 372
Fitzgerald, A. 48, 156n. 372
Fitzmyer, J. A. 99n. 217, 195n. 493
Fleming, D. 33n. 93, 151n. 352, 245n. 639
Fleming, D. E. 100n. 220
Fleming, O. 79n. 162
Floss, J. P. 67n. 147
Floyd, M. H. 29n. 80, 63n. 140, 159n. 385, 274n. 726
Fohrer, G. 57, 58, 65n. 143, 81n. 169, 102n. 224, 159n. 383, 197, 207n. 525, 237n. 624, 255n. 673, 261n. 701, 279n. 741
Forsyth, N. 99n. 216
Fowler, J. D. 287n. 749
Frankfort, H. 234n. 615
Frazer, J. G. 157n. 375, 253n. 688
Freedman, D. N. 44, 63n. 140, 79n. 162, 84n. 178, 90n. 194, 102n. 225, 109, 110n. 242, 111n. 243, 114n. 252, 117n. 257, 138n. 319, n. 320, 139n. 321, 143n. 329, 149n. 344, 159n. 385, 161n. 391, 179n. 429, 180n. 432, 186n. 461, 188n. 469, n. 470, 189n. 471, 197, 207n. 527, 232n. 602, n. 603
Freedman, M. A. 94n. 205
Frendo, A. 170n. 418
Frerichs, E. S. 62n. 139
Frevel, C. 36, 37, 178n. 428, 197, 204
Friedman, R. E. 231n. 600, 248n. 649
Friedrich, G. 207n. 525
Fuentes Estañol, M. J. 226n. 582
Fulco, W. J. 143n. 329

Gaál, E. 129n. 287, 160n. 388
Galling, K. 131n. 293, 183
Garbini, G. 63n. 142
Garfinkel, Y. 232n. 604
Garr, W. R. 78n. 160, n. 161, 195n. 493, 219n. 568
Gaselee, W. 156n. 372, 185n. 458

Gaster, T. H. 122n. 270, 144n. 330, 147n. 339, 153n. 362, 156n. 372, 165, 167n. 413, 168
Geer, R. M. 252n. 664
Gehman, H. S. 180n. 432
Gelb, I. J. 34n. 97, 163n. 399, 166n. 411
Geller, M. J. 135n. 309
Geller, S. A. 282n. 747
Gerstenberger, E. S. 167n. 414, 269n. 720
Gianto, A. 194n. 490, 252n. 661
Gibson, A. 84n. 178
Gibson, J. C. L. 56n. 130, 78n. 161, n. 162, 132-133n. 300, 150n. 348, 172n. 424, 260n. 694
Gilula, M. 190n. 477, 192n. 480
Ginsberg, H. L. 29n. 82, 96n. 208, 113n. 250, 143n. 329, 144n. 330, 180n. 433, 218n. 563
Gitin, S. 36n. 102, 42, 45, 170n. 419
Giveon, R. 84n. 177
Glock, A. E. 88n. 189, 115n. 254, 163n. 399, 227n. 586
Gnuse, R. K. 18, 27n. 72, 267n. 716
Godley, A. D. 125n. 281, 157n. 376, 186n. 459
Goedicke, H. 65n. 144, 96n. 207, 165n. 408
Goldstein, B. 150n. 347
Gonen, R. 81n. 167
Good, R. M. 93n. 202, 96n. 208, 148n. 342, 171n. 419, 172n. 424, 231n. 601, 287n. 750
Goody, J. 269
Gordon, C. H. 96n. 209, 153n. 362, 159n. 382
Gorelick, L. 153n. 362
Görg, M. 60n. 138, 79n. 162, 84n. 178, 259n. 692
Gottlieb, H. 65n. 143, 278
Gottwald, N. K. 24n. 63
Gray, J. 147n. 341, 173n. 425, 184n. 453, 259n. 692, 264n. 707
Green, A. 86n., 183, 217n. 558, 276n. 734

Green, A. R. W. 77n. 156, 278n. 739
Green, D. 95n. 131, 101n. 222,
  245n. 639
Greenberg, M. 57n. 131, 80n. 164,
  225n. 579, 226n. 583, 251n. 659,
  276n. 731, n. 733
Greenfield, J. C. 46, 48, 56n. 130,
  78n. 160, 93n. 202, 96n. 209, 97n.
  212, 99n. 218, 100n. 220, 101n.
  201, 102, 119, 122n. 269, 135n.
  309, 148n. 342, 152n. 360, 153n.
  362, 157, 159n. 382, 163n. 397,
  207n. 525, 247n. 646, 248n. 649,
  264n. 707, 275n. 728, 289n. 753
Greenstein, E. L. 152n. 360, 282n.
  747
Gressman, H. 184n. 453, 256
Griffiths, J. G. 125n. 281
Gröndahl, F. 59n. 137, 164n. 406,
  214n. 550
Gruber, M. I. 22n. 53, 82n. 171,
  83n. 173, 212n. 547
Gruenwald, I. 222n. 574
Gubel, E. 19
Gunkel, H. 275n. 730
Gunneweg, J. 190n. 477, 196n. 498
Güterbock, H. G. 156n. 374, 157n.
  377, 215n. 554
Guttmann, J. 159n. 382

Hackett, J. A. 94-95n. 205, 261n. 699
Hadley, J. M. 36n. 101, 37, 39n.
  117, n. 118, n. 120, 42n. 125, 44,
  59n. 137, 113n. 250, 115n. 254,
  178n. 428, 181n. 432, 196n. 497,
  n. 499, 197, 205, 206n. 552
Halevi, B. 244n. 638
Hallo, W. W. 24n. 62, 56n. 130,
  120n. 265, 135n. 309, 215n. 553,
  240n. 627, 289n. 753
Halpern, B. 31-33, 37n. 107, 46,
  62-63n. 139, 86n. 182, 88n. 187,
  93n. 202, 102n. 225, 105n. 230,
  120n. 265, 123n. 271, 130n. 291,
  142n. 328, 240n. 627, 246n. 642,
  248n. 649, 278n. 739, 279n. 741
Hamilton, A. 255n. 675

Hamilton, G. J. 106n. 231
Handy, L. K. 20n. 38, 37, 44, 281n.
  745
Hanhart, R. 279n. 741
Hanson, P. D. 66n. 146, 80n. 166,
  83n. 175, 84n. 178, 94n. 205, 99n.
  218, 110n. 242, 127n. 286, 138n.
  318, 145n. 333, 163n. 397, 171n.
  420, 173n. 425, 221n. 571, 240n.
  627, 280n. 744, 290n. 754
Haran, M. 28, 46, 238n. 625, 245n.
  640, 255n. 677
Harden, D. 60n. 138, 194n. 491,
  253n. 669
Harrelson, W. 48n. 212, 233n. 610
Harris, M. 172n. 424
Harth, D. 18n. 30
Hartmann, B. 278n. 740
Hasel, M. 85n. 179
Haupt, P. 184n. 452
Hayes, C. E. 182n. 443
Hayes, J. H. 77n. 156, 105n. 230,
  138n. 316, 159n. 384
Healey, J. F. 17n. 23, 142n. 325
Heider, G. C. 243n. 635, 244n. 639,
  250n. 657, 251n. 659, n. 660, 258,
  259n. 692, 260
Held, M. 172n. 424, 199n. 507
Heltzer, M. 82n. 171, 124n. 276
Hendel, R. S. 33n. 93, 44, 66n. 144,
  120n. 265, 121n. 266, 217n. 559,
  218, 219n. 566
Hennessey, J. B. 258n. 686
Hentrich, T. 138n. 320
Herdner, A. 56n. 130, 172n. 424
Herion, G. A. 70n. 149
Herrman, S. 84n. 178
Herrmann, W. 15, 95n. 207, 96n.
  207, 129n. 287
Herzog, Z. 268n. 717
Hess, R. 79n. 162, 89n. 189, 125n.
  281, 230n. 596
Hess, R. J. 84n. 178
Hess, R. S. 34n. 96
Hestrin, R. 46, 115n. 254, 150n.
  359, 151n. 352, 178n. 428, 181,

182n. 441, 183n. 446, n. 448, 184, 187n. 465, 192n. 480, 197, 235n. 618, 255n. 675
Hezser, C. 28
Hiebert, T. 28n. 74, 89n. 192, 147n. 339, n. 340, 159n. 385
Hill, G. F. 79n. 162
Hillers, D. R. 57n. 131, 58n. 132, 180n. 435
Himmelfarb, M. 276n. 734, 288n. 751
Hobbes, T. 159n. 382
Hoffman, H. D. 130n. 291
Hoffner, H. A. 179n. 428
Hofner, M. 179n. 428
Hoftijzer, J. 94n. 205
Holladay, J. S. 98n. 213
Holladay Jr., J. S. 240n. 627
Holladay, W. L. 189n. 471, 202n. 513, 203n. 515, 210n. 543
Holland, T. A. 181n. 437, 227n. 585
Hollis, F. J. 225n. 577
Holloway, S. W. 229n. 594
Hooke, S. H. 225n. 577
Horst, P. W. van der 15n. 11
Horwitz, W. J. 259n. 692
Hübner, U. 36n. 103
Huehnergard, J. 149n. 344, 155n. 369, 179n. 428, 195n. 493, 247n. 645
Huffmon, H. B. 34n. 97, 77n. 156, 88n. 185, 163n. 399, 278n. 739
Hurowitz, V. 227n. 584
Hurvitz, A. 216, 220n. 569, 245n. 640
Hyatt, J. P. 171n. 421, 264n. 710

Ibrahim, M. M. 80n. 166
Irwin, W. H. 249n. 650, 261n. 699
Ishida, T. 161n. 391, n. 392, 231n. 598

Jackson, K. 123
Jacobsen, T. 165, 166, 214n. 552, 228n. 590, 264n. 707, 292n. 757
Jasper, D. 30n. 85
Jastrow, M. 247n. 647

Jirku, A. 97n. 209
Jobling, D. 23n. 56, 170n. 418
Johnson, A. R. 147n. 341
Jolly, K. L. 24n. 64
Jones, H. L. 157n. 375
Jongeling, K. 226n. 582
Jong Ellis, M. de 66n. 144, 166n. 411
Jüngling, H. W. 214n. 550

Kaiser, O. 56n. 130, 79n. 163, 100n. 220, 244n. 637
Kapelrud, A. S. 103n. 227, 152n. 361, 267n. 714
Kaufman, I. T. 130n. 289
Kaufman, S. 252, 273n. 725
Kaufmann, Y. 57-59, 90n. 193, 131n. 293, 278n. 739
Keel, O. 15, 19, 34, 35n. 99, n. 100, 36-37, 100n. 220, 146n. 335, 150n. 350, 153n. 362, 178n. 428, 184n. 451, 197, 206n. 523, 228n. 589, 229n. 594
Kempinski, A. 170n. 418
Kennedy, C. 254n. 673
Kenyon, K. 80n. 166, 130n. 291, 227n. 585
Kermode, F. 56
Kimchi, D. 159n. 382
Kinet, D. 129n. 287
King, P. J. 20, 200n. 507
Kitchen, K. A. 84n. 179, 102n. 223, 166n. 411
Klein, H. 279n. 741
Kletter, R. 181n. 437
Kloner, A. 246n. 642
Kloos, C. 146n. 335, 147n. 337
Klopfenstein, M. A. 17n. 23, 39n. 120, 132n. 298, 214n. 550, 291n. 756
Knapp, A. B. 231n. 601
Knauf, E. A. 94n. 205, 124n. 277
Knight, D. A. 120n. 265, 167n. 414
Knohl, I. 245n. 640
Knutson, F. B. 162n. 397, 170n. 418

Koch, K. 129n. 287, 199n. 507, 250n. 657

Koenen, K. 149n. 347

Kooij, G. van der 94n. 205

Korpel, M. C. A. 17n. 23, 37, 197, 204, 275n. 729, 287n. 749

Kort, A. 143n. 329

Kottsieper, I. 17n. 23, 96n. 207, 144n. 329

Kraus, H. J. 160n. 387, n. 389

Kruger, H. A. J. 225n. 580

Kubac, V. 174n. 425

Kuschke, A. 92n. 198

Kutscher, E. Y. 78

Labat, R. 230n. 595

Laberge, L. 193n. 490

Lachman, E. 225n. 577

Lafont, B. 162n. 396

Lagrange, M. J. 184n. 453, 185n. 454

Lahiri, A. K. 165n. 408

Lambert, W. G. 65n. 144, 93n. 201, 155n. 369, 157n. 377, 166n. 410, n. 411, 171n. 421, 192n. 480, 207n. 528, 230n. 595, 234n. 612, n. 614, n. 615

Landsberger, B. 166n. 411, 260n. 694

Lane, E. 184n. 453

Lang, B. 197, 204, 207n. 525, 241n. 628, 275n. 730, 278-280

Lange, A. 144n. 330, 250n. 657

Langlamet, F. 180n. 433, n. 434

LaRocca-Pitts, E. C. 181n. 437, 237n. 624

Laroche, E. 101n. 222

Launey, M. 125n. 281

Lawton, R. 130n. 289

Lehmann, R. G. 42n. 127

Lemaire, A. 88n. 189, 102n. 225, 184n. 453, 189n. 473, 197n. 500, 251n. 661, 269n. 721

Lemche, N. P. 31, 79n. 162

Lemke, W. E. 105n. 230

Levenson, J. D. 93n. 202, 158n. 380, 217n. 558, 225n. 577, 250n.

657, 266n. 712, 267n. 716, 273n. 724

Levine, B. A. 24n. 62, 139, 81n. 168, 82n. 171, 113n. 251, 132n. 298, 166n. 411, 171n. 421, 220n. 569, 240n. 627

Levinson, B. M. 273n. 725

Lewis, T. J. 17, 19, 89n. 192, 102n. 223, 121n. 266, 151n. 355, 239n. 627, 243n. 635, 247n. 645, 248, 249n. 650

L'Heureux, C. E. 93n. 202, 259n. 692

Lichtenberger, H. 144n. 330, 250n. 657

Lichtenstein, M. 207n. 525

Lichtheim, M. 84n. 179, 90n. 194, 160n. 388

Lieberman, S. 249n. 652

Lipiński, E. 16n. 17, 42n. 124, 60n. 138, 80n. 166, 100n. 220, 115n. 254, 125n. 281, 126n. 282, 132n. 299, 144n. 330, 166n. 411, 180n. 432, 182n. 441, 193n. 485, 224n. 576, 252n. 663, 253n. 668, 669, 254n. 672, 258n. 688, 259n. 693

Livingstone, A. 65n. 144, 264n. 707

Lloyd, J. B. 17n. 23

Loewenstamm, S. E. 78n. 162, 154n. 365

Loisy, A. 275n. 730

Long, B. O. 104n. 229

Loretz, O. 15n. 5, 18n. 30, 31, 37, 40n. 121, 44, 52, 56n. 130, 77n. 157, 92n. 200, 94n. 205, 126n. 283, 153n. 364, 191n. 479, 194n. 491, 195n. 493, 218n. 565, 231n. 598, 259n. 692

Luria, B. Z. 170n. 418

Lust, J. 241n. 629, 242n. 631, 275n. 730

Maass, F. 131n. 293

MacDonald, J. 276n. 732, 277n. 735

Machinist, P. 47, 98n. 214, 263n. 703, 282

Macholz, C. 18n. 30

Madsen, A. A. 170n. 419, 247n. 647
Maier, C. 95n. 207, 248n. 649
Maier III 189n. 473
Maisler, B. *O mesmo que*
  Mazar, B. 78n. 162
Malamat, A. 105n. 230, 163n. 399,
  166n. 411, 231n. 598, 245, 246n.
  641
Mann, T. W. 165n. 407
Marchetti, P. 132n. 299
Marcus, R. 124n. 278, 126n. 284,
  132n. 300, 134n. 307
Margalit, B. 259n. 692
Margolin, R. 282n. 747
Marks, J. H. 93n. 202, 170n. 419,
  231n. 601, 236n. 622
Master, D. M. 20n. 39
Mathias, G. 14n. 3, 181n. 437,
  200n. 507, 239n. 626, 268n. 717
Mathias, V. T. 135n. 309
May, H. G. 229n. 591
Mayer-Opificius, R. 229n. 592,
  234n. 616
Mayes, A. D. H. 77n. 156, 90n.
  194, 105n. 230, 117n. 257
Mays, J. L. 232n. 602, 275n. 730,
  290n. 754
Mazar, A. 14, 31, 46, 79n. 164, 80n.
  165, n. 166, 150n. 349, 151n. 352,
  161n. 390, 181n. 437, 200n. 507,
  239n. 626, 246n. 642, 268n. 717
Mazar, B. 98n. 214, 103n. 225,
  130n. 289, 132n. 298 *O mesmo
  que* Maisler, B.
Mazar, E. 227n. 585
McAlpine, T. 133n. 301
McBride, S. D. 66n. 146, 80n. 166,
  83n. 175, 94n. 205, 99n. 218,
  110n. 242, 127n. 286, 138n. 318,
  145n. 333, 163n. 397, 171n. 420,
  193n. 490, 194n. 490, 216n. 558,
  217n. 562, 221n. 571, 240n. 627,
  247n. 646, 280n. 744
McBride Jr., S. D. 272n. 723
McCarter, P. K. 18, 37, 100n. 220,
  106n. 231, 107n. 234, 145n. 333,
  155n. 369, 161n. 390, 171n. 420,
  182n. 441, 184n. 453, 190n. 475,
  n. 477, 191n. 478, 193-196, 230n.
  595, 232-233, 241n. 629, 268, 278
McCarthy, D. J. 231n. 598, 266n.
  712, 267n. 715
McKane, W. 202n. 513
McKay, B. 23n. 60
McKay, J. W. 225n. 578, 226n. 583,
  227n. 584, 229n. 594, 232n. 604,
  264n. 707
McKenzie, S. L. 31n. 88
McLaughlin, J. L. 248n. 649
Meek, T. J. 278n. 739
Meinhardt, J. 18n. 29
Menard, J. E. 207n. 527
Mendenhall, G. 65n. 143, 77n. 156,
  181n. 435, 217n. 558, 228n. 591,
  234n. 612, 238n. 625, 278n. 739,
  280-281, 282n. 746
Merlo, P. 37n. 109, 112n. 249,
  178n. 428
Meshel, Z. 138n. 317, 189n. 473,
  190n. 477, 193n. 486, 196n. 498
Mettinger, T. N. D. 19, 21n. 45,
  38n. 115, 44, 120n. 265, 121n.
  266, 133n. 301, 161n. 392, 193n.
  490, 212n. 548, 216n. 557, 217n.
  558, 264n. 707
Meyer, R. 92n. 198
Meyers, C. 77n. 156
Meyers, C. L. 99n. 216, 123n. 272,
  226n. 581, 233n. 611
Meyers, E. M. 99n. 216, 233n. 611
Michèle Daviau, P. M. 112n. 247,
  126n. 283
Miles Jr., J. A. 55n. 129
Milgrom, J. 278n. 739
Milik, J. T. 170n. 419, 171n. 420,
  221n. 571
Millard, A. R. 78n. 157, 79n. 162,
  144n. 330, 166n. 411
Miller, J. M. 77n. 156, 138n. 316,
  159n. 384, 268n. 717
Miller, J. W. 211-214

Miller, P. D. 17, 37, 99n. 218, 105n. 230, 111n. 244, 115n. 254, 117n. 257, 120n. 265, 146n. 335, 147n. 340, 152n. 358, 178n. 428, 187n. 465, 197, 204, 207n. 527, 212n. 547, 217n. 559, 235n. 618, 240n. 627, 273n. 725

Miller Jr., P. D. 66n. 145, 80n. 166, 83n. 175, 84n. 178, 94n. 205, 99n. 218, 101n. 222, 105n. 230, 110n. 242, 127n. 286, 138n. 318, 145n. 333, 163n. 397, 171n. 420, 221n. 571, 240n. 627

Mitchell, T. C. 88n. 188

Montgomery, J. A. 180n. 432, 184n. 452

Moon-Kang, S. 146n. 335, 147n. 337, 159n. 385, 161n. 391, n. 393, n. 394

Moor, J. C. de 17, 18n. 25, 56n. 130, 66n. 145, 82n. 170, 97n. 209, 142n. 326, 152n. 360, 155n. 369, 156n. 371, 166n. 411, 168, 180n. 435, 183n. 445, 184n. 453, 186n. 461, 218n. 565, 259n. 692, 282n. 746

Moorey, R. 80n. 166, 130n. 291

Moran, W. L. 51, 146n. 335, 231n. 559, 264n. 707

Morgenstern, J. 225n. 577

Morrill, W. T. 59n. 136

Morris, S. 46, 252n. 665

Morschauer, S. 143n. 329

Mosca, P. G. 132n. 296, 160n. 388, 250n. 657, 251, 252n. 664, 258n. 688, 260n. 698, 264n. 708

Moscati, S. 253n. 669, 255n. 675, n. 676

Mowinckel, S. 167

Mrozek, A. 133n. 301

Muenchow, C. A. 272n. 723

Mullen, E. T. 97n. 210, 100n. 220, 156n. 372

Müller, H. P. 124n. 275, 279n. 741

Müller, M. 165n. 408

Muntingh, L. M. 123n. 272

Muth, R. F. 80n. 164

Na'aman, N. 20, 38n. 115, 79n. 164, 115n. 254, 124n. 275, 191n. 479, 232n. 604

Nakhai, B. A. 21, 77n. 156, 79n. 164, 85n. 181

Naveh, J. 42n. 126, 130n. 289, 170n. 419, 189n. 473, 192n. 480

Negbi, O. 96n. 207, 146n. 335, 183

Neusner, J. 62n. 139

Niccacci, A. 85n. 179

Nicholson, E. W. 266n. 711, n. 712, n. 713, 267n. 716, 273n. 724

Niditch, S. A. 28, 269n. 721

Niehr, H. 16, 17n. 24, 37, 132n. 298, 228n. 589, 234n. 616, 241n. 630, 258n. 690, 259n. 692

Nielsen, F. A. J. 32n. 91

Niemeyer, H. G. 252n. 664

Nims, D. F. 135n. 308, n. 309, 264n. 710

Norin, S. I. L. 95n. 206

Norton, S. L. 59n. 136

Noth, M. 180n. 433, 242n. 632

Nougayrol, J. 142n. 325, n. 326, 162n. 397

Oberman, H. A. 24n. 64

O'Connor, M. 63n. 141, 109, 110n. 242, 111, 114n. 252, 123n. 272, 233n. 606

Oded, B. 124n. 278

Oden Jr., R. A. 55n. 128, 58n. 132, 60n. 138, 99n. 218, 101n. 220, 113n. 250, 118n. 261, 125n. 281, 126n. 282, n. 284, 132n. 297, 133n. 302, 134n. 305, n. 306, 141n. 324, 144n. 329, n. 330, 170n. 418, 178n. 428, 186n. 461, 194n. 490, 205n. 521, 234n. 616, 246n. 644, 256n. 681, 259n. 692

O'Flaherty, W. 165n. 408

Oldenburg, U. 106n. 231, 107n. 234, 181n. 435

Olmstead, A. T. 192n. 480

Olmo Lete, G. del 16, 56n. 130,
82n. 171, 98n. 212, 112n. 248,
172n. 424, 195n. 493, 287n. 750

Olyan, S. M. 23, 36, 37, 46, 59n.
136, 60n. 138, 90n. 194, 109n.
240, 114, 126n. 282, 130n. 291,
131n. 293, 132n. 298, 134n. 305,
135n. 311, 166n. 409, 171n. 420,
178n. 428, 179n. 429, n. 179, 180,
182n. 441, 186n. 463, 187, 188n.
469, n. 470, 189n. 472, 190n. 473,
192n. 480, 196-199, 201n. 508,
202-206, 209n. 533, 237n. 624,
251n. 658, 259n. 692, 260n. 694,
288n. 752

Oppenheim, A. L. 185n. 456

Oren, E. D. 98n. 214

Orlinsky, H. M. 79n. 163, 185n. 456

Ornan, T. 14n. 3, 19, 150n. 350,
199n. 507

Oswald, H. C. 160n. 387

Overholt, T. W. 221n. 571

Page Jr., H. R. 93n. 202

Pardee, D. 28n. 79, 34n. 98, 46-47,
56n. 130, 59, 78n. 161, 82n. 171,
98n. 212, 162n. 396, 166n. 411,
172n. 424, 193n. 488, 195n. 493,
230n. 597, 231n. 601, 244n. 639,
247n. 646, 259n. 692

Parker, S. B. 30n. 86, 44, 56n. 130,
63n. 139, 190n. 473, 259n. 692,
289n. 753

Parpola, S. 66n. 144

Parr, P. 80n. 166, 130n. 291

Patrick, D. 245n. 640, 269n. 721

Paul, S. M. 215n. 553

Paulo (São) 155

Peckham, B. 127n. 286, 131n. 293,
141n. 324, 193n. 485

Peli, P. 268n. 717

Perlman, A. L. 178n. 428, 182n.
441, 190n. 477

Person Jr., R. F. 28, 269n. 721

Petersen, D. L. 47, 69n. 148, 74n.
154, 98n. 212, n. 213, 268n. 717,

275n. 730, 277n. 737, 279n. 741,
282n. 746, 292n. 757

Pettinato, G. 129n. 287

Petty 37

Picard, C. G. 255n. 675

Picard, G. 254

Picard, G. C. 143n. 329

Pitard, W. T. 164n. 405, 247n. 646

Pomponio, F. 16, 155n. 369, 194n.
490

Pope, M. H. 46, 48, 56n. 130, 93n.
202, 94n. 204, 95n. 207, 96n. 209,
99n. 218, 100n. 220, 103n. 227,
112n. 248, 118n. 261, 129n. 287,
130n. 289, n. 290, 133n. 303, 145n.
332, 146n. 336, 156n. 372, 158n.
381, 163n. 397, 166n. 411, 171n.
419, n. 421, 173n. 425, 189n. 471,
193n. 487, 208n. 532, 210n. 541,
228n. 588, 242n. 633, 244n. 638,
n. 639, 248n. 649, 256n. 682, 258,
259n. 692, 260, 288n. 752

Porten, B. 171n. 421

Porter, B. N. 66n. 144, n. 145,
282n. 747

Posener, G. 66n. 145

Posner, R. 250n. 655

Pritchard, J. B. 126n. 284, 176n.
426, 178n. 428, 181n. 437, n. 440,
183n. 445, 201n. 508, 202n. 509

Propp, W. H. C. 18n. 30

Propp, W. L. 255n. 677

Puech, E. 46, 82n. 171, 88n. 185, n.
186, 89n. 190, n. 191, 123n. 273,
260n. 698

Pury, A. de 102n. 225

Pusch, E. 84n. 178

Quispel, G. 207n. 527

Rad, G. von 90n. 194, 117n. 257,
207, 236n. 622, 245n. 640, 277n.
735, 279n. 741

Rainey, A. F. 78n. 162, 85n. 179,
97n. 212, 130n. 289, n. 290, 192n.
482, 195n. 493, 259n. 692

Ratner, R. 112n. 247

321

Ratosh, J. 244n. 638
Redford, D. B. 18, 66n. 145, 84n. 178, n. 179
Reed, W. L. 182n. 441, 198n. 504
Reichert, A. 90n. 194
Reiner, E. 166n. 411
Rendsburg, G. 129n. 287, 149n. 344, 153n. 362, 172n. 424, 232n. 603
Rendtorff, R. 118n. 261, 129n. 287
Ribichini, S. 34n. 95, 126n. 283, 260n. 694
Richter, S. 194n. 490
Richter, W. 105n. 230
Ringgren, H. 57, 58, 65n. 143, 84n. 178, 106n. 231, 107n. 236, 108n. 238, 110n. 242, 116n. 255, 132n. 298, 153n. 364, 179n. 429, 180n. 435, 186n. 461, 197, 207, 216n. 556, 220n. 569, 235n. 619, 238n. 625, 241n. 628, 246n. 643, 261n. 701
Roberts, J. J. M. 65n. 144, 94n. 203, 177n. 258, 143n. 329, 144n. 330, 156n. 372, 161, 164n. 405, 165n. 408, 214n. 550, 231n. 598, 269n. 720, 280n. 744
Roberts, K. L. 267n. 715, n. 716
Robertson, D. A. 63n. 141
Robertson Smith, W. Cf. Smith, W. R.
Robinson, A. 156n. 372
Robinson, J. A. 186n. 462
Robinson, J. M. 207n. 525
Rogerson, J. W. 77n. 156
Röllig, W. 56n. 130, 132n. 298, 143n. 329, 156n. 372, 163n. 397, 171n. 421, 256n. 682
Römheld, D. 144n. 330, 250n. 657
Rosen, B. 130n. 290
Ross, J. F. 98n. 212
Rossmann, D. L. 59n. 136
Rouseel, P. 125n. 281
Rowe, A. 170n. 418, 208n. 528
Rowlands, C. 221n. 573
Rowley, H. H. 131n. 293, 278n. 739

Rummel, S. 33n. 94, 56n. 130, 154n. 365, 155n. 369, 162n. 397
Russel, J. 132n. 296
Rylaarsdam, J. C. 192n. 480

Sanders, J. A. 235n. 617
Sanders, P. 82n. 170, 90n. 194
Sanmartin, J. 191n. 479
Santucci, J. A. 165n. 408
Saracino, F. 155n. 370
Sarna, N. 111n. 244, 226n. 583, 236
Sass, B. 19n. 32
Saviv, A. 129n. 287
Schaeffer, C. F. A. 95n. 207, 99n. 218, 129n. 287, 157n. 377, 183n. 447, 288n. 752
Schafer-Lichtenberger, C. 278n. 739
Schart, A. 29n. 80
Schenker, A. 18n. 30, 92n. 198
Schiffman, L. H. 24n. 62, 240n. 627
Schley, D. G. 104n. 229
Schloen, J. D. 20, 22, 23, 26n. 68
Schmidt, B. B. 19n. 35, 121n. 266
Schmidt, H. 226n. 583
Schmidt, W. H. 18n. 30
Schmitt, J. J. 212n. 547
Schniedewind, W. M. 31n. 88, 137n. 315
Schoors, A. 80n. 166
Schorch, S. 106n. 231
Schottroff, W. 33n. 93
Schroer, S. 207n. 525
Schulman, A. R. 84n. 179
Schunk, K. D. 138n. 316
Seebass, H. 117n. 257
Seeligman, I. L. 117n. 257
Seitz, C. R. 277n. 735
Sellheim, R. 131n. 293
Seyrig, H. 126n. 284, 133n. 300
Shanks, H. 18n. 29, 130n. 289
Shea, W. H. 130n. 289
Shepley, J. 215n. 555
Sheppard, G. T. 23n. 56, 170n. 418, 208n. 530, 209n. 539
Shury, W. D. 124n. 275
Signer, M. 33n. 93

Sigrist, M. 46, 85n. 179
Silberman, N. 21
Skehan, P. K. 90n. 194, 92n. 198
Skehan, P. W. 208n. 530, n. 531, n. 532, 249n. 651
Skjeggestad, M. 21n. 45
Smend, R. 279n. 741
Smith, G. A. 117n. 257
Smith, H. R. 241n. 629
Smith, J. Z. 165n. 408
Smith, Mark S. 11-13, 18n. 28, 20n. 40, 23n. 55, 25n. 67, 38n. 112, 39n. 120, 42n. 125, 56n. 130, 66n. 144, 69n. 149, 77n. 157, 79n. 162, 86n. 183, 92n. 200, 95n. 206, 100n. 220, 108n. 237, 125n. 280, 133n. 301, 137n. 315, 139n. 322, 144n. 329, 154n. 365, 155n. 369, 370, 156n. 371, 158n. 380, 162n. 396, 164n. 404, 168, 178n. 428, 191n. 479, 192n. 480, 195n. 491, 207n. 527, 210n. 542, 217n. 558, n. 559, 220n. 570, 224n. 576, 225n. 580, 227n. 585, n. 587, 229n. 594, 231n. 600, 233n. 607-609, 239n. 627, 243n. 634, 264n. 709, 266n. 713, 278n. 738, n. 740, 288n. 751, n. 752
Smith, Morton 58n. 132, 65n. 143, 199n. 507, 233n. 607, 236n. 623, 278
Smith, W. R. 144n. 330, 185n. 454
Snell, D. C. 34n. 97
Snidjers, L. A. 207n. 525
Soggin, J. A. 63n. 142, 104n. 228, 229, 105n. 230, 159n. 384
Sollberger, E. 129n. 287
Sommer, B. D. 29n. 81, 277n. 735
Sommerfeld, W. 66n. 144, 234n. 613, n. 614, n. 615
Spalinger, A. 257n. 685
Spenser, J. R. 255n. 677
Sperling, D. 86n. 183, 266n. 712
Spickard, P. 26n. 68
Spieckermann, H. 229n. 594
Spina, F. A. 77n. 156, 278n. 739

Spronk, K. 58, 239-240, 242n. 632, n. 633, 243n. 635, 246n. 638, 248n. 649, 259n. 692, 261n. 699, n. 700, n. 702, 288n. 751
Stade, B. 184n. 452
Stadelmann, R. 156n. 372, 176n. 426
Stager, L. E. 20, 31, 63n. 142, 77n. 156, 78n. 158, 89n. 192, 102n. 223, 159n. 382, 200n. 507, 252n. 664, 253-254, 256n. 678, 257n. 683
Stähli, H. P. 224n. 576, 225n. 579, 232n. 603, 233n. 607, n. 609, 236n. 621
Steck, O. H. 267n. 714
Stegemann, E. W. 18n. 30
Steiner, R. C. 135n. 308, n. 309, 150n. 351, 151n. 354, n. 356, 172n. 423, 194n. 491, 264n. 710
Stern, E. 208n. 528, 255n. 675
Steuenagel, C. 117n. 257
Stolz, F. 279n. 741
Stone, M. E. 221n. 573, 222n. 575
Strugnell, J. 46, 218n. 563
Stulz, F. 207n. 528
Sznycer, M. 56n. 130, 172n. 424, 183n. 447, 234n. 616

Tadmor, H. 146n. 335, 263n. 703, 269n. 719
Talmon, S. 289n. 753
Tappy, R. 81n. 167
Tarragon, J. M. de 46, 56n. 130, 81n. 169, 82n. 171, 142n. 325, 143n. 329, 166n. 411, 185n. 456
Tawil, H. 155n. 370, 247n. 646
Taylor, J. G. 44, 115n. 254, 155n. 369, 194n. 490, 224n. 576, 225n. 576, n. 580, 235n. 618, 243n. 635, 244n. 639
Teixidor, J. 16, 99
Thackeray, H. St.J. 126n. 284, 132n. 300, 134n. 307, 156n. 373
Thompson, J. A. 187n. 466
Thompson, T. L. 18n. 30
Tigay, J. H. 27, 37-38, 46, 57n. 131, 58n. 132, 59, 66n. 146, 95, 107n. 234, 115n. 254, 123n. 274, 130n.

289, 138n. 318, 150n. 348, 155,
178n. 428, 180n. 435, 190n. 474,
191n. 479, 192, 196n. 499, 197,
204, 226n. 582, 240n. 627, 259n.
692, 263n. 705, 264n. 708
Timm, S. 124n. 275
Tomback, R. S. 202n. 511
Toombs, L. 102n. 225
Toorn, K. van der 15n. 11, 19n. 34,
22, 29n. 80, 44, 66n. 144, 92n.
200, 121n. 266, 125n. 280, 127n.
285, 150n. 347, 219n. 566, 240n.
627, 243n. 635
Tournay, R. 117n. 257
Tov, E. 29n. 84, 92n. 198
Trible, P. 210n. 545, 211-214
Trinkaus, C. 24n. 64
Tromp, N. 155n. 369
Tropper, J. 92n. 200, 96n. 207
Tsevat, M. 106n. 231
Tubb, J. N. 78n. 158, 88n. 188
Tucker, G. M. 69n. 148, 120n. 265,
167n. 414
Tuttle, G. 112n. 248

Uehlinger, C. 15, 19, 34, 35n. 99, n.
100, 36-37, 146n. 335, 228n. 589
Ullendorff, E. 96n. 208
Ulrich, E. C. 92n. 198, 144n. 344
Ussishkin, D. 268n. 717

Vanel, A. 100n. 220, 146n. 335,
153n. 362, 157n. 377
Vattioni, F. 233n. 607
Vaughan, A. G. 232n. 604
Vaux, R. de 79n. 162, 98n. 214,
102n. 225, 132n. 297, 132n. 300,
275n. 729
Vawter, B. 103, 109-112, 151,
236n. 622
Velankar, H. D. 165n. 408
Virolleaud 259n. 692
Votto, S. 133n. 301
Vovelle, P. M. 24n. 64
Viezen, T. C. 124n. 278
Vrijhof, H. 24n. 64

Waardenburg, J. 24n. 64
Wakeman, M. K. 165n. 408
Waldman, N. M. 218n. 563
Wallace, H. N. 207n. 528
Wallenfels, R. 88n. 185
Walls, N. H. 23n. 57, 170n. 418
Ward, W. W. 253n. 669
Watson, W. G. E. 16n. 15, 17n. 23,
36n. 101, 82n. 171
Watts, J. W. 98n. 212
Weber, M. 23, 278n. 739
Weider, A. A. 148n. 342
Weigl, M. 112n. 247, 126n. 283
Weinfeld, M. 81n. 169, 84n. 178,
100n. 220, 135, 146n. 335, 147n.
339, 148n. 342, 184n. 453, 187n.
465, 189n. 473, 190n. 477, 226n.
581, 227n. 584
Weippert, M. 18n. 30, 79n. 162
Weisberg, D. B. 34n. 97, 185n. 456
Weiser, A. 242n. 633
Weiss, K. M. 59n. 136
Weitzman, M. P. 135n. 309
Weitzman, S. 104n. 229
Wellhausen, J. 123n. 271, 220n. 569
Wenning, R. 150n. 349
Wensinck, A. J. 122n. 270, 159n. 382
Westenholz, J. G. 83n. 173
Westermann, C. 236n. 622
Wevers, J. W. 112n. 247, 126n. 283
Whiting, R. M. 230n. 597
Wiggins, S. A. 36n. 101, 37, 156n.
371, 182n. 441, 224n. 576
Wildberger, H. 279n. 741
Williams Jr., P. H. 28n. 74, 89n. 192
Williams-Forte, E. 153n. 362,
208n. 528
Willis, J. 136n. 313
Wilson, J. A. 143n. 329
Wilson, K. 31
Wilson, R. R. 24n. 61, 69n. 148,
77n. 156, 93n. 202, 166n. 411,
221n. 571, 275n. 730, 276-277,
280n. 743 290n. 754
Winter, N. H. 129 n. 287

Winter, U. 178n. 428, 197, 204, 207n. 527
Wiseman, D. J. 79n. 162
Wolff, H. W. 139n. 321, 253n. 670, 272n. 723
Worschech, U. 124n. 275
Wright, D. P. 23
Wright, G. E. 78n. 162, 102n. 225, 105n. 230, 185n. 457
Wyatt, N. 15, 16n. 15, 17n. 23, 18, 34n. 96, 37, 56n. 130, 165n. 408, 178n. 428, 234n. 616
Wyk, K. van 123n. 272, 124n. 275

Xella, A. P. 16, 34n. 95, 37, 41n. 122, 126n. 283, 143n. 329, 191n. 479, 258n. 689, 260n. 694

Yadin, Y. 130n. 291, 143n. 329, 169, 170n. 418, 172n. 424, 235n. 617, 255n. 676
Yamauchi, E. M. 264n. 707
Yee, G. A. 139n. 321, 140n. 323, 209n. 537-538, 201n. 540, 273n. 724
Yerushalmi, Y. H. 33n. 93
Young, G. D. 248n. 649
Younger Jr., K. L. 135n. 309

Zadok, R. 34n. 97
Zebulun, U. 194n. 491
Zeitlin, I. M. 278n. 739
Zenger, E. 150n. 349
Zevit, Z. 17, 21-22, 25, 27, 33, 37, 41, 42n. 124, 43-44, 59n. 137, 95n. 206, 135n. 308, 178n. 428, 191n. 479, 192, 196n. 499, 197, 235n. 618, 237n. 614, 240n. 627, 248n. 649, 250n. 657, 283n. 747
Zijl, P. J. van, 163n. 397
Zimmerli, W. 226n. 583, 279n. 741
Zuckerman, B. 112n. 248, 252

ÍNDICE ANALÍTICO

Abdi-Ashirta 88n. 187
Absalão 246
Abu Simbel 257
Acab 66, 68, 105, 108, 130-131, 134, 136-137, 141, 271
Acaz 141
Adad 136, 147, 162, 166
Addu 106, 147, 162, 164, 166 Cf. tb. Haddu
adivinhação 187-188, 206, 247 Cf. tb. necromancia
Adonis (deus) 134n. 306, 275n. 729
Adonis (rio) 189n. 471
Adramelec 250
'Ain Dara 34
Aleppo 162, 164
Amar-Sin 230
Ammi-ditan 166n. 411
Amon 90n. 194, 123, 263
Amun 147
Amun-Re 66
Anamelec 251
Anat 68, 88-89, 95-97, 112, 115, 124, 209
  e Baal 56, 139-140, 169, 187n. 464, 288
  e imagens marciais 56, 64, 170
  e Yahweh 64, 170-177, 213-215
  nome de 112-113, 124, 125n. 281, 144n. 330, 171, 195, 204, 214
Anat-Betel 126, 143n. 329, 171
Ano-novo, festival do 168
Antit 170n. 418
antropomorfismo 75, 215, 219-223, 272, 281, 286, 289-292

Apolo 156n. 372
Aqhat 289n. 753
Aquenáton 205n. 521
Arad 196, 268n. 717
Armênio Ahiqar 194n. 490
Asa 247
Asherah (deusa) 35-42, 59, 61, 68, 89, 95, 125n. 281, 200
  durante a monarquia 37, 42
  durante o período dos Juízes 90-91, 103, 120, 182
  e Astarte 39, 181, 199, 201-202, 206
  e Baal 58, 62, 64, 104, 109, 131, 169, 187n. 464, 202-205
  e El 44, 56, 63, 93, 101, 114, 117, 169, 198, 203, 205, 284
  e Yahweh 41, 68, 109-117, 178-223
asherah (símbolo) 114, 181-186
  assimilado à religião israelita 90, 114, 179, 186, 198, 264, 271, 275, 291
  e Asherah 36-38, 89, 114, 128, 179, 186, 197, 202-206
  e as evidências de Kuntillet Ajrud 38, 60, 109, 183, 189, 192, 196
  e Sabedoria 206, 208, 213, 285
  funções de 187-188, 206
  proibido 64, 109, 180, 182, 201, 206, 241
  referências bíblicas a 88, 109, 131n. 292, 180, 187n. 466, 201-206, 215
asherim 178, 181, 188, 237, 284
Ashim-Betel 151

Ashkelon 84, 85, 125n. 281
Ashtar-Quemós 124
Ashtaroth (lugar) 170n. 419, 191,
  245n. 639
Assaradão, tratado de 126, 134,
  142, 171, 264
Assur (deus) 65, 162, 166n. 409, 235
Assur (lugar) 65, 162, 235
Assíria 154, 234
Astarte 113, 115-117, 126, 144n.
  330, 189n. 741, 193-195, 264, 273
  e Asherah 39, 181, 199-206
  e El 260n. 694
  referências bíblicas a 113, 199,
  202-203
Atalia 138, 141
Atena 184n. 453
Atenas 246
Athirat 88n. 187, 220n. 570
Athtar 144n. 330, 214
Azoto 191
Baal
  adoração de, pelos israelita, 58,
  62-65, 109, 263, 271
  como deidade fenícia 66, 200,
  272-273
  como deus da tempestade 56, 60,
  119, 202
  como guerreiro 56, 93, 119
  culto de 66, 68, 81, 179n. 429,
  180, 187, 250, 258, 272, 280
  durante o período dos Juízes 90,
  120, 263, 265, 266
  e Anat 56, 140, 169, 187n. 464,
  288
  e Asherah 59, 62, 104, 109, 131,
  169, 187n. 464, 201-206
  e El 98n. 212, 99n. 218, 109, 114,
  117, 169, 205
  e Yahweh 68, 91, 93, 103-108,
  114, 116, 129-177, 222, 265, 270,
  271, 284
  imagem de touro 116, 149, 152
  rejeição de, pelos israelitas 64,
  180, 186, 284

Baal, ciclo de 45, 100n. 220, 132,
  154n. 365, 158, 163-165, 168,
  171, 289n. 753
Baalbek 135
Baal de Tiro (deus) 142, 202, 264
Baal do Carmelo (deus) 135, 136
Baal II de Tiro 126, 134, 142, 143n.
  329, 171
Baal-Farasim (lugar) 145, 161
Baal-Fegor (lugar) 145
Baal-Gad (lugar) 145
Baal-Haddu (deus) 133
Baal-Hamon (lugar) 145, 193n. 485
Baal-Hasor (lugar) 145
Baal-Hermon (deus) 141
Baal-Hermon (lugar) 145
Baal-Líbano (deus) 141
Baal-Líbano (lugar) 145
Baal-Malaga (deus) 126, 134
Baal-Meon (lugar) 145
Baal-Mot (deus) 155n. 369, 168
Baal-Peor (deus) 242, 250
Baal-Safon (deus) 126, 134, 141-142,
  163
Baal-Salisa (lugar) 145
Baal-Shamem (deus) 125-127,
  132n. 297, n. 298, n. 300,
  133n. 301, 134-136
Baal-Tamar (lugar) 145
Babilônia 65, 154, 162, 166, 167,
  235
Balaão 121
banquete marzeah 248
Beit el-Wali 257
Belém 88
Belsefon 156
Berseba 196
Betel (deus) 93n. 202, 122, 126,
  143n. 329, 171n. 421, 179, 264, 272
Betel (lugar) 68, 135, 149-151, 171,
  290n. 754
Beth-Shan 208n. 528
  estela de 170n. 418
Biblos 125, 127, 133-134, 194
Boghazköi 227n. 584

Caleb 86, 250
Calendário de Gezer 78
Cânticos do Sacrifício Sabático
217n. 559, 287, 290
Carmelo 131, 135, 136, 180
Cartago 61, 134, 253-255, 257-258
Chipre 183
Cilindro B de Gudea 228n. 590
Constantina 252n. 663
convergências de imagens divinas
26, 62-64, 67, 117-123, 265,
278-287 Cf. tb. diferenciação;
sincretismo
Creta 252
Cronos 143n. 329, 205n. 521, 234n.
616, 252, 256-257

Dã (lugar) 68, 149, 255
Dã (tribo) 104
Dapur 257
Davi 31, 107, 116, 161, 268, 270
Débora 171n. 419
Delphi 252
Demarous 133
Deuteronomista, História 26, 29,
32, 39, 203
Deuteronomista, tradição 141,
179-180, 188, 204-206, 216, 217,
220, 273, 286, 289-291
diferenciação 26, 35, 43, 62, 63n.
139, 64, 67, 75, 265, 272,
278-287, 290 Cf. convergência
Dir 164
Dodona, culto oracular de 185

Ebla 155n. 369
Edfu 135
Edom 43, 83, 92, 124-125, 128,
147, 263
Edrei (Deraa) 245n. 639, 259n. 692
Efra 179
Efraim 150, 209
El
como chefe do panteão 56, 220n.
570, 258
como pai 113, 212-213

como touro 101, 111, 150-151
durante o período dos Juízes 89-
128, 263, 265
e Asherah 44, 56, 64, 93, 114,
116, 169, 197, 203, 205, 285
e Astarte 260n. 694
e Baal 68, 99n. 218, 109, 114,
169, 204
e convergência com outras
deidades 117-123, 280-282,
284-287
e Yahweh 63, 91-103, 108, 109,
114, 116-117, 122-123, 197, 222,
265, 284-287
título de 84n. 178, 89, 114, 122,
260n. 694
El-Betel 135, 264n. 710
Elias 64, 131, 137, 180, 269, 273
Elias-Eliseu, ciclo de 268, 272, 273
Eliseu 188, 248, 269
Elos 143n. 329, 195n. 491
Emar 34, 101n. 222, 155n. 369, 156n.
372, 194n. 490, 245n. 639, 255
Endor 241
Enlil 148n. 342
Epiro 185
escrita, importância da 269-270,
273-277
Esem-Betel 151n. 356
Eshmun 126, 144n. 330, 251
Espanha 61, 253
Esparta 183n. 447
estela de Betsaida 14, 150
estela moabita 176
Etbaal 126n. 284, 130
Eufrates 160, 162
Ezequias 67, 141, 268, 281

Farã 83, 92, 108n. 237, 125, 147
Filadélfia 133
fontes, bíblicas. Cf. tradição
deuteronomista; tradição
"eloísta"; tradição sacerdotal

Gabaon 238
Gatumdug 214

Gaza 88
Gedeão 104, 106-107, 185, 186
Gérson 104
Gezer 85, 255
Giloh 80
Gudea 214
Guelma (Algéria) 252n. 663

Hadad 124, 142, 247
Hadad Rimmon 263, 264n. 707
Haddu 106, 162, 165 Cf. Addu
Hadidi 255
Hamurabi 166n. 411, 230
Hanat 171n. 421
Hator 184
Hatti 230
Hattusilis 142
Hazor 227, 255
Hazzi, Monte 156, 163, 164n. 404
Hebron 250
Hefer 86
Hércules 133
Hexapla 180n. 432
Hiram 133
Hórus 135, 150

imagens femininas e Yahweh 114,
210-214, 221-222, 285
imagens solares
e adoração 56, 63, 66, 116, 136,
214, 224-236, 271 Cf. Yahweh
individuação 63n. 139 Cf.
diferenciação
Indra 165n. 408
inscrição de Delos 125n. 281
inscrição de Injirli 14, 252
inscrição de Sefire 195n. 493
inscrição de Qubur el-Walaydah 88
inscrição protossinaítica 125n. 281
inscrições de Deir 'Alla 60, 94,
121-122
Isbaal 89, 107-108, 129
Isboset 107
Ishkur 148n. 342
Ishtar 69, 144, 179n. 429, 199, 263
Ishtar, medalhão de 14

Ísis 184
Istanu 215

Jacó 90n. 194, 92, 94, 102n. 225, 109
jarra de Laquis 28n. 79, 88, 183
Jebel el-Aqra' 156
Jerobaal 104-107, 129
Jeroboão I 68, 149
Jeroboset 106, 107
Jerusalém 45-47, 67, 81, 100, 103,
117, 141, 158, 167-168, 179, 184,
187, 199, 225, 244
cultos régios de 179, 198-201,
251, 261
templo de 20n. 40, 38, 141, 149,
158, 184, 187, 201, 224-226,
268n. 717, 271
Jeú 138, 179, 248, 270
Jezabel 68, 108, 130-137, 141, 198,
248, 273
Joiada 138, 267
Jônatas (filho de Gérson) 104
Jônatas (filho de Saul) 107
Jorão 137
Josafá 270
Josias 67, 141, 184, 227n. 585, 238,
245, 268, 281
Juízes, período dos 63, 71, 77-130,
178, 199, 205, 238, 261, 263, 265,
282
e Asherah 91, 105, 120, 263
e Baal 91, 120, 263, 265
e El 91-128, 263

Karatepe 127, 134
Keret 289n. 753
Ketubim 73
Khirbet Afqa 189n. 471
Khirbet el-Qôm 60, 68, 109, 189n.
473, 192n. 481, 197
Kition 134, 201
Kuntillet Ajrud 38, 41, 60, 68, 83,
109, 138, 147, 183, 184n. 453,
189-192, 196-197, 226

Lagash 214
Lamashtu 155
Lapta 246
Laquis 183, 227
Leptis Magna 101
Leviatã 153-154, 159
Líbano 189n. 471, 191
Lipit-Ishtar 230
Lista A de Reis Assírios 166n. 411
lugares altos 64, 65, 66, 67, 181, 188, 237-239, 261-262, 265, 271, 280, 286, 289

Malta 252n. 663
Manassés 141, 184
Marduk 65, 147, 162, 165-166, 214, 229, 234-235, 278, 292
Mari 34, 60, 100n. 220, 144n. 330, 152, 154n. 365, 162-167, 169
mar sirboniano 157
máscaras, cultuais 255
Ma'sub 193n. 485
Matã 141
Medinet Habu 257-258
Mefiboset 107
Meguido 116
Melqart 126, 132-134, 136
Meribaal 89, 107-108, 129
Merneptá 257
Merneptá, estela de 61, 85
Mesha, estela de 112n. 247, 239
Meskene 60
Midiã 43, 92, 108n. 237, 125
Milcom 123, 260
Minet el-Bheida 183
Minotauro 253
Moab 121, 124, 258, 261, 263
Moisés 94, 104, 256, 270
Moloc 260
monolatria 57, 62, 64, 70, 74, 120-121, 265, 268-270, 272-273, 279-282
monoteísmo 23, 43, 55, 57, 64, 67, 69-70, 74, 265, 274, 277-282
morte 152, 156, 158, 288

mortos, práticas relativas aos 58, 64, 67, 239-250, 261, 265, 271, 272, 281, 286
Mot 97n. 212, 122n. 269, 123n. 272, 144n. 330, 152, 154-156, 288
Munbaqa 34
Mursilis 163

Naamã 269
narrativa e mito de Elkunirsa 100, 119, 179n. 428, 205
Nebmare Amenophis III 231n. 601
necromancia 241-245, 248-249, 265, 271 Cf. adivinhação
Ningirsu 147, 214, 228-229, 235
Ninurta 147
Niqmaddu I 164, 230
Niqmaddu II 164, 230
Niqmepa 163
Núbia 257
Nur-Sin 162, 164

Ocozias 137
Orígenes 180n. 432
Ortheia 183n. 447
ortostato de Kilamuwa 235
Oseias 64, 138 141, 179, 272

Panammu 247
Panammu, inscrições 142
Papiro de Elefantina 170-171, 264
Pentateuco 27, 29, 73, 290n. 754 Cf. Torá
Pentateuco, tradições do 100, 216, 219, 267n. 716, 270 Cf. tradição deuteronomista; tradição sacerdotal
politeísmo 11, 17, 23, 43, 116, 120, 265, 282, 290, 291-292
ponta de flecha de El-Khadr 88
Pozo Moro 61, 254
Pyrgi 193n. 485

Qitmit 124
Qos 124
Quemós 124, 264, 272

331

Raab 98, 154
Rainha do Céu 69, 179n. 429, 199, 263, 281, 292
Ramat Rahel 227
Ramsés II 142, 257
Ramsés III 143n. 329, 176
Ras Shamra 56, 142n. 327, 157n. 377, 163, 166n. 411
Refaim 126, 128, 143n. 329, 244n. 639, 260n. 694
Refan 260
religião estatal 12, 65, 73, 278, 292 Cf. tb. religião oficial; religião régia
religião oficial 24, 57, 75, 240 Cf. tb. religião régia; religião estatal
religião popular 12, 24, 37, 57-58, 66, 75, 180, 188, 239-240, 248, 265, 278
religião régia 12, 66, 116, 135, 158, 188, 238, 248, 262, 266 Cf. tb. religião oficial; religião estatal
Resefe 126, 143n. 329, 147
Rib-Addi 105
Rig Veda 165n. 408
Rio Afqa 189n. 471
Rodes 133

Sabedoria, figura feminina da 69, 206-210, 213, 285
sacrifício 185, 216, 238, 242
de crianças 61, 145n. 332, 239, 250-262, 286
linguagem sacrifical 81, 175
mlk 65, 250-262, 264
Safon 156, 157
Safon, Monte 135, 139, 156, 157-158
Sahl ben Mazli'ah, 250
Salomão 66, 116, 129, 154, 199, 236, 238, 260, 268
Samaria 81, 129-130, 138, 141, 150-151, 179, 187, 190
Sardenha 134, 253
Sarepta 127
Saul 89, 107, 199, 241-242

Senaqueribe 281n. 745
Shamash 144n. 330, 214, 226n. 583, 227n. 584, 234
Shamgar ben Anat 89
Shishak, lista de 31
Sião 156-158, 161, 224
Sicília 253
Sídon 125, 126n. 283, 127
Sinai 83, 90, 92, 147, 189, 278, 282
sincretismo 37n. 111, 58, 62, 75, 90, 103, 125n. 281, 265 Cf. convergência
Siquém 102-103, 117, 185
deus de 89, 102
Suhu 34
Susa (Hadrumetum) 252n. 663

Taanach 115-116
carta de 88
estande 115-116, 150, 183, 227, 235n. 618
Tabernáculos, Festa dos 167-169
Talmiyanu 230
Tamuz 226, 263, 281
Tannit 60, 69, 127, 183n. 447, 191, 194-195, 202
Teimã 43, 83, 92, 108n. 237, 125, 147, 190
Tel Asmar, selo de 153
Tel Dã, placas de 14, 150, 255n. 676
Tel Ekalte 34
Tell el-'Ajjûl 183
Tell Fakhariyeh, inscrição de 219n. 568
Tel Miqneh (Ecrom), inscrições 14, 36, 42
Tel Qasile 255
Tel Shera 255
templo celestial 287, 288n. 751, 290
Terqa 171n. 421
Thariyelli 230
Tiamat 163, 165-166
Tifão 156
Tiro 93n. 202, 125, 126, 130, 132, 137, 201, 271
Tirzá 86

Torá 73, 188, 236, 281 Cf.
Pentateuco
tradição "eloísta" 267n. 716
tradição sacerdotal 29, 94, 122,
216, 219-221, 272, 289-291
Tuculti-Ninurta II 228

Ullikumi 156
Umm el-'Amed 127, 134, 193n.
485
Urano 257
Ur-Nammu 230

Valência 254
Vênus 189n. 471
Vrtra 165n. 408

Wadi Hammamat 194
Wen-Amun, conto de 90n. 194

Yahdun-Lim 163
Yahweh
e compreensão das deidades
canaanitas 55-70
e imagens solares 12, 67, 116,
150n. 349, 176, 224-236, 271,
285-287
e linguagem de gênero 74, 211,
223, 285
e monoteísmo 278-283, 287
e significado do nome 84n. 178
imagens de touro 111, 115-116,
149-152
práticas cultuais associadas com
237-262
Yahweh na história de Israel
exílio 274-278
monarquia 266-274
período dos Juízes 89-91, 128,
263, 265
tradição do Templo de Jerusalém
38, 252
Yahweh e outros deuses
Anat 68, 169-177, 213
Asherah 42, 68, 109-117,
178-223, 285-289

Baal 68, 91, 93, 103-109, 114,
116, 129-177, 222, 265, 270, 285
convergência de 117-123
El 63, 91-103, 108, 109, 113, 117,
198, 223, 265, 284-288
Yamm 97n. 212, 122n. 269,
152-156, 160n. 388, 163-164,
166, 168, 218n. 565
Yanoam 84
Yarim-lim 164
Yashub-Yahad 164
Yehud 97

Zahra 189n. 471
Zeus 134, 156, 186, 253
Zeus Heliópolis 134n. 306, 135-136
Zimri-Lim 162, 230

Conecte-se conosco:

f facebook.com/editoravozes

◉ @editoravozes

✕ @editora_vozes

▶ youtube.com/editoravozes

☏ +55 24 2233-9033

www.vozes.com.br

Conheça nossas lojas:

www.livrariavozes.com.br

Belo Horizonte – Brasília – Campinas – Cuiabá – Curitiba
Fortaleza – Juiz de Fora – Petrópolis – Recife – São Paulo

    Vozes de Bolso

EDITORA VOZES LTDA.
Rua Frei Luís, 100 – Centro – Cep 25689-900 – Petrópolis, RJ
Tel.: (24) 2233-9000 – E-mail: vendas@vozes.com.br